Christian Werner
RELAX Guide 2017
Deutschland

RELAX Guide & Magazin
Werner Medien GmbH, Wien
www.relax-guide.com

Die Deutsche Bibliothek – CIP-Einheitsaufnahme
Werner, Christian:
RELAX Guide 2017 Deutschland / Christian Werner. – Wien:
Werner Medien GmbH, 2016
ISBN: 978-3-902115-61-4

Redaktionsanschrift: Josefstädter Straße 75-77, 1080 Wien, Austria
redaktion@relax-guide.com, www.relax-guide.com

Layout: Stefanie Muther
Produktion: Paul Umfahrer-Vass, farbwerker.at
Satellitenfotos: Global Land Cover Facility, http://glcfapp.umiacs.umd.edu
Coverfotos: Jens Ottoson/Shutterstock/Nicola Reber, Christopher Kimmel/Getty Images
Herstellung: Samson, St. Margarethen

Anzeigenverkauf:
Melanie Schmidt, key@relax-guide.com
Brigitta Grani, sales@relax-guide.com

Sondervertrieb, Industrieauflagen, Industriekooperationen:
Eva Maria Moser-Werner, moser@relax-guide.com

ISBN: 978-3-902115-61-4

Christian Werner
RELAX Guide 2017

Alle Hotels für Wellness und Gesundheit

1.334 Adressen
in Deutschland

Getestet und bewertet

RELAX GUIDE

SPA AWARD
2017

Liebe Leserin, lieber Leser,

das Interesse an Wellnessurlaub ist weiterhin ungebrochen, was nicht verwundert, nimmt doch der Stress auf allen Ebenen zu – und damit auch die Sehnsucht nach Auszeit und Relaxen! Mehr als 1.300 Hotels buhlen um Sie als Gäste. Der Konkurrenzkampf ist hart, und nicht selten werden stark überzogene werbliche Darstellungen dafür eingesetzt. Die Realität sieht dann häufig anders aus, ein paar Beispiele seien hier genannt: Von den insgesamt 1.334 Hotels für Wellness und Gesundheit verfügen nur 438 über eine Liegewiese, nur 185 über eine Außensauna und nur 172 über einen ganzjährig nutzbaren Außenpool. Knapp ein Drittel liegt zudem an einer stark befahrenen Straße, etwa die Hälfte der Betriebe öffnet den Wellnessbereich – zu Ihrem Leidwesen – auch für externe Gäste, im Schnitt müssen sich 12 Gäste um eine Ruheliege raufen.

Um Sie vor solchen Enttäuschungen in Ihrer wertvollen Urlaubszeit zu bewahren, untersuchen wir alljährlich alle Hotels. Wir überprüfen und vergleichen den gesamten Wellnessmarkt. Nur so kann man die Besten herausfinden, was wir übrigens zum 16. Mal unternommen haben!

Unsere Tests sind für alle Hotels kostenlos. Wir gehen nach standardisierten Kriterien vor, und wir sind kritisch. Wir schreiben, wie es ist. So wie wir es bei unseren anonymen Hotelbesuchen vorfinden. Ohne zu beschönigen, stets mit dem Blick für das „Gesamtprodukt", dabei sachlich und fair.

Nur 13 Prozent Lilien-Hotels

Nur empfehlenswerte Häuser, das sind in dieser Ausgabe etwas mehr als ein Achtel der Gesamtzahl (knapp 13 Prozent), werden von uns mit Lilien ausgezeichnet. Lilien-Hotels werden mit 13 bis 20 Punkten bewertet und erhalten einen zusammenfassenden Kommentar, alle anderen werden mit 9 bis 12 Punkten bewertet und gehen ohne Kommentar aus. Das müssen aber nicht unbedingt schlechte Häuser sein. Es mögen sogar nette Ferien- oder Tagungshotels darunter sein. Allein die Eignung als Wellnesshotel betrachten wir in diesen Fällen nicht als auszeichnungswürdig.

Neues im RELAX Guide 2017

Auch in dieser 16. Ausgabe des RELAX Guide Deutschland gibt es wieder viel Neues. Zunächst sind das 20 Hotels (die meisten finden sich in Bayern, gefolgt von Schleswig-Holstein und Baden-Württemberg), zwei davon konnten mit Lilien ausgezeichnet werden. 24 Häuser sind rausgefallen, sie mussten entweder schließen (und dienen dann fortan nicht selten als Seniorenresidenz, Burnout-Klinik oder als Asylantenheim) oder werden als Hotel ohne Spa-Angebot weitergeführt – Lilien-Hotels befinden sich jedoch keine darunter. 45 Hotels wurden schlechter bewertet als im Vorjahr, darunter auch jene 10, die einen Totalverlust ihrer bisherigen Lilie(n) hinnehmen müssen.

22 Häuser konnten hingegen besser bewertet werden, darunter auch jene drei, die erstmals in den Kreis der Lilien-Hotels aufstiegen. Dieser ist wiederum kleiner und exklusiver geworden: Nur 172 Hotels schafften es, mit mindestens einer Lilie zertifiziert zu werden.

Unter den erwähnenswerten Aufsteigern finden sich etwa das Voshövel Landhotel in Nordrhein-Westfalen und der Bodenmaiser Hof im Bayerischen Wald. Vom Start weg auf zwei Lilien und 15 Punkte schafften es das Klosterhof Health Resort in Bayern und das Severin's Resort auf Sylt.

GEBERIT
Geberit AquaClean
Das WC, das Sie mit Wasser reinigt.
Das neue Wohl-befinden.
Als Hotelier möchten Sie einen bleibenden Eindruck bei Ihren Gästen hinterlassen. Mit Geberit AquaClean Sela (Design by Matteo Thun) können Sie das jetzt auch im Badezimmer erreichen. Das WC mit integrierter Duschfunktion reinigt den Benutzer sanft mit einem warmen Wasserstrahl und schenkt dabei Frische in neuer Dimension. → www.geberit-aquaclean.de und www.geberit.de

Der Schwindel mit der Spa-Fläche

Wahrscheinlich ist es Ihnen bereits aufgefallen: Immer mehr Wellnesshotels überbieten sich gegenseitig mit geradezu phantastischen Flächenangaben zu ihrem Wellnessbereich. 4.000 m² und mehr werden da nicht selten vollmundig genannt, obwohl Saunen, Pools und Ruhezonen dem in keiner Weise entsprechen und sich sogar unwürdig eng anfühlen können. Was steckt dahinter?

Nun, in Zeiten harter Konkurrenz sucht so mancher nach einem Wettbewerbsvorteil. Er lautet: großartige Versprechen, die nach der Buchung – hoffentlich – von niemandem mehr hinterfragt werden! Im einfachsten Fall rechnet das Hotel schlichtweg alles dazu, was irgendwie mit Spa zu tun haben könnte, Stiegenhäuser etwa, Aufzugsschächte, Versorgungs- und Technikräume. Das ist etwa so, als würde man Keller und Treppen zur Wohnfläche eines Hauses hinzuzählen, also ebenso falsch wie irreführend. In anderen Hotels hingegen rechnet man kurzerhand etwa die Fläche der Tennishalle dazu, während ganz mutige Hoteliers auch die Außenflächen, also beispielsweise Park, Sonnendecks und Liegewiese dazuaddieren. Einrichtungen also, die man als Gast zumindest während der kalten Jahreszeit gar nicht nutzen kann – und selbst im Sommer nur bedingt. Jedenfalls fanden wir haarsträubende Abweichungen zwischen werblichen Versprechen und Realität, auf rund 30 der größten „Übertreibungen" haben wir in den Kommentaren hingewiesen.

Scan-App und eBook

Mit Ihrem neuen RELAX Guide 2017 Deutschland besitzen Sie übrigens gleichzeitig auch ein eBook, das Sie mit dem auf dem Lesezeichen aufgedruckten Code downloaden können. Zudem gibt es eine – kostenlose – Scan-App, die Ihnen viel Zeit bei Hotelauswahl und Buchungsanfragen erspart. Ein kleines Wunder-Tool, mit dem Sie mit Ihrem Smartphone nur auf ein Hotelbild gehen müssen, damit sich eine ganze Welt öffnet: Die App erkennt das Hotel, präsentiert unseren kritischen Kommentar, die Bewertung sowie viele weitere Bilder und Sonderangebote, berechnet Ihren Anfahrtsweg und schlägt auf Wunsch sogar alternative Hotels in der Umgebung vor.

Die RELAX Guide Scan-App ermöglicht zudem die schnelle Suche nach verschiedenartigsten Wunschkriterien (Golfen, Außenbecken, Kinderbetreuung etc.), eine Merkliste lässt sich an Familienmitglieder und Freunde versenden. Außerdem fabelhaft: Mit einem einzigen Klick können gleichzeitig mehrere Hotels nach ihren Angeboten angefragt werden – Sie ersparen sich viele zeitraubende Telefonate und E-Mails. Einziger Wermutstropfen: Die Scan-App funktioniert zurzeit nur auf iOS-Betriebssystemen, allerdings sind 85 Prozent unserer Leser Apple-User!

Diesjähriges Extra: die 35 besten Hotels für Wandern und Schneeschuhwandern

Das Wandern erlebt gegenwärtig eine ungeahnte Renaissance – es ist wieder im Trend. Aus gutem Grund freilich, sind doch die vielfältigen positiven Auswirkungen auf Körper und Seele längst auch wissenschaftlich nachgewiesen. Was liegt also näher, als Wellnessurlaub mit Wandern zu verbinden? Dafür haben wir eine Auswahl von 35 Top-Hotels in jeder Preisklasse zusammengestellt.

Wieder einmal gilt mein Dank meinem großartigen Team und Ihnen: für Ihr Vertrauen, für das viele Lob und die Anregungen sowie für die überaus zahlreichen Gastbewertungen über unser Internetportal www.relax-guide.com. Nun viel Freude mit Ihrem neuen RELAX Guide 2017!

Christian Werner

BEST OF RELAX
Exklusiv für Sie
3 Nächtigungen
ab € 528,–
Original königliches Thai-
Zeremoniell mit Thai-Body
& Fußmassage € 161,–

Bewertungskriterien

Zur Bewertung der Hotels in den Kategorien Wellness („ohne Arzt"), Kur („Arzt für chronisch Kranke"), Gesundheit (Prävention – „Arzt für Gesunde") und Beauty (Schönheitsfarmen) haben wir die „RELAX-Guide-Lilie" geschaffen. Seit alten Zeiten und in vielen Kulturen gilt die Lilie als Symbol der Reinheit, aber auch der Erneuerung. Seit Herbst 1999 schmücken unsere Lilien die besten Hotels in Österreich, seit 2001 auch jene in Deutschland: auf einer blauen Plakette mit der jeweiligen Jahreszahl. Und zwar nicht nur als Qualitätsgütezeichen, sondern auch als Symbol für die überdurchschnittlich gute Befindlichkeit ihrer Gäste.

Lilien als Qualitätsgütesiegel

Das gesamte Angebot wird im RELAX Guide in die vier Kategorien Kur, Gesundheit, Wellness und Beauty eingeteilt. Kur bedeutet dabei einen zumindest einwöchigen Aufenthalt und inkludiert ärztliche Diagnostik sowie überwachte Therapieabläufe. Wellness heißt im Regelfall „ohne Arzt".

Die Leistungen von Gesundheitshotels richten sich an Gesunde, reichen von Prävention über medizinische Check-ups bis hin zur Therapie von Stressfolgen und eher harmloseren Gesundheitsstörungen – unter ärztlicher Aufsicht. Typische Vertreter dieser Kategorie sind Heilfasten-, Mayr- und Ayurvedakurhäuser sowie auf Traditionelle Chinesische Medizin spezialisierte Hotels.

Wellness, Gesundheit, Kur und Beauty

Unter der Kategorie Beauty sind im RELAX Guide nur „echte" Schönheitsfarmen gelistet. Man erkennt diese daran, dass sie keine normalen Feriengäste aufnehmen und zumeist nur Wochenarrangements offerieren. Übrigens: Bereits mehr als zwei Drittel aller Hotels haben mittlerweile Kosmetikbehandlungen im Angebot – die Leistungen, die auf einer Schönheitsfarm (meist nur für Damen) geboten werden, sind jedoch im Schnitt deutlich besser.

Bitte beachten Sie, dass Kurhotels keine Wellnessoasen sind, sondern völlig andere Gäste – nämlich chronisch Kranke – sowie andere Ziele haben als Wellnesshotels. Daher gelten für diese Betriebe auch modifizierte Bewertungskriterien; zudem werden Kurhotels natürlich nur mit anderen Kurhotels verglichen. Ergeben sich dann hohe Lilien-Anzahlen, bedeutet dies natürlich nicht, dass ein solches Haus mit einem Top-Wellnesshotel vergleichbar wäre.

Kriterien für einen Spa-Urlaub

Alle Hotels werden ausschließlich nach unseren Wellness- oder Kururlaubskriterien beurteilt. Das bringt mit sich, dass luxuriöse Stadthotels, perfekte „Tagungspaläste" oder auch exklusive Fünfsternhäuser mit geringer Wellness-Entsprechung mit relativ niedrig erscheinenden Punktezahlen bewertet werden, selbst wenn sie im normalen Beherbergungsbereich eine regionale Spitzenstellung innehaben.

Daher kann ein luxuriöses Stadthotel mit perfektem Service und gutem Spa beispielsweise nur mit maximal 16 Punkten beurteilt werden – aber auch nur dann, wenn bei unserer Recherche vor Ort absolut alles gepasst hat. Für unsere Bewertung maßgeblich ist jedenfalls stets unser persönliches Wohlfühlerlebnis, das sich auf die folgenden Kriterien bezieht: „Natur & Lage", „Ambiente", „Ausstattung & Dienstleistung", „Locker & Easy", „Beratung & Verkauf", „Preis & Wert".

HOTEL
SALZBURGERHOF
ZELL AM SEE
WWW.SALZBURGERHOF.AT
5STERNE@SALZBURGERHOF.AT
5 Sterne - 4 Lilien - 2 Hauben

Natur & Lage

Besonders für den Großstadtbewohner ist die Lage in belebender Natur einer der wichtigsten Relax-Faktoren überhaupt. Blumenübersäte Almwiesen, stille Bergseen oder ein herrlicher Fernblick können sowohl psychisch als auch somatisch bereits kleine Wunder bewirken. Und das nicht nur beim ganz normalen „Stress-Patienten". Eine in diesem Sinne schöne Lage ist für uns sehr wichtig, daher gilt: Auch das allerschönste Wellnesshotel mit sauberen Dienstleistungen wird, wenn es in einem Gewerbegebiet oder direkt an der Autobahn liegt (so etwas gibt's wirklich), kaum über 13 Punkte oder eine Lilie hinauskommen.

Ambiente

Nicht jeder notdürftig adaptierte Kellerraum eignet sich zum Wohlfühlen. Wer auf Körper und Sinne hören will, der findet sich in einem unfeinen Ambiente, in niedrigen, verwinkelten und unharmonisch gestalteten Räumen in einer paradoxen Situation gefangen, an der er unweigerlich scheitern muss. Ein nachhaltiger Effekt bleibt in solchen Fällen aus, der Wellnessurlaub geht an den Bedürfnissen des Gastes vorbei. Die höchsten Bewertungen vergeben wir jedenfalls für ein stilvolles Ambiente mit reduzierten visuellen Reizen, das es dem (ohnedies reizüberfluteten) Entspannungssuchenden ermöglicht, wieder ein bisschen zu sich selbst zu finden. Sagenhaft inszenierte „Erlebniswelten" gehören nach Disneyland, in die Ordner „Freizeitstress" oder „Kollektive Verblödung" und punkten im RELAX Guide nur schlecht – oder gar nicht!

Ausstattung & Dienstleistung

Ähnlich ist das bei Wellnesszonen, die mit allerlei überflüssigem Schnickschnack aufgemotzt wurden. Niemand braucht 20 verschiedene Saunen, und auf Dinge wie Massagemaschinen, künstliche „Mikro-Strände" oder gar einen Klima-Apparat, der „einen dreistündigen Spaziergang am Strand ersetzt", wollen wir liebend gerne verzichten. Fazit: Qualität geht vor Quantität, Schmonzes drückt die Bewertung nach unten. Die Ausstattung muss aber dem heutigen Standard entsprechen. Und der Gast darf nicht für jede Kleinigkeit extra zur Kasse gebeten werden.

Besonderes Augenmerk legen wir auf die Anzahl der Ruheliegen im Spa-Innenbereich, natürlich in Relation zur Hotelgröße bzw. zur Bettenanzahl. Angemessen wäre es, wenn für jeden Gast eine Liege bereitstünde, leider gibt es nur 14 (!) Hotels, in denen das so ist. Im Schnitt müssen sich etwa 12 Gäste eine Ruheliege teilen. Die vor der Bettenanzahl angeführte Liegenanzahl bezieht sich stets auf den Innenbereich, abhängig von der Jahreszeit kann sie abweichen, da es vorkommt, dass im Sommer Liegen nach draußen gestellt werden.

Mehr noch als die harten Fakten zählt für uns aber die Dienstleistungsqualität, die wesentlich von Ausbildung und Motivation abhängt. Bei den Mitarbeitern eine echte Wohlfühlatmosphäre von Freundlichkeit und ungekünsteltem Gut-drauf-Sein entstehen zu lassen, zählt zu den wichtigsten Management-Aufgaben in der Gesundheitshotellerie. Wer sie beherrscht, kommt im RELAX Guide auch mit einer weniger guten Ausstattung auf respektable Lilien-Werte. Familienbetriebe haben es hier übrigens meist leichter als große Bettenburgen und zentral verwaltete Kettenhotels.

Weiters wichtig sind kompetente Therapeuten und nicht zuletzt die Küchenleistung. Auch bei ihr gilt für uns: Qualität vor Quantität, möglichst aus biologischer Herkunft, frisch zubereitet und für höchste Ansprüche. Bewertet wird – so angeboten – die Halbpensionsküche.

Das aus gutem Grund: Zahlreiche Hotels haben nämlich neben dem regulären Beherbergungsbetrieb noch ein À-la-carte-Restaurant, das nicht selten auf eine ausgezeichnete Gourmetküche stolz sein kann. Immer wieder müssen wir aber erleben, dass man als Halbpension buchender Hotelgast mit Speisenqualitäten zweiter oder gar dritter Klasse konfrontiert wird.

Locker & Easy

Nach unserer Auffassung verträgt sich ein Relax-Urlaub kaum mit Seminar-, Veranstaltungs- oder Bustourismus. Das Frühstück im Bademantel neben einer Gruppe von businessmäßigen Krawattenträgern empfinden wir nicht als angenehm, außerdem ist es in derartigen Häusern meist auch gar nicht gestattet. Wer sich auf die Zielgruppe Wellnessurlauber spezialisiert und nicht zusätzlich in alle Geschäftsrichtungen gleichzeitig losläuft, der hat es viel leichter, auf eine hohe Anzahl von Lilien zu kommen. Dasselbe gilt für Hoteliers, die ihren Gästen beispielsweise das Frühstück bis 13 Uhr oder den Zugang zum Hallenbad 24 Stunden am Tag gewähren – also einen völlig zwanglosen Aufenthalt garantieren.

Beratung & Verkauf

Als besonders mühsam empfinden wir es, wenn einem ständig irgendwelche Massagen oder Schönheitsprozeduren aufgedrängt werden. Speziell im Kosmetikbereich sollte vor jeder Art von Behandlung eine eingehende Beratung mit Behandlungsplan erfolgen, und zwar bevor man mit kostspieligen, aber unkoordinierten Therapieabläufen beginnt. Gute Verkäufer sind oft schlechte Berater, und Letztere müssen in unserem Guide mit einem Punkteverlust rechnen.

Preis & Wert

Alle Hotels können ihre Einstufung durch besonders preiswürdige Angebote verbessern. Betriebe mit schlechtem Preis-Leistungs-Verhältnis erhalten dagegen einen Punkteabzug, ohne dass im Text gesondert darauf hingewiesen sein muss. Die Anzahl der von uns vergebenen RELAX-Guide-Lilien ist übrigens nicht unbedingt von einer luxuriösen Ausstattung abhängig.

Achtung: Auch die teuersten Luxushotels unterliegen den allgemeinen Bewertungsrichtlinien. Umgekehrt ist es deshalb auch möglich, dass Betriebe der Dreisternkategorie eine sehr hohe Bewertung mit bis zu drei Lilien erhalten.

Preisangaben

Die angeführten Preise beziehen sich im Regelfall auf den Nächtigungspreis pro Person im Doppelzimmer mit Halbpension (HP, einfachste Zimmerkategorie, günstigste Saison). Nicht immer ist dieser Preis der günstigste, da manchmal schon bei mehr als zwei Nächtigungen Rabatte gewährt werden. Die Anfrage um einen Sonderpreis, der je nach Marktausrichtung des Hauses entweder für Wochentage oder an Wochenenden gewährt wird, kann sich lohnen. Speziell Tagungs- und Cityhotels gewähren an Wochenenden respektable Preisnachlässe, die 35 Prozent und mehr betragen können. Auch Packages, also mehrtägige Arrangements mit Behandlungen, werden als Ab-Preis in der günstigsten Zimmervariante (pro Person im Doppelzimmer) angegeben. Achtung: In Alpinregionen können die Winterpreise ganz beträchtlich über denen des Sommers liegen, genau umgekehrt ist das in Küstenregionen sowie in den Seengebieten des Flachlandes.

Zur Beachtung

Alle Preise wurden im Juli 2016 erhoben, viele Betriebe konnten damals noch keine Angaben für das Jahr 2017 machen, daher haben wir in diesen Fällen die zum Erhebungszeitpunkt gültigen Preise herangezogen. Für die abgedruckten Preise können wir jedenfalls keine Gewähr übernehmen.

Hotelsterne

Hotels kennzeichnen wir neben dem Namen mit jener Sterneanzahl, mit der sie von der Dehoga kategorisiert wurden. Allerdings haben sich längst nicht alle Häuser der offiziellen Klassifizierung unterzogen. Dort, wo in diesem Buch die Sterne neben dem Hotelnamen fehlen, lag bis Redaktionsschluss (15. Juni 2016) keine Sternekategorisierung vor.

Hundefreundlich, kinderfreundlich, familienfreundlich

Die Attribute „hundefreundlich", „kinderfreundlich" und „familienfreundlich" sollen schon beim „Überfliegen" der Texte ins Auge springen. Sie stehen daher jeweils am Beginn des Kommentars. „Hundefreundlich" meint ein Hotel, in das Sie Ihren Vierbeiner ohne vorherige Absprache mitbringen dürfen. „Familienfreundlich" bezeichnet ein Hotel, das eine gewisse Infrastruktur für Kinder zur Verfügung stellen kann. „Kinderfreundlich" ist mehr, nämlich das gleichzeitige Vorhandensein von Infrastruktur und (im Logispreis inkludierter) Kinderbetreuung, dies ganzjährig.

„Kinderhotels" hingegen sind reine Spezialisten und ohne Kids gar nicht buchbar. Sie bieten Betreuung und häufig große Spielareale, im Regelfall aber kleinere Spa-Zonen als andere Häuser.

Der Schwindel mit der Spa-Fläche

Immer mehr Hotels werben mit geradezu phantastischen Flächenangaben zu ihrem Spa, 5.000 m² und mehr werden da nicht selten vollmundig genannt. Man erwartet sich dann diese Fläche für Pools, Sauna- und Ruhezonen – und wundert sich über unwürdig enge Raumverhältnisse.

Auf der Suche nach einem Wettbewerbsvorteil machen manche Hotels großartige Versprechen, die nach der Buchung – hoffentlich – von niemandem mehr hinterfragt werden! Im einfachsten Fall rechnet das Hotel schlichtweg alles dazu, was irgendwie mit Spa zu tun haben könnte, Stiegenhäuser etwa, oder Versorgungs- und Technikräume. Das ist etwa so, als würde man Keller und Treppen zur Wohnfläche eines Hauses hinzuzählen, also ebenso falsch wie irreführend. Andere Hoteliers hingegen rechnen kurzerhand etwa die Fläche der Tennishalle dazu, während ganz mutige auch die Außenflächen, also beispielsweise Park, Sonnendecks und Liegewiese, dazuaddieren. Einrichtungen also, die man als Gast zumindest während der kalten Jahreszeit gar nicht nutzen kann – und selbst im Sommer nur bedingt.

Sehr häufig werden auch die Behandlungsräume mitgerechnet. Doch was hat man von 35 Massagekabinen und 1.000 m² dazugehöriger Fläche? Man nutzt doch höchstens eine, und das nur im Fall einer Anwendung – gegen Aufpreis! Ähnliches gilt für die oft sehr großen Private-Spa-Zonen, sie sind ohne Gebühr gar nicht zugänglich und werden von den meisten Gästen auch nicht gebucht.

Wir haben jedenfalls nachgemessen. Und fanden Wellnessbereiche, die um vieles kleiner waren als beworben – „Schrumpfungen"um mehr als drei Viertel fanden sich auch darunter! Auf rund 30 der größten „Übertreibungen" haben wir in den Kommentaren hingewiesen. Mehr zum Thema finden Sie übrigens auf www.relax-guide.com unter „Über uns" in der Rubrik Pressemitteilungen.

BQ: Hotel Kaiserhof GmbH, A. Niederstrasser Photograhie, 31+ A. Vorderleitner

E-Mail- und Web-Adressen, Info & Buchen

Die Web- und E-Mail-Adressen aller Wellnesshotels sind auf www.relax-guide.com, dem weltgrößten Wellness-Internetportal, zu finden. Alle Hotels können zudem über das Portal gebucht werden, ohne dass für den User oder das Hotel Gebühren oder Provisionen anfallen. Auch die Anforderung von Prospekten funktioniert für alle Hotels schnell und problemlos.

Bewertungsmathematik

Die Bewertungen im RELAX Guide werden dynamisch durchgeführt, das heißt, dass wir Punkte und Lilien alljährlich am Branchenniveau ausrichten. Wegen der starken Veränderungen im Wellnesssektor, die sich an ständiger Weiterentwicklung und Neuinvestitionen vor allem bei Leitbetrieben zeigen, würde ein statisches Bewertungssystem – wie es bei anderen Hoteltestverfahren und sogenannten Zertifizierern leider die Regel ist – dazu führen, dass sich innerhalb von wenigen Jahren eine Mehrheit der Hotels mit einer hohen Anzahl an Lilien schmücken könnte. Unser Ziel ist es aber, für die Leser jene Hotels „herauszufiltern", deren Niveau den allgemeinen Durchschnitt übertrifft, Hotels zu nennen, die zu den besten gehören – Hotels mit Lilien. Daher werden jedes Jahr die Leistungen der Top-Betriebe (vier Lilien) als Maßstab herangezogen, an dem die gesamte Branche gemessen wird.

Das Punkteminimum sind 9 Punkte, es wird für ungepflegte Häuser oder solche vergeben, die nur über ein höchst bescheidenes Wellnessangebot verfügen. Durchschnittliche Wellnesshotels liegen bei 11 bis 12 Punkten (keine Lilie). Hotels ohne eigenen Wellnessbereich – mit Anbindung an eine öffentliche Therme – punkten mit etwa 12, können aber durch eine gute Küche, entsprechende Service- oder Ausstattungsqualitäten um etwa 1 bis 2 Punkte besser abschneiden.

Das Maximum sind 20 Punkte, es wird nur an Häuser vergeben, die, von kleineren „Ausrutschern" abgesehen, in allen Bereichen – vor allem auch in der Küche – Höchstleistungen erbringen. Rein rechnerisch liegt die interne Höchstwertung bei 22 Punkten (Idealfall), diese kann jedoch in der Praxis nicht erreicht werden, zumindest ist dieser Fall noch nie eingetreten.

Für das Bewertungssystem sind folgende Faktoren maßgeblich: Lage (max. 4 von 22 Punkten), Software (Ambiente, Dienstleistung, Küche; max. 9 von 22 Punkten), Hardware (Architektur, Infrastruktur, Ausstattung; max. 5 von 22 Punkten), „Locker & Easy" (Wohlfühlkriterien; max. 3 von 22 Punkten), Preis-Leistungs-Verhältnis (max. 1 von 22 Punkten).

Bewertungsbeispiel

Aktuelle Bewertung (Basis: RELAX Guide 2017) eines Hotels mit 13 Punkten (eine Lilie):

- Lage: Grünruhelage am Ortsrand, mit Fernblick – 3 Punkte.
- Software: Ambiente besser als regionaltypischer Durchschnitt, sehr sauberes Haus, dezente Dekoration, freundliche Mitarbeiter mit höherer Aufmerksamkeit, sehr gute Küche, kaum industriell vorgefertigte Speisen, hochkompetent durchgeführte Treatments – 6 Punkte.
- Hardware: zeitgemäße Zimmer, Spa-Fläche etwa 15 m^2 pro Gästebett, Freibecken (ganzjährig), Hallenbad, Sauna, Dampfbad, Massagen, Kosmetik, moderne Fitnessgeräte mit Laufband, Ruheliegen im Indoorbereich mindestens 35 Prozent der Bettenanzahl – 2,5 Punkte.
- „Locker & Easy": kein Bus- oder Tagungstourismus, angenehme Frühstückszeiten – 1,5 Punkte.
- Preis-Leistungs-Verhältnis: regionaler Durchschnitt plus maximal fünf Prozent – 0 Punkte.

Was wir gar nicht mögen, aber häufig erleben ...

- Gestresste, nach Schweiß und Zigarettenrauch riechende Kosmetikerinnen und Masseure.
- Stümperhaft durchgeführte Massagen, die uns teuer als Ayurveda verkauft werden. Von Therapeuten ohne Fachkenntnis, die noch dazu ungeeignete Billigöle verwenden.
- Kosmetikerinnen, die massieren: ohne Sachkenntnis, aber mit langen Fingernägeln.
- Kosmetikerinnen, die unentwegt den Behandlungsraum verlassen.
- Masseure, die unaufgefordert ihre Lebensgeschichte erzählen und dann noch Fragen stellen.
- Bademäntel und Liegetücher (auch auf den Behandlungsliegen) aus Polyester.
- Hotels mit Ruheliegen in Durchgangszonen, vor allem, wenn diese schlecht temperiert sind.
- Haare, Hautschuppen und anderen Schmutz auf dem Gestänge von Massageliegen.
- Hotels ohne eigenes Spa, mit Anschluss an öffentliche Thermen und Kureinrichtungen.
- Schwarzalgen und Schmutzränder in den Pools, Chlorgeruch in den Badezonen.
- Veraltete Fitnessgeräte in miefigen, tageslichtlosen Kellerräumen mit Spannteppich.
- Zerschlissene und viel zu kleine Bademäntel. Bademäntel gehören ebenso wie Slipper zum Standard eines Wellnesshotels, sollten also ohne Aufpreis inkludiert sein.
- Hintergrundmusik im gesamten Haus, als Ganztagesberieselung.
- Unpassende Hintergrundmusik. Pop zum Abendessen, Techno in der Lobby. Radio mit Werbung und Nachrichten oder Gedudel wie „Zillertaler Schürzenjäger" zur balinesischen Massage.
- Dresscodes – weil man in einem Relax-Urlaub ohne Kleidungszwang entspannen können sollte.
- Hotels ohne spezifische Zielgruppe. Wer mit dem Aston Martin vorfährt, wird sich nicht wohlfühlen, wenn in der Garage nur Autos der Billigmarke Dacia stehen. Und umgekehrt.
- Hotels, die an unterschiedliche Zielgruppen zu differenzierten Preisen verkaufen. Nur ungern teilen etwa junge Leute Restaurant und Nacktbereich mit in Bussen angereisten, wanderfreudigen Rentnergruppen aus Osteuropa. Noch unangenehmer wird es, wenn man dann erfährt, dass diese nur die Hälfte bezahlt haben.
- Wenn Hotels versuchen, unterschiedliche Zielgruppen gleichzeitig zu bedienen.
- Das Fehlen einer Garage bei praller Sonne – und im Winter erst recht.
- Reinigungsdamen, die am Morgen mehrmals klopfen oder gar ins Zimmer platzen.
- Mitarbeiter, die selbst bei kleinsten Sonderwünschen mit den Augen rollen.
- Mitarbeiter, die sagen: „Dafür bin ich nicht zuständig."
- Mitarbeiter, die keine Ahnung von der Umgebung haben und beispielsweise die Frage nach dem Namen eines weithin sichtbaren Berges nicht beantworten können.
- Ungelernte Mitarbeiter im Restaurant und an der Bar.
- Eier aus Bodenhaltung – oder noch schlimmer: aus Käfighaltung.
- Hotelküchen, die mit Geschmacksverstärkern (Glutamat) arbeiten.
- Hotelküchen, die fabrikmäßig vorgefertigte Speisen („Convenience-Food") verwenden.
- Üppige Buffets, bei denen sich zwar die Tische biegen, die angebotenen Speisen jedoch weder ernährungsphysiologisch Qualität noch einen guten Geschmack aufweisen.
- Hotels, die auf ihren Internetseiten keine Preise anführen.
- Fragebögen, mit denen wir nach langer Anreise mit dem Auto vor dem Check-in gequält werden. Auch das Meldeformular sollte längst vom Hotel ausgefüllt sein.
- Ein Management, das das Wort Sozialkompetenz für marxistisches Vokabular hält.

Was wir mögen, aber selten erleben ...

- Ruhelage: An der Straße oder gar an der Eisenbahnlinie ist's nicht wirklich zum Entspannen geeignet. Auch Fluglärm oder Disco im Haus kommen nicht gut.
- Eine Rezeption, die uns schon bei der Buchung auf Engpässe bei den Behandlungsterminen hinweist und natürlich auch das Spa-Menü zu erklären weiß.
- Wenn man beim Check-in gleich über die gebuchten Behandlungen informiert wird.
- Mitarbeiter, die aufs Zimmer begleiten und dabei auch mit dem Gepäck behilflich sind.
- Stimmige Beleuchtung, die Atmosphäre schafft.
- Eine Küche für Gourmets, nicht für Gourmands: weniger, aber besser. Vornehmlich mit Zutaten aus biologischer Landwirtschaft. Sonnengereifte Früchte, saisonales Gemüse.
- Am Frühstückstisch: Sauerteigbrot (echtes!), nur frische, regionale Produkte, nichts aus der Fabrik, auch keine billigen Marmeladen oder gar „Multivitaminsäfte".
- Lange Frühstückszeiten: Ab 10.30 Uhr wird's gemütlich.
- Ein federleichtes Häppchen als Light Lunch im Preis inkludiert, etwa Süppchen oder Salate.
- Etwas frisches Obst sowie Quellwasser im Zimmer, täglich ergänzt.
- Sommeliers, die etwas von ihrem Fach verstehen.
- In der Sauna: einen ordentlichen Frischluftraum sowie ein möglichst großes Kaltwasserbecken. Auch ein dicker Kneippschlauch gehört dazu.
- Ruheliegen für alle, sowohl im Innen- als auch im Außenbereich.
- Wenn die Behandlung vorher kurz erklärt wird oder – ganz besonders bei umfangreicheren Beauty- oder Physio-Treatments – eine Beratung stattfindet.
- Musik im Behandlungsraum, die man sich selbst aussuchen kann. Auf jeden Fall sollte zumindest die Lautstärke regulierbar – oder die Berieselung abschaltbar – sein.
- Eine kleine Auswahl an feinen Tees und an frischem, gewaschenem (!) Obst im Spa.
- Hallenbad rund um die Uhr (gerne auch bei kleiner Beleuchtung), Sauna bis 23.30 Uhr.
- Kleine Badetücher vor dem Dampfbad (Sitztücher).
- Wohltemperierte Therapieräume, speziell bei Anwendungen, die abkühlen, also etwa bei Lomi Lomi Nui oder ayurvedischen Massagen und Güssen.
- Nicht nur im Spa: echte Pflanzen und Blumen. Plastik ist unwürdig und stillos.
- Ein helles Leselicht am Bett, aber auch im Ruheraum.
- Ausreichende Zahl an Kleiderhaken, Hosenbügeln und Ablageflächen im Badezimmer.
- Gratisgarage für alle: Ein Parkplatz im Freien ist für Fahrer von teuren Limousinen eine Zumutung, dafür noch Geld zu verlangen Abzocke.
- Mitarbeiter, die das Wort Dienstleistung verstanden haben: als Dienen plus Leistung.
- Mitarbeiter, die genau daran Freude haben und am Umgang mit dem Gast wachsen.
- Wenn unsere Beschwerden ernst genommen werden und entsprechend reagiert wird.
- Wenn Kritik nicht bis zur Abreise mit reservierten Blicken geahndet, sondern mit einem Dankeschön als wertvoller Beitrag zur Produktverbesserung aufgefasst wird.
- Strahlende Sauberkeit im ganzen Haus.
- Im Spa und in der Lobby: statt Boulevard und Werbeprospekten eine Auswahl an niveauvollen Zeitungen und Magazinen.
- Wenn uns anstelle von dressiertem Personal menschliche Persönlichkeiten bedienen.

Das Punktesystem im RELAX Guide

⚜⚜⚜⚜	20 Punkte – vier Lilien: Höchstnote 19 Punkte – vier Lilien: Spitzenbetrieb
⚜⚜⚜	17 und 18 Punkte – drei Lilien: hervorragend
⚜⚜	15 und 16 Punkte – zwei Lilien: außergewöhnlich
⚜	13 und 14 Punkte – eine Lilie: sehr gute Leistungen
	12 Punkte – guter Durchschnitt 11 Punkte – durchschnittlich 10 Punkte – unterdurchschnittlich 9 Punkte – unangenehm

Küchenbewertung

1++	„Hervorragend", Höchstnote
1+	„Ausgezeichnet", hohes Niveau
1	„Sehr gut"
2	„Gut"
3	„Durchschnittlich", wird nicht erwähnt, bei Premium-Hotels: „Enttäuschend"
4	„Enttäuschend", bei Premium-Hotels: „Stark enttäuschend"
5	„Stark enttäuschend"

Zeichen und Symbole

NF	Nächtigung mit Frühstück
HP	Nächtigung mit Halbpension
VP	Nächtigung mit Vollpension
30 Liegen	Anzahl der Ruheliegen im Spa-Indoor-Bereich

Die Auswahl der Hotels unterliegt zeitlich unserem Redaktionsschluss (15. Juni 2016) und erhebt nicht zuletzt auch deshalb keinen Anspruch auf absolute Vollständigkeit. Irrtümer bei der Bewertung und Fehler bei Satz und Druck vorbehalten.

Inhalt

Seite

So verwenden Sie die neue RELAX Guide App:

Fotografieren Sie Bilder und Hotelinserate im RELAX Guide und sehen Sie sofort viele weitere Fotos dieser Hotels, dazu die kritischen Kommentare und mehr. Auch ohne Buch ist das Finden von passenden Wellnesshotels schnell und einfach! Sie suchen nach Ihren Wunschkriterien oder erhalten sofort die neuesten Angebote in Ihrer gewünschten Region. Speichern Sie Hotels in Ihrer Merkliste, indem Sie das Herzsymbol anklicken. Fragen Sie mit einem einzigen Klick gleichzeitig mehrere Hotels an und ersparen Sie sich damit viele zeitraubende Telefonate und E-Mails! Versenden Sie die Merkliste auch an Ihre Liebsten und Ihre Mitreisenden.

So kommen Sie zu Ihrem eBook:

Beim RELAX Guide ist auch ein kostenloses eBook dabei, Sie erhalten es in wenigen Sekunden. Und zwar so: 1. Auf www.relax-guide.com/eBook gehen. 2. Webformular ausfüllen: mit dem 12-stelligen Registrierungscode (siehe Lesezeichen). 3. Download starten und sofort speichern. 4. Auf Tablet oder Smartphone übertragen – fertig!

HOTEL
★★★★S
Guglwald
Regensburg
Passau
München
Salzburg
Seit 2008 mit
3 LILIEN
im Relax Guide ausgezeichnet

VIER LILIEN

Hotelname (nach PLZ)	Kategorie	Punkte	PLZ	Ort	Seite
Friedrichsruhe Wald & Schlosshotel *****S	Wellness	20	74639	Zweiflingen-Friedrichsruhe	139
Lanserhof Tegernsee	Gesundheit	20	83666	Waakirchen-Marienstein	165
Bareiss *****S	Wellness	19	72270	Baiersbronn-Mitteltal	136
Schloss Elmau *****S	Wellness	19	82493	Elmau	159
Kranzbach ****S	Wellness	19	82493	Krün	159

DREI LILIEN

Hotelname (nach PLZ)	Kategorie	Punkte	PLZ	Ort	Seite
Gut Varendorf Schönheitsfarm	Beauty	18	49597	Rieste	45
Bleiche Resort & Spa	Wellness	17	03096	Burg im Spreewald	100
Schindelbruch Naturresort ****S	Wellness	17	06536	Südharz-Stolberg	129
Dünenmeer Strandhotel ****S	Wellness	17	18347	Dierhagen	69
Weissenhaus Grand Village Resort	Wellness	17	23758	Wangels-Weissenhaus	51
Budersand *****S	Wellness	17	25997	Hörnum	57
Georgshöhe Strandhotel ****S	Wellness	17	26548	Norderney	36
Gräflicher Park Grand Resort ****S	Wellness|Gesundheit	17	33014	Bad Driburg	79
Jammertal Golf- & Spa-Resort ****	Wellness	17	45711	Datteln-Ahsen	81
Bollants im Park ****S	Wellness|Gesundheit	17	55566	Bad Sobernheim	109
Lauterbad ****S	Wellness	17	72250	Freudenstadt-Lauterbad	134
Engel Obertal *****S	Wellness	17	72270	Baiersbronn-Obertal	137
Mawell Resort	Wellness	17	74595	Langenburg	138
Reppert ****S	Wellness	17	79856	Hinterzarten	151
Das Tegernsee ****S	Wellness	17	83684	Tegernsee	166
Haubers Alpenresort ****S	Wellness|Gesundheit	17	87534	Oberstaufen-Kalzhofen	175
Jagdhof Röhrnbach *****	Wellness	17	94133	Röhrnbach	193
Regena Gesundheits-Resort ****	Gesundheit	17	97769	Bad Brückenau-Staatsbad	202

ZWEI LILIEN

Hotelname (nach PLZ)	Kategorie	Punkte	PLZ	Ort	Seite
Schumann ****S	Wellness	16	02681	Kirschau	127
Titanic Chaussee ****	Business|Wellness	16	10115	Berlin	98
Badhotel Sternhagen *****S	Wellness	16	27476	Cuxhaven-Duhnen	39
Deimann *****	Wellness	16	57392	Schmallenberg-Winkhausen	87
Elztalhotel ****S	Wellness	16	79297	Winden im Elztal	148
Zechmeisterlehen Alpenhotel ****S	Wellness	16	83471	Berchtesgaden-Schönau	164
Gertraud Gruber Schönheitsfarm	Beauty	16	83700	Rottach-Egern	167
Tannerhof	Gesundheit	16	83735	Bayrischzell	169
Bergkristall ****S	Wellness|Gesundheit	16	87534	Oberstaufen-Willis	177
Hubertus Alpin Lodge	Wellness	16	87538	Balderschwang	177
Panoramahotel Oberjoch ****S	Wellness	16	87541	Bad Hindelang-Oberjoch	179

CHLOSS ELMAU
UXURY SPA RETREAT & CULTURAL HIDEAWAY
Ein Gefühl von
grenzenloser Freiheit
& Großzügigkeit
www.schloss-elmau.de
schloss@elmau.de
VIRTUOSO
LEADING HOTELS
AH
ANDREW HARPER

Hotelname (nach PLZ)	Kategorie	Punkte	PLZ	Ort	Seite
Bad Clevers Kneipp-Sanatorium	Kur|Gesundheit	16	87730	Bad Grönenbach	182
Reischlhof ****s	Wellness	16	94110	Wegscheid	193
Schloss Gaußig	Wellness	15	02633	Doberschau-Gaußig	127
Ostseeblick Strandhotel ****s	Wellness	15	17424	Heringsdorf	62
The Grand Ahrenshoop	Wellness	15	18347	Ahrenshoop	68
Meerlust ****s	Wellness	15	18374	Zingst	70
Aspria Uhlenhorst	Business|Wellness	15	22085	Hamburg	49
Seehotel am Neuklostersee ****	Wellness	15	23992	Nakenstorf	75
Söl'ring Hof *****	Wellness	15	25980	Rantum	54
Fährhaus *****s	Wellness	15	25980	Sylt-Ost	55
Severin's Resort & Spa	Wellness	15	25980	Sylt-Ost	54
Stadt Hamburg	Wellness	15	25980	Westerland	56
Wachtelhof Landhaus *****s	Wellness	15	27356	Rotenburg an der Wümme	39
Haus Merbeck am Wald Schönheitsfarm	Beauty	15	41844	Wegberg-Merbeck	80
Voshövel Landhotel ****s	Wellness	15	46514	Schermbeck	83
Maharishi Ayurveda Privatklinik	Gesundheit	15	56130	Bad Ems	112
Waldhaus Ohlenbach ****	Wellness	15	57392	Schmallenberg-Ohlenbach	86
Traube Tonbach *****s	Wellness	15	72270	Baiersbronn-Tonbach	137
Aum Ayurveda-Kurzentrum	Gesundheit	15	74629	Pfedelbach-Gleichen	139
Casa Medica	Gesundheit	15	74834	Elztal-Dallau	140
Ritter Durbach ****s	Wellness	15	77770	Durbach	145
Öschberghof ****s	Wellness	15	78166	Donaueschingen-Aasen	146
Die Halde ****	Wellness	15	79254	Oberried-Hofsgrund	147
Wiesler Seehotel ****s	Wellness	15	79822	Titisee-Neustadt	149
Erfurths Bergfried ****s	Wellness	15	79856	Hinterzarten	150
Parkhotel Adler *****	Wellness	15	79856	Hinterzarten	151
Klosterhof Health Resort ****s	Wellness|Gesundheit	15	83457	Bayerisch Gmain	162
Sonnenalp Resort *****s	Wellness	15	87527	Ofterschwang	173
Schüle's Gesundheitsresort & Spa ****s	Kur|Wellness	15	87561	Oberstdorf	180
Birkenhof Landhotel ****s	Wellness	15	92431	Neunburg vorm Wald	185
Bayerwaldhof	Wellness	15	93444	Bad Kötzting	186
Holzapfel Hotels	Wellness|Kur	15	94072	Bad Füssing	188
Sterr Burghotel ****	Wellness	15	94234	Viechtach	195
Neue Post ****	Wellness	15	94249	Bodenmais	197
Lindenwirt ****	Wellness	15	94256	Drachselsried	197
Neumühle Romantikhotel ****	Wellness	15	97797	Wartmannsroth	203

EINE LILIE

Hotelname (nach PLZ)	Kategorie	Punkte	PLZ	Ort	Seite
Aspria Ku'damm	Business|Wellness	14	10711	Berlin	99
Grand Hyatt Berlin *****s	Business|Wellness	14	10785	Berlin	99
Gut Klostermühle	Wellness|Gesundheit	14	15518	Madlitz-Wilmersdorf	101
Das Ahlbeck ****s	Wellness	14	17419	Ahlbeck	62
Haferland ****	Wellness	14	18375	Wieck auf dem Darß	71
Am Meer & Spa ****s	Wellness	14	18609	Binz	72
Fairmont Vier Jahreszeiten *****s	Business|Wellness	14	20354	Hamburg	48

Hotelname (nach PLZ)	Kategorie	Punkte	PLZ	Ort	Seite
Seeschlösschen Grandhotel *****S	Wellness	14	23669	Timmendorfer Strand	50
Bayside ****S	Wellness	14	23683	Scharbeutz	51
Alter Meierhof *****S	Wellness	14	24960	Glücksburg an der Ostsee	53
Achterdiek Romantikhotel ****S	Wellness	14	26571	Juist	36
Kurhaus Juist Strandhotel ****S	Wellness	14	26571	Juist	37
Freund ****S	Wellness	14	34516	Vöhl-Oberorke	119
Menschels Vitalresort ****	Kur|Gesundheit	14	55566	Bad Sobernheim	110
Rimberg ****	Wellness	14	57392	Schmallenberg	85
Falkenstein Grand Kempinski *****S	Business|Wellness	14	61462	Königstein im Taunus	121
Lösch für Freunde	Wellness	14	66500	Hornbach	114
Der Europäische Hof *****S	Business|Wellness	14	69117	Heidelberg	134
Therme Bad Teinach ****S	Wellness	14	75385	Bad Teinach	141
Berlins Kronelamm ****S	Wellness	14	75385	Bad Teinach-Zavelstein	141
Brenners Park-Hotel & Spa *****S	Wellness	14	76530	Baden-Baden	143
Adler Naturparkhotel ****S	Wellness	14	77709	Wolfach-St. Roman	145
Treschers Schwarzwaldhotel am See ****S	Wellness	14	79822	Titisee-Neustadt	149
Bayerischer Hof *****	Business|Wellness	14	80333	München	156
Wellnessgarten ****	Wellness	14	83329	Waging am See	161
Alpenhof Almhotel ****S	Wellness	14	83471	Berchtesgaden-Schönau	164
Hofgut Hafnerleiten	Wellness	14	84364	Bad Birnbach	170
Mittelburg ****S	Wellness	14	87466	Oy-Mittelberg	172
Exquisit ****S	Wellness	14	87561	Oberstdorf	180
König Ludwig Resort Allgäu ****	Wellness	14	87645	Schwangau	182
F. X. Mayr Zentrum Bodensee	Gesundheit	14	88662	Überlingen-Hödingen	153
Birkenhof Grafenwiesen ****	Wellness	14	93479	Grafenwiesen	187
Falkenhof Bio-Vitalhotel ****	Wellness	14	94072	Bad Füssing	188
Oswald Landromantik ****S	Wellness	14	94244	Kaikenried	195
Bodenmaiser Hof ****S	Wellness	14	94249	Bodenmais	195
Mooshof ****S	Wellness	14	94249	Bodenmais	196
Eibl-Brunner ****	Wellness	14	94258	Frauenau	198
Kurzentrum Weißenstadt ****	Kur	14	95163	Weißenstadt	200
Lindner Weimarer Land ****S	Wellness	14	99444	Blankenhain	94
Spreewald Thermenhotel ****	Wellness	13	03096	Burg im Spreewald	100
Adlon Kempinski *****S	Business|Wellness	13	10117	Berlin	98
A-Rosa Scharmützelsee	Wellness	13	15526	Bad Saarow	102
Esplanade Resort & Spa ****S	Wellness	13	15526	Bad Saarow	102
Residenz am Motzener See ****	Wellness|Gesundheit	13	15749	Mittenwalde-Motzen	103
Sommerfeld ****S	Wellness	13	16766	Kremmen-Sommerfeld	105
Bornmühle ****	Wellness	13	17094	Groß Nemerow	60
Burg Schlitz Schlosshotel	Wellness	13	17166	Hohen Demzin	60
Ahlbecker Hof Romantik-Seehotel *****	Wellness	13	17419	Ahlbeck	62
Steigenberger Grandhotel Heringsdorf	Wellness	13	17424	Heringsdorf	63
Strandhotel Heringsdorf ****	Wellness	13	17424	Heringsdorf	64
Travel Charme Strandidyll ****S	Wellness	13	17424	Heringsdorf	64
Neptun *****	Wellness	13	18119	Rostock-Warnemünde	66
Yachthafenresidenz Hohe Düne	Wellness	13	18119	Rostock-Warnemünde	66
Travel Charme Ostseehotel ****S	Wellness	13	18225	Kühlungsborn	67
Fischland Strandhotel ****S	Wellness	13	18347	Dierhagen	69

Hotelname (nach PLZ)	Kategorie	Punkte	PLZ	Ort	Seite
Roewers Privathotel *****	Wellness	13	18586	Sellin	72
Grand Hotel Binz *****	Wellness	13	18609	Binz	73
Travel Charme Kurhaus Binz	Wellness	13	18609	Binz	73
Park Hyatt *****s	Business|Wellness	13	20095	Hamburg	48
Atlantic Kempinski *****s	Business|Wellness	13	20099	Hamburg	48
A-Rosa Travemünde	Wellness	13	23570	Lübeck-Travemünde	49
Atlantic Grandhotel *****s	Wellness	13	23570	Lübeck-Travemünde	50
Stricker Landhaus *****s	Wellness	13	25980	Tinnum	55
A-Rosa Sylt *****s	Wellness	13	25992	List	56
Jagdhaus Eiden Romantikhotel ****s	Wellness	13	26160	Bad Zwischenahn	34
Pabst ****s	Wellness	13	26571	Juist	37
Köhlers Forsthaus ****	Wellness	13	26605	Aurich	38
Dorint Park Hotel Bremen *****s	Business|Wellness	13	28209	Bremen	34
Schloss Münchhausen *****	Wellness	13	31855	Aerzen	41
Stryckhaus Romantikhotel ****	Wellness	13	34508	Willingen-Stryck	118
Sonne Frankenberg ****s	Wellness	13	35066	Frankenberg	120
Göbel's Schlosshotel *****	Wellness	13	36289	Friedewald	120
Romantischer Winkel *****	Wellness	13	37441	Bad Sachsa	43
Wasserschloss Westerburg ****s	Wellness	13	38836	Dedeleben-Westerburg	131
Tannenhäuschen Waldhotel ****s	Wellness	13	46487	Wesel	83
Schloss Bensberg Grandhotel *****s	Business|Wellness	13	51429	Bergisch Gladbach	84
Reyer Landhaus Schönheitsfarm	Beauty	13	53894	Mechernich-Kommern	85
Stromberg Land- & Golfhotel ****s	Wellness	13	55442	Stromberg-Bingen	109
Kloster Arenberg	Gesundheit	13	56077	Koblenz	111
Häcker's Grandhotel	Wellness|Gesundheit	13	56130	Bad Ems	112
Ayurveda Parkschlösschen *****	Gesundheit	13	56841	Traben-Trarbach	113
Häcker's Fürstenhof *****	Wellness	13	56864	Bad Bertrich	114
Siegfriedbrunnen ****s	Wellness	13	64689	Grasellenbach	122
Forsthaus Auerhahn ****	Wellness	13	72270	Baiersbronn	135
Heselbacher Hof ****	Wellness	13	72270	Baiersbronn	136
Ayurveda Garden	Gesundheit	13	74906	Bad Rappenau	141
Dollenberg *****s	Wellness	13	77740	Bad Peterstal-Griesbach	145
Salinensee	Wellness	13	78073	Bad Dürrheim	146
Das Graseck ****s	Wellness	13	82467	Garmisch-Partenkirchen	157
Gut Ising ****s	Wellness	13	83339	Chieming-Ising	161
Kempinski Berchtesgaden *****s	Wellness	13	83471	Berchtesgaden	163
Überfahrt Seehotel *****s	Wellness	13	83700	Rottach-Egern	167
Sonnengut ****s	Wellness	13	84364	Bad Birnbach	170
Rosenalp ****s	Gesundheit|Wellness	13	87534	Oberstaufen	175
Prinz-Luitpold-Bad ****	Wellness|Kur	13	87541	Bad Hindelang-Bad Oberdorf	179
Villino	Wellness	13	88131	Lindau	183
König Landhaus ****	Gesundheit	13	88167	Grünenbach	183
Buchinger Wilhelmi	Gesundheit	13	88662	Überlingen	153
Mühlbach Thermal Spa ****s	Wellness|Kur	13	94072	Bad Füssing	189
Mürz ****	Wellness|Kur	13	94072	Bad Füssing	190
St. Wolfgang *****	Kur|Wellness	13	94086	Bad Griesbach-Therme	192
Dorint Resort & Spa Bad Brückenau ****s	Wellness	13	97769	Bad Brückenau-Staatsbad	202

Helgoland
Nordsee
1
6
8
3
Norderney
Juist
Borkum
2
Bremerhaven
7
5
Oldenburg
Bremen
A
11
4
Osnabrück
Hannove
Weserbergland
10
NIEDER-
SACHSEN
20 km

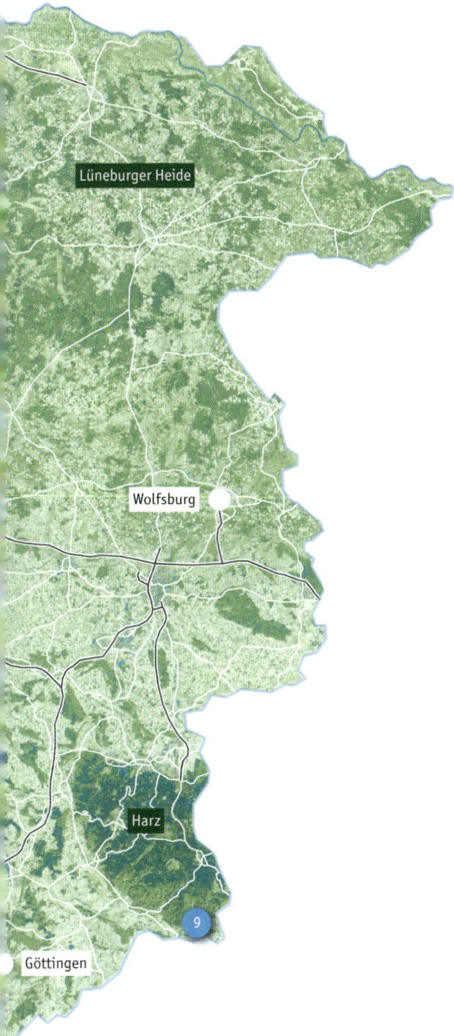

ALLE LILIEN-HOTELS IN **NIEDERSACHSEN**

	Hotel	Seite
1	**Achterdiek Romantikhotel** ****s	36
2	**Badhotel Sternhagen** *****s	39
3	**Georgshöhe Strandhotel** ****s	36
4	**Gut Varendorf Schönheitsfarm**	45
5	**Jagdhaus Eiden Romantikhotel** ****s	34
6	**Kurhaus Juist Strandhotel** ****s	37
7	**Köhlers Forsthaus** ****	38
8	**Pabst** ****s	37
9	**Romantischer Winkel** *****	43
10	**Schloss Münchhausen** *****	41
11	**Wachtelhof Landhaus** *****s	39

LILIEN-HOTEL IN **BREMEN**

	Hotel	Seite
A	**Dorint Park Hotel Bremen** *****s	34

Business | Wellness 10

Best Western Zur Post ****

Am Hauptbahnhof – Bremen

- 28195 Bremen, Bahnhofsplatz 11, ☏ 0421-3059-0

Business | Wellness 13

Dorint Park Hotel Bremen *****s

Zentrumsnahe Grünruhelage im Bürgerpark – Bremen

Hundefreundlich. Ein sichtlich ergrauter Grandseigneur, er war einmal inhabergeführt und genoss als bestes Haus am Platz einen legendären Ruf, seit drei Jahren wird er von der Dorint-Kette betrieben, was man irgendwie als Sparen am Gast empfindet, an der fabelhaften Lage hat sich freilich nichts geändert: Bahnhof und Innenstadt sind nahe, dennoch wohnt man im Grünen. Zimmer gibt es in 11 Kategorien, sie sind etwas in die Jahre gekommen, jene vom Typ Standard sind außerdem sehr klein. Das ebenfalls nicht mehr ganz taufrische Spa ist laut Prospekt 1.200 m² groß, in Wirklichkeit ist die vollmundig als „World of Water" bezeichnete Zone mit Whirlpool, Saunen, Ruhezone und Außenpool regelrecht winzig und bestenfalls ein Bruchteil davon. Geboten werden ein 13 m langer Außenpool – das ist für ein City-Hotel natürlich etwas ganz Besonderes –, Liegewiese und gute Treatments sowie etwa auch Yoga und Pilates, die insgesamt vier Saunen öffnen um 7 und schließen um 22 Uhr. Schöne Bar für Raucher, bei Küche und Service gibt es noch deutlich Luft nach oben, und fortwährend ertappt man sich dabei, Indizien für fünfeinhalb Sterne zu suchen. Viele Hochzeiten und Events, die bisweilen gut hörbar bis in den frühen Morgen dauern. Der unten angeführte Preis ist von der Auslastung abhängig („Flex-Tarif") und kann in der Praxis erheblich höher sein. Garage (nötig) gegen 20 Euro pro Tag. Ungeeignet für Kinder. 9 Liegen, 275 Betten.
Freibecken, Sauna, Dampfbad, Massagen, Kosmetik, Fitnessstudio. NF ab € 104,50.

- 28209 Bremen, Im Bürgerpark, ☏ 0421-3408-0

Wellness 11

Munte am Stadtwald ****

Zentrumsnahe Stadtlage in Bremen

- 28213 Bremen, Parkallee 299, ☏ 0421-2202-0

Business | Wellness 11

Holst ***s

Ortsrandlage in Rosengarten – 30 km südlich von Hamburg

- 21224 Rosengarten, Hauptstr. 29, ☏ 04108-591-0

Wellness 11

Zur Heidschnucke ****

Grünruhelage am Ortsrand – Lüneburger Heide

- 21271 Asendorf, Zum Auetal 14
  ☏ 04183-976-0

Wellness 12

Sellhorn ****

Ortslage in Hanstedt – Lüneburger Heide

- 21271 Hanstedt, Winsener Straße 23
  ☏ 04184-801-0

Business | Wellness 10

Bergström ****s

Ruhige Zentrumslage in Lüneburg

- 21335 Lüneburg, Bei der Lüner Mühle
  ☏ 04131-308-0

Wellness 12

Best Western Castanea Resort ****s

Grünruhelage bei Lüneburg – Lüneburger Heide

- 21365 Adendorf, Scharnebecker Weg 25
  ☏ 04131-2233-0

Wellness 10

Helnan Reinstorf ***

Grünruhelage am Ortsrand – 60 km südöstlich von Hamburg

- 21400 Reinstorf, Alte Schulstraße 6, ☏ 04137-809-0

Wellness 11

Am Medemufer ***s

Zentrumslage in Otterndorf – Nähe Cuxhaven

- 21762 Otterndorf, Goethestraße 15
  ☏ 04751-9999-0

Wellness 13

Jagdhaus Eiden Romantikhotel ****s

Grünruhelage am See – 65 km westlich von Bremen

Hunde- und familienfreundlich. In einem weitläufigen Park schön und sehr ruhig gelegener, familiengeführter Traditionsbetrieb mit Spielcasino. Er bietet stark unterschiedliche Zimmer in 12 Varianten (DZ von 26 bis 75 m²), entweder mit Ausblick auf das Zwischenahner Meer oder auf den Parkplatz, alle haben Teppichböden, nicht alle sind ganz auf der Höhe der Zeit, ein weiteres Logiergebäude mit modernen Zimmern und Suiten wurde vor drei Jahren errichtet. Das inwendig nicht allzu große Spa bietet unter anderem ein 12 m langes Hallenbad, einen netten Außenbereich mit Sauna, Whirlpool und Liegewiese, gute Massagen sowie eine lustige „Strandwagensauna", die man auch exklusiv buchen kann, im Sommer gibt's einen Badestrand am nahen See, die insgesamt drei Indoor-Saunen schließen um 22 Uhr. Freundliche Mitarbeiter, viele alte Stammgäste. 48 Liegen, 200 Betten.
Hallenbad, Außensauna, Sauna, Dampfbad, Massagen, Kosmetik, Fitnessgeräte. 18-Loch-Parcours in 6 km, 30 % Greenfee-Rabatt. HP ab € 81,50.

- 26160 Bad Zwischenahn, Eiden 9
  ☏ 04403-698-000

Wellness 10

Seehotel Fährhaus ****

Grünruhelage am See – 65 km westlich von Bremen

- 26160 Bad Zwischenahn, Auf dem Hohen Ufer 8
  ☎ 04403-600-0

Wellness 10

Seeschlösschen Dreibergen ****

Grünlage am See – 65 km westlich von Bremen

- 26160 Bad Zwischenahn, Dreiberger Straße 21-23
  ☎ 04403-987-0

Wellness 10

Villa am Park garni ****

Grünruhelage in Bad Zwischenahn – 65 km von Bremen

- 26160 Bad Zwischenahn, Unter den Eichen 30
  ☎ 04403-93650

Wellness 10

Flairhotel Hubertus ****

Ortslage bei Bad Zwischenahn – 65 km von Bremen

- 26160 Bad Zwischenahn, Hauptstr. 32, ☎ 04403-9352

Wellness 11

Upstalsboom Landhotel Friesland ****s

Grünruhelage bei Varel – 75 km nordwestlich von Bremen

- 26316 Varel, Mühlenteichstraße 78, ☎ 04451-9210

Wellness 12

Atlantic Wilhelmshaven ****

Am Hafen in Wilhelmshaven – 100 km von Bremen

- 26382 Wilhelmshaven, Jadeallee 50
  ☎ 04421-77338-170

Wellness 10

Leuchtfeuer ****

Am Marktplatz in Horumersiel – 115 km von Bremen

- 26434 Horumersiel, Pommernweg 1, ☎ 04426-99030

Wellness 11

Nakuk

Grünruhelage bei Horumersiel – 115 km von Bremen

- 26434 Wangerland-Horumersiel, Wiardergroden 22
  ☎ 04426-904400

Wellness 10

Aparthotel garni ****

An der B72 in Norden – Ostfriesland

- 26506 Norden, Norddeicher Straße 86
  ☎ 04931-95780-0

Wellness 9

Deichkrone Familotel ****

Ruhige Ortslage in Norddeich – Ostfriesland

- 26506 Norddeich, Muschelweg 21, ☎ 04931-92828-28

Wellness 11

Regina Maris ****

An der Strandpromenade in Norddeich – Ostfriesland

- 26506 Norddeich, Badestraße 7c
  ☎ 04931-1893-0

Wellness ♣♣♣ 17

Georgshöhe Strandhotel ****s

Zentral an der Strandpromenade in Norderney – Ostfriesland

Familienfreundlich. Ein großes, familiengeführtes Hotel, es ist das erste am Platz, sprich auf der Insel, die kaum zwei Kilometer breit und etwa siebenmal so lang und zum größten Teil unbewohnt ist. Das Haus liegt in dem kleinen Städtchen, die Lage ist außerordentlich prominent, nämlich ebenso zentral wie ruhig, zudem praktisch direkt am Strand. Der Grundriss ist durch mehrere Anbaustufen mehr oder weniger verwinkelt, die Zimmer hingegen können sich wirklich sehen lassen: Es gibt sie in 21 Varianten (DZ von 26 bis 72 m²), sie sind nordisch-minimalistisch gestaltet und mehrheitlich bestens ausgestattet, die Möbel präsentieren Trenddesign von Interlübke und Poltrona Frau, die Leuchten von Artemide ihre eigene, klare Formensprache. Manche Zimmer haben Glaswände, die auf Knopfdruck undurchsichtig werden, viele haben feine Holzböden, Balkon sowie bodentiefe Fenster, weshalb man hier den herrlichen Ausblick auf das Meer und das grandiose Spiel von Wolken und Licht so wunderbar genießen kann. Und jede Tageszeit hat ihr eigenes Licht, die Abende mit tiefstehender Sonne, die Sonnenuntergänge – einige Zimmer bieten übrigens große, ausklappbare Spiegel, damit man selbst aus dem Badezimmer dieses große Kino miterleben kann. All das entbietet sich freilich nur unter der Voraussetzung, dass man ein Zimmer zur Seeseite hin gebucht hat. Das Spa ist nach Lage und Zimmern das dritte Highlight des Hauses, es ist auf Original-Thalasso spezialisiert, also auf Behandlungen mit Algen, Meersalz und Meerwasser. Unter anderem geboten werden schöne Ruhezonen, eine Schneekabine, ein sehr guter Fitnessraum, Liegewiese sowie zwei Pools mit schwimmbaren Grundrissen – einer davon ist 25 m lang –, weiters gute Treatments sowie ein kleines Aktivprogramm, die insgesamt sechs Saunen schließen um 20 Uhr, an Wochentagen um 21 Uhr. Feines Frühstücksbuffet, etwas verbesserungsfähiges Service. Keine Tagungen und Events. 54 Liegen, 260 Betten. (Foto Seite 35)

Meerwasserfreibecken, Meerwasserfreibecken (Sommer), Meerwasserhallenbad, Sauna, Dampfbad, Massagen, Kosmetik, Fitnessstudio, Personal Trainer. 9-Loch-Parcours in 6 km, 20 % Greenfee-Rabatt.

HP ab € 105,–.

- 26548 Norderney, Kaiserstraße 24
  ☎ 04932-898-0

Wellness 10

Germania Strandhotel ****

An der Strandpromenade in Norderney – Ostfriesland

- 26548 Norderney, Kaiserstraße 1, ☎ 04932-88-2001

Kur 9

Haus Waterkant garni

An der Strandpromenade in Norderney – Ostfriesland

- 26548 Norderney, Kaiserstr. 7-9, ☎ 04932-800-100

Wellness 10

Nordstrandperle garni

Ruhelage in Strandnähe in Norderney – Ostfriesland

- 26548 Norderney, Moltkestraße 2-5, ☎ 04932-873-0

Wellness 9

Vier Jahreszeiten Inselhotel ****

Zentrale Ortslage in Norderney – Ostfriesland

- 26548 Norderney, Herrenpfad 25
  ☎ 04932-894-601

Wellness ♣ 14

Achterdiek Romantikhotel ****s

Ruhelage am Ortsrand in Juist (autofrei!) – Ostfriesland

Familienfreundlich. Gemütliches Hotel in angenehmer Größe, es wird von einer jungen Familie geführt und liegt in der Nähe des kleinen Hafens auf der strandfernen Seite der Insel. Das Haus ist verwinkelt angelegt, aber charmant und behaglich eingerichtet, Zimmer gibt es in acht Kategorien (DZ von 21 bis 67 m²), die meisten haben Teppichböden und Balkon. Der Bereich für Pools, Saunen und Ruhezonen ist laut Werbung etwa 550 m² groß – und das stimmt tatsächlich! Richtig erfreulich, das, und kaum zu glauben, weil viele Hoteliers mit der Größe ihres Wellnessbereichs geradezu maßlos übertreiben – wir führen in dieser Ausgabe ja nur einige Extremfälle an. Das Spa bietet jedenfalls unter anderem Innenpool und Whirlpool, täglich gibt es ein kleines Aktivprogramm, die insgesamt vier Saunen schließen um 20 Uhr. Liegewiese, zum Strand sind's fünf Gehminuten. Restaurantterrasse, sehr gute bis ausgezeichnete Küche, eine süße Nachmittagsjause und Turn-down-Service sind im Preis inkludiert. Freundliches Umfeld, präsente Gastgeber, viele alte Stammgäste. 36 Liegen, 96 Betten.

Hallenbad, Außensauna, Dampfbad, Massagen, Kosmetik.

HP ab € 130,–.

- 26571 Juist, Wilhelmstraße 36, ☎ 04935-804-0

Wellness 10

Atlantic Juist Apartmenthotel ****

Zentrale Ortslage in Juist (autofrei!) – Ostfriesland

- 26571 Juist, Wilhelmstraße 13, ☎ 04935-92190-0

Wellness 11

Freese Nordseehotel ****

Zentrale Ortslage in Juist (autofrei!) – Ostfriesland

- 26571 Juist, Wilhelmstraße 60-61
  ☎ 04935-8010

Wellness 9

Friesenhof ***

Zentrale Ortslage in Juist (autofrei!) – Ostfriesland

- 26571 Juist, Strandstraße 21, ☎ 04935-806-0

Wellness 14

Kurhaus Juist Strandhotel ****s

Grünruhelage am Strand in Juist (autofrei!) – Ostfriesland

Kinderfreundlich. Kein Hotel auf der Insel liegt schöner als dieses, nämlich so nah am Strand – der ist übrigens 17 km lang –, mit so herrlicher Aussicht aufs Meer. Und kein Gebäude auf der Insel mutet so beeindruckend an wie dieses. Es handelt sich um ein im Seebäderstil des späten 19. Jahrhunderts errichtetes „weißes Schloss am Meer", mit altem Grandhotelflair, mit hohen Räumen und viel Charme. Fein ist das Sitzen im historischen Speisesaal mit seinen Kronleuchtern, die Tische sind geradezu luxuriös weit voneinander angeordnet – so etwas ist heute, in Zeiten ständig fortschreitender Ökonomisierung, bereits eine echte Rarität. Ein Erlebnis ist auch die Glaskuppel am Dach, von der man berührende Sonnenuntergänge verfolgen kann. Zimmer gibt es in neun Kategorien (DZ von 20 bis 83 m^2), alle haben Holzböden und ein angenehm schlichtes nordisches Flair. Kleines, bescheiden ausgestattetes Spa mit Thalasso-Orientierung, der Pool ist knapp 11 m lang, die zwei Saunen schließen um 21 Uhr. Freundliche Mitarbeiter, beim Service gibt es noch etwas Luft nach oben. Täglich sechseinhalb Stunden Betreuung für Kinder ab drei Jahren. 10 Liegen, 150 Betten.

Hallenbad, Sauna, Dampfbad, Massagen, Kosmetik, Fitnessgeräte.

NF ab € 85,–.

- 26571 Juist, Strandpromenade 1
  ☎ 04935-916-0

Wellness 13

Pabst ****s

Zentrale Ortslage in Juist (autofrei!) – Ostfriesland

Familienfreundlich. Ein inhabergeführtes Traditionshaus, es liegt an der Flaniermeile des Inseldorfes und dennoch unweit vom Strand, nämlich gleich hinter der Düne. Saubere, stark unterschiedliche Zimmer (DZ von 22 bis 40 m^2) – nicht alle begeistern –, kleines Spa mit Sonnenterrasse und guten Treatments, die insgesamt vier Saunen schließen um 19 Uhr. Frühstück bis 12 Uhr, ausgesprochen freundliche Crew, das abendliche Turndown-Service ist inkludiert. 15 Liegen, 131 Betten.

Solehallenbad, Sauna, Massagen, Kosmetik, Fitnessgeräte. HP ab € 131,50.

- 26571 Juist, Strandstraße 15-16, ☎ 04935-805-0

Wellness 13

Köhlers Forsthaus ****

Grünruhelage am Ortsrand in Aurich – Ostfriesland

Hunde- und familienfreundlich. Ein familiengeführter Landgasthof, er liegt an einem Weiher und bietet ein gemütliches, aber nicht überall ganz taufrisches Ambiente. Die Zimmer sind teilweise renoviert, jene vom Typ Standard sind äußerst klein, alle haben Teppichböden. Das Spa bietet unter anderem einen ganz bescheidenen Pool, sehr gute Massagen und eine richtig nette Saunazone mit dazugehörigem Garten, die insgesamt drei Saunen schließen um 22 Uhr. Freundliche Mitarbeiter, gemütliche Restaurantterrasse mit Morgen- und Abendsonne, gute Küche. Jogging-Strecke. 28 Liegen, 90 Betten.

Hallenbad, Außensauna, Sauna, Dampfbad, Massagen, Kosmetik. 27-Loch-Parcours in 27 km. HP ab € 87,–.

- 26605 Aurich, Hoheberger Weg 192, ☎ 04941-17920

Wellness 10

Voss ****

Ruhelage im Zentrum in Westerstede – Nähe Oldenburg

- 26655 Westerstede, Bahnhofstr. 17, ☎ 04488-5190

Wellness 10

Romantik-Hof ****

Grünlage am Ortsrand in Greetsiel – Ostfriesland

- 26736 Greetsiel, Ankerstraße 4, ☎ 04926-92684-0

Wellness 11

Vitalis Greetsiel ****

Grünlage am Ortsrand in Greetsiel – Ostfriesland

- 26736 Greetsiel, Hafenstraße 2, ☎ 04926-9262-0

Wellness | Kur 9

Miramar ****

Am Ende der Strandpromenade in Borkum – Ostfriesland

- 26757 Borkum, Am Westkaap 20
  ☎ 04922-9123-0

Kur | Wellness 10

Nordsee ****

An der Strandpromenade in Borkum – Ostfriesland

- 26757 Borkum, Bubertstraße 9
  ☎ 04922-308-0

Wellness 11

Vier Jahreszeiten Inselhotel ****

Zentrale Lage beim Bahnhof in Borkum – Ostfriesland

- 26757 Borkum, Georg-Schütte-Platz 4
  ☎ 04922-920-0

Wellness 10

Vier Jahreszeiten Strandhotel ****

An der Strandpromenade in Borkum – Ostfriesland

- 26757 Borkum, Bismarckstr. 40, ☎ 04922-9220

Wellness 15

Wachtelhof Landhaus *****s

Grünlage am Ortsrand – 50 km östlich von Bremen

Familienfreundlich. Gut geführter, niveauvoller Luxuslandgasthof mit Hideaway-Charakter, er wurde vor mehr als 25 Jahren eröffnet, empfängt so pittoresk wie blumengeschmückt, zudem mit einem überraschenden Willkommensritual: „Bei uns ist es Tradition, die Gäste mit Eierlikör zu begrüßen, wollen Sie an dieser Tradition teilhaben?" Das ist formvollendet formuliert – bei einem derartigen Getränk, das nicht jedermanns Sache ist. Das Ambiente präsentiert sich in zeitgemäßer Gediegenheit, alles zeigt sich bestens gepflegt und glänzend sauber, die Lobby und das Restaurant wurden vor kurzem überaus gelungen modernisiert, auch die Zimmer sollen schrittweise erneuert werden, obwohl sie es gar nicht nötig hätten. Sie sind zumeist großzügig geschnitten und liebevoll eingerichtet, alle haben Marmorbäder. Das kleine Spa bietet stimmungsvoll arrangierte Details, ein rund um die Uhr geöffnetes Schwimmbad und sehr gute Massagen, die insgesamt drei Saunen schließen nach großzügigen Öffnungszeiten um 21 Uhr. Weiters erwähnenswert: die Liegewiese in einem prachtvollen Garten mit alten Bäumen. Restaurantterrasse, wunderbares Frühstücksbuffet, sehr gute Küche, feine Tischkultur, großartige Weinkarte mit kompetenter Beratung, freundliche und zuvorkommende Mitarbeiter. Kinderbetreuung nach Vereinbarung. 17 Liegen, 76 Betten. Hallenbad, Sauna, Dampfbad, Massagen, Kosmetik, Ayurveda, Fitnessgeräte. 18-Loch-Parcours in 11, 18, 24 und 28 km, bis zu 20 % Greenfee-Rabatt.
HP ab € 135,50.

- 27356 Rotenburg an der Wümme, Gerberstraße 6
  ☎ 04261-853-0

Wellness 10

Deichgraf ****

Strandnähe in Döse – Cuxhaven

- 27476 Döse, Nordfeldstr. 16-20, ☎ 04721-405-0

Wellness 10

Kleine Perle garni ***

Zentrale Ortslage in Döse – Cuxhaven

- 27476 Döse, Hinter der Kirche 26, ☎ 04721-4097-0

Wellness 16

Badhotel Sternhagen *****s

An der Strandpromenade in Duhnen – Nähe Cuxhaven

Wunderschön am Strand gelegen: Ein liebenswertes

Badhotel Sternhagen

Kleinhotel, es verharrt jenseits vom Einheitsbrei des hotelmäßigen Mainstreams, ist in seiner Art wohl eines der letzten, und es es ist durch und durch altmodisch. Damit ist freilich nicht nur das Ambiente mit seinen Ölgemälden, dunklen Holzdecken und viele detailgetreuen Schiffsmodellen gemeint, sondern vor allem auch das Hochhalten von alten Hoteltugenden. Also den vielen Kleinigkeiten, die anderswo längst dem kalkulierenden Rotstift zum Opfer gefallen sind, die aber das Leben gleich so viel schöner machen. Darunter etwa die Anrede stets mit dem Namen, der großzügige Abstand der Restauranttische untereinander, die sofortige Gepäckhilfe durch den eilfertigen Pagen oder einfach frische Blumen am Tisch. Die Zimmer sind stets bestens gepflegt und ausnahmslos großzügig geschnitten, nämlich 30 bis 80 m² groß, das Flair changiert zwischen plüschiger Eleganz der frühen 1990er Jahre und – seltener – zeitgemäß maritimen Interieurs. Zimmern mit direktem Ausblick auf das Wattenmeer gilt unsere wärmste Empfehlung – das Schauspiel von Licht und Wolken ist einfach grandios. Ärgern muss man sich jedenfalls nicht: Dinge wie ordentliche Hosenbügel oder Steckdosen für die vielen elektronischen Begleiter sind reichlich vorhanden, und die Bademantelschnur ist schon eingefädelt. Das Spa bietet unter anderem vier zumeist kleine Meerwasserpools mit unterschiedlichen Temperaturen, gute Treatments sowie Original-Thalassotherapie, also Behandlungen mit Meerwasser, Algen und Meersalz. Weiters gibt es eine Liegewiese, die kleine Saunazone wurde vor kurzem renoviert, die insgesamt drei Saunen schließen um 21 Uhr. Höfliche und stets wunderbar bemühte Crew, gutes Frühstücksbuffet, solide zubereitete, sehr gute Küche – dabei bewerten wir wie immer die Halbpension und nicht etwa das À-la-carte-Restaurant Sterneck, das vom Guide Michelin mit zwei Sternen bedacht wurde. Barbereich für Raucher, großartiger Weinkeller mit fairen Preisen, reiche Auswahl an Digestifs und Malts. Keine Tagungen, keine Events, keine externen Gäste im Spa. Viele alte Stammgäste, ungeeignet für Kinder. 29 Liegen, 86 Betten.
Meerwasserhallenbad, Sauna, Dampfbad, Massagen, Kosmetik, Fitnessgeräte. 18-Loch-Parcours in 10 km, 20 % Greenfee-Rabatt. HP ab € 160,–.

- 27476 Cuxhaven-Duhnen, Cuxhavener Straße 86
☎ 04721-434-0

Wellness 11

Strandhotel Duhnen ****

An der Strandpromenade in Duhnen – Nähe Cuxhaven

- 27476 Duhnen, Duhner Strandstr. 5-9, ☎ 04721-403

Wellness 10

Strandperle *****

An der Strandpromenade in Duhnen – Nähe Cuxhaven

- 27476 Duhnen, Duhner Strandstr. 15, ☎ 04721-4006

Wellness 12

Bösehof Romantikhotel ****s

Grünruhelage am Ortsrand – 80 km nördlich von Bremen

- 27624 Bad Bederkesa, Hauptmann-Böse-Straße 19
☎ 04745-948-0

Business | Wellness 11

Fürstenhof Celle *****

Zentrumsnahe Grünlage in Celle – 30 km von Hannover

- 29221 Celle, Hannoversche Straße 55-56
☎ 05141-201-0

Business | Wellness 11

Celler Tor ****s

Zentrale Ortslage bei Celle – Lüneburger Heide

- 29229 Celle, Scheuener Str. 2, ☎ 05141-590-0

Wellness | Kur 12

Prange Pension ***

Grünruhelage nordöstlich von Celle – Lüneburger Heide

- 29386 Obernholz-Schweimke, Gosemühlenweg 5
☎ 05832-598

Wellness 10

La Vital ****

Grünruhelage – 35 km nordwestlich von Wolfsburg

- 29392 Wesendorf, Alte Heerstr. 45, ☎ 05376-9796-0

Wellness 10

Parkhotel Hitzacker ****

Grünlage am Ortsrand in Hitzacker – Lüneburger Heide

- 29456 Hitzacker an der Elbe, Am Kurpark 3
☎ 05862-977-0

Wellness 9

Waldfrieden ***

Grünruhelage am Ortsrand in Hitzacker – Lüneburger Heide

- 29456 Hitzacker an der Elbe, Weinbergsweg 25
☎ 05862-9672-0

Wellness 10

Ferienclub Lüneburger Heide

Absolute Grünruhelage bei Göhrde – Lüneburger Heide

- 29473 Göhrde, Kamerun 1, ☎ 05862-170

Wellness 10

Kenners Landlust

Grünruhelage Nähe Görde – Lüneburger Heide

- 29473 Göhrde, Dübbekold 1, ☎ 05855-979300

Wellness 11

Rundlingsdorf Sagasfeld

Grünruhelage bei Göhrde – Lüneburger Heide

- 29473 Göhrde, Metzingen 1, ☎ 05862-6031

Wellness 11

Erstes deutsches Kartoffelhotel ***
Grünruhelage am Ortsrand – Lüneburger Heide
- 29482 Küsten, Lübeln 1, ☎ 05841-136-0

Wellness 11

Amtsheide Golf & Wellness ****
Grünlage am Ortsrand in Bad Bevensen – Lüneburger Heide
- 29549 Bad Bevensen, Zur Amtsheide 5 und 14 ☎ 05821-851

Wellness | Kur 11

Ascona ****
Grünlage am Ortsrand in Bad Bevensen – Lüneburger Heide
- 29549 Bad Bevensen, Zur Amtsheide 4 ☎ 05821-55-0

Wellness | Kur 10

Fährhaus ****
Grünlage am Ortsrand in Bad Bevensen – Lüneburger Heide
- 29549 Bad Bevensen, Alter Mühlenweg 1 ☎ 05821-500-0

Kur | Wellness 9

Goldener Hirsch ***
Grünlage am Ortsrand in Bad Bevensen – Lüneburger Heide
- 29549 Bad Bevensen, Zur Amtsheide 10-12 ☎ 05821-9821-0

Wellness | Kur 11

Grüning ****
Grünlage am Ortsrand in Bad Bevensen – Lüneburger Heide
- 29549 Bad Bevensen, Haberkamp 2, ☎ 05821-9840

Wellness | Kur 10

Haus am Walde ***
Grünlage in Bad Bevensen – Lüneburger Heide
- 29549 Bad Bevensen, Roggenkamp 11 ☎ 05821-9824-0

Wellness | Kur 10

Kieferneck ****
Grünruhelage am Ortsrand – Lüneburger Heide
- 29549 Bad Bevensen, Lerchenweg 1, ☎ 05821-56-0

Kur | Wellness 10

Sonnenhügel ***s
Grünlage am Ortsrand in Bad Bevensen – Lüneburger Heide
- 29549 Bad Bevensen, Zur Amtsheide 9, ☎ 05821-541

Beauty 12

Beautyfarm Bötzelberg
Grünruhelage am Ortsrand – Lüneburger Heide
- 29556 Suderburg, Bauernstraße 35, ☎ 05826-1467

Wellness 10

Schnuck Landhotel ***
Grünruhelage am Ortsrand – Lüneburger Heide
- 29640 Schneverdingen, Osterwaldweg 55 ☎ 05193-808-0

Business | Wellness 11

Crowne Plaza ****s
Ruhige Zentrumslage in Hannover
- 30175 Hannover, Hinüberstraße 6, ☎ 0511-3495-0

Wellness 10

Kokenhof ****
An der A7 in Großburgwedel – nordöstlich von Hannover
- 30938 Großburgwedel, Isernhägener Straße 3 ☎ 05139-803-0

Wellness 10

Relexa Bad Salzdetfurth ****
Grünlage am Ortsrand – 50 km südlich von Hannover
- 31162 Bad Salzdetfurth, An der Peesel 1, ☎ 05063-29

Business | Wellness 9

Mercure Hameln ****
Beim Stadtpark in Hameln – 60 km südlich von Hannover
- 31785 Hameln, 164er-Ring 3, ☎ 05151-792-0

Gesundheit 12

Klinik Dr. Buchinger
Grünruhelage am Ortsrand – 70 km von Hannover
- 31812 Bad Pyrmont, Forstweg 39, ☎ 05281-166-0

Wellness 12

Steigenberger Bad Pyrmont *****
Am Kurpark in Bad Pyrmont – 70 km südlich von Hannover
- 31812 Bad Pyrmont, Heiligenangerstraße 2-4 ☎ 05281-1502

Wellness | Kur 10

Terrassen Café ***s
Grünruhelage in Bad Münder – 30 km südlich von Hannover
- 31848 Bad Münder, Querlandweg 2, ☎ 05042-6070

Wellness 13

Schloss Münchhausen *****
Grünruhelage bei Aerzen – 55 km südwestlich von Hannover

Eindrucksvolle Erscheinung am Golfplatz: ein wunderschön restauriertes Schloss aus dem 16. Jahrhundert, Hochzeiten, Tagungen und Events sind seine Domäne, Wellness ist hier eher ein Add-on. Es liegt inmitten eines herrlichen Parks, bietet großartige öffentliche Räume und ein ganz besonders romantisches Flair – beeindruckender Rittersaal inklusive. Die Zimmer sind zumeist großzügig geschnitten und schön gestaltet, alle haben

Holzböden, die meisten befinden sich allerdings in einem etwa 200 m entfernten Nebengebäude („Zehntscheune"), das trockenen Fußes nur über die Tiefgarage zu erreichen ist, sie sind zudem deutlich einfacher ausgestattet als jene im Schloss. Der Wellnessbereich ist laut Werbung 800 m² groß, für Pool, Saunen und Ruhezonen stehen allerdings deutlich weniger als die Hälfte davon zur Verfügung. Fein ist ein 18 m langes Innenbecken, die Treatments sind verbesserungsfähig und darüber hinaus nur mittwochs bis sonntags zu haben, die insgesamt zwei Saunen schließen um 21 Uhr. Fabelhafte Restaurantterrasse, neben dem Schlosskeller-Restaurant gibt es noch das Gourmetlokal, das vom Guide Michelin mit einem Stern ausgezeichnet wurde, hier allerdings – wie immer – nicht in die Beurteilung miteinbezogen wurde. Freundliche Mitarbeiter, Gepäckhilfe hätten wir uns aber schon erwartet. Ungeeignet für Kinder. 20 Liegen, 131 Betten.
Hallenbad, Sauna, Dampfbad, Massagen, Kosmetik. Zwei 18-Loch-Parcours.
NF ab € 108,–.

- 31855 Aerzen, Schwöbber 9
  ☏ 05154-7060-0

Business | Wellness 11

Freizeit In ****
Grünlage an der B3 am Stadtrand in Göttingen

- 37079 Göttingen, Dransfelder Str. 3, ☏ 0551-9001-0

Wellness 11

Hardenberg Burghotel *****
Grünruhelage am Ortsrand – 12 km nördlich von Göttingen

- 37176 Nörten, Hinterhaus 11a, ☏ 05503-981-0

Kur | Wellness 12

Gollée Gesundheitszentrum ****S
Grünruhelage am Ortsrand in Bad Lauterberg – Harz

- 37431 Bad Lauterberg, Wiesenbek 11, ☏ 05524-854

Kur | Wellness 10

Heikenberg Kneippkurhotel ***S
Grünlage am Ortsrand in Bad Lauterberg – Harz

- 37431 Bad Lauterberg, Heikenbergstraße 19-21
  ☏ 05524-857-0

Wellness 11

Mühl Vital Resort
Ruhige Zentrumslage in Bad Lauterberg – Harz

- 37431 Bad Lauterberg, Ritscherstr. 1, ☏ 05524-8508

Kur | Gesundheit 10

Muschinsky ****
Grünruhelage in Bad Lauterberg – Harz

- 37431 Bad Lauterberg, Wiesenbek 5, ☏ 05524-858-5

Wellness 9

Panoramic ***
Grünlage am Ortsrand in Bad Lauterberg – Harz

- 37431 Bad Lauterberg, Dietrichstal 1, ☏ 05524-962

Wellness | Gesundheit 12

Revita *****
Grünruhelage beim Kurpark in Bad Lauterberg – Harz

- 37431 Bad Lauterberg, S.-Kneipp-Promenade 56
  ☏ 05524-831

Wellness 11

Göbel's Vitalhotel Bad Sachsa ****S
Grünlage in Bad Sachsa – Harz

- 37441 Bad Sachsa, Am Kurpark 1
  ☏ 05523-9438

Wellness 13

Romantischer Winkel *****
Grünruhelage in Bad Sachsa – Harz

Kinderfreundlich. Familiengeführtes „Luxushaus" mit labyrinthischen Zügen und einer schier unglaublichen Absenz jeglicher Fünfsternanmutung. Mit Ausnahme der neuen Lobby mit Bar präsentiert sich das Ambiente schwülstig, überladen und nicht immer ganz taufrisch. Zimmer gibt es in 18 Varianten, sie sind in jeder Hinsicht stark unterschiedlich, längst nicht alle begeistern. Der Wellnessbereich ist laut Prospekt 3.500 m² groß, rechnet man gut drei Viertel davon ab, dann kommt man für Pools, Saunen und Indoor-Ruhezonen der Wirklichkeit schon deutlich näher! Ruhesuchende werden über das Fehlen von genügend Ruheräumen sowie über die Ausrichtung auf Kinder (bei gleichzeitigem Fehlen eines Kinderpools) nur bedingt frohlocken, wer einen Sauna- bzw. FKK-Garten sucht, wird nicht fündig. Der Innenpool ist 10 m lang und steht unter dringendem Verdacht, deswegen Sportpool zu heißen, weil es nur mit akrobatischen Leistungen möglich ist, darin richtig zu schwimmen. Ausgezeichnete Massagen, ein Bademantel aus Polyester (laut Prospekt mit „Wohlfühleffekt") ist allerdings weniger erfreulich. Täglich kleines Aktivprogramm, die insgesamt vier Saunen schließen um 22.30 Uhr. Freundliche Mitarbeiter, mit der Hilfe beim Gepäck ist man jedoch auch weiterhin sehr zurückhaltend. Enttäuschende Küche, Light Lunch und Nachmittagsjause sind im Preis enthalten. Hart an der Null-Lilien-Grenze. Viele alte Stammgäste, täglich mindestens drei Stunden Kinderbetreuung. 66 Liegen, 200 Betten.
Freibecken, Hallenbad, Sauna, Dampfbad, Massagen, Kosmetik, Fitnessgeräte, Personal Trainer. 18-Loch-Parcours in 32 km, Greenfee-Rabatt.
HP ab € 119,50.

- 37441 Bad Sachsa, Bismarckstraße 23
  ☏ 05523-304-0

Wellness 9

Skandinavia
Grünlage am Ortsrand Nähe Bad Sachsa – Harz
- 37444 St. Andreasberg, Sudetenlandweg 2 ☎ 05582-644

Wellness 9

Avalon Königshof ***s
An der B1 bei Königslutter – östlich von Braunschweig
- 38154 Königslutter, Braunschweiger Straße 21a ☎ 05353-503-0

Business | Wellness 11

Ritz-Carlton *****
In der Autostadt von Wolfsburg
- 38440 Wolfsburg, Parkstraße 1, ☎ 05361-60-7000

Business | Wellness 11

An der Wasserburg ****s
Grünruhelage am Stadtrand in Wolfsburg
- 38446 Wolfsburg, An der Wasserburg 2, ☎ 05363-9400

Wellness 9

Sunotel Kreuzeck
An der B241 bei Goslar – Harz
- 38644 Goslar, Kreuzeck 1-3, ☎ 05325-74-0

Wellness 11

Braunschweiger Hof ****s
Ruhige Zentrumslage in Bad Harzburg – Harz
- 38667 Bad Harzburg, Herzog-Wilhelm-Straße 54 ☎ 05322-788-0

Wellness 9

Seela ****
An der B4 in Bad Harzburg – Harz
- 38667 Bad Harzburg, Nordhäuser Straße 5 ☎ 05322-796-0

Wellness 10

Sonnenhotel Wolfshof ***
Grünruhelage bei Langelsheim – Harz
- 38685 Langelsheim, Kreuzallee 22, ☎ 05326-799-0

Wellness 12

Hohenzollern Residenz ****s
Grünruhelage am Ortsrand in Braunlage – Harz
- 38700 Braunlage, Dr.-Barner-Straße 10 ☎ 05520-9321

Wellness 10

Maritim Berghotel ****
Grünruhelage am Ortsrand in Braunlage – Harz
- 38700 Braunlage, Am Pfaffenstieg, ☎ 05520-805-0

Wellness 10

Relexa Harz-Wald ****
Grünruhelage am Ortsrand in Braunlage – Harz
- 38700 Braunlage, Karl-Röhrig-Str. 5a, ☎ 05520-807

Wellness 12

Zur Tanne ****
Zentrumslage in Braunlage – Harz
- 38700 Braunlage, H.-Wilhelm-Str. 8, ☎ 05520-931-20

Wellness 9

Panoramic Hohegeiß ***
Grünruhelage am Ortsrand bei Braunlage – Harz
- 38700 Braunlage, Am Kurpark 3, ☎ 05583-71-0

Wellness 11

Sonneneck Vital-Hotel ****
Grünruhelage am Ortsrand bei Braunlage – Harz
- 38700 Braunlage, Hindenburgstr. 24, ☎ 05583-9480

Business | Wellness 10

Steigenberger Remarque ****
Zentrumslage an der B68 in Osnabrück
- 49076 Osnabrück, Natruper-Tor-Wall 1, ☎ 0541-6096

Wellness 10

Buller Landhotel ****
Grünlage außerhalb von Hagen – Nähe Osnabrück
- 49170 Hagen, Iburger Straße 35, ☎ 05401-884-0

Beauty 11

Villa Carlshorst Schönheitsfarm
Grünlage am Ortsrand in Hilter – Nähe Osnabrück
- 49176 Hilter, Osnabrücker Str. 14a, ☎ 05424-2326-0

Kur | Wellness 11

Haus Becker ***s
Grünruhelage in Bad Laer – Nähe Osnabrück
- 49196 Bad Laer, Thieplatz 13, ☎ 05424-22110

Wellness 10

Haus Große Kettler ***
Zentrumslage in Bad Laer – Nähe Osnabrück
- 49196 Bad Laer, Bahnhofstraße 11, ☎ 05424-807-0

Wellness 10

Storck ***s
Ruhige Zentrumslage in Bad Laer – Nähe Osnabrück
- 49196 Bad Laer, Paulbrink 4, ☎ 05424-9008

Kur | Wellness 10

Drei Birken Kurhotel ****
Ruhige Ortslage in Bad Rothenfelde – Nähe Osnabrück
- 49214 Bad Rothenfelde, Birkenstr. 3, ☎ 05424-642

Wellness | Kur 10

Haus Noltmann-Peters ***S

Grünruhelage in Bad Rothenfelde – Nähe Osnabrück

- 49214 Bad Rothenfelde, Am Kurpark 18
  ☏ 05424-6409-0

Wellness 12

Vila Vita Burghotel Dinklage ****S

Grünruhelage bei Dinklage – 50 km nördlich von Osnabrück

- 49413 Dinklage, Burgallee 1
  ☏ 04443-897-0

Beauty 18

Gut Varendorf Schönheitsfarm

Grünruhelage am Ortsrand – nördlich von Osnabrück

Die Faueninsel: Ein historisches Anwesen mit entzückendem, gehobenem Landhausflair bietet sich hier als ganz privater Rückzug an. Es handelt sich dabei wohl um eines der letzten Exemplare einer klassischen Schönheitsfarm, deren Prinzipien man hier auch weiterhin treu bleibt: keine Events, keine Tagesgäste oder Kurzaufenthalte, ausschließlich einwöchige Programme. Und keine Männer – die gibt es hier nur für die Gartenarbeit! Und davon gibt es reichlich, liegt das Haus doch inmitten eines knapp drei Hektar großen Parks, der ist mit seinen prachtvollen Blumenbeeten eine große Freude fürs Auge. Auch die Zimmer sind es – stets in besonderen Maßen liebevoll gestaltet. Breites Pflege- und Therapieangebot, sehr gute Massagen, auch Entspannungstraining und Meditation, Pool- und Saunazone sind rund um die Uhr zugänglich. Für Raucherinnen steht mitten im Garten ein Holzhäuschen mit offenem Kamin und Veranda zur Verfügung, und wer das Golfspiel erlernen will, kann dies auf einer kleinen hauseigenen Anlage tun. Freundliches Team, sehr gute Küche, faire Preise, kostenlose Abholung vom Bahnhof. Auch Yoga, Pilates und Qi Gong. Turn-down-Service, vielstimmiger Vogelgesang, bester Schlaf. 30 Mitarbeiter, 13 Liegen, 23 Betten.

Hallenbad, Sauna, Dampfbad, Massagen, Kosmetik, Ayurveda, Fitnessgeräte, Personal Trainer. Putting Green und Abschlagplatz. 18-Loch-Parcours in 17 km. Tennisplätze und Badesee mit Wassersportmöglichkeiten ganz in der Nähe.

Pauschalen, etwa „Body Pur" (Mo bis Sa) inkl. VP und Anwendungen ab € 910,–.

- 49597 Rieste, Varendorf 123
  ☏ 05464-9205-0

Wellness 12

Aselager Mühle ****

Grünruhelage bei Herzlake – nordwestlich von Osnabrück

- 49770 Herzlake, Zur alten Mühle 12
  ☏ 05962-9348

SCHLESWIG-HOLSTEIN

ALLE LILIEN-HOTELS IN **SCHLESWIG-HOLSTEIN**

	Hotel	Seite
1	**A-Rosa Sylt** *****s	56
2	**A-Rosa Travemünde**	49
3	**Alter Meierhof** *****s	53
4	**Atlantic Grandhotel** *****s	50
5	**Bayside** ****s	51
6	**Budersand** *****s	57
7	**Fährhaus** *****s	55
8	**Seeschlösschen Grandhotel** *****s	50
9	**Severin's Resort & Spa**	54
10	**Stadt Hamburg**	56
11	**Stricker Landhaus** *****s	55
12	**Söl'ring Hof** *****	54
13	**Weissenhaus Grand Village Resort**	51

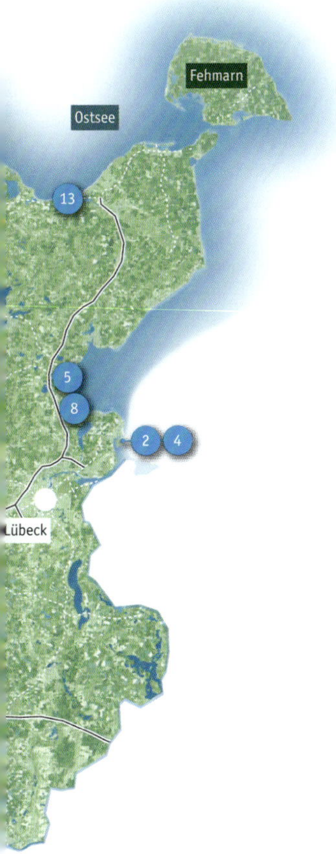

ALLE LILIEN-HOTELS IN **HAMBURG**

	Hotel	Seite
A	**Aspria Uhlenhorst**	49
B	**Atlantic Kempinski** *****s	48
C	**Fairmont Vier Jahreszeiten** *****s	48
D	**Park Hyatt** *****s	48

Business | Wellness 13

Park Hyatt *****s

Zentrumslage in Hamburg

Hundefreundlich. Vor 19 Jahren eröffnetes Luxushotel in bester Citylage – und nur ein paar Gehminuten vom Hauptbahnhof entfernt. Hinter historischer Fassade offeriert es funktionelle Gediegenheit mit US-amerikanischem Look und Feel sowie etwas Patina – „maritimen Charme mit hanseatischer Eleganz" (werblicher O-Ton) konnten wir hier nicht wirklich finden. So manches Zimmer ist in die Jahre gekommen, alle sind ausnahmslos großzügig geschnitten, man kann aus 15 Kategorien wählen. Edel gestaltetes Spa mit Whirlbecken und 20 m langem Pool im Untergeschoß, das jedoch nur durch eine Im-Bademantel-durch-die-Lobby-Aktion zu erreichen ist. Das Spa soll laut Prospekt 1.000 m^2 groß sein, die für Pools, Saunen und Ruhezonen verfügbare Fläche ist allerdings in Wirklichkeit sehr bescheiden, die insgesamt drei kleinen Saunen schließen um 23 Uhr. Eine Laufstrecke um die Außenalster ist 600 m entfernt. Reichhaltiges Frühstücksbuffet, das Service ist nicht an allen Tagen in Höchstform. Kostenfreies und schnelles W-Lan, aber bei fünfeinhalb Sternen sollten Gepäckhilfe und Turn-down-Service eigentlich selbstverständlich sein. Valet Parking, Garage gegen 32 Euro pro Tag. 10 Liegen, 373 Betten. Hallenbad, Sauna, Dampfbad, Massagen, Kosmetik, Fitnessstudio, Personal Trainer. NF ab € 157,50.

- 20095 Hamburg, Bugenhagenstraße 8-10
  ☏ 040-3332-1234

Business | Wellness 13

Atlantic Kempinski *****s

Zentrumslage an der Außenalster in Hamburg

Ein Grandhotelklassiker und schlechthin die Hotellegende der Stadt. Mit prächtigen öffentlichen Räumen und einem ganz besonderen Flair, das die historische Verbindung des Hauses zur Schifffahrt betont: In zahllosen Vitrinen sind maritime Ausstellungsstücke zu bewundern, schließlich öffnete das Haus noch zu Kaiserszeiten für das erlesene Kreuzfahrtpublikum der Ersten Klasse seine Pforten. Zimmer gibt es in neun Kategorien und ab einer DZ-Größe von 23 m^2, sie wurden vor knapp vier Jahren renoviert und haben Teppichböden. Das Spa „hält ein einzigartiges Wellnesskonzept bereit" (werblicher O-Ton), in Wirklichkeit ist es sehr klein und zudem schlecht ausgestattet, der Fitnessraum etwa ist eines solchen Hauses nicht würdig. Lilienwertig wäre das Hotel damit jedenfalls nicht. Nur: Entscheidend ist wie immer das „Gesamtprodukt" mit allen seinen Vorzügen, zudem sind wir, wie unsere erfahrenen Leser längst wissen, geradezu vernarrt in alte Grandhotels. Der Pool ist 13 m lang, die einzige Sauna schließt zwischen 20 und 22 Uhr. Feine Bettwäsche, wunderschön begrünter Innenhof, freundliche, zuvorkommende Mitarbeiter, sehr gute Küche. Kostenfreies, aber langsames W-Lan, Valet Parking, Garage gegen 32 Euro pro Tag. 8 Liegen, 463 Betten. Hallenbad, Sauna, Massagen, Kosmetik, Fitnessgeräte. NF ab € 126,–.

- 20099 Hamburg, An der Alster 72-79
  ☏ 040-2888-0

Wellness 11

Europäischer Hof ****

Zentrumslage beim Hauptbahnhof in Hamburg

- 20099 Hamburg, Kirchenallee 45, ☏ 040-248248

Business | Wellness 12

Méridien Hamburg

Zentrumslage an der Außenalster in Hamburg

- 20099 Hamburg, An der Alster 52, ☏ 040-2100-0

Business | Wellness 11

Grand Elysee *****

Zentrumslage in Hamburg

- 20148 Hamburg, Rothenbaumchaussee 10
  ☏ 040-41412-0

Business | Wellness 14

Fairmont Vier Jahreszeiten *****s

Zentrumslage an der Binnenalster in Hamburg

Eine Juwel der hanseatischen Luxushotellerie: in feiner Lage, nämlich zentral und mit Ausblick auf die Binnenalster. Stilvoll-gediegene und wunderbar klassisch-wohnlich arrangierte Zimmer, die Dachterrasse und das kleine Spa wurden vor kurzem wunderschön gestaltet, auf der Suche nach einem Pool wird man allerdings auch weiterhin nicht fündig. Sehr gute Treatments, die insgesamt zwei Saunen schließen zwischen 21 und 22.30 Uhr. Herzliche, ungekünstelt agierende Mitarbeiter, sehr gutes Service, sehr gute Küche, beim Frühstück sitzt man aber dann im Atlantic Kempinski doch ein wenig schöner. Kostenfreies und schnelles W-Lan, Valet Parking, Garage gegen 29 Euro. 8 Liegen, 260 Betten. Sauna, Dampfbad, Massagen, Kosmetik, Fitnessgeräte, Personal Trainer.
NF ab € 162,50.

- 20354 Hamburg, Neuer Jungfernstieg 9-14
  ☏ 040-3494-0

Business | Wellness 11

Marriott Hamburg *****

Zentrumslage in Hamburg

- 20354 Hamburg, ABC-Straße 52, ☏ 040-3505-0

Business | Wellness 11

Side *****s

Zentrumslage bei der Staatsoper in Hamburg

- 20354 Hamburg, Drehbahn 49, ☏ 040-30999-0

Business | Wellness 12

Sofitel Am Alten Wall *****

Zentrumslage in Hamburg

- 20457 Hamburg, Alter Wall 40, ☎ 040-36950-0

Business | Wellness 12

Madison ****s

Zentrumslage in Hamburg

- 20459 Hamburg, Schaarsteinweg 4, ☎ 040-37666-0

Business | Wellness 10

Steigenberger Hamburg *****s

Zentrumslage in Hamburg

- 20459 Hamburg, Heiligengeistbrücke 4
  ☎ 040-36806-0

Business | Wellness ⚜⚜ 15

Aspria Uhlenhorst

Zentrumsnahe Ruhelage in Hamburg

Kinderfreundlich. Mehr Wellness gibt es in keinem Hotel der Stadt, das punktet hier. Das Haus einer Amsterdamer Kette liegt ein paar gute Schritte vom Ufer der Außenalster entfernt in einem ruhigen Wohngebiet, es präsentiert sich jung und frisch. Etwas hellhörige Zimmer gibt es in drei Varianten (DZ mit 26 oder 47 m²), alle haben Teppichböden. Der Wellnessbereich ist ein großes Day Spa und muss daher mitunter auch mit vielen externen Gästen geteilt werden. Dazu gehören unter anderem große Pools, Außensauna und ein weitläufiger Garten auf dem Dach sowie ein außerordentlich vielfältiges Aktivprogramm, auch Pilates, Yoga, Tai Chi, Zumba und Qi Gong sind zu haben, und ein besseres Fitnessstudio ist in keinem Hotel in Deutschland zu finden, die Saunen schließen zwischen 22 und 23 Uhr. Schwaches Frühstücksbuffet, freundliche junge Mitarbeiter, verbesserungsfähiges Service. Parkplatz (nötig): 15 Euro pro Tag. Täglich bis zu drei Stunden Kinderbetreuung.
29 Liegen, 100 Betten.
Freibecken, Kinderfreibecken, Hallenbad, Kinderhallenbad, Außensauna, Sauna, Dampfbad, Massagen, Kosmetik, Fitnessstudio, Personal Trainer. NF ab € 91,50.

- 22085 Hamburg, Hofweg 40
  ☎ 040-899550-204

Business | Wellness 12

Best Western Böttcherhof ****

Stadtlage in Billbrook – Hamburg

- 22113 Hamburg, Wöhlerstraße 2, ☎ 040-73187-0

Wellness 11

Eggers ****

Stadtlage in Hamburg-Rahlstedt

- 22149 Hamburg, Rahlstedter Straße 78
  ☎ 040-67578-0

Business | Wellness 11

Steigenberger Treudelberg

Grünruhelage am Stadtrand in Hamburg

- 22397 Hamburg, Lemsahler Landstraße 45
  ☎ 040-60822-0

Business | Wellness 10

Lindner Parkhotel Hagenbeck ****

Airport-Nähe am Tierpark Hagenbeck in Hamburg

- 22527 Hamburg, Hagenbeckstraße 150
  ☎ 040-800808-100

Wellness 11

Louis C. Jacob *****

Grünlage an der Elbchaussee in Hamburg

- 22609 Hamburg, Elbchaussee 401-403
  ☎ 040-82255-0

Business | Wellness 11

Gastwerk ****

Nähe Bahnhof Altona – Hamburg

- 22761 Hamburg, Beim Alten Gaswerk 3
  ☎ 040-89062-0

Wellness 10

Waldhaus Reinbek *****

Grünruhelage am Sachsenwald östlich von Hamburg

- 21465 Reinbek, Loddenallee, ☎ 040-72752-0

Beauty 12

Claußen Schönheitsfarm

Grünruhelage in Kuddewörde bei Hamburg

- 22958 Kuddewörde, Mühlenredder 2
  ☎ 04154-81614

Business | Wellness 10

Radisson Blu Senator Lübeck *****

Ruhige Zentrumslage in Lübeck

- 23554 Lübeck, Willy-Brandt-Allee 6, ☎ 0451-142-0

Wellness ⚜ 13

A-Rosa Travemünde

An der Strandpromenade in Travemünde – Nähe Lübeck

Kinderfreundlich. Großes Kettenhotel, es wurde vor 12 Jahren mit fünfeinhalb Sternen eröffnet und hat heute keinen einzigen mehr. Zimmer gibt es in 10 Kategorien (DZ ab 25 m²), alle haben Teppichböden und den Charme der 1990er Jahre, mehrheitlich sind sie zur sogenannten Parkseite ausgerichtet, was allerdings bedeutet, dass man einen steilen, bahndammähnlichen Hügel knapp vor seinem Fenster hat. Das Spa ist laut Prospekt 4.500 m² groß, rechnet man mehr als drei Viertel davon ab, dann kommt man für Pools, Saunen und Indoor-Ruhezonen den realen Verhältnissen schon deutlich näher! Unter

anderem geboten werden ein 20 m langer Außenpool (mit Liegewiese und Straßenlärm), ein 15 m langer Innenpool und insgesamt fünf Saunen, sie schließen um 21 Uhr. Bei der Küche (stets in Buffetform) gibt es noch viel Luft nach oben, das Service enttäuscht stark, nicht selten hat man das Gefühl, dass an allen Ecken und Enden – letztlich am Gast – gespart wird. Täglich 11 Stunden Betreuung für Kinder (mit saisonalen Einschränkungen). Zum Strand geht es über die Straße, es sind rund 250 m. Das Quasi-Parkplatzmonopol lässt man sich mit 14 Euro pro Tag abgelten. Hart an der Null-Lilien-Grenze. 96 Liegen, 370 Betten.
Meerwasserfreibecken, Meerwasserhallenbad, Kinderbecken, Sauna, Dampfbad, Massagen, Kosmetik, Ayurveda, Fitnessstudio, Personal Trainer. 27-Loch-Parcours in 3 und 5 km, 36-Loch-Parcours in 13 km. HP ab € 119,–.

- 23570 Lübeck-Travemünde, Außenallee 10
  ☎ 04502-3070-0

Wellness 13

Atlantic Grandhotel *****s

An der Strandpromenade in Travemünde – Nähe Lübeck

Das ehemalige Columbia Casino, seit Sommer mit neuem Betreiber (Atlantic Hotels): Ein feines Traditionshaus in angenehmer Größe, es liegt prominent, nämlich direkt am Strand. Das Ambiente verströmt verhaltene Grandhotelanmutung, Zimmer wählt man aus neun Kategorien, alle sind großzügig geschnitten, haben Holzböden und Lan-Verbindung, manche bieten Ausblick auf den Parkplatz, die Minibar (mit einer größeren Auswahl an alkoholfreien Getränken) ist inkludiert. Kleines Spa ohne Tageslicht und ohne Außenbereich, aber mit 20 m langem Pool und den großartigsten Saunaöffnungszeiten der Region (7 bis 22 Uhr, auf Wunsch auch länger). Fabelhafte Restaurantterrasse, sehr gute Küche – die Wertung bezieht sich wie immer auf die Halbpension und nicht etwa auf das À-la-carte-Restaurant La Belle Epoque, das vom Guide Michelin mit drei Sternen ausgezeichnet wurde. Parkplatz gegen 10 Euro pro Tag. Anmerkung: Unser letzter Besuch erfolgte vor der Übernahme des jetzigen Betreibers, Unschärfen in der Bewertung sind daher möglich. Ungeeignet für Kinder. 14 Liegen, 144 Betten.
Hallenbad, Sauna, Dampfbad, Massagen, Kosmetik, Fitnessgeräte, Personal Trainer. 27-Loch-Parcours in 3 und 5 km, 36-Loch-Parcours in 13 km, 20 % Greenfee-Rabatt. HP ab € 130,50.

- 23570 Lübeck-Travemünde, Kaiserallee 2
  ☎ 04502-308-0

Wellness 11

Maritim Strandhotel

Ruhelage in Hafennähe in Travemünde – Nähe Lübeck

- 23570 Lübeck-Travemünde, Trelleborgallee 2
  ☎ 04502-89-0

Gesundheit 12

Schloss Warnsdorf

Absolute Grünruhelage am See – Nähe Lübeck

- 23626 Warnsdorf, Schlossstraße 10
  ☎ 04502-840-0

Wellness 10

Dünenhaus garni

Strandnahe Ortslage in Timmendorfer Strand

- 23669 Timmendorfer Strand, Strandallee 44
  ☎ 04503-800-0

Wellness 11

Fuchsbau Romantikhotel ****

Grünlage außerhalb von Timmendorfer Strand

- 23669 Timmendorfer Strand, Dorfstraße 9-11
  ☎ 04503-802-0

Wellness 10

Maritim Clubhotel ****

Grünruhelage am Ortsrand in Timmendorfer Strand

- 23669 Timmendorfer Strand, An der Waldkapelle 26
  ☎ 04503-607-0

Wellness 12

Maritim Seehotel ****s

Strandlage in Timmendorfer Strand

- 23669 Timmendorfer Strand, Strandallee 73
  ☎ 04503-605-0

Wellness 14

Seeschlösschen Grandhotel *****s

An der Strandpromenade – Timmendorfer Strand

Familienfreundlich. Noch näher am Meer geht es an der deutschen Ostsee nirgendwo: Ein traditionsreicher Familienbetrieb in konkurrenzloser Strandlage, das will freilich auch bezahlt werden. Es ist allerdings kein Schlösschen, sondern eine Art Anreiseschock, nämlich eine zehnstöckige „Platte" aus den 1970ern. Inwendig verströmt sie konservative, weitgehend aufgefrischte Gediegenheit, die Zimmer sind durchwegs großzügig geschnitten, haben teilweise Holzböden, jene an der Seeseite bieten einen geradezu phantastischen Ausblick, speziell die vom siebenten bis zum neunten Stock. Das Spa bietet unter anderem einen 17 m langen Innenpool, ein knapp 15 m langes Freibecken und eine kleine Saunazone, die insgesamt drei Saunen schließen um 22 Uhr. Die Mitarbeiter sind zumeist freundlich, die Restaurantterrasse (mit Morgensonne) ist fabelhaft und die Küche deutlich besser als im nahen A-Rosa (Travemünde). Auch im Angebot: Tagungen, Hochzeiten, Heilfasten. Viele, viele alte Stammgäste, ein schlichter Parkplatz kostet 10 Euro Aufpreis. Fazit: Großartige Lage, doch fünfeinhalb Sterne sollten sich

eigentlich etwas anders anfühlen. Aber das denkt man sich in dieser Region öfters! Ungeeignet für Kinder. 43 Liegen, 240 Betten.
Meerwasserfreibecken (Sommer), Hallenbad, Sauna, Dampfbad, Massagen, Kosmetik, Ayurveda, Fitnessgeräte, Personal Trainer.
36-Loch-Parcours in 6 km, 27-Loch-Parcours in 8 und 10 km, bis zu 50 % Greenfee-Rabatt.
HP ab € 131,–.

- 23669 Timmendorfer Strand, Strandallee 141
  ☎ 04503-601-334

Wellness ⚜ 14

Bayside ****s

Direkte Strandlage – Nähe Timmendorfer Strand

Familienfreundlich. In Top-Lage: Vor zwei Jahren eröffnetes Großhotel mit geradlinigem Erscheinungsbild, es liegt wunderbar, nämlich ruhig und direkt am Strand. Die Zimmer sind großzügig geschnitten, alle haben gut durchdachte Interieurs, Balkon oder Terrasse sowie PVC-Böden in Holzoptik, etwas mehr Sauberkeit könnte allerdings nicht schaden. Zu den Highlights zählen Bar und À-la-carte-Restaurant am Dach – mit atmosphärischem Ambiente und grandiosem Ausblick auf die Lübecker Bucht, Letzterer ist übrigens auch aus der sehr sachlich gestalteten Saunazone und aus dem knapp 14 m langen Innenpool des nicht allzu großen Wellnessbereichs zu haben, die insgesamt drei Saunen schließen nach großzügigen Öffnungszeiten um 21 Uhr. Das Halbpensionsrestaurant verströmt sowohl optisch als auch akustisch gehobenes Kantinenflair, was man auf der dazugehörigen Terrasse bei Morgensonne jedoch schnell vergisst. Reichhaltiges Frühstücksbuffet, freundliche Mitarbeiter, die auch weiterhin nicht selten etwas unbedarft agieren. Raucherlounge, faire Getränkepreise sogar in der Minibar, Garage gegen 11 Euro pro Tag, dafür versucht dort Seemöwengesang aus dem Lautsprecher die Autos der Gäste zu erfreuen. 61 Liegen, 290 Betten.
Hallenbad, Sauna, Dampfbad, Massagen, Kosmetik, Fitnessgeräte.
HP ab € 96,–.

- 23683 Scharbeutz, Strandallee 130a
  ☎ 04503-60960

Wellness 12

Belveder Gran *****s

An der Strandpromenade – Nähe Timmendorfer Strand

- 23683 Scharbeutz, Strandallee 146, ☎ 04503-3526600

Wellness 11

Ferienhotel Bad Malente ***

Grünruhelage am Ortsrand – 50 km nördlich von Lübeck

- 23714 Bad Malente, Grebiner Weg 2, ☎ 04523-409-0

Wellness 12

Seehotel Eichenhain ****

Strandlage am Ortsrand in Neustadt – Lübecker Bucht

- 23730 Neustadt, Eichenhain 2
  ☎ 04561-5373-0

Wellness 11

Carat Golf & Sporthotel ****

Strandnähe in Grömitz – Lübecker Bucht

- 23743 Grömitz, Strandallee 4
  ☎ 04562-391-0

Wellness 10

Hof Krähenberg ****

Grünruhelage bei Grömitz – Lübecker Bucht

- 23743 Grömitz, Krähenberg 1
  ☎ 04562-22722

Wellness ⚜⚜⚜ 17

Weissenhaus Grand Village Resort

Grünruhelage am Strand – 65 km nördlich von Lübeck

Kinderfreundlich. Vor zwei Jahren eröffnetes Luxusresort mit starker Infrastruktur für Tagungen und Events. Es liegt ruhig und einnehmend schön an einem schier endlos erscheinenden, allerdings öffentlichen Strand und besteht aus einem aufwendig restaurierten Schloss mit zahlreichen historischen Nebengebäuden, die in einem 75 Hektar großen Park liegen. Zimmer wählt man aus 10 stark unterschiedlichen Varianten, sie sind zwischen 31 und 110 m² groß, stets absolut hochwertig und wohnlich gestaltet sowie hochwertig ausgestattet – Nespressomaschine und gut sortierte Minibar (kostenlos) inklusive. Etwa ein Drittel befindet sich im Schloss, die restlichen in insgesamt acht weiteren Logiergebäuden, die von diesem bis zu etwa einen Kilometer entfernt liegen (Shuttleservice) und zumindest teilweise Privacy in überaus reizvollen Dimensionen bieten. Das Spa ist vom Schloss aus durch einen 100 m langen Tunnel zu erreichen, es ist atmosphärisch arrangiert, unter anderem bietet es einen sehr bescheidenen Innenpool und ein 13 m langes, ganzjährig nutzbares Freibecken, feine Ruheräume und ein kleines Aktivprogramm, die vier Saunen schließen um 21 Uhr. Etwas irritierend: der Küchengeruch aus dem Spa-Bistro in Fitnessraum und Ruhebereich, zudem unsere Massage – eine Streichelei! Als Halbpensionsgast isst man im sogenannten Bootshaus am Strand. Es ist das einzige Gebäude mit Ausblick aufs Meer, liegt ein paar gute Gehminuten entfernt, doch der Spaziergang wird mit einer fabelhaften Terrasse mit Abendsonne belohnt. Sehr gute Küche – die Bewertung bezieht sich wie immer auf die Halbpension und nicht auf das À-la-carte-Restaurant Courtier, das im Schloss untergebracht ist und mit

einem Michelin-Stern ausgezeichnet wurde. Die Zimmerpreise liegen im Sommer übrigens bei rund 600 Euro für das kleinste DZ und bei rund 1.600 Euro für die teuerste Suite, diesem Anspruchsniveau wird das Service jedoch längst nicht immer ganz gerecht. Täglich Kinderbetreuung (sehr nett) von 9 bis 18 Uhr. Valet Parking. 43 Liegen, 145 Betten.
Freibecken, Hallenbad, Sauna, Dampfbad, Massagen, Kosmetik, Fitnessgeräte, Personal Trainer.
18-Loch-Parcours in 15 km. Driving Range.
HP ab € 249,–.

- 23758 Wangels-Weissenhaus
  Parkallee 1
  ☏ 04382-9262-0

Wellness 9

IFA Ferien-Centrum Fehmarn ***

Am Südstrand bei Burg auf Fehmarn – 85 km von Lübeck

- 23769 Burg auf Fehmarn
  Südstrandpromenade 1
  ☏ 04371-89-0, 0800-3210321

Wellness 12

Vitalia Seehotel ****

Grünruhelage am See in Bad Segeberg – Nähe Lübeck

- 23795 Bad Segeberg, Am Kurpark 3
  ☏ 04551-802-8

Wellness 12

Kieler Kaufmann Romantikhotel

Zentrumsnahe Grünruhelage in Kiel

- 24105 Kiel, Niemannsweg 102
  ☏ 0431-8811-0

Business | Wellness 11

Birke ****s

Grünruhelage am Stadtrand von Kiel

- 24109 Kiel, Martenshofweg 2-8, ☏ 0431-5331-0

Wellness 11

Hohe Wacht ****s

Strandnähe am Kurpark in Hohwacht – Kieler Bucht

- 24321 Hohwacht, Ostseering 5
  ☏ 04381-9008-0

Wellness | Gesundheit 11

Dreiklang Seehotel ****

Grünlage an der B430 – 35 km südlich von Kiel

- 24326 Ascheberg, Plöner Chaussee 21
  ☏ 04526-3390-0

Wellness | Kur 11

Ostsee-Resort Damp

Strandlage in Damp – Kieler Bucht

- 24351 Damp, Seeuferweg 10, ☏ 04352-80-666

Wellness 10

Dreiklang Business & Spa ****s

Grünruhelage am Ortsrand – 40 km nördlich von Hamburg

- 24568 Kaltenkirchen, Norderstraße 6
  ☎ 04191-921-0

Wellness 11

Waldschlösschen ****s

Grünruhelage am Ortsrand in Schleswig – Nähe Kiel

- 24837 Schleswig, Kolonnenweg 152
  ☎ 04621-383-0

Wellness 14

Alter Meierhof *****s

Grünlage an der Förde – Nähe Flensburg

Ein angenehm überschaubares Haus mit charmanter Fachwerkfassade, es wurde vor 17 Jahren eröffnet und liegt ein paar Kilometer außerhalb von Glücksburg am Ufer der Förde. Zimmer gibt es in sechs netten Varianten (DZ ab 25 m²), sie sind etwas in die Jahre gekommen, haben alle Holzböden, einige bieten einen Ausblick auf die dänische Küste, die straßenseitig gelegenen dagegen schon frühmorgens Verkehrslärm. Kleines, orientalisch angehauchtes Spa, unter anderem bietet es einen 13 m langen Außenpool und eine Liegewiese, zum Meer gibt es allerdings keinen Zugang. Die Massagen sind gut, die drei Saunen schließen um 22 Uhr. Täglich bescheidenes Aktivprogramm, wenige Schritte vom Hotel beginnt ein Jogging-Pfad durch den Wald. Feine Restaurantterrasse, die Küche ist sehr gut, dabei beziehen wir uns wie immer auf das Halbpensionsmenü und nicht auf die À-la-carte-Küche von Dirk Luther, die vom Guide Michelin mit zwei Sternen ausgezeichnet wurde. Beim Service gibt es noch deutlich Luft nach oben, nach fünfeinhalb Sternen fühlt es sich hier jedenfalls nicht wirklich an. Ungeeignet für Kinder.
47 Liegen, 108 Betten.
Badestrand, Freibecken, Hallenbad, Sauna, Dampfbad, Massagen, Kosmetik, Ayurveda, Fitnessgeräte, Personal Trainer. 18-Loch-Parcours in 10 km. HP ab € 155,–.

- 24960 Glücksburg an der Ostsee, Uferstraße 1
  ☎ 04631-6199-0

Wellness 12

Glücksburg Strandhotel ****s

Grünruhelage an der Förde – Nähe Flensburg

- 24960 Glücksburg-Sandwig, Kirstenstraße 6
  ☎ 04631-6141-0

Wellness 11

Historischer Krug

Grünlage in Oeversee – Nähe Flensburg

- 24988 Oeversee, Grazer Platz 1
  ☎ 04630-9400

Wellness 12

Nordica Berlin

Grünruhelage am Ortsrand in Heide – westlich von Kiel

- 25746 Heide, Österstraße 18
  ☎ 0481-8545-0

Wellness 12

Nordseefarm

Grünruhelage bei Büsum – 115 km von Hamburg

- 25761 Büsumer-Deichhausen, Ohl-Lühr 5
  ☎ 04834-996-0

Wellness 10

Pfahlershof Familotel

Grünlage an der B5 – 125 km nordwestlich von Hamburg

- 25774 Karolinenkoog, Koogstr. 15, ☎ 04882-6500-0

Wellness 10

Gut Apeldör Golfhotel

Grünlage bei Hennstedt – 110 km von Hamburg

- 25779 Hennstedt, Apeldör 2, ☎ 04836-9960-0

Wellness 11

Altes Gymnasium *****

Zentrumslage in Husum – 130 km von Hamburg

- 25813 Husum, Süderstraße 2, ☎ 04841-833-0

Wellness 10

Rosenburg Husum ****

Ortsrandlage in Husum – 130 km von Hamburg

- 25813 Husum, Schleswiger Chaussee 65
  ☎ 04841-9605-0

Business | Wellness 11

Thomas Spa Lifestyle ****

Zentrumslage in Husum – 130 km von Hamburg

- 25813 Husum, Zingel 7-9, ☎ 04841-6620-0

Wellness 12

Lundenbergsand ****

Grünruhelage bei Husum – 130 km von Hamburg

- 25813 Husum-Simonsberg, Lundenbergweg 3
  ☎ 04841-8393-0

Wellness 12

Aalernhüs *****

Grünruhelage am Ortsrand in St. Peter-Ording

- 25826 St. Peter-Ording, Friedrich-Hebbel-Straße 2
  ☎ 04863-7010

Wellness 12

Ambassador ****s

An der Strandpromenade in St. Peter-Ording

- 25826 St. Peter-Ording, Im Bad 26, ☎ 04863-709-0

Wellness 12

Landhaus an de Dün garni ****

Grünlage im Zentrum in St. Peter-Ording

- 25826 St. Peter-Ording, Im Bad 63
  ☎ 04863-9606-0

Wellness 12

Strandgut Resort ***s

An der Strandpromenade in St. Peter-Ording

- 25826 St. Peter-Ording, Am Kurbad 2
  ☎ 04863-9999-0

Wellness 10

Hüttmann Romantikhotel ****

Ruhige Ortslage auf Amrum

- 25946 Norddorf, Ual Saarepswai 2-6
  ☎ 04682-922-0

Wellness 11

Seeblick ****

Ruhige Ortslage auf Amrum

- 25946 Norddorf, Strunwai 13
  ☎ 04682-9210

Wellness 10

Weiße Düne ****

Ruhige Zentrumslage in Wittdün auf Amrum

- 25946 Wittdün, Achtern Strand 6
  ☎ 04682-940000

Wellness 10

Dorfhotel Sylt ****

Grünruhelage in Rantum – Sylt

- 25980 Rantum, Hafenstraße 1a
  ☎ 04651-4609-0

Wellness 15

Söl'ring Hof *****

Grünruhelage am Strand in Rantum – Sylt

Ein Kleinsthotel als lupenreines Hideaway, es liegt traumhaft und nahezu solitär, zudem dort, wo es ruhig und gleichzeitig so richtig syltig ist: direkt am Dünenkamm des 40 km langen Weststrandes – dort, wo das Rauschen der Brandung und der Gesang des Windes die Sinne beleben. Für uns – nach schier endlosen Touren durch das bleierne Mittelmaß aus sich kaum voneinander unterscheidenden Häusern (wir nennen das übrigens etwas scharfzüngig den „real existierenden Hoteleinheitsbrei") – ist das stets eine Wohltat und zweifellos die schönste Lage auf der Insel. Inwendig glänzt das weißgetünchte, reetgedeckte Schmuckstück mit einem das Auge erfreuenden Ambiente, die 15 Zimmer sind niveauvoll und in höchst einnehmender friesischer Wohnlichkeit arrangiert, auch solche mit Ausblick aufs Meer und offenem Kamin sind zu haben. Über allem erfrischend unversnobte und unaufgeregte Leichtigkeit, die Mitarbeiter sind herzlich und aufmerksam. Herrliche Terrasse, Frühstück in hoher Qualität, ausgezeichnete Küche, feiner Weinkeller. Kaminbar mit exquisiten Malts, ab und an gibt's auch Kochkurse mit dem Gastgeber, dem Herdvirtuosen Johannes King, dessen Kunst vom Guide Michelin mit zwei Sternen ausgezeichnet wurde. In allen Bereichen ist das Haus also ein Kandidat für vier Lilien, wäre da nicht das Spa: Es ist zwar nur Hausgästen zugänglich (eine Seltenheit in Norddeutschland), jedoch mit zwei Saunen nur höchst bescheiden ausgestattet. Ungeeignet für Kinder.
5 Liegen, 30 Betten.
Sauna, Dampfbad, Massagen, Kosmetik, Personal Trainer. 18-Loch-Parcours in 14 und 19 km.
NF ab € 225,–.

- 25980 Rantum, Am Sandwall 1
  ☎ 04651-83620-0

Wellness 10

Christian VIII garni ****

Grünruhelage am Ortsrand in Archsum – Sylt

- 25980 Archsum, Heleeker 1, ☎ 04651-9707-0

Wellness 12

Aarnhoog

Ruhige Ortslage in Keitum – Sylt

- 25980 Sylt-Ost, Keitum, Gaat 13
  ☎ 04651-399-0

Wellness 11

Barbian Family House garni

Grünruhelage am Ortsrand in Keitum – Sylt

- 25980 Sylt-Ost, Keitum, Süderstraße 64a
  ☎ 04651-99591-3

Wellness 12

Benen-Diken-Hof Romantikhotel

Grünruhelage am Ortsrand in Keitum – Sylt

- 25980 Sylt-Ost, Keitum, Süderstraße 3-5
  ☎ 04651-9383-0

Wellness 15

Severin's Resort & Spa

Grünlage am Ortsrand in Keitum – Sylt

Hunde- und kinderfreundlich. Vor etwas mehr als einem Jahr eröffnetes Luxusresort, es befindet sich auf der Wattenmeerseite der Insel und ist sozusagen der jugendliche Herausforderer der etablierten Tophäuser, will man doch das „beste und teuerste Hotel auf Sylt" sein. Auf weitläufigen drei Hektar liegen hier ein großes Haupthaus und sechs kleinere Nebengebäude, Letztere sind ein paar gute Schritte entfernt, allesamt

sind sie regionaltypisch und traditionell mit Reet gedeckt. Alles zeigt sich gediegen und von qualitätsvoller Anmutung, Leinen, Eichenholz und edler Naturstein prägen ein stimmig-nordisches Ambiente. Die Zimmer (DZ von 38 bis 120 m²) sind so großzügig wie gemütlich gestaltet, sie haben überlange Betten und feine Bäder. Der Wellnessbereich bietet auch ein kleines Ladys-Spa sowie ganz allgemein ein Umfeld zum Wohlfühlen, und das, obwohl er im Untergeschoß angesiedelt ist. Der Pool ist 16 m lang, die insgesamt drei Saunen schließen um 22 Uhr. Fabelhafte Restaurantterrassen, großartiges Frühstücksbuffet bis 13 Uhr, sehr gute bis ausgezeichnete Küche, schier endlose Weinkarte, das teuerste Gewächs schlägt übrigens mit knapp 2.800 Euro zu Buche. Raucherlounge, stimmungsvolle Bar mit großer Auswahl an Malts. Ausgesprochen freundliche und zuvorkommende Mitarbeiter. Zwei Wermutstropfen: Der (kleine) Flughafen ist hörbar nah, das Wattenmeer nicht zu sehen. Kinderbetreuung täglich von 10 bis 18 Uhr.
47 Liegen, 270 Betten.
Hallenbad, Sauna, Dampfbad, Massagen, Kosmetik, Ayurveda, Fitnessgeräte, Personal Trainer.
NF ab € 145,–.

- 25980 Sylt-Ost, Keitum, Am Tipkenhoog 18
  ☎ 04651-46066-0

Wellness 15

Fährhaus *****s

Grünruhelage bei Munkmarsch – Sylt

Ein feines, aufmerksam geführtes Luxushaus in angenehm überschaubarer Größe, es liegt hinter einem kleinen Yachthafen auf der Wattenmeerseite der Insel und verströmt nordfriesisch-konservative Behaglichkeit auf zeitgemäßem Niveau. Zimmer wählt man aus nicht weniger als 25 Varianten (DZ von 32 bis 96 m²), sie sind groß, hell und modern gestaltet, viele haben Balkon oder Terrasse, fast alle feine Eichenholzböden, besonders empfehlen sich die Suiten in der sogenannten Executive Etage. Die „700 m² große Spa-Landschaft" (werblicher O-Ton) ist ausgesprochen klein und steht zudem auch externen Gästen offen, Pool, Whirlpool und Ruhezonen sind mini, die insgesamt vier Saunen schließen um 21.30 Uhr. Liegewiese (aber auch die ist keine 700 m² groß), feine Restaurantterrasse, wunderbares Frühstücksbuffet, sehr gute Küche in schönem und stimmigem Ambiente, eine süße Nachmittagsjause ist inkludiert. Ausgesprochen freundliche Crew. Eher ungeeignet für Kinder. 7 Liegen, 86 Betten.
Hallenbad, Außensauna, Sauna, Dampfbad, Massagen, Kosmetik, Fitnessgeräte. 18-Loch-Parcours in 6 und 14 km, bis zu 20 % Greenfee-Rabatt.
HP ab € 175,–.

- 25980 Sylt-Ost, Munkmarsch, Bi Heef 1
  ☎ 04651-9397-0

Wellness 13

Stricker Landhaus *****s

Grünlage in Tinnum – Sylt

Hunde- und familienfreundlich. Sympathisches, familiengeführtes Luxushaus in nur bedingt charmanter Lage, nämlich nahe an Gewerbegebiet, Straßen und sechsgleisiger Eisenbahnlinie, zudem vom Strand in Westerland knapp drei Kilometer entfernt. Die Zimmer (DZ ab 28 m²) zeigen sich angenehm wohnlich, der „über 700 m² große Wellnessbereich" (werblicher O-Ton) ist im Hinblick auf Pool, Sauna und Ruhezonen von höchst bescheidener Größe, zudem steht er auch externen Gästen offen. Die drei kleinen Saunen müssen ohne Tageslicht und ohne Außenbereich auskommen, sie schließen um 22 Uhr. Netter Garten mit Liegewiese, feine Terrasse, wunderbares Frühstück, und das bis 14 Uhr. Sehr gute Küche, die Wertung bezieht sich dabei wie immer nicht auf das À-la-carte-Restaurant, das mit einem Stern ausgezeichnet wurde. Großartiger Weinkeller, gemütliche Bar. Freundliche und zuvorkommende Mitarbeiter.
12 Liegen, 94 Betten.
Hallenbad, Sauna, Dampfbad, Massagen, Kosmetik, Fitnessgeräte. 18-Loch-Parcours in 8 und 14 km.
NF ab € 112,50.

- 25980 Tinnum, Boy-Nielsen-Straße 10
  ☎ 04651-8899-0

Wellness 9

Atlantic Westerland

Ortslage in Westerland – Sylt

- 25980 Westerland, Johann-Möller-Straße 30-32
  ☎ 04651-9880-0

Wellness 11

Dorint Strandresort Westerland ****s

Ortsrandlage in Westerland – Sylt

- 25980 Westerland, Schützenstr. 20, ☎ 04651-850-0

Wellness 10

Dünenburg garni ****

Zentrale Ortslage in Westerland – Sylt

- 25980 Westerland, Elisabethstraße 9
  ☎ 04651-8220-0

Wellness 11

Jörg Müller ****s

Ruhige Ortslage in Westerland – Sylt

- 25980 Westerland, Süderstraße 8, ☎ 04651-27788

Wellness 11

Miramar *****

An der Strandpromenade in Westerland – Sylt

- 25980 Westerland, Friedrichstraße 43
  ☎ 04651-855-0

Wellness 15

Stadt Hamburg

Ruhige Zentrumslage in Westerland – Sylt

Hundefreundlich. Ein reifes, ausgewogenes Luxushaus für Feingeister ist dieser Familienbetrieb mit fast hundertjähriger Tradition. Er liegt am Beginn der Fußgängerzone, besteht aus drei miteinander verbundenen Gebäuden und erfreut mit ruhevoller Ausstrahlung, dem Hochhalten alter Hoteltugenden und dem Flair eines altenglischen Herrenhauses, was wir, nach zahllosen Hotels mit der Anmutung widerborstiger Mainstream-Modernität, immer als höchst erfrischende Abwechslung empfinden – Antiquitäten, Gemälde und stets frische Blumen verströmen eben einen ganz besonderen Reiz. Zimmer wählt man aus 14 Varianten (DZ von 33 bis 95 m^2), sie sind stets einnehmend charmant arrangiert, das W-Lan ist schnell. Das Spa ist klein, aber zeitlos schön und lichtdurchflutet, der Pool ist 11 m lang, die Massagen sehr gut, die zwei Saunen schließen um 21 Uhr. Freundliche und wunderbar aufmerksame Crew, sehr gute Küche, feine Patisserie, das ausgezeichnete Frühstück wird serviert – auch das ist richtig wohltuend –, auf Wunsch sogar bis in den späten Nachmittag. Großartiger Weinkeller, gemütliche Kaminlounge, Turndown-Service, Valet Parking. Zum Weststrand sind's knapp 10 Gehminuten. Ungeeignet für Kinder. 10 Liegen, 120 Betten.

Hallenbad, Sauna, Dampfbad, Massagen, Kosmetik, Ayurveda, Fitnessgeräte, Personal Trainer. 18-Loch-Parcours in 6 und 16 km.

HP ab € 172,–.

- 25980 Westerland, Strandstraße 2
  ☎ 04651-858-0

Wellness 10

Strandhotel Sylt garni

Ortsruhelage in Strandnähe in Westerland – Sylt

- 25980 Westerland, Margarethenstr. 9, ☎ 04651-838-0

Wellness 10

Sylter Blaumuschel ****

Ruhige Ortslage in Westerland – Sylt

- 25980 Westerland, Bötticherstr. 13, ☎ 04651-836040

Wellness 13

A-Rosa Sylt *****S

An der Strandpromenade in List – Sylt

Kinderfreundlich. Großes Kettenhotel mit fünfeinhalb Sternen und der bemerkenswerten Absenz jeglichen Sylt-Flairs, es liegt an der Nordspitze der Insel auf der zum Baden nicht geeigneten Wattenmeerseite. Das Haus wurde vor sieben Jahren eröffnet, übrigens mit dem Konzept ausnahmsloser À-la-carte-Gastronomie. Wir haben damals an dieser Stelle gewettet, dass dies nicht

haltbar sei, und wir haben uns nicht getäuscht: Schon nach kurzer Zeit wurde die zubuchbare Halbpension eingeführt, es gibt sie bis heute, allerdings morgens und abends mit Selbstbedienung – und das in einem Fünfstern-superior-Hotel! Ähnlich ist die Situation bei den Zimmern, die in 13 Kategorien (fast alle mit Teppichböden) wählbar sind: Weder in der Ausstattung noch in Look und Feel können sie mit jenen der Luxusklassekonkurrenten auf der Insel (etwa Severin's, Söl'ring Hof, Budersand) Schritt halten. Der Wellnessbereich ist laut Prospekt 3.500 m² groß, die tatsächliche Fläche für Pools, Saunen und Ruhezonen ist allerdings um gut zwei Drittel geringer. Geboten werden unter anderem ein 20 m langer Innenpool und ein 12 m langer Außenpool. Unsere Massagen waren sehr gut, die vier Saunen schließen um 21 Uhr. Die Küche enttäuscht, das Service ebenso, mitunter sogar in haarsträubenden Ausmaßen, nicht wenige Mitarbeiter agieren etwas unbedarft. Täglich acht Stunden Betreuung für Kinder ab drei Jahren (mit saisonalen Einschränkungen). Außerordentlich ambitionierte Getränkepreise, das Quasi-Parkplatzmonopol lässt man sich mit 15 Euro abgelten, zum Badestrand auf der Nordseeseite sind es fünf Autominuten. Hart an der Null-Lilien-Grenze. Fazit: Vier Sterne passen besser zu diesen Verhältnissen. Die Erwartungshaltung wäre nicht so hoch, der Urlaub entspannter. 77 Liegen, 360 Betten.
Meerwasserfreibecken, Meerwasserhallenbad, Massagen, Kosmetik, Ayurveda, Thalasso, Fitnessgeräte, Personal Trainer. 18-Loch-Parcours in 12 und 15 km, bis zu 15 % Greenfee-Rabatt. HP ab € 129,–.

- 25992 List, Listlandstraße 11
  ☎ 04651-96750-0

Wellness 10

Lindner Windrose ****

Ruhige Ortslage in Strandnähe – Sylt

- 25996 Wenningstedt, Strandstr. 19, ☎ 04651-940-0

Wellness 12

Strandhörn

Ruhelage in Strandnähe in Wenningstedt – Sylt

- 25996 Wenningstedt, Dünenstr. 20, ☎ 04651-9450-0

Wellness 10

Sylter Domizil garni ****

Zentrale Ortslage in Wenningstedt – Sylt

- 25996 Wenningstedt, Berthin-Bleeg-Straße 2
  ☎ 04651-8290-0

Wellness ⚜⚜⚜ 17

Budersand *****s

Strandnähe in Hörnum – Sylt

Vor sieben Jahren eröffnetes Fünfstern-superior-Haus, es liegt an der Südspitze der Insel an Golfplatz und Yachthafen auf der zum Baden nicht geeigneten Wattenmeerseite und erfreut mit einer großartigen Anmutung in allen Bereichen, mit gut durchdachter und auf hohem ästhetischen Niveau arrangierter Eleganz. Die Zimmer sind 26 bis 65 m² groß und bestens ausgestattet, sie haben feinste Eichenböden und bieten alle Balkon oder Gartenterrasse sowie zahlreiche Steckdosen. Und ganz nebenbei auch den besten Hotelkugelschreiber Mitteleuropas. Nicht das würdelose „Beim zweiten Ansehen fällt es auseinander"-Ding aus China, das man anderswo erhält, sonder vielmehr: gutes Gewicht, liegt gut in der Hand, sieht gut aus, da können sich Kempinski & Co durchaus etwas abschauen. Die Aussicht geht aufs Watt, auf den Golfparcours oder über den Parkplatz. Das Spa ist angenehm gestaltet, aber für diese Hausgröße eher bescheiden groß, der Pool ist 12,5 m lang, die insgesamt drei Saunen schließen um 22 Uhr. Herrliche Terrassen, großartiges Frühstücksbuffet bis 12 Uhr, sehr gute Küche, die Wertung bezieht sich dabei wie immer auf die Halbpension („Strönholt") und nicht auf das À-la-carte-Restaurant Kai 3, das vom Guide Michelin mit einem Stern ausgezeichnet wurde. Feiner Weinkeller, große Auswahl an offenen Weinen, die Minibar mit einer niveauvollen Auswahl (Softdrinks, Bier) ist inkludiert. Ausgesprochen freundliche und zuvorkommende Mitarbeiter. Zum Badestrand sind's 12 Gehminuten. Guter Schlaf. Ungeeignet für Kinder. 32 Liegen, 150 Betten.
Hallenbad, Sauna, Dampfbad, Massagen, Kosmetik, Fitnessgeräte. 18-Loch-Parcours, 20 % Greenfee-Rabatt. HP ab € 185,–.

- 25997 Hörnum, Am Kai 3
  ☎ 04651-4607-0

Wellness 11

Ahnenhof garni ***

Grünruhelage am Ortsrand in Kampen – Sylt

- 25999 Kampen, Kurhausstraße 8, ☎ 04651-42645

Wellness 12

Rungholt

Grünruhelage am Ortsrand in Kampen – Sylt

- 25999 Kampen, Kurhausstraße 35
  ☎ 04651-448-0

Wellness 11

Walter's Hof

Grünruhelage am Ortsrand in Kampen – Sylt

- 25999 Kampen, Kurhausstraße 23, ☎ 04651-98960

Wellness 11

Rickmers Insulaner ****

An der Strandpromenade auf Helgoland

- 27498 Helgoland, Am Südstrand 2, ☎ 04725-8141-0

MECKLENBURG-VORPOMMERN

ALLE LILIEN-HOTELS IN **MECKLENBURG-VORPOMMERN**

Wellness 13

Bornmühle ****

Grünruhelage – 10 km südlich von Neubrandenburg

Hundefreundlich. Golf- und Tagungshotel von überschaubarer Größe, es liegt abgeschieden und sehr ruhig direkt am Golfplatz unweit des Tollensesees. Die Lobby empfängt stilistisch gewöhnungsbedürftig, nämlich mit einem Pop-Art-ähnlichen Flair. Die meisten Zimmer wurden vor vier Jahren renoviert, sie zeigen sich in einer etwas herausfordernden Retrooptik mit 1970er-Touch, ein kleiner Rest ist in traditionellem, nicht mehr ganz taufrischem Landhausstil gehalten, allerdings wird auf der Website des Hotels nur mit Fotos der renovierten Zimmer geworben. Diese sind mehrheitlich sehr klein geschnitten – auch das verschweigt der Prospekt –, alle haben Teppichböden, weiters großartige Betten und häufig auch einen netten Ausblick auf den See. Im Spa gibt es unter anderem einen 14 m langen Innenpool, einen Außenbereich mit Sauna und Liegewiese, auch Höhentraining, also Fitnesstraining unter sauerstoffarmen Bedingungen, wird angeboten, einige Ruheliegen mehr fänden wir aber wesentlich sinnvoller. Die insgesamt zwei Saunen schließen um 21 Uhr. Nette Caféterrasse, zumeist gute Küche, verbesserungsfähiges Service. Laufstrecken und Wanderwege ohne Zahl. Ungeeignet für Kinder. 26 Liegen, 119 Betten.

Solehallenbad, Außensauna, Sauna, Massagen, Kosmetik, Fitnessstudio, Personal Trainer. 9-Loch-Parcours. Leihfahrräder.

HP ab € 95,–.

- 17094 Groß Nemerow
  Bornmühle 35
  ☎ 039605-60-0

Wellness 10

Gravelotte

Grünruhelage – 45 km nordwestlich von Neubrandenburg

- 17111 Meesiger, Am Kummerower See 2
  ☎ 039994-721-0

Wellness 13

Burg Schlitz Schlosshotel

Grünruhelage Nähe Teterow – 50 km südlich von Rostock

Hundefreundlich. Keine Burg und auch kein Schloss, sondern ein herrschaftlicher Landsitz aus dem 19. Jahrhundert, der heute ein inhabergeführtes Kleinsthotel beherbergt. Es liegt ruhig am Waldrand, Tagungen, Events, Hochzeiten und Jagden sind seine Domäne. Inwendig herrscht ein großartig arrangiertes klassisches Ambiente, die Zimmer sind geräumig und von edler Klasse. Das Spa ist hingegen regelrecht mini geraten und nur von außen über den Parkplatz zugänglich, der Pool eignet sich bestenfalls für größere Zierfische, die Massagen könnten besser sein, die zwei Saunen schlie-

ßen um 20 Uhr. Zigarrenlounge, fabelhafte Terrasse mit Morgensonne, feine Tischkultur, sehr gute Küche, ausgesprochen freundliches Umfeld, für den Helikopterlandeplatz hatten wir keine Verwendung. Ungeeignet für Kinder. 8 Liegen, 40 Betten.
Hallenbad, Sauna, Dampfbad, Massagen, Kosmetik.
27-Loch-Parcours in 13 km, 10 % Greenfee-Rabatt.
HP ab € 163,–.

- 17166 Hohen Demzin
  Burg-Schlitz 2
  ☎ 03996-1270-0

Wellness 11

Seeschloss Schorssow
Absolute Grünruhelage – 55 km südlich von Rostock

- 17166 Schorssow, Am Haussee 3-5
  ☎ 039933-79-0

Wellness 12

Schloss Groß Plasten ****
Grünruhelage – 105 km südlich von Rostock

- 17192 Groß Plasten, Parkallee 36
  ☎ 039934-8020

Wellness 10

Schloss Klink ****
Grünruhelage an der Müritz – 80 km südlich von Rostock

- 17192 Klink, Schlossstraße 6
  ☎ 03991-747-0

Wellness 11

Gutshaus Ludorf Romantikhotel ****
Grünruhelage bei Röbel – Müritz

- 17207 Ludorf, Rondell 7-8
  ☎ 039931-840-0

Wellness 10

Seehotel Zielow ***s
Grünruhelage bei Röbel – Müritz

- 17207 Ludorf-Zielow, Seeufer 11
  ☎ 039923-702-0

Wellness 12

Gutshof Woldzegarten
Grünruhelage Nähe Röbel – Müritz

- 17209 Woldzegarten
  Walower Straße 30
  ☎ 039922-822-0

Wellness 12

Iberotel Fleesensee ****s
Grünruhelage am Seeufer bei Göhren-Lebbin – Müritz

- 17213 Göhren-Lebbin, Seeblick 30
  ☎ 039932-470-0

Wellness 11

Robinson Club Fleesensee ****
Grünlage bei Göhren-Lebbin – Müritz

- 17213 Göhren-Lebbin, Penkower Straße 2
  ☎ 039932-8020-00

Wellness 11

Schlosshotel Fleesensee
Grünruhelage bei Göhren-Lebbin – Müritz

- 17213 Göhren-Lebbin, Schlossstraße 1
  ☎ 039932-8010-0

Wellness 12

Gutshof Sparow ****
Grünruhelage Nähe Drewitzer See – Müritz

- 17214 Nossentiner Hütte, Sparow 8
  ☎ 039927-762-0

Wellness 11

Van der Valk Naturresort Drewitz ****
Absolute Naturlage am Drewitzer See – Müritz

- 17214 Nossentiner Hütte-Drewitz
  Am Drewitzer See 1
  ☎ 039927-767-0

Wellness 11

Amys Wohlfühlvilla garni
Absolute Grünruhelage am Seeufer – Müritz

- 17237 Userin-Zwenzow, Dorfstraße 50
  ☎ 039832-2810-0

Wellness 10

Seehotel Ichlim
Grünruhelage am Nebelsee südlich von Röbel – Müritz

- 17248 Lärz-Ichlim, Am Nebelsee 1
  ☎ 039827-30264

Wellness 11

Borchard's Rookhus Familotel ****
Absolute Grünruhelage am Seeufer – Müritz

- 17255 Wesenberg, Am Großen Labussee 12
  ☎ 039832-50-0

Wellness 9

Sonnenhotel Feldberg am See ***s
Ruhige Ortslage – 28 km südlich von Neubrandenburg

- 17258 Feldberg, Hinnenöver 18
  ☎ 039831-55-5

Wellness 10

Pasewalk ****
Grünruhelage am Ortsrand – östlich von Neubrandenburg

- 17309 Pasewalk, Dargitzer Straße 26-29
  ☎ 03973-222-0

Wellness 13

Ahlbecker Hof Romantik-Seehotel *****

An der Strandpromenade in Ahlbeck – Usedom

Hundefreundlich. In prominenter Strandlage mit Ausblick auf die Seebrücke: Das Flaggschiff der regional tätigen Seetel-Kette ist ein „kleines Grandhotel" und ein „prachtvolles Luxushotel" (werblicher O-Ton), allerdings trifft beides nur bedingt zu, denn der historische Anteil mit der schönen Bäderarchitekturfassade ist nicht groß, viele Zimmer liegen in drei über Gänge erreichbaren Nebengebäuden, und dort hat man keinen Ausblick aufs Meer. Kronleuchter, dunkles Holz, schwere Stoffe und ein starker Hauch von Patina schaffen ein unverwechselbar plüschiges Ambiente, dem eine Renovierung nicht schlecht stünde. Das gilt auch für so manches der 91 Zimmer, die aus neun Kategorien (DZ ab 18 m²) wählbar sind. Das mit „1.000 m² große Wellnesslandschaft" beworbene Spa ist im Hinblick auf Saunen, Pools und Ruhezonen geradezu winzig, die insgesamt fünf Saunen schließen um 22 Uhr. Für fünf Sterne erscheinen uns Service und so manches andere ziemlich schwach, einzig die Lage rettet das Haus noch vor dem Abdriften in die Null-Lilien-Liga. Garage gegen 14 Euro pro Tag. Ungeeignet für Kinder. 28 Liegen, 225 Betten.

Hallenbad, Sauna, Dampfbad, Massagen, Kosmetik, Ayurveda, Fitnessgeräte, Personal Trainer. 18-Loch-Parcours in 4 km, 45-Loch-Parcours in 14 km, bis zu 30 % Greenfee-Rabatt.

NF ab € 69,50.

- 17419 Ahlbeck
  Dünenstraße 47
  ☎ 038378-62-0

Wellness 14

Das Ahlbeck ****s

An der Strandpromenade in Ahlbeck – Usedom

Hundefreundlich. Sauber geführtes Haus in angenehmer Größe, mit junger Ausstrahlung und ebensolchen Mitarbeitern, es wurde vor 10 Jahren eröffnet, liegt unweit der Seebrücke an der Strandpromenade und bietet schöne Zimmer in 21 Varianten (DZ von 25 bis 82 m²), alle haben Holzböden, viele Balkon oder Terrasse, von vielen genießt man einen feinen Ausblick aufs Meer. Das Spa ist ansprechend gestaltet, Highlights sind ein 20 m langer Innenpool mit viel Tageslicht, neuerdings wieder gute Massagen sowie ein netter Außenbereich mit hochwertig möbliertem Sonnendeck, die insgesamt drei Saunen schließen um 22 Uhr. Gut gelaunte Mitarbeiter, zumeist gute Küche, fabelhafte Restaurantterrasse (mit Strandkörben). Viel junges Publikum, vornehmlich Paare.
32 Liegen, 135 Betten.

Hallenbad, Außensauna, Sauna, Dampfbad, Massagen, Kosmetik, Fitnessgeräte, Personal Trainer. 18-Loch-Parcours in 4 km, 45-Loch-Parcours in 14 km, bis zu 30 % Greenfee-Rabatt.

HP ab € 92,50.

- 17419 Ahlbeck
  Dünenstraße 48
  ☎ 038378-4994-0

Wellness 10

Ostende ****

An der Strandpromenade in Ahlbeck – Usedom

- 17419 Ahlbeck, Dünenstraße 24
  ☎ 038378-51-0

Wellness 10

Ostseehotel Ahlbeck ****

An der Strandpromenade in Ahlbeck – Usedom

- 17419 Ahlbeck, Dünenstraße 41
  ☎ 038378-60-0

Wellness 10

Strandhotel Ahlbeck ****

An der Strandpromenade in Ahlbeck – Usedom

- 17419 Ahlbeck, Dünenstraße 19-21
  ☎ 038378-520

Wellness 11

Best Western Baltic Hills ****

Grünlage an der B111 Nähe Ahlbeck – Usedom

- 17419 Korswandt, Hauptstraße 10
  ☎ 038378-8050-0

Wellness | Kur 10

Kurhotel Heringsdorf

Zentrale Ortslage in Heringsdorf – Usedom

- 17424 Heringsdorf, Delbrückstraße 3
  ☎ 038378-82-222

Wellness 12

Maritim Kaiserhof ****s

An der Strandpromenade in Heringsdorf – Usedom

- 17424 Heringsdorf, Kulmstraße 33
  ☎ 038378-65-0

Wellness 15

Ostseeblick Strandhotel ****s

Strandnahe Ruhelage in Heringsdorf – Usedom

Sympathisches, familiengeführtes Haus in angenehmer Größe, es liegt fast im Ortszentrum, auf einer kleinen Anhöhe direkt über dem Strand, und der Name ist Programm: Die Ostsee ist aus vielen Zimmern, aus dem Spa sowie dem Restaurant zu sehen – besser geht es nirgendwo in Heringsdorf, und das muss natürlich auch punkten. Die Zimmer verströmen verhalten maritimes Flair und sind zeitgemäß gestaltet, alle sind klein

geschnitten, normale Doppelzimmer werden übrigens auch als Suiten bezeichnet, jene zur Straßenseite sollte man zudem nur buchen, wenn man gerne bei geschlossenen Fenstern schläft. Bescheiden großes Spa mit ebensolchem Pool, täglich kleines Aktivprogramm, die insgesamt drei Saunen schließen um 22 Uhr. Herrliche Restaurantterrasse, gute Küche, gemütliches Umfeld. Eher ungeeignet für Kinder. 24 Liegen, 120 Betten. Hallenbad, Sauna, Dampfbad, Massagen, Kosmetik, Fitnessgeräte. 18-Loch-Parcours in 7 km, 45-Loch-Parcours in 10 km, bis zu 20 % Greenfee-Rabatt. HP ab € 96,–.

- 17424 Heringsdorf
  Kulmstraße 28
  ☎ 038378-54-0

Wellness 12

Seetel Ostseeresidenz Heringsdorf ****

Zentrale Ortslage in Heringsdorf – Usedom

- 17424 Heringsdorf, Seestraße 41
  ☎ 038378-61-0

Wellness 10

Seetel Pommerscher Hof ***s

Zentrale Ortslage in Heringsdorf – Usedom

- 17424 Heringsdorf, Seestraße 41
  ☎ 038378-610

Wellness 13

Steigenberger Grandhotel Heringsdorf

An der Strandpromenade in Heringsdorf – Usedom

Hunde- und familienfreundlich. Großes Kettenhotel, es wurde vor sechs Jahren als Fünfsternhaus eröffnet, hat nun schon seit längerem keine Sterne mehr und besteht aus sieben Gebäuden, die durch unterirdische Gänge miteinander verbunden sind. Wunderschöne Zimmer (DZ ab 36 m²) mit maritimer Anmutung, fast alle haben Balkon, Loggia oder Terrasse, nur wenige bieten Ausblick aufs Meer, die teuersten sind die zwei Suiten im Dachgeschoß der sogenannten Residenzen – mit mehr als 100 m² Wohnfläche. Der Wellnessbereich ist laut Prospekt 2.000 m² groß, rechnet man für Pools, Saunen und Indoor-Ruhezonen etwa zwei Drittel davon ab, so kommt das den realen Verhältnissen deutlich näher. Unter anderem geboten wird ein 20 m langer Außenpool (während der kalten Jahreszeit ist die Nutzung allerdings stark eingeschränkt), weiters Liegewiese und Innenwhirlpool, die insgesamt drei Saunen schließen um 22, freitags um 24 Uhr. Bei Küche und Service gibt es noch gehörig Luft nach oben, das Parkplatzmonopol muss man mit 20 Euro pro Tag abgelten. Hart an der Null-Lilien-Grenze. Während der Ferienzeiten täglich sechs Stunden Betreuung für Kinder ab drei Jahren. 50 Liegen, 450 Betten.
Freibecken, Sauna, Dampfbad, Massagen, Kosmetik,

Fitnessgeräte, Personal Trainer. 18-Loch-Parcours in 7 km, 45-Loch-Parcours in 10 km, bis zu 30 % Greenfee-Rabatt.
HP ab € 150,75.

- 17424 Heringsdorf
  Liehrstraße 11
  ☏ 038378-495-0

Wellness 13

Strandhotel Heringsdorf ****

An der Strandpromenade in Heringsdorf – Usedom

Gemütliches Haus in guter Lage unweit der Seebrücke, es besteht aus dem Hauptgebäude an der Strandpromenade und zwei unterirdisch angebundenen Neubauten in der zweiten Bebauungsreihe. Stark unterschiedliche Zimmer (in puncto Alter, Interieurs und Größe), auch winzige – DZ mit 18 m², der unten angeführte Ab-Preis bezieht sich auf diese – sind zu haben, die meisten haben Teppichböden, alle Terrasse oder Balkon, neu sind große Suiten mit Ausblick auf die Ostsee – in einem vor drei Jahren errichteten, seeseitigen Trakt. Das flächenmäßig bescheidene Spa ist auf drei auseinanderliegende Bereiche aufgeteilt, der Innenpool eignet sich bestenfalls für einige größere Zierfische, fein ist der Ausblick auf das Meer aus dem Ruheraum im Dachgeschoß, zu dem auch eine kleine Saunazone mit Terrasse gehört, die insgesamt drei Saunen schließen um 21 Uhr. Freundliche Mitarbeiter, nette Restaurantterrasse, reichhaltiges Frühstücksbuffet, beim Service gibt es noch Luft nach oben. Einfacher Parkplatz (nötig): 8 Euro pro Tag.
32 Liegen, 184 Betten.
Solefreibecken, Hallenbad, Sauna, Dampfbad, Massagen, Kosmetik, Fitnessgeräte, Personal Trainer. 18-Loch-Parcours in 7 km, 45-Loch-Parcours in 10 km, bis zu 30 % Greenfee-Rabatt.
HP ab € 104,–.

- 17424 Heringsdorf
  Liehrstraße 10
  ☏ 038378-232-0

Wellness 13

Travel Charme Strandidyll ****s

An der Strandpromenade in Heringsdorf – Usedom

Großes Kettenhotel mit gediegen-konservativem Erscheinungsbild und ebensolchen Zimmern (DZ ab 25 m²), alle haben Teppichböden, die meisten Balkon oder Terrasse. Das Spa ist auf vier verschiedene Bereiche aufgeteilt und von bescheidener Größe, die Saunazone ist klein, dafür gibt es ein Solegradierwerk, das ist ein kleiner Raum mit künstlich angereicherter, salzhaltiger Luft – auf diese grenzgeniale Idee muss man ausgerechnet am Meer erst einmal kommen! Schöner Garten mit Liegewiese, das hört sich freilich nicht rasend sensationell an, ist aber, ebenso wie ein Außenpool, auf Usedom ein rarer Luxus. Aktivprogramm (Mo bis Sa), auch Tai Chi und Yoga, die insgesamt drei Saunen schließen um 21 Uhr. Restaurantterrasse, freundliche Mitarbeiter, beim Service gibt es noch etwas Luft nach oben. So manches in dem Haus fühlt sich nach Sparen am Gast an, so wurde auch die abendliche Speisenfolge im Rahmen der Halbpension vor kurzem empfindlich gekürzt, sie kostet 23 Euro und nennt sich „Leichter Abendgenuss" – ohne Hauptgang. Will man mehr, dann bitteschön gern, aber à la carte und gegen Aufpreis! Das kann man freilich nicht mehr HP nennen, unsere Ab-Preis-Angaben sind deshalb ab sofort als Nächtigung mit Frühstück („NF") ausgewiesen. Viele, viele alte Stammgäste. Schlichter Parkplatz: 8 Euro pro Tag. Ungeeignet für Kinder.
41 Liegen, 320 Betten.
Freibecken, Hallenbad, Sauna, Dampfbad, Massagen, Kosmetik, Fitnessgeräte. 18-Loch-Parcours in 7 km, 45-Loch-Parcours in 10 km, bis zu 20 % Greenfee-Rabatt.
NF ab € 74,–.

- 17424 Heringsdorf
  Delbrückstraße 10
  ☏ 038378-476-0

Wellness 12

Upstalsboom Ostseestrand ****s

Ruhelage an der Strandpromenade – Usedom

- 17424 Heringsdorf, Eichenweg 4-5
  ☏ 038378-63-0

Wellness 11

Admiral Promenadenhotel ****

An der Strandpromenade in Bansin – Usedom

- 17429 Bansin, Strandpromenade 36-37
  ☏ 038378-66-0

Wellness 12

Kaiser Spa Zur Post ****s

Zentrumslage in Bansin – Usedom

- 17429 Bansin, Seestraße 5
  ☏ 038378-56-0

Wellness 10

Seetel Ostseeresidenz Bansin ****

An der Strandpromenade in Bansin – Usedom

- 17429 Bansin
  Strandpromenade 33
  ☏ 038378-607

Wellness 12

Seetel Strandhotel Atlantic ****

An der Strandpromenade in Bansin – Usedom

- 17429 Bansin, Strandpromenade 18
  ☏ 038378-60-5

Wellness 12

Travel Charme Strandhotel Bansin ****S

Grünruhelage an der Strandpromenade – Usedom

- 17429 Bansin, Bergstraße 30
  ☎ 038378-800-0

Wellness 12

Villen im Park ****

Grünruhelage am Ortsrand in Bansin – Usedom

- 17429 Bansin, Seestraße 59
  ☎ 038378-4700-0

Wellness 12

Balmer See Golfhotel

Grünruhelage bei Balm – Usedom

- 17429 Benz-Balm, Drewinscher Weg 1
  ☎ 038379-28-0

Wellness 11

Seeklause ****

Grünlage am Ortsrand bei Zinnowitz – Usedom

- 17449 Trassenheide
  Mölschower Weg 1a
  ☎ 038371-267-0

Wellness 10

Asgard ***S

An der Strandpromenade in Zinnowitz – Usedom

- 17454 Zinnowitz, Dünenstraße 20
  ☎ 038377-467-0

Wellness | Kur 10

Baltic ***

An der Strandpromenade in Zinnowitz – Usedom

- 17454 Zinnowitz, Dünenstraße 1
  ☎ 038377-70-00

Wellness 11

Kleine Strandburg ****

Ruhelage an der Strandpromenade in Zinnowitz – Usedom

- 17454 Zinnowitz, Dünenstraße 11
  ☎ 038377-38000

Wellness 12

Parkhotel am Glienberg ****

Grünruhelage in Zinnowitz – Usedom

- 17454 Zinnowitz, Waldstraße 13
  ☎ 038377-72-0

Wellness 10

Preussenhof Strandhotel ****

An der Strandpromenade in Zinnowitz – Usedom

- 17454 Zinnowitz, Dünenstraße 10
  ☎ 038377-39-0

Wellness 12

Usedom Palace *****

An der Strandpromenade von Zinnowitz – Usedom

- 17454 Zinnowitz, Dünenstraße 8
  ☎ 038377-396-0

Wellness 10

Forsthaus Damerow ****

Grünruhelage Nähe Koserow – Usedom

- 17459 Koserow-Damerow, An der B 111
  ☎ 038375-56-0

Wellness 12

Seerose Strandhotel ****S

Grünruhelage am Strand in Kölpinsee – Usedom

- 17459 Loddin-Kölpinsee, Strandstraße 1
  ☎ 038375-54-0

Wellness 11

Trihotel am Schweizer Wald ****S

Grünlage am Stadtrand in Rostock

- 18055 Rostock, Tessiner Straße 103
  ☎ 0381-6597-0

Wellness 10

Atrium Krüger ***S

Im Gewerbegebiet von Sievershagen – Rostock

- 18069 Rostock-Sievershagen, Ostsee-Park-Straße 2
  ☎ 0381-1288-200

Wellness 10

Immenbarg Landhaus

Grünruhelage am Ortsrand in Warnemünde – Rostock

- 18119 Rostock-Diedrichshagen
  Groß-Kleiner-Weg 19
  ☎ 0381-77693-0

Wellness 11

A-ja Resort Warnemünde

An der Strandpromenade in Warnemünde – Rostock

- 18119 Rostock-Warnemünde, Zur Promenade 2
  ☎ 040-69635258-0

Wellness | Kur 10

Am Alten Strom ***S

Zentrumslage in Warnemünde – Rostock

- 18119 Rostock-Warnemünde, Am Strom 60-61
  ☎ 0381-54823-0

Wellness 10

Best Western Hanse Warnemünde ****

Strandnähe in Warnemünde – Rostock

- 18119 Rostock-Warnemünde, Parkstraße 51
  ☎ 0381-545-0

Wellness 11

Hübner Parkhotel

Strandnähe in Warnemünde – Rostock

- 18119 Rostock-Warnemünde
  Heinrich-Heine-Straße 31
  ☎ 0381-5434-0

Wellness 12

Hübner Strandhotel ****s

An der Strandpromenade in Warnemünde – Rostock

- 18119 Rostock-Warnemünde
  Seestraße 12
  ☎ 0381-5434-0

Wellness 13

Neptun *****

An der Strandpromenade in Warnemünde – Rostock

Hunde- und familienfreundlich. Mit 64 m Höhe eine turmähnliche „Platte" aus den 1970ern, sie hat fünf Sterne im Logo und vier Sterne in Look und Feel, und sie zählte seinerzeit zum Besten, was der Kommunismus seinen Funktionären zu bieten hatte. Auch heute noch überrascht das Haus mit einem ganz besonderen, Nostalgiebonus verdienenden Charme, dem wir gerne das Prädikat „DDR-plus" verleihen. Zu haben sind jedenfalls viele kleine Zimmer (DZ ab 21 m²) mit noch kleineren Bädern, alle haben Balkon und einen konkurrenzlosen Ausblick auf die Ostsee – und die vielen riesigen Schiffe (der Hafen Rostock befindet sich sozusagen gleich ums Eck) –, der natürlich immer berauschender wird, je höher man wohnt. Die „TÜV-zertifizierte Premium-Wellnessqualität im einzigartigen Wellnessbereich" (Werbung) entpuppt sich als bescheidenes Spa mit dem Schwerpunkt Original-Thalasso, fein aber auch hier der Meeresblick von Pool, aus Sauna, Behandlungsräumen und Fitnessstudio. Täglich Aktivprogramm (gegen Aufpreis!), die insgesamt drei Saunen schließen um 22 Uhr. Großartig in Sachen Panorama: das Café im Dachgeschoß. Schlichter Parkplatz: 16 Euro pro Tag. 55 Liegen, 576 Betten.

Meerwasserhallenbad, Sauna, Dampfbad, Massagen, Kosmetik, Fitnessstudio, Personal Trainer. 27-Loch-Parcours in 4 km.

HP ab € 118,50.

- 18119 Rostock-Warnemünde
  Seestraße 19
  ☎ 0381-777-0

Kur 9

Sanddorn Kur- & Ferienhotel garni

An der Strandpromenade in Warnemünde – Rostock

- 18119 Rostock-Warnemünde
  Strandweg 12
  ☎ 0381-54399-0

Wellness 10

Warnemünder Hof ****

Grünruhelage am Ortsrand in Warnemünde – Rostock

- 18119 Rostock-Warnemünde, Stolteraer Weg 8
  ☎ 0381-5430-0

Wellness 13

Yachthafenresidenz Hohe Düne

Am Yachthafen Hohe Düne in Warnemünde – Rostock

Familienfreundlich. Riesenanlage mit Konferenzzentrum und großem Yachthafen, sie wurde vor mehr als einem Jahrzehnt eröffnet. Zimmer sind aus 11 Varianten wählbar (DZ ab 27 m²), sie sind hochwertig möbliert, kommen allerdings langsam in die Jahre, jene in den drei Nebengebäuden („Residenzen") sind deutlich billiger (deren Ab-Preis ist hier angeführt), aber nur über einen längeren Fußmarsch im Freien zu erreichen, was mit Bademantel vor allem im Winter spannend wird. Das Spa ist aufwendig und geschmackvoll gestaltet und laut Prospekt 4.200 m² groß, rechnet man gut drei Viertel davon weg, kommt man für Pools, Saunen und Indoor-Ruhezonen den realen Verhältnissen schon deutlich näher. Edle Behandlungsräume, der Innenpool ist 22 m lang, das Freibecken mini, im Außenbereich gibt es ein sehr nettes Sonnendeck auf dem Dach, zum Badestrand sind's zwei Gehminuten, die insgesamt fünf Saunen schließen um 22 Uhr. Reichhaltiges Frühstücksbuffet, freundliche und durchwegs bemühte Mitarbeiter, eher schwaches Preis-Leistungs-Verhältnis. 105 Liegen, 736 Betten.

Freibecken, Hallenbad, Babybecken, Außensauna, Sauna, Dampfbad, Massagen, Kosmetik, Ayurveda, Fitnessgeräte, Personal Trainer.

NF ab € 100,–.

- 18119 Rostock-Warnemünde
  Am Yachthafen 1
  ☎ 0381-5040-0

Wellness 10

Godewind ****

Grünlage in Markgrafenheide – Rostock

- 18146 Rostock-Markgrafenheide, Warnemünder Str. 5
  ☎ 0381-60957-0

Wellness 11

IFA Graal-Müritz ****s

Strandnahe Grünruhelage – 25 km nordöstlich von Rostock

- 18181 Graal-Müritz, Waldstraße 1, ☎ 038206-73-0

Wellness 10

Friedrich-Franz-Palais ***

Zentrale Ortslage in Bad Doberan – westlich von Rostock

- 18209 Bad Doberan, August-Bebel-Straße 2
  ☎ 038203-77929-0

Wellness 12

Grand Hotel Heiligendamm

Grünruhelage in Heiligendamm – westlich von Rostock

- 18209 Bad Doberan-Heiligendamm
  Prof.-Dr.-Vogel-Straße 6
  ☏ 038203-740-0

Wellness 9

Seepferdchen Ferienidyll

Grünruhelage in Nähe Steilküste – westlich von Rostock

- 18211 Nienhagen, Kliffstraße 17
  ☏ 038203-7767-0

Wellness 10

Am Weststrand

Strandnähe in Kühlungsborn – 30 km westlich von Rostock

- 18225 Kühlungsborn, Ostseeallee 38
  ☏ 038293-848-0

Wellness 10

Aquamarin ****

Ruhige Ortslage in Kühlungsborn – westlich von Rostock

- 18225 Kühlungsborn
  Hermannstraße 33
  ☏ 038293-402-0

Wellness 10

Europa ****

Strandnähe in Kühlungsborn – 30 km westlich von Rostock

- 18225 Kühlungsborn, Ostseeallee 8
  ☏ 038293-88-0

Wellness 9

Morada Resort

Ruhelage in Strandnähe – 30 km westlich von Rostock

- 18225 Kühlungsborn
  Hafenstraße 2
  ☏ 038293-670

Wellness 11

Strandblick ****s

Strandnähe in Kühlungsborn – 30 km westlich von Rostock

- 18225 Kühlungsborn, Ostseeallee 6
  ☏ 038293-633

Wellness 13

Travel Charme Ostseehotel ****s

An der Strandpromenade – 30 km westlich von Rostock

Schön gelegenes Kettenhotel, nämlich fast direkt an Strand und Seebrücke. Gefälliges Ambiente, saubere Zimmer in drei Kategorien (DZ ab 23 m²), wer gerne bei offenem Fenster schläft, dem sind aber die landseitigen Zimmer nicht zu empfehlen. Der Wellnessbereich ist laut Werbung knapp 1.000 m² groß – das wäre übrigens deutlich mehr als die Grundfläche des gesamten Gebäudes –, rechnet man gut zwei Drittel davon ab, kommt man für Pools, Saunen und Indoor-Ruhezonen der Wirklichkeit deutlich näher. Das Außenbecken ist knapp 13 m lang, das Innenbecken winzig, zusammen mit dem kleinen Whirlpool heißt das übrigens im Prospekt „Wasserwelten". Liegewiese, auch Yoga, Qi Gong und Pilates, die insgesamt vier Saunen schließen um 22 Uhr. Die abendliche Speisenfolge im Rahmen der Halbpension wurde vor kurzem empfindlich gekürzt, sie kostet 23 Euro und nennt sich „Leichter Abendgenuss". Dahinter: Wer einen Hauptgang möchte, bekommt ihn auch, aber nur à la carte und gegen Aufpreis! Das ist freilich nicht mehr HP zu nennen, unsere Ab-Preis-Angaben sind deshalb ab sofort als Nächtigung mit Frühstück ausgewiesen. Nette Restaurantterrasse, freundliche Mitarbeiter, viele, viele alte Stammgäste. Schlichter Parkplatz: 8 Euro pro Tag. Ungeeignet für Kinder. 45 Liegen, 220 Betten. Freibecken, Hallenbad, Sauna, Dampfbad, Massagen, Kosmetik, Fitnessgeräte, Personal Trainer. 18-Loch-Parcours in 5 km.

NF ab € 74,–.

- 18225 Kühlungsborn
  Zur Seebrücke 1
  ☏ 038293-415-0

Wellness 11

Upstalsboom Kühlungsborn ****s

Strandnähe in Kühlungsborn – 30 km westlich von Rostock

- 18225 Kühlungsborn
  Ostseeallee 21
  ☏ 038293-4299-0

Wellness 11

Vier Jahreszeiten Kühlungsborn ****

Strandnähe in Kühlungsborn – 30 km westlich von Rostock

- 18225 Kühlungsborn
  Ostseeallee 10-12
  ☏ 038293-81000

Gesundheit | Wellness 11

Gutshof Bastorf ***s

Grünlage am Ortsrand – 35 km westlich von Rostock

- 18230 Bastorf
  Kühlungsborner Straße 1
  ☏ 038293-645-0

Wellness 9

Van der Valk Resort Linstow ****

An der A19-Abfahrt Linstow – 60 km südlich von Rostock

- 18292 Linstow
  Krakower Chaussee 1
  ☏ 038457-70

Wellness 11

Fischerwiege ****

Grünruhelage in Ahrenshoop – 41 km nordöstlich von Rostock

- 18347 Ahrenshoop
  Am Schifferberg 9a
  ☎ 038220-606-0

Wellness 10

Haus Antje garni

Ortsrandlage in Ahrenshoop – 41 km nordöstlich von Rostock

- 18347 Ahrenshoop
  Althäger Str. 2
  ☎ 038220-698-0

Wellness 15

The Grand Ahrenshoop

Strandnähe in Ahrenshoop – 41 km nordöstlich von Rostock

Hundefreundlich. Modernes Haus in angenehmer Größe, es wurde vor sieben Jahren eröffnet und ist für uns Tester nach den vielen Kettenhotels des Bundeslandes stets das Highlight der Region, und das, obwohl es sich nicht gar so präsentiert, wie man sich ein Grandhotel vorstellt. Das Ambiente der öffentlichen Räume vermag es wohl nicht, jeden zu begeistern, ist es doch auf eigenwillige Art geradlinig, sozusagen geradezu steinböckig nüchtern arrangiert. Ein besonderes Kennzeichen ist jedoch der grandiose Ausblick auf die Ostsee, und das aus fast allen Zimmern! Diese sind stets außerordentlich großzügig geschnitten – selbst das kleinste Doppelzimmer, auf das sich der unten angeführte Preis bezieht, misst noch 36 m² –, alle bieten Balkon oder Terrasse, bei starkem Wind (und offener Balkontüre) hört man sogar die Brandung. Das Spa verfügt unter anderem über einen 20 m langen und 8 m breiten Pool, weiters gibt es einen außerordentlich gut bestückten Fitnessraum sowie sehr gute Treatments, die insgesamt drei Saunen schließen um 21 Uhr. Freundliche Mitarbeiter, feines Frühstücksbuffet, umfangreiche Weinkarte, bei Service und Küche hat man neuerdings etwas an Terrain verloren. Ein Highlight ist die Bar im Dachgeschoß des Westflügels: mit ihren Rums und Malts – auch ein Bowmore findet sich übrigens darunter –, mit traumhafter Terrasse und ebensolchen Sonnenuntergängen in Front-Row-Qualität. Zum hier schier endlosen Strand und den hoteleigenen Strandkörben sind es keine 50 m, dabei muss man aber die Ortsstraße überqueren. Garage gegen 12 Euro pro Tag. Ungeeignet für Kinder. 33 Liegen, 140 Betten.

Hallenbad, Sauna, Dampfbad, Massagen, Kosmetik, Fitnessstudio, Personal Trainer. 9-Loch-Parcours in 23 km. HP ab € 111,50.

- 18347 Ahrenshoop
  Schifferberg 24
  ☎ 038220-678-0

Wellness 17

Dünenmeer Strandhotel ****s

Grünruhelage an der Düne – 34 km nordöstlich von Rostock

Hundefreundlich. „Erwachsenenhotel" in traumhafter Lage, nämlich direkt an der Düne und vor einem fast unendlich langen Sandstrand. Es wurde vor 10 Jahren eröffnet und bietet ausnahmslos großzügig geschnittene Zimmer, sie sind 35 bis 90 m² groß, alle haben Teppichböden sowie Balkon oder Terrasse, nicht wenige offerieren einen herrlichen Ausblick aufs Meer. Das sehr angenehm gestaltete Spa steht auch den Gästen aus dem anliegenden Ferienwohnungsdörfchen offen, was die grundsätzlich großzügigen Raumverhältnisse vor allem während der kälteren Jahreszeiten schnell wieder relativiert. Dazu gehören jedenfalls ein 12 m langer Pool, eine Außenzone mit Sauna und kleiner Liegewiese, ein Bistro, in dem man auch im Bademantel frühstücken kann, sowie phantastisch schöne Ruhezonen mit Ausblick auf die Ostsee. Täglich gibt es ein kleines Aktivprogramm, bei den Massagen hat man neuerdings etwas an Terrain verloren, die insgesamt drei Saunen schließen um 21 Uhr. Fabelhafte Terrassen für Restaurant und Bar, gute Küche, verbesserungsfähiges Service. Viel Ruhe bringt die „Strictly no Kids"-Politik: Unter 16 Jahren gibt es keinen Spa-Zutritt, unter 10 Jahren keinen Restaurant-Zutritt. Gratisgarage für alle. 43 Liegen, 110 Betten (im Hotel, weitere 250 in Ferienwohnungen).

Hallenbad, Außensauna, Dampfbad, Massagen, Kosmetik, Fitnessgeräte.
9-Loch-Parcours in 12 km.
HP ab € 138,–.

- 18347 Dierhagen
  Birkenallee 20
  ☎ 038226-501-0

Wellness 13

Fischland Strandhotel ****s

Grünruhelage an der Düne – 34 km nordöstlich von Rostock

Hunde- und kinderfreundlich. Das Gästehaus des DDR-Ministerrates von ehedem ist heute ein Hotel, es liegt sehr schön in einem Kiefernwald an der Düne, also ganz nah am Strand. Alles zeigt sich gut gepflegt, Zimmer gibt es in vier Kategorien (25 bis 154 m² groß), ein paar gute Schritte vom Haupthaus entfernt liegen Nebengebäude mit zahlreichen Ferienwohnungen, deren Gäste auch das Spa nutzen können. Dieses ist allerdings nicht allzu groß, unter anderem bietet es einen 18 m langen Pool, eine Außensauna – sie ist 200 m vom Meer entfernt – sowie ein kleines, feines Sonnendeck auf der Dachterrasse. Täglich kleines Aktivprogramm, die insgesamt vier Saunen schließen um 21 Uhr. Täglich Betreuung für Kinder ab drei Jahren von 10 bis 22 Uhr (mit starken saisonalen Einschränkungen). 48 Liegen, 150 Betten (im Hotel, weitere 200 in Ferienwohnungen).

Fischland Strandhotel

Hallenbad, Außensauna, Sauna, Dampfbad, Massagen, Kosmetik, Fitnessstudio. 9-Loch-Parcours in 12 km. Tennishalle, Tennisplätze, Leihfahrräder.
HP ab € 120,50.

- 18347 Dierhagen
  Ernst-Moritz-Arndt-Straße 6
  ☎ 038226-52-0

Wellness 10

Ostseehotel Dierhagen ***s

Grünruhelage am Ortsrand – 34 km nordöstlich von Rostock

- 18347 Dierhagen
  Wiesenweg 1
  ☎ 038226-51-0

Wellness 12

Dorint Strandresort & Spa Wustrow ****

Strandnähe in Wustrow – 39 km nordöstlich von Rostock

- 18347 Wustrow
  Strandstraße 46
  ☎ 038220-65-0

Wellness 10

Speicher Barth ****

Am Hafen in Barth – 60 km nordöstlich von Rostock

- 18356 Barth, Am Osthafen 2
  ☎ 038231-63300

Wellness 15

Meerlust ****s

An der Düne am Ortsrand – 65 km nordöstlich von Rostock

Aus drei miteinander verbundenen Gebäuden besteht dieses familiengeführte Haus, es liegt unweit der Zingster Seebrücke, eine schmale, wenig befahrene Straße trennt es vom Strand. Geboten werden ein schmuckes Ambiente in den öffentlichen Räumen sowie stark unterschiedliche Zimmer in 23 Kategorien, die Wohlfühlniveaus changieren ebenso wie die Größen (DZ von 22 bis 80 m²), fast alle haben Balkon oder Terrasse, die neueren feine Holzböden, auch wahre Wohnträume sind zu haben. Das kleine, etwas nüchtern arrangierte Spa bietet unter anderem einen 12 m langen Innenpool, ein etwas kleineres Freibecken und sehr gute Massagen. Täglich kleines Aktivprogramm, auch Pilates und Qi Gong, die insgesamt drei Saunen schließen um 20 Uhr. Erwähnenswert sind sowohl die Absenz von Events und Business-Veranstaltungen als auch die Tischkultur – und nicht zuletzt das herrliche Kuchen- und Tortenbuffet am Nachmittag. Durchwegs freundliche Mitarbeiter, gutes Frühstücksbuffet, gute Küche, ebensolche Weinkarte. Nette Terrasse, freundliche Mitarbeiter, langsames W-Lan, Gratisgarage für alle. Ruhevolles Umfeld, ungeeignet für Kinder. 29 Liegen, 105 Betten plus 13 Ferienwohnungen.

Solefreibecken, Solehallenbad, Sauna, Dampfbad, Massagen, Kosmetik, Fitnessgeräte.
9-Loch-Parcours in 43 km.
HP ab € 95,–.

- 18374 Zingst
  Seestraße 72
  ☏ 038232-885-0

Wellness 12

Steigenberger Strandhotel Zingst

An der Seebrücke in Zingst – 65 km nordöstlich von Rostock

- 18374 Zingst
  Seestraße 60
  ☏ 038232-842-0

Wellness 11

Vier Jahreszeiten Zingst ****

Grünlage am Ortsrand – 65 km nordöstlich von Rostock

- 18374 Zingst
  Boddenweg 2
  ☏ 038232-174-0

Wellness 12

Carpe Diem garni

Grünruhelage in Prerow – 60 km nordöstlich von Rostock

- 18375 Prerow
  Grüne Straße 31b
  ☏ 038233-708-0

Wellness 10

Travel Charme Bernstein ****

Grünruhelage in Prerow – 60 km nordöstlich von Rostock

- 18375 Prerow
  Buchenstraße 42
  ☏ 038233-64-000

Wellness 12

Waldschlösschen ****

Grünlage in Prerow – 60 km nordöstlich von Rostock

- 18375 Prerow
  Bernsteinweg 9
  ☏ 038233-617-0

Wellness 14

Haferland ****

Grünruhelage am Ortsrand – 57 km nordöstlich von Rostock

Wie aus dem Bilderbuch: ein ruhig gelegenes, kleines und familiengeführtes Landhotel mit weiß getünchten Backsteinhäusern, reetgedeckten Dächern und nordisch-ländlichem Ambiente. Es liegt ein paar gute Schritte von einem verschlafenen Sportboothafen am Bodden, zum Baden fährt man an den West- oder Nordstrand der Ostsee, beide sind etwa 15 Autominuten entfernt. Die Zimmer (DZ von 24 bis 55 m^2) sind ländlich arrangiert, sie haben Vollholzmöbel und teilweise Fliesenböden, das W-Lan ist schwach. Das Spa ist einfach, unter anderem bietet es einen knapp 13 m langen Pool, die insgesamt drei Saunen schließen um 22 Uhr. Frühstücksbuffet in hervorragender Qualität – und das bis 13 Uhr –, qualitativ hochwertige und sehr gute Küche mit biologischer und regionaler Orientierung, vieles kommt aus dem eigenen Bio-Garten. Nette Terrasse, wunderschöner Garten, herzliches und ruhevolles Umfeld. Ungeeignet für Kinder. 6 Liegen, 98 Betten.
Hallenbad, Sauna, Dampfbad, Massagen, Kosmetik.
9-Loch-Parcours in 36 km.
NF ab € 71,50.

- 18375 Wieck auf dem Darß, Bauernreihe 5a
  ☏ 038233-68-0

Wellness 10

Wyndham Stralsund Hansedom ****

Ortslage in Stralsund – 75 km nordöstlich von Rostock

- 18437 Stralsund
  Grünhufer Bogen 18-20
  ☏ 03831-3773-0

Wellness 12

Schloss Ralswiek ****s

Grünruhelage in Ralswiek – Rügen

- 18528 Ralswiek, Parkstraße 35
  ☏ 03838-2032-0

Wellness 10

Precise Resort Rügen

Grünruhelage bei Neddesitz – Rügen

- 18551 Sagard-Neddesitz
  Am Taubenberg 1
  ☏ 038302-95

Wellness 10

Kapitänshäuser Breege ***

Direkt am Boddenhafen in Breege – Rügen

- 18556 Breege, Am Hafen 1-3
  ☏ 038391-42-0

Wellness 10

Aquamaris Strandresidenz ****

Strandnahe Grünruhelage in Juliusruh – Rügen

- 18556 Juliusruh
  Wittower Straße 4
  ☏ 038391-44-0

Wellness 12

Lindner Rügen ****

Absolute Grünruhelage bei Trent – Rügen

- 18569 Trent, Vaschvitz 17
  ☏ 038309-22-0

Wellness 10

Störtebeker ***

Grünlage am Ortsrand in Samtens – Rügen

- 18573 Samtens
  Bergener Straße 1
  ☎ 038306-222-0

Wellness 12

Wreecher Hof ****

Grünruhelage am Wreechensee bei Putbus – Rügen

- 18581 Putbus-Wreechen
  Kastanienallee 1
  ☎ 038301-85-0

Wellness 11

Solthus am See ****

Grünruhelage bei Sellin – Rügen

- 18586 Baabe
  Bollwerkstraße 1
  ☎ 038303-8716-0

Wellness 12

Hanseatic ****s

Grünruhelage am Ortsrand in Göhren – Rügen

- 18586 Göhren
  Nordperdstraße 2
  ☎ 038308-51-5

Wellness 12

Travel Charme Nordperd ****

Grünruhelage am Ortsrand in Göhren – Rügen

- 18586 Göhren
  Nordperdstraße 11
  ☎ 038308-70

Wellness 12

Bernstein ****s

Grünruhelage mit Ausblick aufs Meer in Sellin – Rügen

- 18586 Sellin
  Am Hochufer 8
  ☎ 038303-1717

Wellness 11

Cliff-Hotel Rügen

Grünruhelage am Ortsrand in Sellin – Rügen

- 18586 Sellin, Cliff am Meer 1
  ☎ 038303-8214

Wellness 13

Roewers Privathotel *****

Ruhige Zentrumslage in Sellin – Rügen

Hundefreundlich. Direkt an der Flaniermeile von Sellin: Ein inhabergeführtes Haus von überschaubarer Größe, es repräsentiert vielleicht nicht vollständig das, was man sich unter einem Fünfsternhotel vorstellt, bietet jedoch ein ganz besonderes Flair. Es besteht aus fünf unterirdisch miteinander verbundenen Villen im Stil der wilhelminischen Bäderarchitektur, die öffentlichen Räume geben sich charmant, sind mit Liebe und Stil arrangiert. Zimmer gibt es in fünf Kategorien (DZ ab 20 m²), alle sind klassisch-elegant eingerichtet, und alle haben Teppichböden. Das Haus nennt sich im Namenszusatz übrigens seltsam sperrig „The Spa Concept", was insofern verwundert, als das Spa hier sozusagen ein bestenfalls holpriges Konzept hat, etwa: winziger Pool, bescheidene Saunazone – beides ist laut Werbung 600 m² groß –, chronischer Liegenmangel oder der irritierende Umstand, dass unter „Entspannungsritualen" hier die Nutzung von elektronischen Geräten verstanden wird! Liegewiese, modern-schlichte und durchaus angenehme Behandlungsräume, sehr gute Massagen. Pilates, Yoga und Qi Gong gibt es nur gegen Aufpreis, die insgesamt zwei Saunen schließen um 22 Uhr. Schöner Garten mit Liegewiese, Restaurantterrasse, feines Frühstücksbuffet, gute Küche, freundliches Team, stets präsente Gastgeberin. Zum Strand sind's fünf Gehminuten. Ungeeignet für Kinder. 19 Liegen, 106 Betten.
Hallenbad, Sauna, Dampfbad, Massagen, Kosmetik, Ayurveda, Fitnessgeräte, Personal Trainer. 18-Loch-Parcours in 24 km, 20 % Greenfee-Rabatt.
NF ab € 82,50.

- 18586 Sellin
  Wilhelmstraße 34
  ☎ 038303-122-0

Wellness 12

Travel Charme Kurhaus Sellin ****

Am Strand in Sellin – Rügen

- 18586 Sellin
  Wilhelmstraße 27
  ☎ 038303-951-00

Wellness 12

Fürst Jaromar Resort & Spa ****

Grünlage in Strandnähe bei Thiessow – Rügen

- 18586 Thiessow
  Hauptstraße 1
  ☎ 038308-34-5

Wellness 14

Am Meer & Spa ****s

An der Strandpromenade in Binz – Rügen

Direkt an der Düne und damit nur wenige Schritte vom Strand entfernt: Ein familiengeführtes Haus mit angenehmer Größe und junger Anmutung, es wurde 1995 eröffnet und zwischenzeitlich mehrfach modernisiert, zuletzt erst vor wenigen Monaten. Inwendig verströmt

es trendig-moderne Gemütlichkeit – feine Holzböden, geschickte Lichtführung und große Glasflächen herrschen vor. Zimmer wählt man aus sechs Kategorien, sie sind mehrheitlich klein geschnitten, fast alle haben Balkon, viele bieten einen herrlichen Ausblick aufs Meer – nicht zuletzt dank bodentiefer Fensterflächen. Ein herrliches Panorama genießt man übrigens auch von einer Lounge mit Glaskuppel, die sich auf dem Dach befindet. Kleines, feines Spa mit knapp 9 m langem Pool (und integriertem Whirlpool) im Untergeschoß, gute Massagen, die insgesamt drei Saunen schließen um 21 Uhr. Frühstück bis 11 Uhr, junge, sehr freundliche Crew. Ein Parkplatz ist im Preis inkludiert. Ungeeignet für Kinder. 11 Liegen, 120 Betten.
Hallenbad, Sauna, Dampfbad, Massagen, Kosmetik, Fitnessgeräte.
HP ab € 110,–.

- 18609 Binz
  Strandpromenade 34
  ☎ 038393-440

Wellness 11

Arkona Strandhotel ****s

An der Strandpromenade in Binz – Rügen

- 18609 Binz
  Strandpromenade 59
  ☎ 038393-57-0

Wellness 11

Binztherme Seehotel ****s

An der Strandpromenade in Binz – Rügen

- 18609 Binz
  Strandpromenade 76
  ☎ 038393-60

Wellness 11

Ceres am Meer *****

An der Strandpromenade in Binz – Rügen

- 18609 Binz
  Strandpromenade 24
  ☎ 038393-6667-0

Wellness 12

Dorint Strandhotel Binz ****

An der Strandpromenade in Binz – Rügen

- 18609 Binz
  Strandpromenade 58
  ☎ 038393-43-0

Wellness 13

Grand Hotel Binz *****

Strandnahe Grünruhelage am Ortsrand in Binz – Rügen

Ein Grandhotel mit dem Namenszusatz „Private Palace“, aber ohne Palast- oder Grandhotelanmutung, es liegt im ruhigsten Abschnitt der Binzer Strandpromenade, zum Strand sind's nur ein paar Schritte. Alle Zimmer (10 Kategorien) sind großzügig geschnitten, alle haben Terrasse oder Balkon, in einigen ist der Lift deutlich zu hören. Das Spa ist die „beste Wellnessanlage Europas“, so heißt es in der Werbung, in Wahrheit ist es jedoch klein und bescheiden ausgestattet. Der Innenpool ist knapp 12 m lang, der Treatment-Bereich atmosphärisch gestaltet, er heißt „Thai-Bali-Spa“ und konzentriert sich neuerdings auf ayurvedische Behandlungen und Thaimassagen. Diese sind gut, die insgesamt zwei Saunen schließen um 20 Uhr. Restaurantterrasse, gute Küche, sehr ambitionierte Preise in der Bar, beim Service gibt es noch etwas Luft nach oben. Garage (nötig) gegen 13 Euro pro Tag. Ungeeignet für Kinder. 35 Liegen, 260 Betten.
Hallenbad, Kinderbecken, Sauna, Dampfbad, Massagen, Kosmetik, Ayurveda, Fitnessgeräte. 18-Loch-Parcours in 20 km, 20 % Greenfee-Rabatt.
HP ab € 124,–.

- 18609 Binz
  Strandpromenade 7
  ☎ 038393-15-0

Wellness 10

IFA Ferienpark Rügen ***s

Strandnahe Ruhelage am Ortsrand in Binz – Rügen

- 18609 Binz
  Strandpromenade 74
  ☎ 038393-90

Wellness 12

Rugard Strandhotel ****s

An der Strandpromenade in Binz – Rügen

- 18609 Binz
  Strandpromenade 62
  ☎ 038393-55-0

Wellness 13

Travel Charme Kurhaus Binz

Grünruhelage an der Strandpromenade in Binz – Rügen

Unweit der Seebrücke: Ein großes Kettenhotel, vor 14 Jahren wurde es mit fünfeinhalb Sternen eröffnet, seit 2012 hat es keinen einzigen mehr. Das Ambiente zeigt sich gehoben-konservativ, einige öffentliche Bereiche wurden vor kurzem mehr oder weniger gefällig modernisiert. Nicht immer ganz taufrische Zimmer wählt man aus 10 Kategorien (DZ ab 23 m²), alle haben Teppichböden, auch solche mit Sauna und offenem Kamin finden sich darunter. Das Spa ist – wie an der Ostsee so häufig – von bescheidener Größe und auf zwei auseinanderliegende Bereiche aufgeteilt, die Pools verfügen über nicht schwimmbare Grundrisse und erscheinen daher nochmals kleiner, die insgesamt fünf

Saunen schließen um 22 Uhr. Die Küche war schon mal viel besser, beim Service gibt es noch Luft nach oben. So manches in dem Haus fühlt sich nach Sparen am Gast an, vor kurzem wurde etwa auch die abendliche Speisenfolge im Rahmen der Halbpension empfindlich gekürzt, sie kostet 23 Euro und nennt sich „Leichter Abendgenuss" – ohne Hauptgang. Will man einen solchen, dann bitteschön gern, aber nur à la carte und gegen Aufpreis! Das kann man freilich nicht mehr HP nennen, unsere Ab-Preis-Angaben sind nun deshalb als Nächtigung mit Frühstück ausgewiesen. Viele alte Stammgäste. Ein schlichter Parkplatz kostet 9 Euro pro Tag. Ungeeignet für Kinder. 37 Liegen, 260 Betten. Freibecken, Hallenbad, Sauna, Dampfbad, Massagen, Kosmetik, Ayurveda, Fitnessgeräte, Personal Trainer. 18-Loch-Parcours in 20 km, 20 % Greenfee-Rabatt. NF ab 76,–.

- 18609 Binz
  Strandpromenade 27
  ☎ 038393-665-0

Wellness | Gesundheit 12

Upstalsboom Meersinn ****s

Zentrale Ortslage in Binz – Rügen

- 18609 Binz
  Schillerstraße 8
  ☎ 038393-663-0

Wellness 10

Vier Jahreszeiten Binz ****

Zentrale Ortslage in Binz – Rügen

- 18609 Binz
  Zeppelinstraße 8
  ☎ 038393-50-0

Business | Wellness 11

Best Western Seehotel Frankenhorst ****

Grünruhelage am Ortsrand – 90 km südöstlich von Rostock

- 19055 Schwerin
  Frankenhorst 5
  ☎ 0385-59222-0

Wellness 12

Schloss Basthorst

Grünruhelage bei Crivitz – 95 km südwestlich von Rostock

- 19089 Crivitz-Basthorst
  Schlossstraße 18
  ☎ 03863-525-0

Wellness 10

Mercure Schloss Neustadt-Glewe ****

An der B191 – 125 km südwestlich von Rostock

- 19306 Neustadt-Glewe
  Schlossfreiheit 1
  ☎ 038757-532-0

Wellness 10

Ferienpark Heidenholz

Grünruhelage am Plauer See – 90 km südlich von Rostock

- 19395 Plau am See
  Kantor-Ehrich-Straße 3d
  ☎ 038735-85-0

Wellness 10

Dorfhotel Boltenhagen

Ruhelage in Strandnähe – 40 km nordöstlich von Lübeck

- 23946 Boltenhagen
  Mecklenburger Allee 1
  ☎ 038825-384-0

Wellness 10

Großherzog von Mecklenburg Seehotel ****

An der Strandpromenade – 40 km nordöstlich von Lübeck

- 23946 Boltenhagen
  Ostseeallee 1
  ☎ 038825-50-0

Wellness 12

Iberotel Boltenhagen ****s

Ruhelage in Strandnähe – 40 km nordöstlich von Lübeck

- 23946 Boltenhagen
  Baltische Allee 1
  ☎ 038825-384-0

Wellness 11

Gutshaus Redewisch

Grünruhelage am Ortsrand – 40 km nordöstlich von Lübeck

- 23946 Boltenhagen-Redewisch
  Dorfstraße 46
  ☎ 038825-376-0

Wellness 15

Seehotel am Neuklostersee ****

Grünruhelage am Seeufer – 80 km östlich von Lübeck

Hunde- und familienfreundlich. Gleichsam Lichtjahre entfernt von jeglichem Mainstream und damit kein Haus für jedermann: ein entzückendes Kleinhotel in idyllischer und absolut ruhiger Lage am See. Es besteht aus mehreren Gebäuden, die von einem weitgehend naturbelassenen Garten mit allerlei Blumen und Obstbäumen umringt werden, dazwischen findet man versteckte Plätzchen mit urgemütlichen Hängematten, freilaufende Schafe und über allem die Anmutung eines Hauses ohne Vorschriften, Zwänge und Regeln. Nette, stets unterschiedlich gestaltete Zimmer in fünf Kategorien (DZ von 18 bis 220 m²), kleines Spa mit 11 m langem Pool und drei Saunen, bei entsprechender Witterung kann man Massagen auch im Freien genießen. Ebendort erfreuen Ruheplätze im Schilf sowie erquickend vielstimmiger Vogelgesang. Fabelhafte Restaurantterrasse mit Morgensonne, zum Frühstück gibt es eine kleine Auswahl in ausgezeichneter Qualität, das findet man höchst selten, vor allem in Deutschland. Herzliche Mitarbeiter, beim Service gibt es noch etwas Potenzial. Sehr gute bis ausgezeichnete Küche mit regionaler und biologischer Ausrichtung, gute Weinkarte mit fairen Preisen (und vielen Österreichern), feinste selbstgemachte Liköre – unser Favorit ist der vom Löwenzahn. Niveauvolles Flair, ebensolche Zeitungen, schöne Spielareale für Kids. 22 Liegen, 62 Betten.
Hallenbad, Sauna, Dampfbad, Massagen, Kosmetik, Ayurveda.
HP ab € 105,50.

- 23992 Nakenstorf, Seestraße 1
  ☎ 038422-457-0

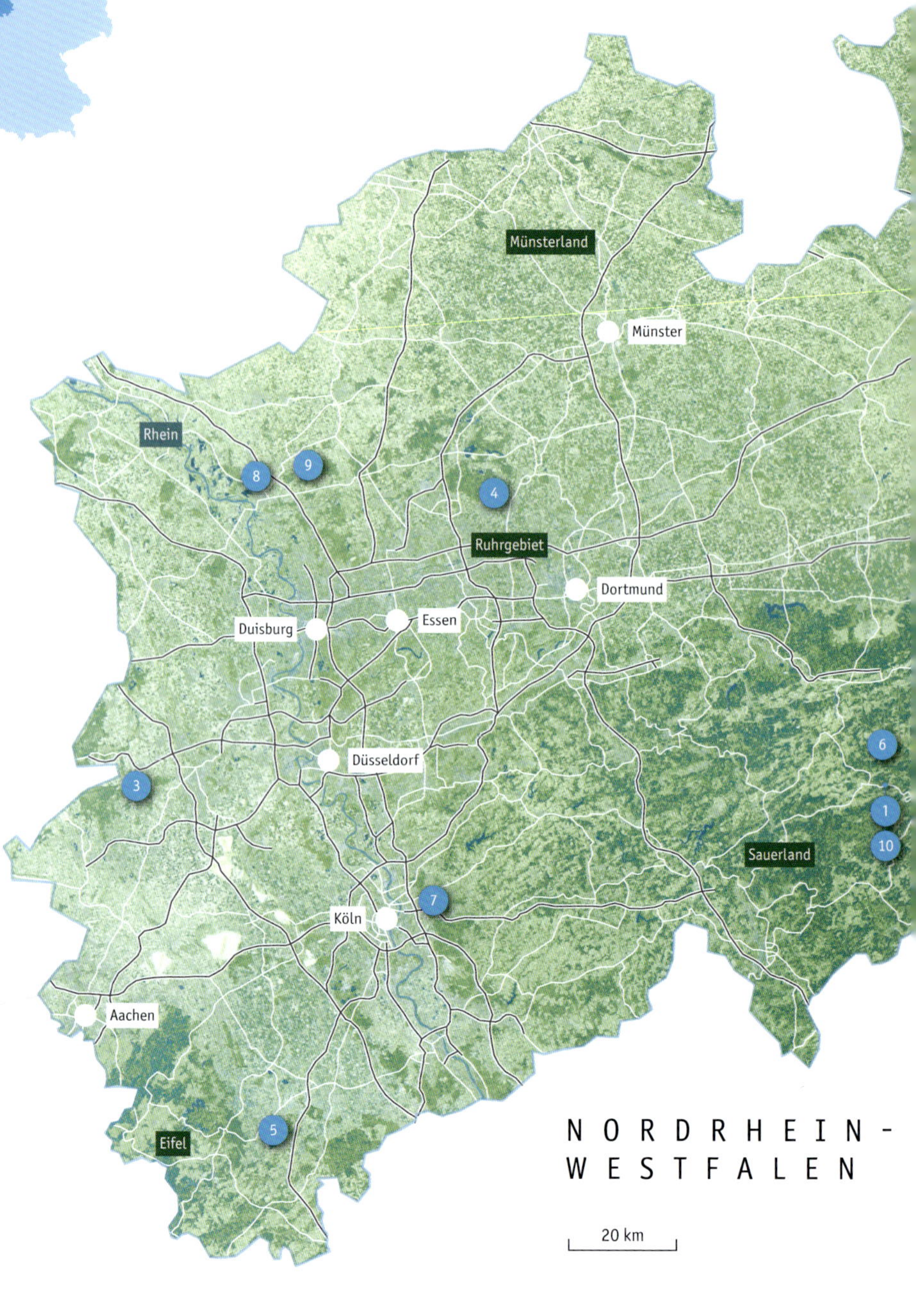

NORDRHEIN-
WESTFALEN

20 km

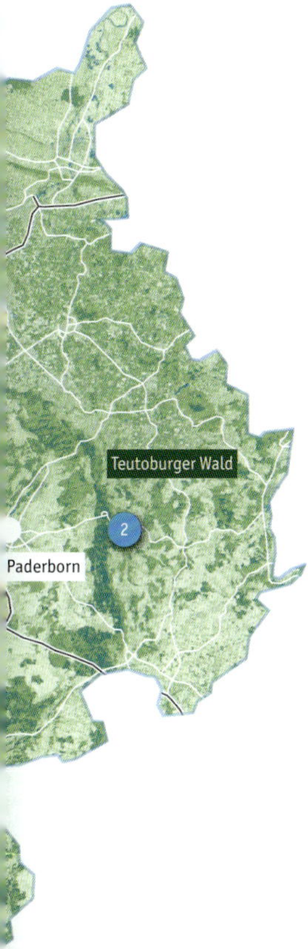

ALLE LILIEN-HOTELS IN **NORDRHEIN-WESTFALEN**

	Hotel	Seite
1	**Deimann** *****	87
2	**Gräflicher Park Grand Resort** ****s	79
3	**Haus Merbeck am Wald Schönheitsfarm**	80
4	**Jammertal Golf- & Spa-Resort** ****	81
5	**Reyer Landhaus Schönheitsfarm**	85
6	**Rimberg** ****	85
7	**Schloss Bensberg Grandhotel** *****s	84
8	**Tannenhäuschen Waldhotel** ****s	83
9	**Voshövel Landhotel** ****s	83
10	**Waldhaus Ohlenbach** ****	86

Wellness 10

Arminius ****

Zentrumslage in Bad Salzuflen – 60 km von Paderborn

- 32105 Bad Salzuflen, Ritterstraße 2, ☎ 05222-366-0

Wellness 10

Lippischer Hof ****

Zentrumslage in Bad Salzuflen – 60 km von Paderborn

- 32105 Bad Salzuflen, Mauerstraße 1-5
  ☎ 05222-534-0

Wellness 10

Maritim Staatsbadhotel ****

Grünruhelage am Ortsrand – 60 km nördlich von Paderborn

- 32105 Bad Salzuflen, Parkstraße 53, ☎ 05222-181-0

Wellness | Kur 10

Roonhof Vitalotel ****

Zentrumslage in Bad Salzuflen – 60 km von Paderborn

- 32105 Bad Salzuflen, Roonstraße 9-13
  ☎ 05222-343-0

Kur | Wellness 9

Salzufler Hof ***

Ruhelage in Bad Salzuflen – 60 km nördlich von Paderborn

- 32105 Bad Salzuflen, Moltkestraße 7-9
  ☎ 05222-9122-0

Wellness 10

Arcadia Schwaghof

Grünruhelage bei Bad Salzuflen – 60 km von Paderborn

- 32108 Bad Salzuflen, Schwaghof 1, ☎ 05222-9162-0

Wellness 11

Sonnenhof ***

Ruhige Ortslage in Lügde – 55 km nordöstlich von Paderborn

- 32676 Lügde, Zum Golfplatz 3, ☎ 05281-9803-0

Kur | Gesundheit 12

Bärenstein Waldhotel ****

Grünruhelage bei Horn – 30 km nordöstlich von Paderborn

- 32805 Horn-Bad Meinberg, Am Bärenstein 44
  ☎ 05234-209-0

Wellness 11

Quality Vital Zum Stern ****

Ruhelage in Bad Meinberg – 35 km nordöstlich von Paderborn

- 32805 Horn-Bad Meinberg, Brunnenstraße 84
  ☎ 05234-905-0

Kur | Gesundheit 11

Stibbe ***

Ruhelage in Bad Meinberg – 35 km nordöstlich von Paderborn

- 32805 Horn-Bad Meinberg, Kleppergarten 5
  ☎ 05234-893-0

Wellness 11

Burghotel Blomberg ****

Grünruhelage – 40 km nordöstlich von Paderborn

- 32825 Blomberg, Burg 1, ☎ 05235-5001-0

Wellness | Gesundheit ⚜⚜⚜ 17

Gräflicher Park Grand Resort ****s

Grünruhelage in Bad Driburg – 30 km östlich von Paderborn

Unvergleichlich: eine weitläufige Anlage mit historischen und modernen Gebäuden, umgeben sind sie von einem 60 Hektar großen englischen Landschaftspark von außergewöhnlicher Schönheit, mit exotischen Bäumen, prachtvollen Blumenbeeten, mit Ententeich und Themengärten. Man wohnt in einem der insgesamt sechs Logierhäuser, deren Zimmer sich in Größe und Ausstattung – auch innerhalb der vier offiziellen Kategorien – stark unterscheiden. Sie zeigen sich zumeist geschmackvoll arrangiert, können allerdings auch ziemlich klein sein, weswegen wir nicht unbedingt zur billigsten Kategorie raten. Außerdem: W-Lan ist nicht in allen Zimmern zu haben. Das Spa ist in zwei auseinanderliegende Bereiche aufgeteilt, nämlich in eines mit Hallenbad (knapp 16 m lang) und Therapiezone mit musealer Anmutung sowie ein modernes „Garten-Spa". Letzteres ist zwar wunderschön, doch flächenmäßig etwas bescheiden ausgefallen, was sich vor allem in Sauna und Ruhezonen bemerkbar machen kann – wenn das Haus vom Wellnessgästen gut gebucht ist. Unter anderem gibt es einen 25 m langen und ganzjährig nutzbaren Außenpool, kompetent durchgeführte Massagen sowie ein kleines Aktivprogramm (gegen Aufpreis erhält man etwa auch autogenes Training und Pilates), die insgesamt vier Saunen schließen um 22 Uhr. Auch medizinische Leistungen werden angeboten, sehr umfangreich sogar, der Fokus liegt auf Burnout-Prävention, medizinischen Check-ups sowie Mayrkuren, last but not least können auch die natürlichen Heilvorkommen – Heilmoor sowie fabelhaft entsäuerndes Mineralwasser – genutzt werden. Wunderbares Frühstücksbuffet in guter Qualität (bis 11 Uhr morgens), gute Küche mit Zutaten von Bauern aus der Umgebung und Wild aus der gräflichen Jagd, ausgesprochen freundliche und zuvorkommende Mitarbeiter. Wellnessgäste sind übrigens nicht die einzige Zielgruppe, man fokussiert auf Events und Tagungen. Wer Ruhe sucht, kann hier bestens bedient werden, sollte das aber vor der Buchung unbedingt abklären. Sonntags gibt es, wenn es die Umstände zulassen, einen kostenlosen Late Check-out, ein Parkplatz schlägt hingegen mit 5 Euro pro Tag zu Buche. Ungeeignet für Kinder. 45 Liegen, 223 Betten. Freibecken, Hallenbad, Sauna, Dampfbad, Massagen, Kosmetik, Fitnessstudio, Personal Trainer. 18-Loch-Parcours, Tennisplätze mit Rasen (!), Tennishalle.
HP ab € 122,–.

- 33014 Bad Driburg, Brunnenallee 1
  ☎ 05253-9523-0

Wellness 11

Ambiente ***s

Grünruhelage am Ortsrand – 35 km östlich von Paderborn

- 33039 Nieheim, Am Park 6, ☎ 05274-9898-0

Wellness 12

Waldkrug ****

Ortsrandlage in Delbrück – 20 km von Paderborn

- 33129 Delbrück, Graf-Sporck-Str. 34, ☎ 05250-9888-0

Wellness 12

Best Western Park Hotel ****s

Grünruhelage am Ortsrand – 10 km nördlich von Paderborn

- 33175 Bad Lippspringe, Peter-Hartmann-Allee 4
  ☎ 05252-963-0

Wellness 11

Vital Hotel ****

Grünlage in Bad Lippspringe – 10 km von Paderborn

- 33175 Bad Lippspringe, Schwimmbadstraße 14
  ☎ 05252-964-100

Business | Wellness 10

Parkhotel Gütersloh ****

Zentrumslage in Gütersloh – 50 km nordwestlich von Paderborn

- 33330 Gütersloh, Kirchstraße 27, ☎ 05241-877-0

Wellness 11

Klosterpforte ****s

Grünruhelage – 55 km nordwestlich von Paderborn

- 33428 Harsewinkel-Marienfeld, Klosterhof 2-3
  ☎ 05247-708-0

Wellness 10

Gerry Weber Sportpark ****

Grünlage in Halle – 65 km nordwestlich von Paderborn

- 33790 Halle, Weststraße 16, ☎ 05201-899-0

Wellness 10

Niedersachsen ****

Zentrale Ortslage in Höxter – 60 km östlich von Paderborn

- 37671 Höxter, Grubestraße 3-7, ☎ 05271-688-0

Business | Wellness 11

Nikko Düsseldorf

Nähe Hauptbahnhof in Düsseldorf

- 40210 Düsseldorf, Immermannstraße 41
  ☎ 0211-834-0

Wellness 11

Gravenberg Romantikhotel ****s

An der B229 in Langenfeld – 20 km südlich von Düsseldorf

- 40764 Langenfeld, Elberfelder Straße 45
  ☎ 02173-92200

Wellness 11

Gut Höhne ****s

Grünlage am Ortsrand in Mettmann – 25 km von Düsseldorf

- 40822 Mettmann, Düsseldf. Str. 253, ☎ 02104-778-0

Business | Wellness 9

Relexa Ratingen City ****

Ruhige Zentrumslage – 15 km nördlich von Düsseldorf

- 40878 Ratingen, Calor-Emag-Str. 7, ☎ 02102-1675-0

Business | Wellness 11

Dorint Parkhotel Mönchengladbach ****

Zentrumsnähe in Mönchengladbach – 30 km von Düsseldorf

- 41061 Mönchengladbach, Hohenzollernstraße 5 ☎ 02161-893-0

Business | Wellness 10

Dorint Kongresshotel Neuss ****

Ruhelage in Zentrumsnähe in Neuss – Nähe Düsseldorf

- 41460 Neuss, Selikumer Str. 25, ☎ 02131-262-0

Beauty 15

Haus Merbeck am Wald Schönheitsfarm

Grünruhelage am Ortsrand – 45 km westlich von Düsseldorf

Inhabergeführte Schönheitsfarm, sie wurde vor 20 Jahren eröffnet, liegt ruhig in einer Wohngegend am Ortsrand und bietet als fabelhafte Besonderheit einen anderthalb Hektar großen, parkähnlichen Garten mit Liegewiese, Badeteich und unzähligen Rosenstöcken. Zweckmäßige, helle Zimmer, das Schwimmbad ist rund um die Uhr zugänglich, die zwei Saunen schließen um 23 Uhr. Für Raucherinnen gibt es ein eigenes Gebäude mit Terrasse, für alle abends ein Glaserl vom guten Roten. Geboten werden Tages-, Weekend- und Wochenprogramme sowie auch Pilates und Yoga. Jogging-Strecken und Spazierwege ab der Haustüre. 10 Liegen, 20 Betten. Naturbadeteich, Hallenbad, Sauna, Dampfbad, Massagen, Kosmetik, Ayurveda. 18-Loch-Parcours in 3, 9 und 27 km. 9-Loch-Parcours in 16 km. Reitstall in der Nähe. Pauschalen, etwa „Wellness-Verwöhnwoche" (So bis Sa) inkl. VP und Anwendungen ab € 955,–.

- 41844 Wegberg-Merbeck, Hallerstraße 17 ☎ 02434-97900-0

Wellness 11

Waldhotel Heiligenhaus ****

Grünruhelage – 25 km nordöstlich von Düsseldorf

- 42579 Heiligenhaus, Parkstraße 38, ☎ 02056-597-0

Business | Wellness 12

L'Arrivée ****

Grünlage am südlichen Stadtrand von Dortmund

- 44267 Dortmund-Höchsten, Wittbräucker Straße 565 ☎ 0231-88050-0

Business | Wellness 10

Am Stadtpark ****

Zentrumsnähe an der B54 – 15 km nördlich von Dortmund

- 44532 Lünen, K.-Schumacher-Str. 43, ☎ 02306-2010-0

Wellness 10

Mintrops Landhotel ****

Grünruhelage bei Essen – 35 km westlich von Dortmund

- 45289 Essen-Burgaltendorf, Schwarzensteinweg 81
  ☎ 0201-57171-0

Wellness 17

Jammertal Golf- & Spa-Resort ****

Grünruhelage – 30 km nordwestlich von Dortmund

Familienfreundlich. Ein inhabergeführtes Traditionshaus, es liegt ruhig auf einer großen Lichtung im Wald, auf der sich auch der hoteleigene Golfplatz befindet. Das durch zahlreiche Anbauten gewachsene Hotel ist unübersichtlich angelegt, wie gut, dass man an der Rezeption einen Plan ausgehändigt bekommt, den braucht man auch. Zimmer wählt man aus 14 Kategorien, nicht alle begeistern, jene im sogenannten Sonnenflügel sind am größten und schönsten und häufig auch mit feinen Holzböden zu haben. Das Spa ist unter Einbeziehung seiner Außenbereiche richtiggehend weitläufig, es bietet zahlreiche Ruhezonen, vor kurzem ist ein luftiges Glashaus mit vielen Liegen dazugekommen. Wunderbar ist der tiefe, 22 m lange Badeteich mit seinen angenehmen Einstiegsmöglichkeiten, dem sauberen Wasser und dem Sandstrand – all das ist, mit dem zugehörigen Saunadörfchen, FKK-Zone. Weiters erwähnenswert: ein ganzjährig nutzbarer, knapp 18 m langer Außenpool, Fitnessgeräte auch im Freien, ausgezeichnete Massagen, großartige Saunaeinrichtungen. Täglich gibt es ein Aktivprogramm, das auch etwa Fünf Tibeter und Meditation bietet, die insgesamt 11 Saunen schließen um 22.30 Uhr, sonn- und feiertags anderthalb Stunden früher. Umfangreiche medizinische Angebote, darunter etwa Akupunktur, TCM und Dunkelfeldanalyse, Letztere zur Früherkennung von Krankheiten. Freundliche Mitarbeiter, große Restaurantterrasse für Frühstück und Abendessen, reichhaltiges Frühstücksbuffet, eher gute Küche (man kann übrigens auch im Bademantel dinieren – im Spa-Bistro, bei Kerzenschein). Laufstrecken, Rad- und Wanderwege ohne Zahl. Täglich (Mo bis Fr) acht Stunden Kinderbetreuung zu NRW-Schulferienzeiten. 190 Liegen, 250 Betten.

Naturbadeteich, Freibecken, Solehallenbad, Außensauna, Sauna, Dampfbad, Massagen, Kosmetik, Fitnessgeräte, Personal Trainer. 9-Loch-Parcours, Driving Range, Putting Green. Tennisplatz. 18-Loch-Parcours in 16, 31 und 32 km.

HP ab € 110,–.

- 45711 Datteln-Ahsen, Redder Straße 421
  ☎ 02363-377-0

Jammertal Golf- & Spa-Resort

Wellness 11

Seehof ****

Grünlage an der B58 – 55 km nordwestlich von Dortmund

- 45721 Haltern a. S., Hullerner Str. 102, ☎ 02364-9280

Wellness 11

Sportschloss Velen ****s

Zentrumsnähe in Velen – 90 km nordwestlich von Dortmund

- 46342 Velen, Schlossplatz 1, ☎ 02863-203-0

Wellness ⚜ 13

Tannenhäuschen Waldhotel ****s

Grünlage am Ortsrand – 60 km nördlich von Düsseldorf

Hundefreundlich. Familiengeführtes Haus mit uneinheitlichem und stilistisch nicht immer begeisterndem Ambiente, überdies könnte ein bisschen mehr Pflege innen wie außen nicht schaden. Zimmer gibt es in sechs stark unterschiedlichen Kategorien, alle sind großzügig geschnitten, die nahe Eisenbahnlinie ist jedoch kaum zu überhören. Das öffentlich zugängliche Spa ist etwas in die Jahre gekommen, laut Prospekt ist es 5.300 m² groß, rechnet man vier Fünftel davon ab, so kommt man für Pools, Saunen und Indoor-Ruhezonen der Wirklichkeit bedeutend näher. Der sogenannte „Aktivpool" lässt mit 12 m Länge nur bedingt Aktivitäten zu, ein Highlight ist jedenfalls der Saunapark mit größerem Außenbereich (und einer holzbefeuerten Sauna, unter anderem), er wurde vor kurzem um ein 9 m langes Freibecken erweitert. Gute Massagen, täglich Aktivprogramm, die insgesamt sieben Saunen öffnen abgestuft und schließen ebenso zwischen 20 und 21.30 Uhr. Viele externe Gäste im Spa, bei Küche und Service gibt es noch etwas Luft nach oben. Ungeeignet für Kinder. 128 Liegen, 200 Betten.

Freibecken (Sommer), Solehallenbad, Hallenbad, Außensauna, Dampfbad, Massagen, Kosmetik, Ayurveda, Fitnessgeräte. 18-Loch-Parcours in 13, 20, 27 und 28 km.

HP ab € 95,50.

- 46487 Wesel, Am Tannenhäuschen 7, ☎ 0281-96690

Wellness ⚜⚜ 15

Voshövel Landhotel ****s

Grünruhelage bei Schermbeck – 65 km nördlich von Düsseldorf

Ein familiengeführtes Landhotel, es liegt an einer mäßig befahrenen Landstraße im Grünen und gleichzeitig in unmittelbarer Nähe des Golfplatzes Weselerwald, neben Wellness ist man auf Hochzeiten, Events und Tagungen spezialisiert. Das Hotel wurde vor kurzem großzügig erweitert und besteht nun aus fünf miteinander verbundenen Logierhäusern und mehreren Nebengebäuden (unter anderem: Standesamt, Festsaal). Das Ambiente der öffentlichen Räume verströmt sympathisch gehobenes Landhausflair mit jagdlichen Akzenten – schöne alte Stuben inklusive. Zimmer gibt es nun in sieben Hauptkategorien und mehreren weiteren Varianten (DZ von 22 bis 60 m²), die Interieurs sind stark unterschiedlich, am besten gefielen uns naturgemäß die neuen mit den schönen Holzböden. Auch das Spa wurde erweitert, dazu gehören unter anderem ein 12 m langer Innenpool und ein 15 m langes, ganzjährig nutzbares Außenbecken, ein Fitnessraum mit Ausblick – sowohl ins Grüne als auch in den FKK-Bereich – sowie Ruheräume, deren Optik an wunderbar gemütliche Wohnzimmer erinnert. Etwas weniger erfreulich empfanden wir die extrem dünnen Saunatüchlein, unsere Massage war zudem alles andere als zufriedenstellend. Täglich Aktivprogramm, die insgesamt vier Saunen schließen um 22.30 Uhr. Freundliche und zuvorkommende Mitarbeiter, herrliches Frühstücksbuffet, sehr gute Küche, Light Lunch und Nachmittagsjause sind im Preis enthalten. 90 Liegen, 165 Betten.

Freibecken, Hallenbad, Außensauna, Sauna, Dampfbad, Massagen, Kosmetik, Ayurveda, Fitnessgeräte. 18-Loch-Parcours in 1 km, 20 % Greenfee-Rabatt.

HP ab € 152,–.

- 46514 Schermbeck, Am Voshövel 1
  ☎ 02856-91400

Wellness 10

Beckmann Landhaus ****

Grünlage bei Kalkar – 80 km nördlich von Düsseldorf

- 47546 Kalkar, Römerstraße 1, ☎ 02824-96256666

Wellness 10

Till Moyland ****

Grünruhelage bei Kalkar – 85 km nördlich von Düsseldorf

- 47551 Bedburg-Hau, Kloster 5
  ☎ 02824-96221-0

Wellness 10

De Poort Sport- & Tagungshotel ***s

Grünlage in Goch – 80 km nordwestlich von Düsseldorf

- 47574 Goch, Jahnstraße 6, ☎ 02823-960-0

Wellness 12

Seepark Janssen ****

Grünlage an der Straße – 65 km nordwestlich von Düsseldorf

- 47608 Geldern, Danziger Str. 5, ☎ 02831-929-0

Wellness 11

Eggert Landhaus ****s

Grünruhelage Nähe Münster – 80 km nördlich von Dortmund

- 48157 Münster, Zur Haskenau 81, ☎ 0251-32804-0

Wellness 11

Best Western Krautkrämer ****s

Grünruhelage am See – 60 km nördlich von Dortmund

- 48165 Münster, Zum Hiltruper See 173
  ☎ 02501-805-0

Wellness 10

Ahauser Land- & Golfhotel ****

Absolute Grünruhelage – 105 km nordwestlich von Dortmund

- 48683 Ahaus-Alstätte, Schmäinghook 36
  ☎ 02567-38-0

Wellness 12

Teutoburger Wald ****s

Grünlage außerhalb von Tecklenburg – Nähe Osnabrück

- 49545 Tecklenburg, Im Bocketal 2, ☎ 05455-9300-0

Business | Wellness 11

Excelsior Ernst *****s

Zentrumslage am Dom in Köln

- 50667 Köln, Trankgasse 1-5, ☎ 0221-2701

Business | Wellness 11

Pullman Cologne

Zentrumslage in Köln

- 50667 Köln, Helenenstraße 14, ☎ 0221-275-0

Business | Wellness 10

Hopper St. Antonius ****

Zentrumsnähe in Köln

- 50668 Köln, Dagobertstraße 32, ☎ 0221-1660-0

Business | Wellness 11

Savoy ****

Zentrumsnähe in Köln

- 50668 Köln, Turiner Straße 9, ☎ 0221-1623-0

Wellness 10

Mauritius Hotel & Therme ****

Zentrumsnähe in Köln

- 50676 Köln, Mauritiuskirchplatz 3
  ☎ 0221-92413-0

Business | Wellness 11

Dorint An der Messe Köln ****

Zentrumsnähe gegenüber der Messehalle-Ost in Köln

- 50679 Köln, Deutz-Mühlheimer Straße 22-24
  ☎ 0221-80190-0

Business | Wellness 12

Hyatt Regency Köln

Zentrumslage am Rheinufer in Köln

- 50679 Köln, Kennedy-Ufer 2a
  ☎ 0221-8281234

Business | Wellness 11

Radisson Blu Cologne ****

Zentrumsnähe bei der Messehalle-Ost in Köln

- 50679 Köln, Messe Kreisel 3
  ☎ 0221-27720-0

Business | Wellness 13

Schloss Bensberg Grandhotel *****s

Grünruhelage in Bergisch Gladbach – Nähe Köln

Was für ein Anblick! Ein imposantes Barockschloss, Hochzeiten, Events und Tagungen sind seine Domäne. Es bietet prunkvolle öffentliche Räume – Stuck und Kronleuchter inklusive. Klassisch-elegant arrangierte Zimmer (DZ ab 22 m²), alle mit Teppichböden und sehr guter Ausstattung. Saunalandschaft und Pool sind laut Werbung 1.000 m² groß, rechnet man knapp vier Fünftel davon ab, so kommt man der Wahrheit bedeutend näher. Der Pool ist 12 m lang, einen Ruheraum gibt es nicht, die zwei Saunen sind mini, die Massagen macht die Kosmetikerin, und das Ganze nennt sich völlig ungeniert „Leading Spa of the World"! Herrlich dagegen ist das Panorama, sogar der Kölner Dom ist in der Ferne sichtbar. Alles etwas unpersönlich, bei Küche und vor allem beim Service hätten wir uns mehr erwartet. Hart an der Null-Lilien-Grenze. Ungeeignet für Kinder. 24 Liegen, 240 Betten.

Hallenbad, Sauna, Dampfbad, Massagen, Kosmetik, Fitnessgeräte.

HP ab € 225,50.

- 51429 Bergisch Gladbach, Kadettenstraße 2
  ☎ 02204-42-0

Wellness 10

Park-Hotel Nümbrecht ****

Am Kurpark in Nümbrecht – 115 km südlich von Dortmund

- 51588 Nümbrecht, Parkstraße 3, ☎ 02293-303-0

Wellness 11

Wyndham Garden Gummersbach ****

An der Straße bei Gummersbach – 70 km von Dortmund

- 51647 Gummersbach, Hückeswagener Straße 4
  ☎ 02261-8026-0

Business | Wellness 11

Pullman Aachen Quellenhof *****

Am Kurgarten in Aachen – 70 km westlich von Köln

- 52062 Aachen, Monheimsallee 52
  ☎ 0241-9132-0

Wellness 9

Eifelgold Rooding

Grünlage bei Simmerath – 80 km südwestlich von Köln

- 52152 Simmerath-Erkensruhr, Erkensruhr 108
  ☎ 02485-95557-0

Wellness 10

Carat Vitalhotel ****

Ortsrandlage an der B399 – 90 km südwestlich von Köln

- 52156 Monschau, Laufenstraße 82
  ☎ 02472-86-0

Wellness 10

Am Eifelsteig ***

Grünlage an der B258 – 85 km südwestlich von Köln

- 52159 Roetgen, Postweg 8, ☎ 02471-1203-0

Wellness 11

Kallbach Landhotel ****

Grünruhelage am Ortsrand – 70 km südwestlich von Köln

- 52393 Hürtgenwald, Simonskall 26-28
  ☎ 02429-94440

Business | Wellness 10

Maritim Bonn ****

Stadtrandlage an der B9 in Bonn – 40 km südlich von Köln

- 53175 Bonn, Kurt-Georg-Kiesinger-Allee 1
  ☎ 0228-8108-0

Business | Wellness 12

Kameha Grand

Stadtrandlage Nähe A562 in Bonn – 40 km von Köln

- 53227 Bonn, A. Bonner Bogen 1, ☎ 0228-43345000

Wellness 10

Avendi ****

Ruhige Zentrumslage in Bad Honnef – 40 km von Köln

- 53604 Bad Honnef, Hauptstr. 22, ☎ 02224-189-0

Business | Wellness 10

Maritim Königswinter ****

Ortslage in Königswinter bei Bonn – 40 km südlich von Köln

- 53639 Königswinter, Rheinallee 3
  ☎ 02223-707-0

Business | Wellness 12

Steigenberger Grand Petersberg *****

Grünruhelage mit Fernblick – 40 km südlich von Köln

- 53639 Königswinter, Petersberg 1
  ☎ 02223-74-0

Wellness 10

Lindner Kranichhöhe ***s

Grünlage bei Much – 40 km östlich von Köln

- 53804 Much, Bövingen 129, ☎ 02245-608-0

Wellness 11

Clostermanns Hof ****s

Grünlage bei Niederkassel – 25 km südlich von Köln

- 53859 Niederkassel-Uckendorf, Heerstraße 1
  ☎ 02208-9480-0

Beauty 13

Reyer Landhaus Schönheitsfarm

Grünruhelage am Ortsrand – 50 km südwestlich von Köln

Nur für Frauen: ruhig auf einer Anhöhe am Ende einer Sackstraße eines Kleinstadtvillenviertels gelegene Beautyfarm. Gemütliches, zeitgemäßes Ambiente mit großzügigen Raumverhältnissen, nette Zimmer (DZ von 20 bis 40 m²) in vier Kategorien, die meisten haben Terrasse mit Zugang in den Garten, dort gibt es auch eine Liegewiese. Highlight des Wellnessbereichs sind Whirlpool und Innenpool, aus der Sauna genießt man einen feinen Ausblick. Geboten werden Tages-, Kurz- und Wochenprogramme. 10 Liegen, 19 Betten. Hallenbad, Sauna, Massagen, Kosmetik. 18-Loch-Parcours in 8 und 10 km. Tennisplatz.
Pauschalen, etwa „Beauty- & Wellnesswoche" (So bis Sa) inkl. VP und Anwendungen ab € 970,–.

- 53894 Mechernich-Kommern, Am Bleiberg 10
  ☎ 02443-99100

Wellness 10

Ambienta Wellness garni ****

Grünruhelage in Bad Münstereifel – 60 km südlich von Köln

- 53902 Bad Münstereifel, S.-Kneipp-Promenade 28
  ☎ 02253-9234-0

Wellness 12

Doerr Landhotel ****

Ortslage – 145 km südöstlich von Dortmund

- 57334 Bad Laasphe, S.-Lahn-Straße 8, ☎ 02754-3700

Wellness 12

Jagdhof Glashütte *****

Grünruhelage bei Bad Laasphe – 135 km von Dortmund

- 57334 Bad Laasphe-Glashütte, Glashütter Straße 20
  ☎ 02754-399-0

Wellness 11

Haus Hilmeke ***s

Grünlage mit Fernblick Nähe Schmallenberg – Sauerland

- 57368 Lennestadt-Saalhausen, Haus Hilmeke 1
  ☎ 02723-91410

Wellness 14

Rimberg ****

Grünruhelage bei Schmallenberg – Hochsauerland

Hundefreundlich. Das ehemalige Hotel Knoche, nach Großbrand und nahezu komplettem Neuaufbau nun mit neuem Besitzer – es ist derselbe wie vom Jammertal-Resort im Münsterland. Und da man im Jammertal großen Wert auf Saunakultur legt, kommt es nicht von ungefähr, dass es auch hier ähnlich ist, doch davon später. Das Haus liegt abgeschieden und nahezu solitär inmitten von Wäldern und Wiesen in 700 m Seehöhe, allerdings auch direkt an einer wenig befahrenen Landstraße. Neu errichtete Wellnesshotels gibt es im Sauerland seit ewigen Zeiten keine – sondern nur alte Häuser mit durch zahllose Anbauten verwinkelten Grundrissen –,

schon alleine das macht das Haus per se attraktiv. Und tatsächlich gibt sich das Rimberg inwendig anders als alle anderen, nämlich durchgängig gefällig, ländlich-modern und, zur Landschaft passend, waidmännisch angehaucht – viel schönes Holz und dezent zur Schau gestellte Jagdtrophäen inklusive. Zimmer gibt es in acht Kategorien (DZ von 25 bis 115 m^2), fast alle haben Balkon, alle Holzböden, die Betten sind sehr gut. Im Spa wartet ein 18 m langer Innenpool, weiters dazu gehören unter anderem Liegewiese, eine große, holzbeheizte Außensauna neben einem kleinen Naturbadeteich, die Nacktzone lässt sich vom Balkon aus trefflich beobachten, die insgesamt vier Saunen schließen um 21 Uhr. Bei Küche (stets Buffet) und Service gibt es noch etwas Luft nach oben, ein Light Lunch ist im Zimmerpreis inkludiert. Wanderwege ohne Zahl. 46 Liegen, 110 Betten. Naturbadeteich, Hallenbad, Außensauna, Sauna, Dampfbad, Massagen, Kosmetik, Fitnessgeräte.
HP ab € 88,–.

- 57392 Schmallenberg, Rimberg 1
  ☎ 02974-777-0

Wellness 11

Ebbinghof Familotel ***s

Grünruhelage bei Schmallenberg – Hochsauerland

- 57392 Schmallenberg-Ebbinghof, Ebbinghof 5
  ☎ 02972-9755-0

Wellness 10

Sauerland Alpin

Grünruhelage am Ortsrand – Hochsauerland

- 57392 Schmallenberg-Grafschaft, An der Almert 11
  ☎ 02972-303-0

Wellness 15

Waldhaus Ohlenbach ****

Absolute Naturlage bei Schmallenberg – Hochsauerland

Niveauvoller, kleiner Familienbetrieb ohne Mainstream-Anmutung, er liegt so wunderschön wie solitär an einem Südhang im Nirgendwo, ist nur von Wald umgeben und bietet einen traumhaften Ausblick über das Land. Das Innenleben lässt sich etwa als Work in Progress beschreiben: Neben einnehmend geschmackvoll gestalteten öffentlichen Bereichen wie Lobby oder Restaurant findet man auch so manche Flure mit unpassender Optik und allerlei fürchterlichen „Dekorationsobjekten". Zimmer gibt es in acht Kategorien, sie sind durchwegs sehr großzügig geschnitten, viele haben Balkon, nicht wenige wurden bereits renoviert, sie zeigen sich dann sehr wohnlich und als Wohltat fürs Auge, W-Lan gibt es allerdings nur in der Lobby. Das sehr kleine Spa verfügt über einen ganzjährig nutzbaren Außenpool, die Mini-Außensauna ist etwas heruntergekommen, die Massagen sind gut, aber ein Bademantel aus Polyester, das müsste nicht sein. Sehr feine Tischkultur – etwa: Stoff-

servietten, Silberkännchen, alte silberne Butterkühler, dünnes Porzellan –, wunderbares Frühstücksbuffet in außerordentlich guter Qualität – bis 11 Uhr. Die Küche ist ausgezeichnet, sie hebt sich nicht zuletzt durch den Einsatz seltener Gemüsesorten und vieler frischer Wildkräuter wohltuend ab, interessant und dennoch unprätentiös ist die Weinkarte, die Auswahl an Offenen ist groß. Erfrischend herzliche, ungekünstelt agierende Mitarbeiter, präsenter Gastgeber, gut gelaunte Atmosphäre, bester Schlaf. Wanderwege ohne Zahl.
21 Liegen, 94 Betten.
Freibecken, Hallenbad, Außensauna, Massagen, Kosmetik, Ayurveda. 27-Loch-Parcours in 11 km, 25 % Greenfee-Rabatt.
HP ab € 110,–.

- 57392 Schmallenberg-Ohlenbach, Ohlenbach 10
☏ 02975-84-0

Wellness 10

Stockhausen Ferienhotel ****

Grünruhelage bei Schmallenberg – Hochsauerland

- 57392 Schmallenberg, Zum Hälleken 9, ☏ 02971-3120

Wellness 12

Hoher Knochen Berghotel ****

Absolute Naturlage bei Schmallenberg – Hochsauerland

- 57392 Schmallenberg, Hoher Knochen 1, ☏ 02975-850

Wellness 16

Deimann *****

Grünlage bei Schmallenberg – Hochsauerland

Familiengeführtes Traditionshaus mit fünf Sternen, es liegt an der Hauptstraße, bietet einen herausfordernden Grundriss sowie ein etwas uneinheitliches Ambiente. Zimmer wählt man aus sechs Kategorien, wobei allerdings zahlreiche Abweichungen in Größe oder Look und Feel möglich sind, fast alle haben Teppichböden, die meisten Balkon oder Terrasse, zahlreiche wunderschön großzügige und neu möblierte finden sich darunter. Der Wellnessbereich ist laut Prospekt 3.700 m² groß, rechnet man mehr als die Hälfte davon ab, dann kommt man für Pools, Saunen und Indoor-Ruhezonen den wahren Verhältnissen schon näher – eine Liegewiese ist wohl nicht wirklich der Spa-Fläche zurechenbar. Unter anderem geboten werden ein schmaler, knapp 15 m langer Soleaußenpool, mehrere Rückzugsmöglichkeiten sowie eine etwas unterdimensionierte Saunazone, die insgesamt drei Saunen schließen um 20 Uhr (montags, freitags: 22 Uhr). Täglich gibt es ein Aktivprogramm, darunter etwa auch Tai Chi, Qi Gong und geführte Wanderungen. Schöner Park mit alten Bäumen, präsente Gastgeber, viele freundliche Mitarbeiter, feine Restaurantterrassen, ebensolche Tischkultur, außerordentlich reichhaltiges Frühstücksbuffet, sehr gute Küche. Gute Laufstrecken, Wanderwege ohne Zahl. Weniger fein:

Waldhaus Ohlenbach

Atempause
»DAS KRANZBACH« Hotel & Wellness-Refugium
Ruhe und Natur – am Fuß der Zugspitze
Tel. +49 (0)8823 – 92 8000 · www.daskranzbach.de

Gepäckservice sollte wie Turn-down-Service eigentlich Standard sein, die Hauptstraße vor dem Haus ist aus einigen Zimmern gut zu hören. Viele alte Stammgäste, ungeeignet für Kinder. 92 Liegen, 190 Betten. Solefreibecken, Hallenbad, Sauna, Dampfbad, Massagen, Kosmetik, Ayurveda, Fitnessstudio, Personal Trainer. 27-Loch-Parcours in 0,5 km, 25 % Greenfee-Rabatt. 6-Loch-Übungsplatz. Tennisplatz.
HP ab € 132,–.

- 57392 Schmallenberg-Winkhausen
  Winkhausen 5
  ☎ 02975-81-0

Wellness 11

Platte ****

Grünlage bei Attendorn – 90 km südöstlich von Dortmund

- 57439 Attendorn-Niederhelden, Repetalstraße 219
  ☎ 02721-131-0

Business | Wellness 10

Vierjahreszeiten Iserlohn ****s

Grünlage an der A46 – 40 km südöstlich von Dortmund

- 58636 Iserlohn, Seilerwaldstraße 10
  ☎ 02371-972-0

Wellness 10

Maritim Schnitterhof ****s

Ruhige Ortslage – 60 km östlich von Dortmund

- 59505 Bad Sassendorf, Salzstraße 5
  ☎ 02921-952-0

Wellness 11

Wulff ***s

Ruhige Ortslage – 60 km östlich von Dortmund

- 59505 Bad Sassendorf, Berliner Straße 31-33
  ☎ 02921-9603-0

Wellness 11

Dorint Arnsberg ****

Grünruhelage bei Arnsberg – 45 km östlich von Dortmund

- 59757 Arnsberg-Neheim, Zu den drei Bänken
  ☎ 02932-200-1

Wellness 11

Habbel Berghotel ****

Grünruhelage am Ortsrand mit Fernblick – Sauerland

- 59889 Eslohe, Stertberg 1
  ☎ 02973-9700-0

Wellness 11

Monikas Ferienhof Familotel ***

Grünruhelage am Ortsrand bei Eslohe – Sauerland

- 59889 Eslohe-Wenholthausen, Wenneweg 6
  ☎ 02973-1433

Kur | Beauty 11

Aslan Kurpark Villa ****

Zentrale Ortslage in Olsberg – Hochsauerland

- 59939 Olsberg, Mühlenufer 4a
  ☎ 02962-9797-0

Wellness 10

Liebesglück ****

Ortslage in Winterberg – Hochsauerland

- 59955 Winterberg, Nuhnestraße 5
  ☎ 02981-9223-0

Wellness 11

Nuhnetal ***s

Grünruhelage in Winterberg – Hochsauerland

- 59955 Winterberg, Nuhnestraße 12
  ☎ 02981-9229-0

Wellness 10

Oversum Vital Resort ****s

Grünruhelage am Ortsrand in Winterberg – Hochsauerland

- 59955 Winterberg, Am Kurpark 6
  ☎ 02981-92955-0

Wellness 12

Astenkrone Berghotel ****s

Grünlage am Ortsrand bei Winterberg – Hochsauerland

- 59955 Winterberg-Altastenberg, Astenstraße 24
  ☎ 02981-809-0

Wellness 11

Grimmeblick Landhotel ****

Grünruhelage am Ortsrand bei Winterberg – Hochsauerland

- 59955 Winterberg-Elkeringhausen
  Am Langen Acker 5
  ☎ 02981-926-60

Wellness 10

Dorint Winterberg ****

Grünlage bei Winterberg – Hochsauerland

- 59955 Winterberg-Neuastenberg, Dorfstraße 1
  ☎ 02981-897-0

Beauty 12

Haus am See Schönheitsfarm

Grünruhelage bei Winterberg – Hochsauerland

- 59955 Winterberg-Niedersfeld, Am Bergelchen 16
  ☎ 02985-97500

Wellness 11

Diedrich ****

Zentrale Ortslage an der B236 – Hochsauerland

- 59969 Hallenberg, Nuhnestraße 2
  ☎ 02984-933-0

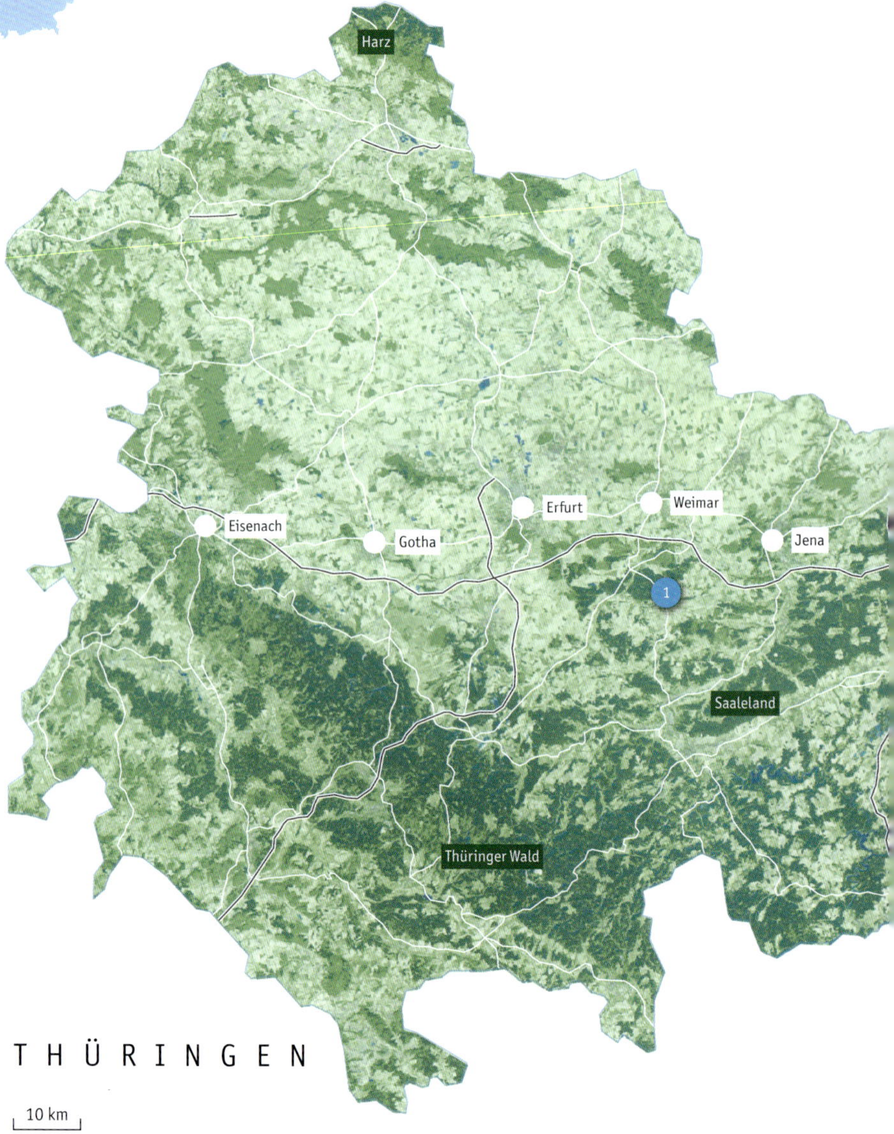
Harz
Eisenach
Gotha
Erfurt
Weimar
Jena
1
Saaleland
Thüringer Wald
10 km

THÜRINGEN

DAS LILIEN-HOTEL IN **THÜRINGEN**

Wellness 11

Residenz ****

Grünruhelage in Bad Frankenhausen – 60 km von Erfurt

- 06567 Bad Frankenhausen
  Am Schlachtberg 3
  ☎ 034671-75-0

Wellness 9

Mellestollen Waldhotel ***

Grünruhelage am Ortsrand bei Saalfeld – Thüringer Wald

- 07318 Saalfeld
  Wittmannsgereuther Straße 31
  ☎ 03671-820-0

Wellness 9

Kains Hof ***s

Ruhige Ortslage Nähe Saalfeld – Thüringer Wald

- 07407 Uhlstädt-Kirchhasel
  Weißen 19
  ☎ 036742-61130

Wellness 9

Zum Sorbitzgrund ***

Ruhige Ortslage Nähe Saalfeld – Thüringer Wald

- 07429 Rohrbach, Ortsstraße 43
  ☎ 036730-319-0

Business | Wellness 10

Novotel Gera ****

Zentrumsnahe Ortslage in Gera

- 07545 Gera
  Berliner Straße 38
  ☎ 0365-4344-0

Wellness 12

Hammermühle ****

Grünlage am Ortsrand in Stadtroda – südöstlich von Jena

- 07646 Stadtroda
  Hammermühlenweg 2-4
  ☎ 036428-579-0

Wellness 10

Fair Resort

Grünlage am Stadtrand in Jena

- 07751 Jena
  Ilmnitzer Landstraße 3
  ☎ 03641-7676

Wellness 10

Kaiserhof Kulturhotel ****

Grünruhelage am Ortsrand – 25 km südlich von Eisenach

- 36448 Bad Liebenstein
  Esplanade 9
  ☎ 036961-7337-0

Kur | Wellness 9

Am Jüdenhof

Ruhige Zentrumslage – 55 km nördlich von Eisenach

- 37308 Heilbad Heiligenstadt
  Am Jüdenhof 5-7
  ☎ 03606-663-888

Wellness 11

Best Western Am Vitalpark ****s

Grünruhelage am Ortsrand – 55 km nördlich von Eisenach

- 37308 Heilbad Heiligenstadt
  In der Leineaue 2
  ☎ 03606-663-70

Wellness 10

Spa Villa

Zentrale Ortslage – 65 km nördlich von Eisenach

- 37327 Wingerode
  Hauptstraße 89
  ☎ 03605-501234

Wellness 11

Victor's Residenz Teistungenburg ****

Grünruhelage bei Teistungen – Südharz

- 37339 Teistungen
  Klosterweg 6-7
  ☎ 036071-84-0

Wellness 10

Arcadia Suhl ****

Zentrumslage in Suhl – Thüringer Wald

- 98527 Suhl
  Friedrich-König-Straße 1
  ☎ 03681-710-0

Wellness 10

Ringberg ****

Absolute Grünruhelage bei Suhl – Thüringer Wald

- 98527 Suhl, Ringberg 10
  ☎ 03681-389-0

Wellness 10

Berghotel Oberhof ****

Grünlage am Ortsrand Nähe Suhl – Thüringer Wald

- 98559 Oberhof
  Theo-Neubauer-Straße 20
  ☎ 036842-270

Wellness 10

Schlossberghotel Oberhof ***s

Grünlage am Ortsrand Nähe Suhl – Thüringer Wald

- 98559 Oberhof
  Am Park 1
  ☎ 036842-5299-0

Wellness 10

Thüringen Aktiv- & Vitalhotel ****

Grünruhelage bei Schmalkalden – Thüringer Wald

- 98574 Schmalkalden
  Notstraße 33
  ☎ 03683-46657-0

Wellness 10

Zur guten Quelle ***s

Zentrale Ortslage in Brotterode – Thüringer Wald

- 98596 Brotterode-Trusetal
  Schmalkalder Straße 27
  ☎ 036840-340

Wellness 11

Residenz Thüringen ****s

Grünruhelage in Masserberg – Thüringer Wald

- 98666 Masserberg
  Kurhausstraße 9
  ☎ 036870-255-0

Wellness 10

Heubacher Höhe ***

Grünruhelage am Ortsrand bei Masserberg – Thüringer Wald

- 98666 Masserberg-Heubach,
  Rudolf-Breitscheid-Straße 41-45
  ☎ 036874-93000

Wellness 10

Frankenblick ***s

Grünruhelage am Ortsrand bei Masserberg – Thüringer Wald

- 98666 Masserberg-Schnett
  Am Kirchberg 15
  ☎ 036874-95000

Wellness 11

Gabelbach Berg- & Jagdhotel ****

Grünruhelage bei Ilmenau – Thüringer Wald

- 98693 Ilmenau
  Waldstraße 23a
  ☎ 03677-860-0

Wellness 10

Kammweg ***s

Grünruhelage in Neustadt – Thüringer Wald

- 98701 Neustadt
  Ehringshäuser Straße 4
  ☎ 036781-44-0

Wellness 10

Schieferhof ****

Zentrale Ortslage in Neuhaus – Thüringer Wald

- 98724 Neuhaus am Rennweg
  Eisfelder Straße 26
  ☎ 03679-774-0

Business | Wellness 11

Dorint Am Goethepark ****s

Zentrumslage beim Goethehaus in Weimar

- 99423 Weimar
  Beethovenplatz 1-2
  ☎ 03643-872-0

Business | Wellness 10

Leonardo Weimar ****

Zentrumsnahe Ortslage in Weimar

- 99425 Weimar
  Belvederer Allee 25
  ☎ 03643-722-0

Business | Wellness 12

Dorotheenhof Romantikhotel ****s

Grünruhelage am Stadtrand vom Weimar

- 99427 Weimar, Dorotheenhof 1
  ☎ 03643-459-0

Wellness 14

Lindner Weimarer Land ****s

Grünruhelage am Ortsrand – 20 km südlich von Weimar

Familienfreundlich. Modernes, erst vor drei Jahren eröffnetes Haus mit den Schwerpunkten Golf, Events, Tagungen und Wellness, es liegt sehr ruhig außerhalb des Ortes, direkt am Golfplatz. Hinter den Fachwerkfassaden eines ehemaligen Gutshofes zeigen sich heimelig stilisierte Landhausinterieurs unter Verwendung von viel Altholz, was auch für das Spa und die Zimmer gilt. Diese wählt man aus 11 Varianten, sie sind 27 bis 121 m² groß, alle haben Teppichböden, nur wenige Balkon. Das Spa ist schön und atmosphärisch gestaltet, es bietet unter anderem einen größeren Außenpool, einen kleinen Saunabereich und zwei stilvolle Ruheräume mit offenem Kamin, allerdings vorwiegend mit Sitzgelegenheiten anstatt mit Liegen – die meisten Liegen befinden sich im Hallenbad, wo es naturgemäß nicht wirklich ruhig ist. Täglich kleines Aktivprogramm, die insgesamt drei Saunen schließen um 22 Uhr. Raucherlounge, Restaurantterrasse, stimmungsvolles Restaurant, gute Küche, freundliche Mitarbeiter. Täglich acht Stunden Betreuung für Kinder ab drei Jahren – zu Schulferienzeiten. 45 Liegen, 230 Betten. (Foto Seite 93)

Freibecken, Hallenbad, Sauna, Dampfbad, Massagen, Kosmetik, Fitnessgeräte, Personal Trainer. 36-Loch-Parcours, 20 % Greenfee-Rabatt. HP ab € 142,50.

- 99444 Blankenhain, Weimarer Straße 60
  ☎ 036459-6164-0

Wellness 10

An der Therme ***s

Grünruhelage im Kurpark – 30 km nordöstlich von Weimar

- 99518 Bad Sulza
  Rudolf-Gröschner-Straße 11
  ☎ 036461-920-00

Wellness 10

Haus Ibe Pension

Grünruhelage in Neustadt bei Nordhausen – Südharz

- 99762 Neustadt
  Burgstraße 28-29
  ☎ 036331-42298

Wellness 9

Neustädter Hof ***s

Grünruhelage in Neustadt bei Nordhausen – Südharz

- 99762 Neustadt, Burgstraße 17
  ☎ 036331-9090

Wellness 10

Thalfried ****

Grünlage Nähe Eisenach – Thüringer Wald

- 99842 Ruhla-Thal, Am Park 11
  ☎ 036929-7900-0

Wellness 9

Tannhäuser Rennsteigblick ***

Grünruhelage am Ortsrand – Thüringer Wald

- 99849 Friedrichroda-Finsterbergen
  Kurhausstraße 12
  ☎ 03623-3195-0

Business | Wellness 11

Am Schlosspark ****s

Grünlage in Zentrumsnähe in Gotha

- 99867 Gotha, Lindenauallee 20
  ☎ 03621-442-0

Wellness 10

Zur Post ****

Zentrale Ortslage bei Friedrichroda – Thüringer Wald

- 99891 Tabarz
  Lauchagrundstraße 16
  ☎ 036259-666-0

Wellness 11

Ramada Friedrichroda ****

Grünruhelage in Friedrichroda – Thüringer Wald

- 99894 Friedrichroda, Burchardtsweg 1
  ☎ 03623-352-0

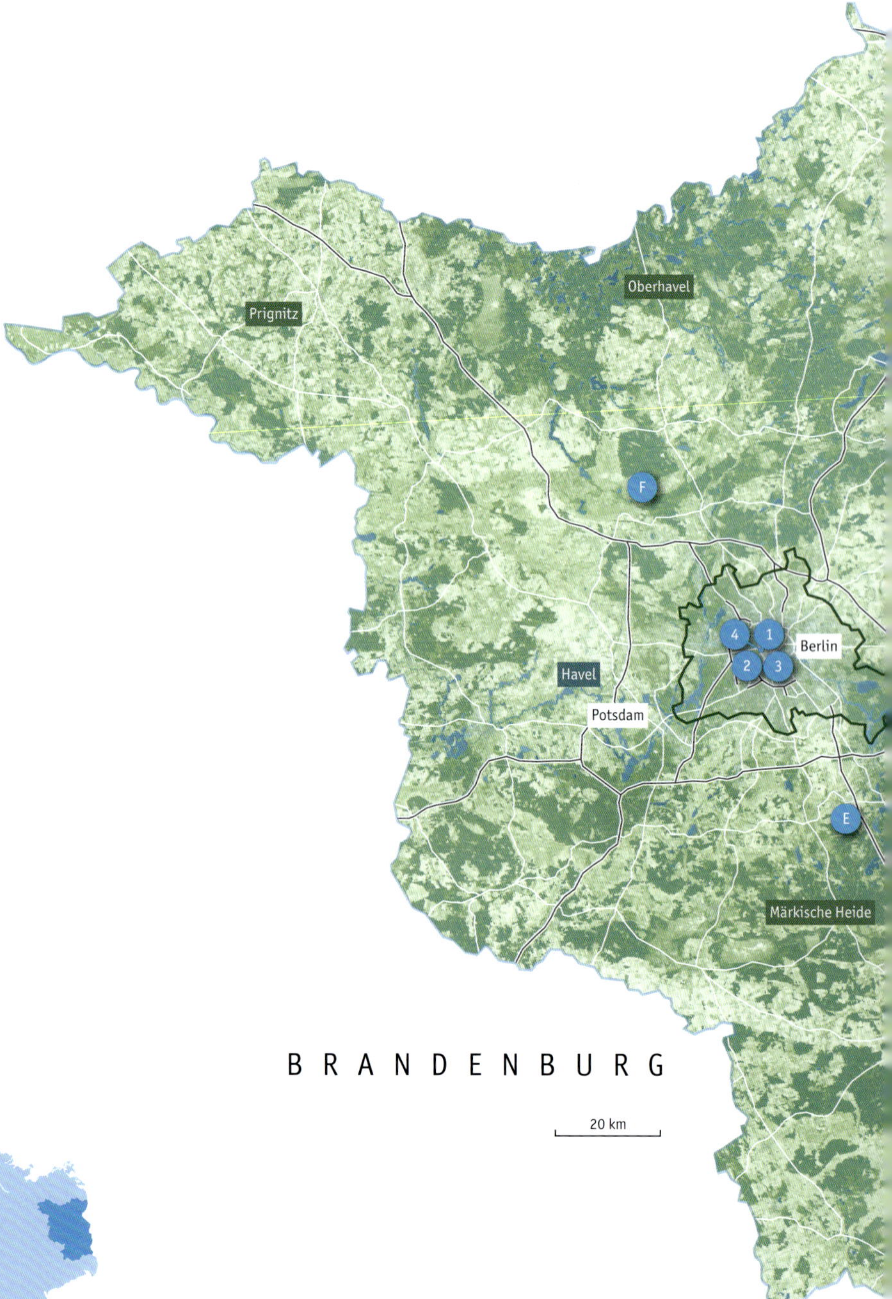

BRANDENBURG

ALLE LILIEN-HOTELS IN **BERLIN**

	Hotel	Seite
1	**Adlon Kempinski** *****s	98
2	**Aspria Ku'damm**	99
3	**Grand Hyatt Berlin** *****s	99
4	**Titanic Chaussee** ****	98

ALLE LILIEN-HOTELS IN **BRANDENBURG**

	Hotel	Seite
A	**A-Rosa Scharmützelsee**	102
B	**Bleiche Resort & Spa**	100
C	**Esplanade Resort & Spa** ****s	102
D	**Gut Klostermühle**	101
E	**Residenz am Motzener See** ****	103
F	**Sommerfeld** ****s	105
G	**Spreewald Thermenhotel** ****	100

Business | Wellness 16

Titanic Chaussee ****

Zentrumslage in Mitte – Berlin

Ein brandneues, erst vor wenigen Monaten eröffnetes Großhotel, sein Name Titanic klingt zwar vordergründig nach Untergang, steht hier aber für den Aufstieg der türkischstämmigen Familie Aygün, die in den 1970er Jahren mit einer Dönerbude ihre Geschäfte startete und mittlerweile mehr als ein Dutzend Hotels betreibt, drei sind es alleine in Berlin. Das Haus liegt sozusagen in Berlins Upper East Side, zur U-Bahn sind es nur wenige Schritte, zum Hauptbahnhof knapp vier Autominuten. Obwohl das Haus nur vier Sterne im Logo hat, kann es sich in Look und Feel durchaus mit so manchem Fünfsternhaus matchen, die Zimmer sind aus drei Varianten wählbar (DZ von 21 bis 40 m²), alle haben Teppichböden. Im Gegensatz zu fast allen anderen Stadthotels gibt es im Titanic Chaussee einen deutlich größeren Wellnessbereich, besondere Kennzeichen sind einnehmende Schönheit, ein 15 m langer Pool mit Tageslicht, ein geradezu konkurrenzlos riesiges Fitnessstudio und ein türkischer Hamam, der Eintritt ins Spa ist allerdings kostenpflichtig (12 Euro pro Tag), Bademantel und Handtücher kosten ebenfalls extra. Täglich Aktivprogramm – auch Yoga und Pilates –, sehr gute Treatments, die insgesamt zwei Saunen schließen zwischen 22 und 23 Uhr. Die Mitarbeiter sind außerordentlich freundlich und engagiert, die durchwegs gute bis sehr gute Küche offeriert naturgemäß auch Halal-Varianten. Garage: 18 Euro pro Tag. 48 Liegen, 778 Betten.
Hallenbad, Sauna, Dampfbad, Massagen, Kosmetik, Fitnessstudio.
NF ab € 78,50.

- 10115 Berlin
  Chausseestraße 30
  ☎ 030-3116858-0

Business | Wellness 13

Adlon Kempinski *****s

Zentrumslage am Brandenburger Tor – Berlin

Eine Art Riesenmaschine und gleichzeitig eine Institution mit dem Flair eines Denkmals. In privilegierter Lage, mit gediegener, streckenweise etwas angestaubter Anmutung. Zimmer gibt es in 15 Kategorien (DZ von 35 bis 220 m²), aus vielen sieht man freilich nur in den Innenhof, für einen Ausblick auf das Brandenburger Tor muss man sehr tief in die Tasche greifen. Der Wellnessbereich ist laut Prospekt 900 m² groß, für die tatsächliche Fläche von Pool, Saunen und Ruhezonen kann man getrost zwei Drittel davon abziehen, das kommt den realen Verhältnissen deutlich näher! Der Pool ist mit 10 m Länge etwas bescheiden ausgefallen, die zwei Saunen schließen um 22 Uhr. Reichhaltiges Frühstücksbuffet, Raucherlounge, W-Lan gegen Aufpreis, beim Service gibt es noch deutlich Luft nach oben, mit Warteschlangen, etwa beim Frühstück, darf gerechnet werden. Eine öffentliche Garage befindet sich im Haus. 12 Liegen, 672 Betten.
Hallenbad, Sauna, Dampfbad, Massagen, Kosmetik, Fitnessgeräte, Personal Trainer.
NF ab € 169,50.

- 10117 Berlin
  Unter den Linden 77
  ☎ 030-2261-0

Business | Wellness 10

Hilton *****

Zentrumslage beim Gendarmenmarkt – Berlin

- 10117 Berlin, Mohrenstraße 30
  ☎ 030-2023-0

Wellness 10

Riverside garni

Zentrumslage in der Friedrichstraße – Berlin

- 10117 Berlin, Friedrichstraße 105
  ☎ 030-284900

Business | Wellness 11

Sofitel Berlin Gendarmenmarkt *****

Zentral Nähe Brandenburger Tor – Berlin

- 10117 Berlin, Charlottenstraße 50-52
  ☎ 030-20375-0

Business | Wellness 12

The Westin Grand *****

Zentrumslage in der Friedrichstraße – Berlin

- 10117 Berlin
  Friedrichstraße 158-164
  ☎ 030-2027-0

Business | Wellness 11

New Berlin ****

Zentrumsnähe in Friedrichshain – Berlin

- 10249 Berlin, Petersburger Straße 24
  ☎ 030-420256-0

Business | Wellness 10

Andel's Berlin ****s

Zentrumsfern bei S-Bahn Landsberger Allee – Berlin

- 10369 Berlin, Landsberger Allee 106
  ☎ 030-453053-0

Business | Wellness 10

Savoy ****s

Zentrumslage Nähe Bahnhof Zoo – Berlin

- 10623 Berlin, Fasanenstraße 9-10
  ☎ 030-31103-0

Wellness 11

Bleibtreu ****

Zentral Nähe Kurfürstendamm – Berlin

- 10707 Berlin, Bleibtreustraße 31
  ☎ 030-88474-0

Business | Wellness 14

Aspria Ku'damm

Charlottenburg Nähe Kurfürstendamm – Berlin

Normalerweise bauen bestehende Hotels einen Wellnessbereich dazu, hier war es umgekehrt: Dieses Hotel wurde an ein großes Day Spa („Spa & Sporting Club") angebaut und vor acht Jahren eröffnet. Das zu einer Amsterdamer Kette gehörende Haus liegt sehr günstig, nämlich nur drei Gehminuten vom Ku'damm entfernt und zudem unweit der Messe. Geboten werden ein junges, frisches Flair mit absolut unprätentiöser Anmutung, großzügig geschnittene Zimmer sowie auch Apartments für Selbstversorger. Das Spa ist weitläufig, bietet unter anderem einen 25 m langen Pool und ein großes Sonnendeck auf der Dachterrasse, ein Ausblick auf die Stadt lässt sich jedoch dort nicht erhaschen. Gute Treatments, dichtes Programm an Kursen und Trainings, auch Yoga und Pilates, die Saunen schließen um 23 Uhr. Freundliche Crew, schwaches Service, schwache Küche. 47 Liegen, 84 Betten.
Hallenbad, Sauna, Dampfbad, Massagen, Kosmetik, Fitnessstudio, Personal Trainer.
NF ab € 74,–.

- 10711 Berlin, Karlsruher Straße 20
  ☎ 030-8906888-0

Business | Wellness 11

Kempinski Bristol Berlin *****

Zentral am Kurfüstendamm – Berlin

- 10719 Berlin, Kurfürstendamm 27
  ☎ 030-88434-0, 0800-42631355

Business | Wellness 12

Esplanade Grand *****

Zentrale Lage Nähe Tiergarten – Berlin

- 10785 Berlin, Lützowufer 15
  ☎ 030-25478-0

Business | Wellness 14

Grand Hyatt Berlin *****S

Zentral beim Potsdamer Platz – Berlin

Hundefreundlich. In Berlin Mitte gegenüber dem Sony-Center gelegenes Großhotel. Es wurde vor 18 Jahren eröffnet, bietet ein nicht mehr überall ganz taufrisches US-Kettenflair und ein nüchterngeradliniges Ambiente. Große Zimmer (DZ ab 38 m^2) mit kostenfreiem, aber langsamem Internetzugang, kleines, feines Spa auf dem Dach – mit großartigem Cityblick, Whirlpool, knapp 16 m langem Schwimmbecken und Liegewiese. Hervorragende Treatments, auch Yoga und Tai Chi, die zwei Saunen schließen um 23 Uhr. Gutes Frühstücksbuffet, sehr freundliche und zuvorkommende Mitarbeiter. Eine öffentliche Garage befindet sich im Haus, aber Valet Parking kostet extra – und das bei fünfeinhalb Sternen. 15 Liegen, 700 Betten.
Hallenbad, Sauna, Dampfbad, Massagen, Kosmetik, Fitnessgeräte, Personal Trainer.
NF ab € 150,–.

- 10785 Berlin, Marlene-Dietrich-Platz 2
  ☎ 030-2553-1234

Business | Wellness 10

The Mandala *****S

Zentral beim Potsdamer Platz – Berlin

- 10785 Berlin, Potsdamer Straße 3
  ☎ 030-590050000

Business | Wellness 12

The Ritz Carlton Berlin *****

Zentrale Lage am Potsdamer Platz – Berlin

- 10785 Berlin, Potsdamer Platz 3
  ☎ 030-337777

Business | Wellness 12

Intercontinental *****

Zentrumslage Nähe Zoo – Berlin

- 10787 Berlin, Budapester Straße 2
  ☎ 030-2602-0

Business | Wellness 12

Palace Berlin *****

Zentral an der Gedächtniskirche – Berlin

- 10787 Berlin, Budapester Straße 45
  ☎ 030-2502-0

Business | Wellness 12

Pullman Berlin Schweizerhof *****

Zentrumslage Nähe Zoo – Berlin

- 10787 Berlin, Budapester Straße 21-29
  ☎ 030-2696-0

Wellness 10

Dormero Berlin Ku'damm ****S

Zentral Nähe Gedächtniskirche – Berlin

- 10789 Berlin, Eislebener Straße 14
  ☎ 030-21405-0

Business | Wellness 10

Scandic Berlin Kurfürstendamm

Zentral Nähe Gedächtniskirche – Berlin

- 10789 Berlin, Augsburger Straße 5
  ☎ 030-21242-0

Business | Wellness 10

Steigenberger Berlin

Zentral Nähe Gedächtniskirche – Berlin

- 10789 Berlin, Los-Angeles-Platz 1
  ☎ 030-2127-0

Business | Wellness 10

Swissotel Berlin *****

Zentral am Kurfürstendamm – Berlin

- 10789 Berlin, Augsburger Straße 44
  ☎ 030-220-10-0

Business | Wellness 10

Relexa Stuttgarter Hof ****

Zentrumslage Nähe Zoo – Berlin

- 10963 Berlin, Anhalter Straße 8-9
  ☎ 030-26483-0

Business | Wellness 10

Müggelsee Berlin ****

Grünlage am südöstlichen Stadtrand – Berlin

- 12559 Berlin-Köpenick
  Müggelheimer Damm 145
  ☎ 030-65882-0

Business | Wellness 12

Centrovital ****

Stadtrandlage in Spandau Nähe Airport Tegel – Berlin

- 13585 Berlin, Neuendorfer Straße 25
  ☎ 030-81875-0

Business | Wellness 10

Seehof Berlin ****

Zentrumsnahe Grünlage in Charlottenburg – Berlin

- 14057 Berlin, Lietzensee-Ufer 11
  ☎ 030-32002-0

Business | Wellness 12

Schlosshotel im Grunewald *****s

Grünruhelage in Grunewald – Berlin

- 14193 Berlin, Brahmsstraße 10
  ☎ 030-89584-0

Wellness 12

Seeschlösschen Ayurveda & Natur ****s

Grünruhelage am Ortsrand – 45 km südlich von Cottbus

- 01968 Senftenberg, Buchwalder Straße 77
  ☎ 03573-3789-0

Wellness 11

Landhotel Burg ****

Grünlage bei Burg – 110 km südöstlich von Berlin

- 03096 Burg, Ringchaussee 125
  ☎ 035603-646

Wellness ⚜⚜⚜ 17

Bleiche Resort & Spa

Grünruhelage bei Burg – 110 km südöstlich von Berlin

Hunde- und familienfreundlich. Außergewöhnliches, fernab vom Mainstream positioniertes Haus unter Familienführung, es bietet ein von stilsicherer Hand sorgsam arrangiertes Ambiente – wenn man von dem seltsam-grünen Teppich, der sich durch das Haus zieht, absieht. Zimmer gibt es in neun Varianten (DZ von 18 bis 180 m²), nicht alle begeistern, mehr Sauberkeit und Pflege könnte zudem nicht schaden. Das Spa ist unvergleichlich und wunderschön atmosphärisch gestaltet, es fühlt sich wie ein großartiges Wohnzimmer an, stilistisch eine Melange aus Ubud auf Bali und einem Sechsternbauernhof. Dazu gehören unter anderem ein eigener Kinderbereich, ein 25 m langer Pool, ein Ladys-Spa, Fitnessgeräte auch im Freien, viele fabelhafte Liegen sowie zahlreiche lauschige Plätze für den Rückzug, die insgesamt sechs Saunen schließen um 22 Uhr. Stimmungsvolle Bar, Raucherlounge, nette Restaurantterrasse, wunderbarer Wintergarten, die Auswahl beim Frühstück ist etwas bescheiden, dafür frisch und von guter Qualität. Zumeist gute Küche, freundliche Mitarbeiter, ab und an bekommt man allerdings seltsame Antworten. Wermutstropfen: Plastikblumen, streckenweise ein Hauch von Ungepflegtheit, der fehlende Internetanschluss am Zimmer sowie externe Gäste im Spa – das will man bei diesen Zimmerpreisen (bis zu 1.100 Euro pro Nacht) eigentlich nicht haben. Der unten angeführte Preis bezieht sich wie immer auf die billigste Kategorie pro Person, also auf das „Storchennest“, das sich allerdings sogar für eine Storchenfamilie als etwas zu klein erweisen könnte, vor allem, wenn einer mal duschen wollte. Valet Parking, aber eine Garage gibt es nicht. 140 Liegen, 210 Betten.
Freibecken, Hallenbad, Kinderhallenbad, Sauna, Dampfbad, Massagen, Kosmetik, Fitnessstudio, Personal Trainer.
HP ab € 145,–.

- 03096 Burg im Spreewald
  Bleichestraße 16
  ☎ 035603-620

Wellness ⚜ 13

Spreewald Thermenhotel ****

Grünruhelage am Ortsrand – 110 km südöstlich von Berlin

Neues Mittelklassehaus mit wenig charmanter Zweckbaufassade, es wurde übrigens mit einem „International Hotel Application Award“ für das europaweit beste Designkonzept ausgezeichnet – na ja. Das Hotel liegt direkt an der vor 11 Jahren eröffneten öffentlichen Therme, es bietet zweckmäßige Zimmer,

alle sind 26 m² groß und haben Teppichböden sowie entweder Morgensonne oder Abendsonne, keines hat Balkon. Wellness gibt es ausschließlich in der mehr als 5.000 m² großen Therme, in die man über einen Bademantelgang schnell gelangt. Ebendort findet man drei größere und vier kleine Pools, einen netten Außenbereich mit Liegewiese, weiters Fitnessgeräte auch im Freien, die insgesamt sieben Saunen schließen um 22, freitags um 24 Uhr. Exklusiv für Hotelgäste gibt es Lounge und Ruheraum – und sogar die ganze Therme! Allerdings nur frühmorgens für eine Stunde. Danach kann man mit vielen Tagesgästen rechnen, im Schnitt sollen es täglich fast 700 sein. Restaurant- und Barterrasse, bei Küche und Service gibt es noch etwas Luft nach oben, das W-Lan ist schwach. 189 Liegen (in der Therme), 166 Betten.
In der öffentlichen Therme: Thermalsole-Freibecken, Thermalsole-Hallenbad, Kinderbecken, Außensauna, Sauna, Dampfbad, Massagen, Kosmetik, Fitnessgeräte. HP ab € 105,–.

- 03096 Burg im Spreewald
  Ringchaussee 152
  ☎ 035603-1885-0

Wellness 11

Christinenhof & Spa

Grünlage nördlich von Cottbus – 150 km von Berlin

- 03185 Tauer, Hauptstraße 39
  ☎ 035601-8972-0

Business | Wellness 11

Dorint Sanssouci Potsdam ****s

Zentrumslage in Potsdam – Nähe Berlin

- 14469 Potsdam, Jägerallee 20
  ☎ 0331-274-0

Wellness 12

Bayrisches Haus

Absolute Grünruhelage bei Potsdam – Nähe Berlin

- 14471 Potsdam, Im Wildpark 1
  ☎ 0331-5505-0

Business | Wellness 11

Seminaris Seehotel ****

Absolute Grünruhelage am Templiner See – Nähe Berlin

- 14471 Potsdam, An der Pirschheide 40
  ☎ 0331-9090-0

Wellness 11

Resort Schwielowsee ****s

Grünruhelage am Schwielowsee – Nähe Berlin

- 14542 Werder-Petzow
  Am Schwielowsee 117
  ☎ 03327-5696-0

Wellness 10

Golfresort Semlin am See ****

Absolute Grünruhelage bei Semlin – 90 km von Berlin

- 14712 Semlin, Ferchesarer Straße 8b
  ☎ 03385-554-0

Wellness 10

Markgraf Lehnin ***s

Zentrale Ortslage in Lehnin – 70 km westlich von Berlin

- 14797 Lehnin, Friedenstraße 13
  ☎ 03382-765-0

Wellness 11

The Lakeside Burghotel ****

Grünlage bei Strausberg – 35 km östlich von Berlin

- 15344 Strausberg
  Gielsdorfer Chaussee 6
  ☎ 03341-3469-0

Wellness 10

Flora ****

Grünlage in Fredersdorf – 25 km östlich von Berlin

- 15370 Fredersdorf, Florastraße 15
  ☎ 033439-83-0

Beauty 12

Am See Beautyfarm

Grünruhelage in Buckow – 50 km östlich von Berlin

- 15377 Buckow, Am Fischerberg 13
  ☎ 033433-63333

Wellness | Gesundheit 14

Gut Klostermühle

Grünruhelage am Ortsrand – 90 km östlich von Berlin

Hundefreundlich. Weitläufige Anlage auf einem ehemaligen Stasi-Areal, sie nennt sich im Namenszusatz „Natur Resort & Medical Spa", ist wunderschön und liegt wunderschön: mitten in der Natur und mehr oder weniger direkt am See. Sie besteht aus zahlreichen Gebäuden, die in unterschiedlich großen Distanzen zur Rezeption liegen, nur drei Häuser sind mit dem Spa und dem Restaurant über lange Gänge verbunden. Zimmer gibt es in 13 Kategorien, sie sind stark unterschiedlich, aber zumeist wohnlich eingerichtet, aus einigen hat man einen Ausblick über den See. Das Spa verströmt hochwertige Anmutung, leidet aber, so wie die gesamte Anlage, an konzeptionellen Schwächen. Der Innenpool ist 12 m lang, der nur während der warmen Jahreszeit nutzbare Außenpool 20 m, die insgesamt vier Saunen schließen um 21 Uhr. Auch ayurvedische Panchakarmakuren (neuntägig, ab 2.400 Euro inklusive ayurvedischer Verpflegung), Heilfasten und Akupunktur stehen im Angebot, all das lässt sich aber mit der gleichzeitigen

Ausrichtung auf Tagungen, Jagden, Reitsport, Events und allerlei Kulturveranstaltungen wohl nur bedingt erfreulich vereinbaren, auch die Küche passt nicht wirklich zu einer derartigen Gesundheitsorientierung, das ist echt schade! Und bei diesem Potenzial geradezu schmerzhaft mitanzusehen. Schöne Restaurantterrasse, Küche und Service enttäuschen. Herrlicher Spazierweg um den See, fabelhafte Jogging-Strecken. Ungeeignet für Kinder. 32 Liegen, 180 Betten. Freibecken (Sommer), Hallenbad, Sauna, Dampfbad, Massagen, Kosmetik, Ayurveda, Fitnessgeräte, Personal Trainer. Drei 18-Loch-Parcours in 36 km. Tennisplätze, Reitstall mit Turnierplatz.
NF ab € 79,–.

- 15518 Madlitz-Wilmersdorf, Mühlenstraße 11
  ☏ 033607-5929-0

Wellness 11

Schloss Steinhöfel ****

Grünruhelage am Ortsrand – 65 km östlich von Berlin

- 15518 Steinhöfel, Schlossweg 4
  ☏ 033636-277-0

Wellness 13

A-Rosa Scharmützelsee

Grünruhelage am Scharmützelsee – 70 km östlich von Berlin

Kinderfreundlich. Großes, vor 13 Jahren eröffnetes Kettenhotel, es liegt sehr schön am See, hatte lange Jahre fünf Sterne, nun aber schon einige Zeit gar keinen mehr. Dies könnte man schon aus der Ferne für ein Indiz halten, dass das Haus seine besten Jahre hinter sich hat, was sich dann beim näheren Hinsehen auch bestätigt. Zwar wurden viele Zimmer renoviert oder refurbished, also aufgehübscht, so manches zeigt sich jedoch längst nicht mehr ganz taufrisch, und auch Doppelzimmer mit 18 m² empfindet man heute nicht mehr unbedingt als Salzkorn des Zeitgeistes, zumal bei diesen Preisen – der unten angeführte Preis ist von der Auslastung abhängig („Flex-Tarif") und kann in der Praxis erheblich höher sein. Das Spa erscheint uns für diese Hausgröße nicht gerade weitläufig, es ist laut Prospekt 4.200 m² groß, rechnet man etwa zwei Drittel davon ab, so kommt das für Pools, Saunen und Indoor-Ruhezonen der Wahrheit schon bedeutend näher! Unter anderem geboten werden Damensauna und ein 19 m langer Außenpool, die vier Saunen schließen um 21 Uhr. Schöne Terrasse, bei Küche und Service gibt es noch deutlich Luft nach oben. Viele externe Gäste in Spa, Bar und Restaurants. Täglich 11 Stunden Betreuung für Kinder ab drei Jahren (mit saisonalen Einschränkungen). 68 Liegen, 448 Betten. Seebadestrand, Freibecken, Hallenbad, Kinderhallenbad, Sauna, Dampfbad, Massagen, Kosmetik, Ayurveda, Fitnessstudio, Personal Trainer. 9-Loch-Parcours, drei 18-Loch-Parcours, Golfschule und Pro-Shop. Tennishalle und Tennisplätze mit Schule, Marina mit Segelschule.
HP ab € 109,–.

- 15526 Bad Saarow, Parkallee 1
  ☏ 033631-60

Wellness 12

Alte Eichen Landhaus ****

Grünruhelage am Scharmützelsee – 70 km östlich von Berlin

- 15526 Bad Saarow, Alte Eichen 21
  ☏ 033631-4309-0

Wellness 13

Esplanade Resort & Spa ****S

Grünruhelage am Scharmützelsee – 70 km östlich von Berlin

Hundefreundlich. Großhotel mit „Strictly no Kids"-Politik – Kinder unter 16 Jahren werden nicht als Gäste akzeptiert –, es liegt neben der Anlegestelle für Ausflugsschiffe und bietet ein etwas verwinkeltes Innenleben, stets saubere, aber überwiegend sehr kleine Zimmer (DZ ab 19 m²) ohne Balkon, der Ausblick geht zumeist auf Fassaden, Parkplatz oder Feuertreppen. Der Wellnessbereich ist laut Werbung 3.500 m² groß, rechnet man etwa drei Viertel davon ab, so kommt das für Pools, Saunen und Indoor-Ruhezonen der Wahrheit schon bedeutend näher! Fein sind die zwei Außensaunen und ein 19 m langer Innenpool, die Teilnahme am Fitnessprogramm kostet Aufpreis, die insgesamt fünf Saunen öffnen um 10 und schließen um 21 Uhr. Restaurantterrasse, von Service und Küche waren wir nicht begeistert. Ein schlichter Parkplatz (nötig) kostet 8 Euro pro Tag. Hart an der Null-Lilien-Grenze. Anmerkung: Der unten angeführte Preis ist von der Auslastung abhängig („Flex-Tarif") und kann in der Praxis erheblich höher sein. 33 Liegen, 370 Betten. Solefreibecken, Hallenbad, Solebecken, Außensauna, Dampfbad, Massagen, Kosmetik, Fitnessgeräte, Personal Trainer. Vier Golfplätze in 8 km, 10 % Greenfee-Rabatt. Segel- und Motorboote, Segelschule, Tennisplatz.
HP ab € 103,–.

- 15526 Bad Saarow, Seestraße 49
  ☏ 033631-432-0

Wellness 12

Palais am See garni ****

Grünruhelage am Scharmützelsee – 70 km östlich von Berlin

- 15526 Bad Saarow, Karl-Marx-Damm 23
  ☏ 033631-861-0

Wellness 12

Villa Contessa ****

Grünruhelage am Scharmützelsee – 70 km östlich von Berlin

- 15526 Bad Saarow, Seestraße 18
  ☏ 033631-58018

Wellness 10

Zeuthen Seehotel ****

Grünlage am Ufer des Zeuthner Sees – Nähe Berlin

- 15738 Zeuthen, Fontaneallee 27-28
  ☏ 033762-89-0

Wellness | Gesundheit 13

Residenz am Motzener See ****

Grünruhelage am Motzener See – 45 km südlich von Berlin

Freundlicher Allrounder mit Park, er liegt beschaulich an einem Badesee. Hochzeiten, Events und Tagungen sind seine Domäne, aber auch Wellness und sogar Gesundheit stehen im Angebot – in einem Nebenhaus ist ein Ayurvedazentrum untergebracht, das entgiftende Panchakarmakuren und Traditionelle Chinesische Medizin bietet. Saubere Zimmer mit Teppichböden, teilweise mit (kleinem) Balkon, die straßenseitigen Zimmer sind für Menschen, die bei offenem Fenster schlafen, nicht zu empfehlen – vor allem der morgendliche Berufsverkehr ist nicht zu überhören. Gepflegtes Spa mit kleinem Pool und großen Saunen, mit FKK-Außenbereich und schöner Liegewiese, die insgesamt zwei Saunen schließen nach bescheidenen Öffnungszeiten um 21 Uhr. Gute Küche, umfangreiche Weinkarte, feine Restaurantterrasse mit Ausblick auf den See, Badesteg. Ungeeignet für Kinder. 16 Liegen, 120 Betten.

Badestrand, Hallenbad, Sauna, Massagen, Kosmetik, Ayurveda.
27-Loch-Parcours in 3 km.
HP ab € 82,50.

- 15749 Mittenwalde-Motzen
  Töpchiner Straße 4
  ☏ 033769-85-0

Wellness 12

Spreewaldhof Romantik ***s

Grünlage am Ortsrand – 100 km südöstlich von Berlin

- 15913 Neu Zauche
  Cottbuser Straße 17a
  ☏ 035475-348

Wellness 11

Alte Schmiede Ferienhof

Grünruhelage Nähe Spreewald – 70 km südlich von Berlin

- 15913 Schwielochsee-Guhlen
  Guhlener Dorfstraße 28
  ☏ 035478-17775

Wellness 11

Seepark Kurhotel ***s

Grünruhelage am Wandlitzer See – 30 km nördlich von Berlin

- 16348 Wandlitz, Kirchstraße 10
  ☏ 033397-75-0

Wellness 9

Preußischer Hof ***

Grünruhelage bei Liebenwalde – 45 km nördlich von Berlin

- 16559 Liebenwalde, Bischofswerder Weg 12
  ☎ 033054-87-0

Wellness 13

Sommerfeld ****s

Grünruhelage am Beetzer See – 55 km nördlich von Berlin

Hundefreundlich. Nettes und sauber geführtes „Erwachsenenhotel" (Kinder unter 14 Jahren dürfen nicht in den Wellnessbereich) unter Familienführung, es wurde vor mehr als zwei Jahrzehnten eröffnet und liegt ruhig am Ortsrand in der Nähe eines Sees. Überwiegend klein geschnittene Zimmer, sie sind mitunter etwas hellhörig, alle haben Teppichböden, fast alle Balkon oder Terrasse. Kleines Spa, unter anderem geboten werden ein 15 m langer, ganzjährig nutzbarer Außenpool – allerdings ohne Inneneinstieg –, Liegewiese und gute Massagen. Sehr kleine Ruheräume (die meisten Liegen befinden sich im Hallenbad), täglich Aktivprogramm, auch Qi Gong und Jacobson-Tiefenmuskelentspannung, die insgesamt drei Saunen schließen um 21 Uhr. Schöne Restaurantterrasse, Raucherzimmer, ausgesprochen freundliches Team.
39 Liegen, 150 Betten.
Freibecken, Hallenbad, Sauna, Dampfbad, Massagen, Kosmetik, Fitnessgeräte, Personal Trainer.
9-Loch-Parcours in 5 km, 36-Loch-Parcours in 25 km.
HP ab € 107,–.

- 16766 Kremmen-Sommerfeld
  Beetzer Straße 1a
  ☎ 033055-97-0

Wellness 11

Schlosswirt Meseberg

Grünruhelage bei Gransee – 70 km nördlich von Berlin

- 16775 Gransee-Meseberg
  Dorfstraße 27
  ☎ 03306-20467-0

Wellness 11

Himmelpfort am See Landhaus

Grünruhelage am Ortsrand – 90 km nördlich von Berlin

- 16798 Himmelpfort, Eichberg 10
  ☎ 033089-440-0

Wellness 12

Resort Mark Brandenburg ****

Zentrumslage am Seeufer – 85 km nordwestlich von Berlin

- 16816 Neuruppin
  An der Seepromenade 20
  ☎ 03391-4035-0

Wellness 10

Maritim Hafenhotel Rheinsberg

Grünruhelage am Ortsrand – 95 km nördlich von Berlin

- 16831 Rheinsberg, Hafendorfstraße 1
  ☎ 033931-800-0

Wellness 10

Best Western Marina Wolfsbruch ****

Grünruhelage bei Rheinsberg – 95 km nördlich von Berlin

- 16831 Rheinsberg-Kleinzerlang
  Im Wolfsbruch 3
  ☎ 033921-87

Wellness 10

Schloss Herrenstein ****

Grünruhelage Nähe Templin – 110 km nördlich von Berlin

- 17268 Gerswalde, Herrenstein 6, ☎ 039887-71-0

Wellness 11

Döllnsee-Schorfheide ****

Absolute Grünruhelage am See – 65 km nördlich von Berlin

- 17268 Groß Dölln, Döllnkrug 2, ☎ 039882-63-0

Wellness 9

Ahorn Seehotel ***s

Grünruhelage bei Templin – 90 km nördlich von Berlin

- 17268 Templin, Am Lübbesee 1
  ☎ 03987-491216

Wellness 11

Schloss Rühstädt garni ***

Grünruhelage in Rühstädt – 145 km nordwestlich von Berlin

- 19322 Rühstädt, Am Schloss 3
  ☎ 038791-8085-0

Wellness | Kur 10

Ambiente Vitalhotel ****s

Grünlage in Bad Wilsnack – 140 km nordwestlich von Berlin

- 19336 Bad Wilsnack
  Dr.-Wilhelm-Külz-Straße 5a
  ☎ 038791-76-0

Wellness 10

Legde ***

Grünlage bei Bad Wilsnack – 140 km nordwestlich von Berlin

- 19336 Legde, Wittenberger Straße 1
  ☎ 038791-79271

Wellness 10

Neuer Hennings Hof ****

Grünruhelage bei Perleberg – 165 km nordwestlich von Berlin

- 19348 Perleberg, Hennings Hof 3
  ☎ 03876-792-0

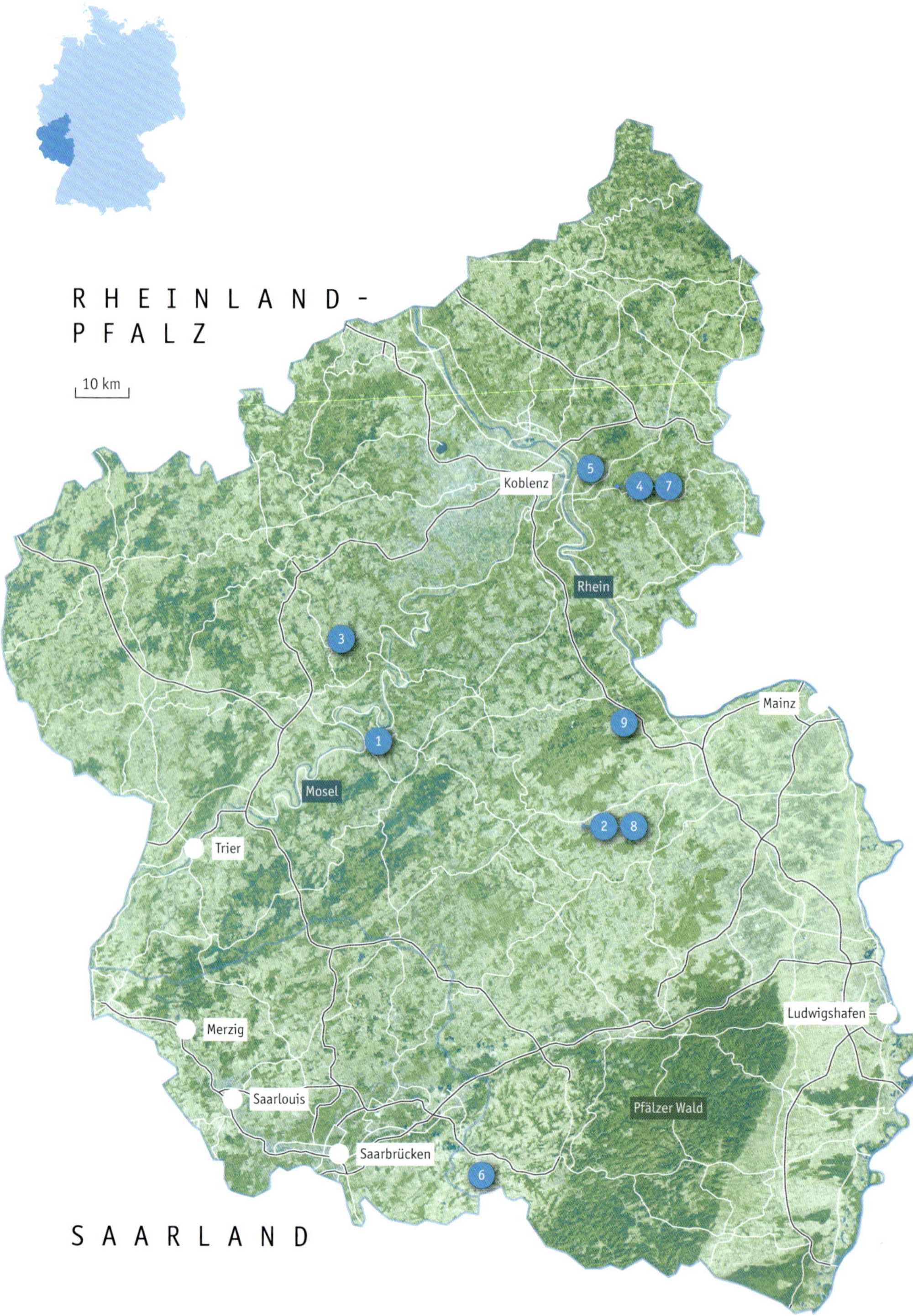
RHEINLAND-
PFALZ
10 km
Koblenz
Rhein
Mosel
Mainz
Trier
Ludwigshafen
Merzig
Saarlouis
Saarbrücken
Pfälzer Wald
SAARLAND
1
2
3
4
5
6
7
8
9

ALLE LILIEN-HOTELS IN **RHEINLAND-PFALZ**

	Hotel	Seite
1	**Ayurveda Parkschlösschen** *****	113
2	**Bollants im Park** ****S	109
3	**Häcker's Fürstenhof** *****	114
4	**Häcker's Grandhotel**	112
5	**Kloster Arenberg**	111
6	**Lösch für Freunde**	114
7	**Maharishi Ayurveda Privatklinik**	112
8	**Menschels Vitalresort** ****	110
9	**Stromberg Land- & Golfhotel** ****S	109

Wellness 10

Giffels Goldener Anker ****
Zentrumslage in Bad Neuenahr – 55 km von Koblenz
- 53474 Bad Neuenahr, Mittelstraße 14
  ☎ 02641-804-0

Kur 11

Haus Klement ***
Zentrumslage in Bad Neuenahr – 55 km von Koblenz
- 53474 Bad Neuenahr, Mittelstraße 84-88
  ☎ 02641-94680

Kur | Wellness 11

Steigenberger Bad Neuenahr
Ruhige Ortslage in Bad Neuenahr – 55 km von Koblenz
- 53474 Bad Neuenahr, Kurgartenstraße 1
  ☎ 02641-941-0

Wellness 10

Dorint Parkhotel Bad Neuenahr ****
Grünruhelage am Ortsrand – 55 km von Koblenz
- 53474 Bad Neuenahr-Ahrweiler
  Hardtstraße 2a
  ☎ 02641-895-0

Wellness 10

Seta ****s
Grünruhelage in Bad Neuenahr – 55 km von Koblenz
- 53474 Bad Neuenahr, Landgrafenstraße 41
  ☎ 02641-803

Wellness | Kur 10

Weyer ***s
Zentrumslage in Bad Neuenahr – 55 km von Koblenz
- 53474 Bad Neuenahr, Wolfgang-Müller-Straße 10
  ☎ 02641-894-0

Wellness 10

Lochmühle
An der B267 bei Bad Neuenahr – 70 km von Koblenz
- 53508 Mayschoß, Ahr-Rotweinstraße 62-68
  ☎ 02643-808-0

Wellness 11

Sonnenhof Landhaus ****
Grünlage bei Adenau – 60 km westlich von Koblenz
- 53518 Adenau, Sonnenberg 10
  ☎ 02691-92270

Gesundheit | Wellness 11

Kastenholz ****s
Grünlage in Wershofen – 60 km westlich von Koblenz
- 53520 Wershofen, Hauptstraße 1
  ☎ 02694-381

Wellness 11

Dormero Bonn-Windhagen ****
Grünruhelage am Ortsrand – 70 km nördlich von Koblenz
- 53578 Windhagen-Rederscheid, Brunnenstraße 7
  ☎ 02645-9745-0

Business | Wellness 11

Nells Parkhotel ****
Grünlage im Zentrum von Trier – Moseltal
- 54292 Trier, Dasbachstraße 12, ☎ 0651-1444-0

Business | Wellness 10

Eurener Hof
Grünlage am Stadtrand in Trier – Moseltal
- 54294 Trier, Eurener Straße 171, ☎ 0651-8240-0

Wellness | Gesundheit 12

Zum Kurfürsten ****s
Grünruhelage am Ortsrand in Bernkastel-Kues – Moseltal
- 54470 Bernkastel-Kues, Amselweg 1
  ☎ 06531-9677-0

Wellness 11

Richtershof Weinromantik ****s
Grünruhelage in Mülheim – Moseltal
- 54486 Mülheim an der Mosel, Hauptstraße 81-83
  ☎ 06534-948-0

Gesundheit | Beauty 12

Schiffmann Kur- & Gesundheitshotel ***
Grünruhelage am Ortsrand in Mülheim – Moseltal
- 54486 Mülheim an der Mosel, Veldenzer Straße 49a
  ☎ 06534-9394-0

Wellness 11

Weißer Bär ****s
Zentrale Ortslage am Moselufer in Mülheim – Moseltal
- 54486 Mülheim an der Mosel, Moselstraße 7
  ☎ 06534-9477-0

Beauty 11

Kilburg Beautyfarm
Ortslage in Wintrich – Moseltal
- 54487 Wintrich, Am Martinergarten 8, ☎ 06534-93200

Wellness 10

Sankt Stephanus ****
Zentral an der Uferstraße B53 in Zeltingen – Moseltal
- 54492 Zeltingen, Uferallee 9, ☎ 06532-68-0

Wellness 10

Maarium ***s
Grünlage in Meerfeld – 85 km südwestlich von Koblenz
- 54531 Meerfeld, Meerbachstr. 50, ☎ 06572-4426

Wellness 10

Grafenwald Sporthotel & Resort ****

Grünruhelage bei Daun – 75 km westlich von Koblenz

- 54550 Daun, Im Grafenwald 1
  ☎ 06592-713-0

Wellness 11

Panorama Daun ***s

Grünlage am Ortsrand – 75 km westlich von Koblenz

- 54550 Daun, Rosenbergstr. 26, ☎ 06592-934-0

Wellness 10

Schneider am Maar ***s

Ortslage in Schalkenmehren – 70 km von Koblenz

- 54552 Schalkenmehren, Maarstraße 22
  ☎ 06592-9551-0

Wellness 10

Maar-Perle ***s

Ortslage in Gillenfeld – 75 km südwestlich von Koblenz

- 54558 Gillenfeld, Am Markt 1, ☎ 06573-9925-0

Beauty 12

Beauty Cottage Schönheitsfarm

Grünlage am Ortsrand – 110 km westlich von Koblenz

- 54595 Prüm, Dausfeld 7
  ☎ 06551-9566-0

Wellness 11

Dorint Seehotel Bitburg ****s

Grünruhelage am Bitburger Stausee – 135 km von Koblenz

- 54636 Biersdorf am See, Seeuferstraße 1
  ☎ 06569-99-0

Wellness 10

Terraventura ***s

Grünlage am Eifelpark Nähe Bitburg – 125 km von Koblenz

- 54647 Gondorf, Philippsheimer Straße 8
  ☎ 06565-925-0

Wellness 11

Waldhaus Eifel ***

Absolute Grünruhelage Nähe Bitburg – 125 km von Koblenz

- 54647 Gondorf, Weißstraße 11, ☎ 06565-924-0

Business | Wellness 12

Hyatt Regency Mainz

Zentrumsnähe am Rheinufer in Mainz

- 55116 Mainz, Malakoff-Terrasse 1, ☎ 06131-731234

Business | Wellness 12

Favorite Parkhotel ****s

Ruhige Zentrumsnähe in Mainz

- 55131 Mainz, Karl-Weiser-Str. 1, ☎ 06131-8015-0

Business | Wellness 11

Novotel Mainz ****s

Ruhige Zentrumslage in Mainz

- 55131 Mainz, Augustusstraße 6
  ☎ 06131-954-0

Wellness 13

Stromberg Land- & Golfhotel ****s

Grünruhelage am Ortsrand – 50 km westlich von Mainz

Sauber geführtes, sehr großes Tagungs- und Golfhotel, es bietet Zimmer in sechs Kategorien, fast alle haben Teppichböden, keines Balkon, etwa zwei Drittel wurden vor wenigen Monaten renoviert, jene vom Typ Standard sind sehr klein. Nettes Spa, es ist laut Prospekt 2.500 m^2 groß, rechnet man zwei Drittel davon ab, so kommt man den wirklichen Verhältnissen für Pools, Saunen und Indoor-Ruhezonen deutlich näher. Selbst unter Einbeziehung von Fitnessraum, Umkleiden und Behandlungsräumen sind die 2.500 m^2 noch immer meilenweit entfernt – vielleicht heißt es ja in der Werbung gerade deshalb „die besondere Wellnesstherme". Unter anderem geboten werden ein 15 m langer Außenpool, eine kleine Saunazone, Liegewiese und schöne Behandlungsräume, die insgesamt vier kleinen Saunen schließen um 21 Uhr. Ein Aktivprogramm gibt es täglich, auch Pilates und Yoga gehören dazu. Ausgesprochen freundliche Crew, Restaurantterrasse mit Parkplatzausblick, gute Küche, das W-Lan ist langsam. Jogging- und Wanderpfade. Ungeeignet für Kinder. 65 Liegen, 365 Betten. Freibecken, Hallenbad, Sauna, Dampfbad, Massagen, Kosmetik, Fitnessgeräte. 18-Loch-Parcours.
HP ab € 135,–.

- 55442 Stromberg-Binge, Am Buchenring 6
  ☎ 06724-600-0

Wellness | Gesundheit 17

Bollants im Park ****s

Grünruhelage in Bad Sobernheim – 60 km von Mainz

Hunde- und familienfreundlich. Ein familiengeführtes Traditionshaus, es handelt sich um ein weitläufiges, sehr charmant angelegtes Resort mit zahlreichen größeren und kleinen Logiergebäuden, von denen die meisten der größeren neuerdings über einen Gang mit dem Spa verbunden sind. All das liegt inmitten eines bezaubernden Parks, eine prachtvolle, jahrhundertealte Linde dient übrigens als zentraler Treffpunkt für verschiedene Aktivitäten, abends stehen hier stimmungsvoll Tische mit Kerzenlicht. Das Ambiente der öffentlichen Räume ist außerordentlich liebevoll und hübsch gestaltet, die Zimmer verströmen zumeist französisch angehauchtes Flair, viele haben hochflorige Teppichböden, ein neuer Bettentrakt mit Zimmern im Vintage-Stil wurde vor wenigen Monaten eröffnet. Weiters gibt es sogenannte Berg-Lodges, das sind urige Holzhäuschen mit kleinem

Garten und offenen „Wohnzimmern", sowie Heimat-Lodges, diese haben einen offenen Kamin, Whirlpool, Weinkühlschrank und ein Gärtlein. Offiziell gibt es zwar nur 11 Kategorien, allerdings sind die Unterschiede innerhalb dieser mitunter enorm, sodass man durchaus auch etwas enttäuscht sein kann, vor allem von den günstigsten Varianten – die Zimmergrößen werden im Prospekt nicht angegeben. Das Spa ist inwendig nur bescheiden groß und zudem auf drei über Treppen erreichbare Ebenen aufgeteilt, die insgesamt fünf Saunen schließen um 22, freitags um 23 Uhr.
Während der warmen Jahreszeit erwartet den Gast ein wunderschöner Außenbereich mit Ruhezone auf der Dachterrasse, mit Liegewiese und FKK-Zonen. Geboten wird ein breites Spektrum an Anwendungen, darunter die regionale Spezialität von Lehmbädern nach Felke, medizinische Check-ups, kinesiologische Diagnostik, Akupunktur und Heilfasten, die Massagen sind sehr gut. Täglich breites Aktivprogramm, auch Yoga, Pilates, Tai Chi und Qi Gong. Fabelhafte Restaurantterrasse (mit Morgen- und Abendsonne), reichhaltiges Frühstücksbuffet, sehr gute Küche, ambitionierte Getränkepreise, eine süße Nachmittagsjause ist inkludiert. 118 Liegen, 190 Betten.
Freibecken, Hallenbad, Außensauna, Sauna, Dampfbad, Massagen, Kosmetik, Ayurveda, Fitnessgeräte, Personal Trainer.

18-Loch-Parcours in 3 und 24 km, Greenfee-Rabatt. HP ab € 149,–.

- 55566 Bad Sobernheim
  Zum Freilichtmuseum
  ☎ 06751-9339-0

Wellness 12

Maasberg Therme ****

Grünruhelage bei Bad Sobernheim – 60 km von Mainz

- 55566 Bad Sobernheim, Am Maasberg, ☎ 06751-876

Kur | Gesundheit 14

Menschels Vitalresort ****

Grünruhelage am Ortsrand – 60 km von Mainz

Ein familiengeführtes Kurhotel mit großer Tradition, seit vielen Jahrzehnten ist man hier auf sogenannte Lehmkuren nach Felke spezialisiert, neuerdings fokussiert man auch auf Wellnessgäste und Day-Spa-Besucher, was doch einen ziemlichen Spagat darstellt. Und obendrein dazu führt, dass wir das Haus in Sachen Bewertung nicht nur mit anderen Kuranbietern, sondern auch mit anderen Wellnesshotels vergleichen müssen, und da schneidet es deutlich schlechter ab als im Bereich Kur. Die Anlage besteht aus mehreren Logiergebäuden inmitten eines weitläufigen Parks. Die Zimmer sind stark unterschiedlich, nicht alle haben Internetzugang und längst nicht alle begeistern, unsere

Empfehlung gilt jenen im neuen Trakt, zumal sie auch einen direkten Zugang zum Wellnessbereich haben. Dieser ist klein und einfach ausgestattet, seine Stärke zeigt das Haus, wie gesagt, bei soliden Kuren. Unter anderem geboten werden ein 17 m langer Badeteich und ein 12 m langer Innenpool, wochentags gibt es ein kleines Aktivprogramm, auch Qi Gong, Yoga, Meditation und geführte Wanderungen, die insgesamt drei Saunen schließen zwischen 19 und 21.30 Uhr. Behandelt wird ein breites Indikationenspektrum, auch medizinische Check-ups inklusive EKG und Laborwerten sind zu haben. Weiters stehen Entschlackungskuren, Heilfasten sowie ein Füllhorn an kompetent durchgeführten Therapien und Relax-Anwendungen im Angebot. Frische Blumen am Tisch, gekocht wird vornehmlich vegetarisch und vollwertig (Fisch und Fleisch gibt es auf Wunsch), die Küche ist zumeist gut, fast alles stammt aus biologischer Landwirtschaft, vieles aus eigenem Anbau. Ruhevolles Umfeld, ungeeignet für Kinder. 22 Liegen, 80 Betten.

Naturbadeteich, Hallenbad, Außensauna, Sauna, Dampfbad, Massagen, Kosmetik, Fitnessgeräte, Personal Trainer. 9-Loch-Parcours in 5 km, 18-Loch-Parcours in 26 km. VP ab € 129,50.

- 55566 Bad Sobernheim
  Naheweinstraße 65
  ☎ 06751-85-0

Wellness 11

Kloster Marienhöh ****

Grünruhelage am Ortsrand – 110 km westlich von Mainz

- 55758 Langweiler, Marienhöh 2, ☎ 06786-29299-0

Business | Wellness 10

Diehls ****

Grünlage an der B42 in Zentrumsnähe – Koblenz

- 56077 Koblenz, Rheinsteigufer 1
  ☎ 0261-9707-0

Gesundheit 13

Kloster Arenberg

Grünruhelage am Stadtrand in Koblenz

Das Gästehaus des Klosters der Arenberger Dominikanerinnen ist alles andere als eine herkömmliche Wellnessoase und zudem vom Mainstream Lichtjahre entfernt. Es liegt ruhig in einem schönen, weitläufigen Park und bietet ein helles, zweckmäßiges Ambiente, nette Zimmer (immer mit Lan-Verbindung, teilweise mit Parkettböden; TV-Gerät nur auf Wunsch, gegen kleinen Aufpreis) sowie unter anderem Kräutermedizin, Hydrotherapie nach Pfarrer Kneipp sowie fromme Meditation beim „Herzensgebet". Das Spa bietet eine finnische Sauna (mit strikt und sehr aufwendig eingeteilten Saunazeiten – Frauen, Männer, gemischt) und ein Schwimmbad, dieses liegt im Untergeschoß und

Menschels Vitalresort

erinnert an Heilbäder vergangener Tage: Rundbögen, große Nischen, alles ist mit Mosaiken ausgelegt und sehr großzügig angelegt. Kleines Aktivprogramm, auch Yoga und Meditation, wer will, darf im Kräutergarten mitarbeiten, gegen Gottes Lohn freilich. Ausgesprochen freundliches und ruhevolles Umfeld. Kein Luxus, aber für innere Einkehr gut geeignet. Viele alte Stammgäste, sie sind zumeist weiblich. 17 Liegen, 100 Betten. Hallenbad, Sauna, Massagen, Fitnessgeräte.
VP ab € 100,–.

- 56077 Koblenz, Cherubine-Williman-Weg 1
  ☎ 0261-6401-0

Business | Wellness 10

Wyndham Garden Lahnstein

Grünruhelage am Ortsrand in Lahnstein bei Koblenz

- 56112 Lahnstein, Zu den Thermen, ☎ 02621-912-0

Wellness | Gesundheit 13

Häcker's Grandhotel

Zentrumslage in Bad Ems – 10 km östlich von Koblenz

Hundefreundlich. Ein schlossähnlicher Barockbau mit wilheminischen Zügen und nostalgischem Flair. Der Familienbetrieb bietet aufwendig gestaltete Zimmer mit erfrischend konservativem Charme – Marmor, Stofftapeten und Täfelungen aus Kirsch- und Zedernholz herrschen vor –, fast alle Bäder haben allerdings nur Duschen, und der Internetzugang kostet extra. Kleines Spa mit direkt aus der Emser Thermalquelle gespeistem Minipool und Außenwhirlpool, auch Akupunktur und medizinische Check-ups, der kleine Fitnessraum ist rund um die Uhr geöffnet, die insgesamt vier Saunen schließen nach kurzer Öffnungszeit um 20, sonntags bereits um 18 Uhr. Feine Terrasse, freundliche Mitarbeiter. Im Ostflügel des Hauses ist eine ausgezeichnete Ayurvedaklinik untergebracht (siehe nachfolgenden Eintrag). Viele alte Stammgäste, ungeeignet für Kinder. 25 Liegen, 160 Betten. Thermalhallenbad, Außensauna, Sauna, Dampfbad, Massagen, Kosmetik, Fitnessgeräte.
HP ab € 126,–.

- 56130 Bad Ems
  Römerstraße 1-3
  ☎ 02603-799-0

Gesundheit 15

Maharishi Ayurveda Privatklinik

Zentrumslage in Bad Ems – 10 km östlich von Koblenz

Seit einem Vierteljahrhundert ein Spezialist für ayurvedische Entgiftungskuren („Panchakarma") und gleichzeitig die letzte Bastion der Maharishi-Organisation in Deutschland, der 2008 verstorbene Guru Maharishi Mahesh Yogi war übrigens an der weltweiten Bekanntmachung des jahrtausendealten indischen Medizinsystems entscheidend beteiligt. Unter anderem

versammelte Maharishi Pop- und Filmgrößen wie die Beatles, Donovan, Clint Eastwood und Mia Farrow zu Meditationskursen in Rishikesh; Buchautor Deepak Chopra nennt ihn rückblickend „eine der bedeutendsten Persönlichkeiten des Jahrhunderts", Ringo Starr „einen der wirklich weisen Männer, denen ich im Leben begegnet bin". Das Haus ist als staatlich anerkannte Privatklinik organisiert und auf rund 1.000 m² im Ostflügel von Häcker's Grandhotel (siehe vorhergehenden Eintrag) untergebracht. Die hochwertig ausgestatteten Zimmer befinden sich im Hotelbereich und sind mit wenigen Schritten zu erreichen, für die Mahlzeiten gibt es ein separates Restaurant, so bleiben die Kurgäste unter sich. Dr. Karin Pirc, eine gelernte Schulmedizinerin und Psychologin, ist bereits seit der Eröffnung ärztliche Leiterin, die Mitarbeiter sind herzlich und aufmerksam. Sehr gute Therapien, sehr gute Ayurvedaküche. 10-, 14- und 21-tägige Panchakarmakuren, auch drei- bis siebentägige „Light"- bzw. Schnupper-Packages, Diagnose und Behandlungen sind zudem auch ambulant möglich. Internationale Gästeschar, die Kapazität der Klinik liegt bei etwa 50 Gästen.
Thermalhallenbad, Außensauna, Dampfbad, Massagen, Kosmetik, Fitnessgeräte.
Pauschalen, etwa 14-tägige Ayurvedakur (Arzt, 21 Therapien) inkl. VP ab € 5.230,–.

- 56130 Bad Ems
  Römerstraße 1-3
  ☏ 02603-9407-0

Wellness 11

Jakobsberg ****

Grünruhelage mit Fernblick am Ortsrand – Nähe Koblenz

- 56154 Boppard
  Jakobsberger Hof
  ☏ 06742-808-0

Wellness 12

Parkhotel Bad Salzig ****

Grünlage am Ortsrand – 30 km südlich von Koblenz

- 56154 Boppard-Bad Salzig, Römerstraße 38
  ☏ 06742-9393-0

Wellness 12

Heinz ****s

Grünruhelage mit Fernblick am Ortsrand – Nähe Koblenz

- 56203 Höhr, Bergstraße 77
  ☏ 02624-9430-0

Wellness 11

Zugbrücke Grenzau ****s

Grünruhelage am Ortsrand – Nähe Koblenz

- 56203 Höhr-Grenzhausen, Brexbachstraße 11-17
  ☏ 02624-105-0

Wellness 12

Schloss Rheinfels ****s

Grünruhelage mit Fernblick – 45 km südlich von Koblenz

- 56329 St. Goar am Rhein, Schlossberg 47
  ☏ 06741-802-0

Wellness 11

Krähennest Parkhotel ****

Grünlage am Ortsrand im Moseltal – Nähe Koblenz

- 56332 Löf a. d. Mosel, Auf der Kräh 2
  ☏ 02605-8080

Wellness 11

Lindner Wiesensee ****s

Grünruhelage am Wiesensee – 50 km von Koblenz

- 56457 Westerburg, Am Wiesensee
  ☏ 02663-991-00

Wellness | Gesundheit 12

Wildpark ****

Grünruhelage am Ortsrand – 60 km von Koblenz

- 56470 Bad Marienberg, Kurallee 2, ☏ 02661-622-0

Wellness 11

Schloss Burgbrohl

Grünlage in Ortszentrum – 35 km von Koblenz

- 56659 Burgbrohl, Auf der Burg 1
  ☏ 02636-80014-0

Wellness 12

Keßler-Meyer ****s

Grünruhelage mit Fernblick in Cochem – Moseltal

- 56812 Cochem, Am Reilsbach 10-14, ☏ 02671-97880

Gesundheit 13

Ayurveda Parkschlösschen *****

Grünruhelage bei Traben-Trarbach – Moseltal

Eigentlich kein Schlösschen, sondern ein ehemaliges Badehaus mit Jugendstilfachwerkfassade und mehreren Zubauten neueren Datums, all das in einem kleinen Park mit alten Bäumen, in einem engen, von der Sonne spärlich bedachten Seitental der Mosel. Die öffentlichen Räume sind geschmackvoll gestaltet, die nicht mehr ganz taufrischen Zimmer enttäuschen für diesen Preis, sie haben alle Teppichböden, zumeist wenig Tageslicht, der Ausblick ist höchst bescheiden, unser Bett hatte eine Schaumgummimatratze aus der billigsten Lade. Ansprechend hingegen sind die Therapieräume, sie liegen jedoch im Kellergeschoß, was nach ayurvedischen Prinzipien ein Geht-gar-nicht ist. Einen „2.000 m² großen Thermalbereich" (werblicher O-Ton) gibt es vielleicht anderswo, hier aber bestimmt nicht, die insgesamt drei Saunen sind klein, das Hallenbad ebenso, es eignet sich nicht wirklich zum Schwimmen, zumal der Grundriss

rautenförmig ist – sagenhaft. Die Behandlungen sind sehr gut, Yoga gibt es morgens und abends, das haben wir anderswo aber auch schon wesentlich besser erlebt. Viele freundliche Mitarbeiter, gute Küche, doch fünf Sterne sollten sich eigentlich ganz anders anfühlen. Im Angebot stehen 10-, 14- und 21-tägige Panchakarmakuren, mehrere Kurzaufenthalte sowie ein Day-Spa-Tag. Ungeeignet für Kinder. 14 Liegen, 80 Betten.
Thermalhallenbad, Sauna, Dampfbad, Massagen, Kosmetik, Ayurveda, Fitnessstudio, Personal Trainer.
Pauschalen, etwa 14-tägige Ayurvedakur (Arzt, 13 Therapien) inkl. VP ab € 5.630,–.

- 56841 Traben-Trarbach
  Wildbadstraße 201
  ☏ 06541-705-0

Wellness 11

Bellevue Jugendstilhotel ****s

Am Moselufer in Traben-Trarbach – Moseltal

- 56841 Traben, An der Mosel 11
  ☏ 06541-703-0

Wellness 13

Häcker's Fürstenhof *****

Ruhige Zentrumslage in Bad Bertrich – Nähe Moseltal

Hundefreundlich. Abseits vom Mainstream: Ein kleines, familiengeführtes Traditionshaus, es liegt in der Fußgängerzone und verströmt nostalgisch-plüschige Gediegenheit mit nicht immer ganz taufrischer Anmutung. Die Zimmer (DZ ab 27 m^2) haben Stofftapeten, das Spa ist mit Säulen, Marmor und Stuck pompös gestaltet, der Innenpool 10 m lang, die vier kleinen Saunen schließen nach kurzer Öffnungszeit um 20 Uhr. Gute Massagen, auch Akupunktur. Terrasse mit Blick auf den Kurgarten, ausgesprochen freundliche Mitarbeiter, viele alte Stammgäste. Ungeeignet für Kinder. 14 Liegen, 105 Betten.
Glaubersalz-Thermalhallenbad, Sauna, Dampfbad, Massagen, Kosmetik, Fitnessgeräte.
HP ab € 113,–.

- 56864 Bad Bertrich, Kurfürstenstraße 36
  ☏ 02674-934-0

Wellness | Gesundheit 10

Parkhotel Bad Bertrich

Ruhige Zentrumslage in Bad Bertrich – Nähe Moseltal

- 56864 Bad Bertrich, Kurfürstenstraße 34
  ☏ 02674-944-0

Wellness 12

Fasanerie Landschloss ****s

Grünruhelage am Ortsrand – 135 km von Mainz

- 66482 Zweibrücken, Fasanerie 1
  ☏ 06332-973-0

Wellness 12

Kloster Hornbach ****s

Grünruhelage in Hornbach – 140 km südlich von Mainz

- 66500 Hornbach, Im Klosterbezirk, ☏ 06338-91010

Wellness 14

Lösch für Freunde

Ortslage in Hornbach – 140 km südlich von Mainz

Wie das zuvor beschriebene Haus auch abseits vom Mainstream, aber völlig anders: Es handelt sich um ein inhabergeführtes Kleinsthotel mit nur 15 Zimmern. Keines gleicht dem anderen, aber jedes ist wunderbar wohnlich und hochwertig ausgestattet sowie interieurmäßig einem speziellen Thema gewidmet. Das Spa ist winzig, ein Highlight ist der Whirlpool auf der Dachterrasse – feiner Ausblick inklusive. Man isst in der gemütlichen Küche, kann mit den Köchen plaudern und erfreut sich an gemeinsamen Mahlzeiten an einer großen Tafel. Restaurantterrasse, ausgezeichnete Küche, Light Lunch und süße Nachmittagsjause sind inkludiert. Präsente Gastgeber, fabelhaftes Umfeld. Ungeeignet für Kinder. 10 Liegen, 30 Betten.
Sauna, Dampfbad, Massagen, Kosmetik, Ayurveda.
HP ab € 184,–.

- 66500 Hornbach, Hauptstraße 19-21
  ☏ 06338-91010-200

Wellness 12

Felsenland ****s

Grünruhelage am Ortsrand – 150 km südlich von Mainz

- 66994 Dahn, Im Büttelwoog 2
  ☏ 06391-9237-0

Wellness 11

Pfalzblick ****s

Grünlage in Dahn – 150 km südlich von Mainz

- 66994 Dahn, Goethestraße 1, ☏ 06391-404-0

Wellness 12

Heusser Gartenhotel ****

Ortsrandlage in Bad Dürkheim – 80 km südlich von Mainz

- 67098 Bad Dürkheim, Seebacher Straße 50-52
  ☏ 06322-930-0

Wellness 10

Kurparkhotel ****s

Zentrumslage in Bad Dürkheim – 80 km südlich von Mainz

- 67098 Bad Dürkheim, Schlosspl. 1, ☏ 06322-797-0

Wellness 10

Mercure Bad Dürkheim ****

Ortsrandlage in Bad Dürkheim – 80 km südlich von Mainz

- 67098 Bad Dürkheim, Kurbrunnenstraße 30-32
  ☏ 06322-601-0

Wellness 10

Sinneo am Park

Zentrumslage in Bad Dürkheim – 80 km südlich von Mainz

- 67098 Bad Dürkheim
  Kurgartenstraße 17
  ☎ 06322-602-0

Wellness 11

Ketschauer Hof

Zentrale Ortslage – 90 km südlich von Mainz

- 67146 Deidesheim
  Ketschauerhofstraße 1
  ☎ 06326-7000-0

Wellness 10

Steigenberger Deidesheim ****

Grünruhelage am Ortsrand – 90 km südlich von Mainz

- 67146 Deidesheim
  Am Paradiesgarten 1
  ☎ 06326-970-0

Wellness 10

Pfalzhotel Asselheim ****

Ortsrandlage bei Grünstadt – 70 km südlich von Mainz

- 67269 Grünstadt
  Holzweg 6-8
  ☎ 06359-8003-0

Wellness 11

Lindner Binshof Hotel & Spa ****s

Grünruhelage bei Speyer – 95 km südlich von Mainz

- 67346 Speyer, Binshof 1
  ☎ 06232-647-0

Wellness 10

Prinzregent ***s

Grünruhelage am Ortsrand – 100 km südlich von Mainz

- 67480 Edenkoben
  Unter dem Kloster 1
  ☎ 06323-952-0

Wellness 11

Leinsweiler Hof

Grünlage bei Leinsweiler – 40 km westlich von Speyer

- 76829 Leinsweiler
  Leinsweiler Hof 1
  ☎ 06345-409-0

Wellness 12

Am Hirschhorn Landhaus ****

Grünlage in Wilgartswiesen – 125 km südlich von Mainz

- 76848 Wilgartswiesen
  Am Hirschhorn 12-14
  ☎ 06392-581

Business | Wellness 11

Best Western Victor's Rodenhof ****

Ruhelage im Stadtteil Rodenhof – Saarbrücken

- 66113 Saarbrücken, Kálmánstraße 47-51
  ☎ 0681-41020

Wellness 10

Hochwiesmühle ***s

Grünlage am Ortsrand in Bexbach – Nähe Saarbrücken

- 66450 Bexbach, Hochwiesmühle 50-54
  ☎ 06826-819-0

Wellness 11

Angel's ****

Ruhige Zentrumslage in St. Wendel

- 66606 St. Wendel, Am Fruchtmarkt 5-9
  ☎ 06851-999000

Wellness 10

Victor's Seehotel Weingärtner ****

Grünlage am Ortsrand bei Nohfelden – Nähe St. Wendel

- 66625 Nohfelden-Bosen, Bostalstraße 12
  ☎ 06852-8890

Kur | Wellness 11

Saarschleife Gesundheits-Zentrum

Grünruhelage am Ortsrand – Nähe Merzig

- 66693 Mettlach-Orscholz, Cloefstraße 1a
  ☎ 06865-90-0

Wellness 11

Saarschleife Landhotel ****

An der Durchzugsstraße in Orscholz – Nähe Merzig

- 66693 Mettlach-Orscholz, Cloefstraße 44
  ☎ 06865-179-0

Wellness 12

Victor's Schloss Berg *****s

Grünruhelage am Ortsrand in Nenning – Nähe Merzig

- 66706 Perl-Nennig
  Schlossstraße 27-29
  ☎ 06866-79-0

Wellness 11

Parkhotel Weiskirchen ****s

Grünruhelage in Weiskirchen – Nähe Merzig

- 66709 Weiskirchen, Kurparkstraße 4
  ☎ 06876-919-0

Wellness 12

Linslerhof ****

Grünlage außerhalb von Überherrn – Nähe Saarlouis

- 66802 Überherrn, Linslerhof 1
  ☎ 06836-807-0

HESSEN
10 km
Kassel
Giessen
Vogelsberg
Rhon
Spessart
Taunus
Frankfurt am Main
Wiesbaden
Main
Darmstadt
1
2
3
4
5
6

ALLE LILIEN-HOTELS IN **HESSEN**

	Hotel	Seite
1	**Falkenstein Grand Kempinski** *****S	121
2	**Freund** ****S	119
3	**Göbel's Schlosshotel** *****	120
4	**Siegfriedbrunnen** ****S	122
5	**Sonne Frankenberg** ****S	120
6	**Stryckhaus Romantikhotel** ****	118

Business | Wellness 9

La Strada

Messenähe in Kassel

- 34121 Kassel, Raiffeisenstraße 10
  ☎ 0561-2090-0

Gesundheit 12

Ayurveda-Klinik Kassel

Grünruhelage am Stadtrand – Kassel

- 34131 Kassel-Bad Wilhelmshöhe
  Wigandstraße 1
  ☎ 0561-3108-99

Wellness 10

Schäferberg Waldhotel ****

Grünlage am Ortsrand in Espenau – nördlich von Kassel

- 34314 Kassel-Espenau, Wilhelmsthaler Straße 14
  ☎ 05673-996-0

Wellness 11

Welcome Bad Arolsen ****

Ruhige Ortslage in Bad Arolsen – 45 km von Kassel

- 34454 Bad Arolsen, Königin-Emma-Straße 10
  ☎ 05691-808-0

Wellness 10

Bürgerstuben ****

An der Hauptstraße in Willingen – 80 km westlich von Kassel

- 34508 Willingen, Briloner Straße 40
  ☎ 05632-983-0

Wellness 11

Central ***s

An der Hauptstraße in Willingen – 80 km westlich von Kassel

- 34508 Willingen, Waldecker Straße 14
  ☎ 05632-9890-0

Wellness 11

Göbel's Landhotel ****

An der Hauptstraße in Willingen – 80 km westlich von Kassel

- 34508 Willingen, Briloner Straße 48
  ☎ 05632-987-0

Wellness | Kur 10

Hochsauerland 2010 ****

Grünruhelage am Ortsrand – 80 km westlich von Kassel

- 34508 Willingen, Sonnenweg 23
  ☎ 05632-402-0

Wellness 10

Rüters Parkhotel ****

Zentrale Ortslage in Willingen – 80 km westlich von Kassel

- 34508 Willingen, Bergstraße 3a
  ☎ 05632-984-0

Wellness 9

Sauerland Stern ****

Ortsrandlage in Willingen – 80 km westlich von Kassel

- 34508 Willingen, Kneippweg 1
  ☎ 05632-4040

Wellness 12

Sonnenpark Familotel ****

Grünruhelage am Ortsrand – 80 km westlich von Kassel

- 34508 Willingen, Sonnenweg 4a
  ☎ 05632-4080, 0800-4080408

Wellness 10

Waldhotel Willingen ***s

Grünruhelage am Ortsrand – 80 km westlich von Kassel

- 34508 Willingen, Am Köhlerhagen 3
  ☎ 05632-982-0

Wellness 11

Zum hohen Eimberg ****

Ortsrandlage bei Willingen – 80 km westlich von Kassel

- 34508 Willingen
  Zum Hohen Eimberg 3a
  ☎ 05632-409-0

Wellness 13

Strycckhaus Romantikhotel ****

Grünruhelage bei Willingen – 80 km westlich von Kassel

Hundefreundlich. Inhabergeführtes Traditionshaus mit verhaltenem 1970er-Flair, es liegt auf einem Hang außerhalb des Ortes und wurde vor mehr als 100 Jahren von Heinrich Vogeler, einem Worpsweder Künstler, just an jener Stelle erbaut, die am längsten Sonne hat. Altmodisch-gemütliches Ambiente, saubere Zimmer in vier Kategorien, die meisten haben Balkon. Kleines Spa mit ebensolchen Pools, mit Innenwhirlpool und Liegewiese, die insgesamt vier Saunen schließen um 20.15 Uhr. Netter Garten mit Terrasse, freundliche Mitarbeiter, zumeist gute Küche. Wanderwege ohne Zahl. Viele alte Stammgäste, ungeeignet für Kinder. 18 Liegen, 110 Betten.
Freibecken, Hallenbad, Sauna, Dampfbad, Massagen, Kosmetik, Ayurveda. 9-Loch-Parcours in 15, 25 und 42 km.
HP ab € 116,–.

- 34508 Willingen-Stryck, Mühlenkopfstraße 12
  ☎ 05632-986-0

Wellness 10

H+ Willingen ***s

Grünruhelage bei Willingen – 80 km westlich von Kassel

- 34508 Willingen-Usseln
  Am Schneppelnberg 9-13
  ☎ 05632-31-0

Wellness 11

Schloss Waldeck ****s

Grünruhelage in Waldeck – 40 km südwestlich von Kassel

- 34513 Waldeck, Schloss Waldeck 1
  ☎ 05623-589-0

Wellness 10

Belvedere Bio-Hotel garni ***

Grünlage Nähe Edersee – 45 km südwestlich von Kassel

- 34513 Waldeck am Edersee, Schlossstraße 22
  ☎ 05623-999-0

Wellness 10

Roggenland ****

Grünlage Nähe Edersee – 45 km südwestlich von Kassel

- 34513 Waldeck am Edersee
  Schlossstraße 11-15
  ☎ 05623-9988

Wellness 14

Freund ****s

Grünruhelage Nähe Edersee – 70 km südwestlich von Kassel

Hunde- und familienfreundlich. Familiengeführte, große Anlage, man ist gleichzeitig auf Wellness, Familien, Events, Reiturlaub, Tagungen und Kuschelromantik für Paare spezialisiert – ein schöner Spagat! Das aus Stammhaus und neuem Zubau bestehende Haus ist verwinkelt angelegt, inwendig herrscht ein provinziell angehauchter und durch zahlreiche Lichteffekte akzentuierter Ästhetikmix in unterschiedlichsten Reifestadien. Zimmer gibt es in nicht weniger als 26 stark unterschiedlichen Varianten zur Auswahl (DZ von 25 bis 70 m²), manche sind auffrischungsbedürftig, viele modern, nicht wenige könnten Feinsinnige etwas irritieren, jene mit hochflorigen Teppichen haben das zumindest bei uns geschafft. Das inwendig nicht allzu große Spa ist auch für externe Gäste zugänglich, es bietet unter anderem einen Außenbereich mit Liegedeck und Ausblick auf den Friedhof, zwei Außensaunen, sehr gute Massagen sowie auch Akupunktur, Yoga und autogenes Training. Täglich Aktivprogramm, die insgesamt fünf Saunen schließen um 21 Uhr. Bei Küche und Service gibt es noch ein klein wenig Luft nach oben, unser Frühstücksei stammte übrigens aus Bodenhaltung. Jogging-Strecken und Wanderwege ohne Zahl. Kinderbetreuung zu Ferienzeiten. 61 Liegen, 200 Betten.

Freibecken, Hallenbad, Außensauna, Sauna, Dampfbad, Massagen, Kosmetik, Ayurveda, Fitnessgeräte, Personal Trainer.

18-Loch-Parcours in 28 km. Reitstall.

HP ab € 120,–.

- 34516 Vöhl-Oberorke, Sauerlandstraße 6
  ☎ 06454-709-0

Wellness 11

Göbel's Seehotel Diemelsee ****

Grünruhelage am Diemelseeufer – 70 km von Kassel

- 34519 Diemelsee-Heringhausen
  Seestraße 17
  ☎ 05633-9931-0

Wellness 10

Ottonenhof Familotel ***

Grünruhelage Nähe Diemelsee – 90 km von Kassel

- 34519 Diemelsee-Ottlar, Zum Upland 8
  ☎ 05633-99166-6

Wellness 10

Göbel's Quellenhof ****

Ortsrandlage in Bad Wildungen – 45 km von Kassel

- 34537 Bad Wildungen
  Brunnenallee 54
  ☎ 05621-807-0

Wellness | Kur 11

Maritim Badehotel ****

Grünruhelage in Bad Wildungen – 45 km von Kassel

- 34537 Bad Wildungen
  Dr.-Marc-Straße 4
  ☎ 05621-799-9

Wellness 11

Göbel's Aqua Vita ****

Ruhige Ortslage bei Bad Wildungen – 45 km von Kassel

- 34537 Bad Wildungen-Reinhardshausen
  Hauptstraße 4
  ☎ 05621-786-0

Wellness 11

Sonneck ***s

Grünruhelage am Ortsrand – 50 km südlich von Kassel

- 34593 Knüllwald-Rengshausen
  Zu den einzelnen Bäumen 13
  ☎ 05685-99957

Wellness 10

Kern Landhotel ****

Ortslage in Bad Zwesten – 40 km südlich von Kassel

- 34596 Bad Zwesten
  Brunnenstraße 10
  ☎ 05626-997-0

Wellness 11

Schloss Bad Zwesten garni ***s

Grünruhelage am Ortsrand – 40 km südlich von Kassel

- 34596 Bad Zwesten
  Schlossweg 2-4
  ☎ 05626-922341-00

Business | Wellness 11

Vila Vita Rosenpark

Ruhige Zentrumslage in Marburg – 90 km von Kassel

- 35037 Marburg, Anneliese Pohl Allee 7-17
  ☎ 06421-6005-0

Wellness 13

Sonne Frankenberg ****s

Ruhige Altstadtlage – 75 km südwestlich von Kassel

Mitten in der historischen Altstadt: Ein niveauvolles Haus mit romantischem Flair, es liegt am Marktplatz neben dem mehr als 500 Jahre alten Rathaus mit seinen 10 Türmen und besteht aus einem Ensemble aus höchst aufwendig restaurierten Fachwerkhäusern. Das Ambiente zeigt große Liebe zum Detail und das Wirken einer stilsicheren Hand, unter anderem erfreuen Zigarrenlounge und eine wunderschöne Bar das Auge. Keines der 21 bis 62 m² großen Zimmer gleicht dem anderen, doch alle verströmen eine hochwertige und sehr wohnliche Anmutung. Das kleine Spa bietet unter anderem Mini-Solepool, einen netten Außenbereich mit Ruheliegen sowie ausgezeichnete Massagen, die insgesamt drei Saunen schließen um 21 Uhr. Freundliche, aufmerksame Mitarbeiter, feines Frühstücksbuffet, sehr gute Küche – die Bewertung bezieht sich dabei wie immer auf die Halbpension und nicht auf das vom Guide Michelin mit einem Stern bewertete À-la-carte-Restaurant Philipp Soldan. Großartiger Weinkeller, Schuhputzdienst und Gratisgarage für alle – Turn-down-Service wird neuerdings aber nicht mehr angeboten. 15 Liegen, 120 Betten.
Sauna, Dampfbad, Massagen, Kosmetik, Fitnessgeräte, Personal Trainer.
HP ab € 128,50.

- 35066 Frankenberg, Marktplatz 2-4
  ☎ 06451-750-0

Kur | Wellness 10

Forellenhof

Grünruhelage in Bad Endbach – 120 km südlich von Kassel

- 35080 Bad Endbach, Brühlstraße 16
  ☎ 02776-9142-0

Wellness | Kur 12

Heckenmühle ***s

Grünruhelage am Ortsrand – 120 km südlich von Kassel

- 35080 Bad Endbach, Teichstraße 17
  ☎ 02776-9146-0

Business | Wellness 12

Esperanto ****s

Zentral am Hauptbahnhof in Fulda

- 36037 Fulda, Esperantoplatz
  ☎ 0661-24291-0

Wellness 12

Bäder Park ****s

Grünlage am Stadtrand in Fulda

- 36093 Fulda-Künzell
  Harbacher Weg 66
  ☎ 0661-397-0

Wellness 10

Gersfelder Hof ****

Grünruhelage in Gersfeld – 30 km südöstlich von Fulda

- 36129 Gersfeld, Auf der Wacht 14
  ☎ 06654-1890

Wellness 10

Rhön Residence

Grünruhelage bei Dipperz – 15 km östlich von Fulda

- 36160 Dipperz
  Knesheckenweg 2
  ☎ 06657-980-0

Wellness 12

Hof Wasserkuppe garni ****

Grünruhelage in Poppenhausen – 20 km östlich von Fulda

- 36163 Poppenhausen
  Pferdskopfstraße 3
  ☎ 06658-981-0

Wellness 10

Zum Stern ****

Zentrumslage in Bad Hersfeld – 65 km südlich von Kassel

- 36251 Bad Hersfeld
  Linggplatz 11
  ☎ 06621-189-0

Wellness 11

Zum Stern ****

An der B454 bei Bad Hersfeld – 60 km südlich von Kassel

- 36280 Oberaula
  Hersfelder Straße 1
  ☎ 06628-9202-0

Wellness 13

Göbel's Schlosshotel *****

Grünlage in Friedewald – 90 km südlich von Kassel

Familienfreundlich. Das „Schloss" mit dem klingenden Namenszusatz Prinz von Hessen ist ein 20 Jahre alter Neubau, er liegt neben zwei historischen Gebäuden und unweit einer Burgruine, man ist auf Tagungen, Events und Hochzeiten spezialisiert. Das Haus entspricht nicht ganz dem Niveau, das man sich von fünf Sternen erwarten dürfte, inwendig herrscht der Stil der 1990er Jahre, etwas gewöhnungsbedürftig auf Ritter-Flair getrimmt. Die Zimmer sind stark unterschiedlich und aus 13 Kategorien (DZ ab 20 m²)

wählbar, fast alle haben Teppichböden. Das Spa ist laut Prospekt 2.000 m² groß, für Pools, Saunen und Indoor-Ruhezonen steht jedoch nur etwa ein Drittel dieser Fläche zur Verfügung. Unter anderem geboten werden ein 10 m langes Freibecken mit Liegeterrasse, sehr schöne Behandlungsräume und ein sehr bescheidener Saunabereich, die insgesamt drei Saunen schließen um 22 Uhr. Großer Weinkeller, das Service erscheint uns etwas verbesserungsfähig.
64 Liegen, 150 Betten.
Freibecken, Hallenbad, Sauna, Dampfbad, Massagen, Kosmetik, Ayurveda, Fitnessgeräte.
HP ab € 110,–.

- 36289 Friedewald, Schlossplatz 1
  ☎ 06674-9224-0

Wellness 11

Aqualux ****

Grünruhelage am Ortsrand in Bad Salzschlirf – Nähe Fulda

- 36364 Bad Salzschlirf, Ahornstraße 7
  ☎ 06648-55-90

Wellness 10

Schloss Wolfsbrunnen ****

Grünruhelage bei Eschwege – 55 km südöstlich von Kassel

- 37276 Meinhard-Schwebda, Am Berg 1
  ☎ 05651-335790

Business | Wellness 12

The Westin Grand Frankfurt

Zentrumslage in Frankfurt am Main

- 60313 Frankfurt
  Konrad-Adenauer-Straße 7
  ☎ 069-2981-0

Wellness 10

Maritim Bad Homburg ****

Kurparknähe in Bad Homburg – 20 km nördlich von Frankfurt

- 61348 Bad Homburg, Ludwigstraße 3
  ☎ 06172-660-0

Business | Wellness 14

Falkenstein Grand Kempinski *****s

Grünruhelage bei Königstein – nordwestlich von Frankfurt

Wunderschön und ruhig gelegen: Ein charmanter Grandhotelklassiker mit wilhelminischen Zügen, er besteht aus dem Hauptgebäude sowie acht umliegenden Villen, die alle mittels eines unterirdischen Gangs verbunden sind – all das inmitten eines großen Parks mit uralten Bäumen. Gediegene Interieurs in höchst unterschiedlichen Reifestadien, Zimmer gibt es in 16 Kategorien, die meisten haben Parkettböden, jene im Haupthaus auch Balkon. Der kleine Wellnessbereich – „Leading Spa of the World" – ist auf zwei auseinanderliegende Bereiche aufgeteilt, bietet unter anderem einen 15 m langen Außenpool mit Inneneinstieg, weiters Liegewiese und gute Anwendungen, wer ein Dampfbad sucht, wird allerdings nicht fündig, außerhalb der warmen Jahreszeit kann es zudem ziemlich eng werden. Die insgesamt vier kleinen Saunen (beider Bereiche, eigentlich müsste man sagen Säunchen) schließen um 23 Uhr. Schöne Bar, herrliche Restaurantterrasse mit traumhaftem Ausblick auf die Skyline von Frankfurt. Freundlich und zuvorkommend sind die überwiegend jungen Mitarbeiter, die Küche ist sehr gut. Schuhputzservice, etwas nervige Parkverhältnisse. Ungeeignet für Kinder. 14 Liegen, 193 Betten.
Freibecken, Sauna, Massagen, Kosmetik, Fitnessgeräte, Personal Trainer. 18-Loch-Parcours in 25 km.
NF ab € 140,–.

- 61462 Königstein im Taunus, Debusweg 6-18
  ☎ 06174-90-0

Business | Wellness 12

Kempinski Gravenbruch *****s

Grünlage an der B459 – südlich von Frankfurt

- 63263 Neu-Isenburg
  Graf zu Ysenburg und Büdingen Platz 1
  ☎ 069-38988-0

Gesundheit 10

Bellevue

Ruhige Ortslage in Bad Orb – 60 km östlich von Frankfurt

- 63619 Bad Orb, Sälzerstraße 19
  ☎ 06052-9132-0

Wellness 12

Hotel an der Therme ****

Am Kurpark in Bad Orb – 60 km östlich von Frankfurt

- 63619 Bad Orb, Horststraße 1
  ☎ 06052-88-0

Wellness 10

Orbtal ***

Grünruhelage am Ortsrand – 60 km östlich von Frankfurt

- 63619 Bad Orb, Haberstalstraße 1
  ☎ 06052-81-0

Kur 10

Spessart

Ortsrandlage in Bad Orb – 60 km östlich von Frankfurt

- 63619 Bad Orb, Lindenallee 26
  ☎ 06052-8008-0

Wellness 9

Parkhotel Schotten ***

Zentrale Ortslage – 70 km nordöstlich von Frankfurt

- 63679 Schotten, Parkstraße 9, ☎ 06044-9650-0

Wellness 13

Siegfriedbrunnen ****s

Grünruhelage am Ortsrand – 85 km südlich von Frankfurt

Hunde- und familienfreundlich. Vielleicht nicht ausgerechnet das, was man sich heute unter einem Vierstern-superior-Hotel vorstellt, allemal jedoch ein ausgesprochen liebenswerter, familiengeführter Traditionsgasthof, fernab von jeglichem Mainstream. Er liegt mitten im Odenwald, zeigt sich so verwinkelt wie urig-gemütlich, über allem liegt das Flair vergangener Zeiten, die man übrigens, angesichts gegenwärtiger Entwicklungen, vielleicht schon bald als die „gute alte Zeit" bezeichnen wird. Die meisten Zimmer jedenfalls erinnern an die 1980er Jahre, das inwendig kleine Spa bietet gute Massagen – auch die gute alte Bürstenmassage aus der Schatzkiste des „Wasserpfarrers" Sebastian Kneipp – sowie während der warmen Jahreszeit einen richtig großen Außenpool (21 m lang, 17 m breit) und eine ebensolche Liegewiese, die insgesamt vier Saunen schließen um 21 Uhr. Einnehmend herzliche Mitarbeiter, sehr gute Küche mit bodenständiger regionaler Orientierung, sie versteht sich auf solides Handwerk und die Auswahl qualitativ hochwertiger Zutaten. Nette Terrasse, guter Schlaf. Laufstrecken und Wanderwege ohne Zahl. 8 Liegen, 100 Betten.

Solefreibecken (Sommer), Hallenbad, Sauna, Dampfbad, Massagen, Kosmetik, Fitnessgeräte, Personal Trainer.

HP ab € 92,50.

- 64689 Grasellenbach, Hammelbacher Straße 7
  ☏ 06207-608-0

Wellness 11

Weber Landhaus garni

Grünlage bei Bad König – 70 km südöstlich von Frankfurt

- 64732 Bad König-Momart, Am Strathweg 6
  ☏ 06063-518-0

Wellness 10

Ziegelruh ****

Grünruhelage – 70 km südöstlich von Frankfurt

- 64832 Babenhausen, Ziegelruh 1
  ☏ 06073-7267-0

Business | Wellness 11

Nassauer Hof *****s

Zentrumslage in Wiesbaden

- 65183 Wiesbaden, Kaiser-Friedrich-Platz 3-4
  ☏ 0611-133-0

Business | Wellness 11

Radisson Blu Schwarzer Bock *****

Zentrumslage an der Fußgängerzone in Wiesbaden

- 65183 Wiesbaden, Kranzplatz 12
  ☏ 0611-155-0

Business | Wellness 10

Dorint Pallas Wiesbaden *****

Bahnhofsnähe in Wiesbaden

- 65185 Wiesbaden, Auguste-Viktoria-Straße 15
  ☏ 0611-3306-0

Wellness 12

Georgenthal Hofgut ****s

Grünruhelage bei Hohenstein – 55 km westlich von Frankfurt

- 65329 Hohenstein-Steckenroth, Georgenthal 1
  ☏ 06128-943-0

Wellness 12

Schloss Reinhartshausen *****s

Rheinufernähe bei Eltville – 50 km westlich von Frankfurt

- 65346 Eltville-Erbach, Hauptstraße 41
  ☏ 06123-676-0

Wellness 10

Waldhotel Rheingau ****

Grünruhelage am Ortsrand – 60 km westlich von Frankfurt

- 65366 Geisenheim-Marienthal
  Marienthaler Straße 20
  ☏ 06722-9960-0

Wellness 10

Schlangenbader Hof ***s

Grünlage am Ortsrand – 50 km westlich von Frankfurt

- 65388 Schlangenbad, Rheingauer Straße 7
  ☏ 06129-501-0

Wellness 10

Nassau Oranien ****

Zentrale Ortslage – 80 km nordwestlich von Frankfurt

- 65589 Hadamar, Am Elbbachufer 12
  ☏ 06433-919-0

Wellness 11

Vital-Hotel Frankfurt ****s

Grünlage in Hofheim – 20 km westlich von Frankfurt

- 65719 Hofheim, Niederhofheimer Straße 67
  ☏ 061 92-97779-0

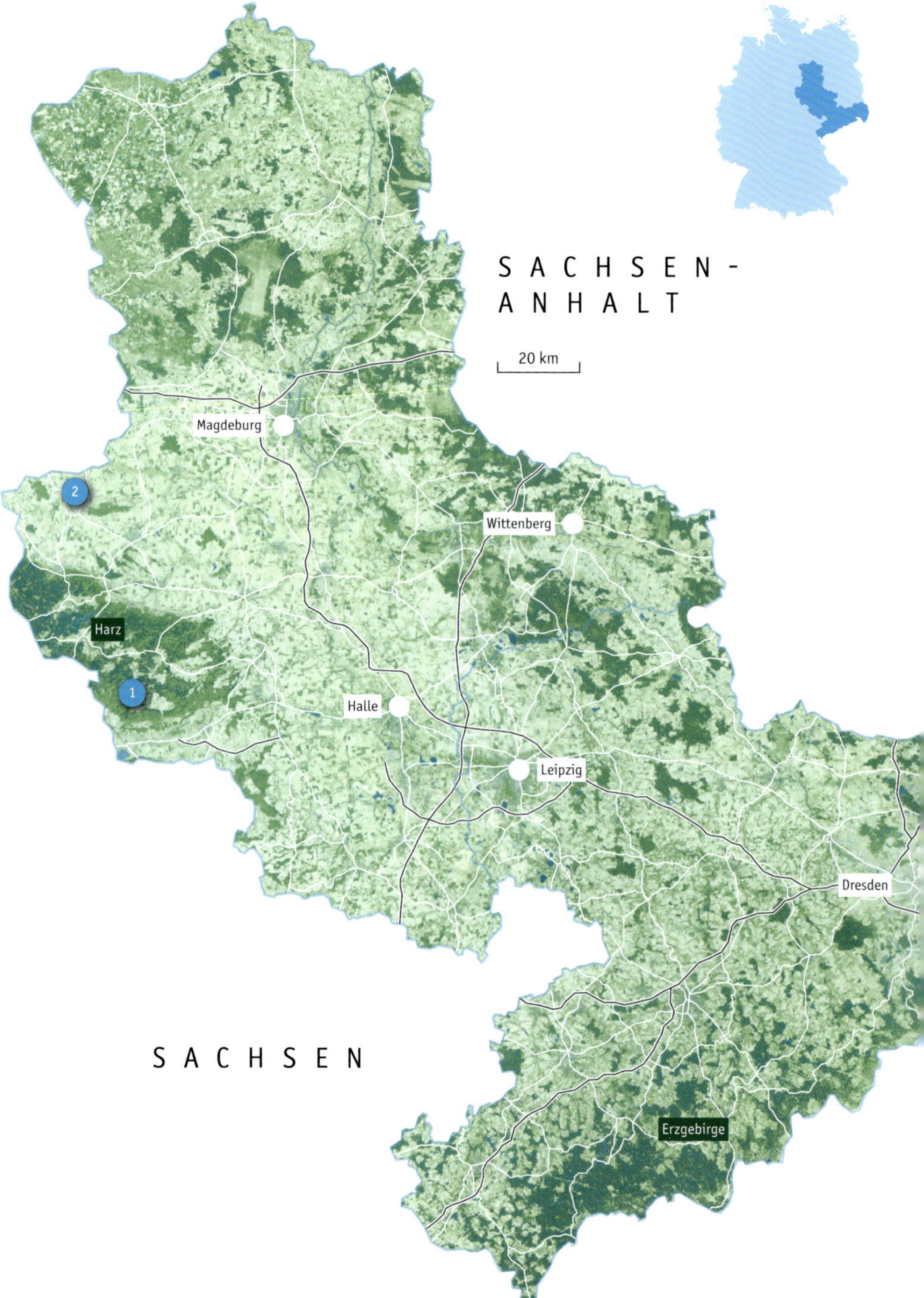
SACHSEN-
ANHALT
20 km
Magdeburg
Wittenberg
Harz
Halle
Leipzig
Dresden
Erzgebirge
SACHSEN
1
2

ALLE LILIEN-HOTELS IN **SACHSEN**

	Hotel	Seite
A	**Schloss Gaußig**	127
B	**Schumann ****s**	127

ALLE LILIEN-HOTELS IN **SACHSEN-ANHALT**

	Hotel	Seivte
1	**Schindelbruch Naturresort ****s**	129
2	**Wasserschloss Westerburg ****s**	131

Business | Wellness 11

Gewandhaus *****

Zentrumslage – Dresden

- 01067 Dresden, Ringstraße 1
  ☎ 0351-4949-0

Business | Wellness 10

Hilton Dresden *****

Zentrumslage an der Frauenkirche – Dresden

- 01067 Dresden, An der Frauenkirche 5
  ☎ 0351-8642-0

Business | Wellness 12

Kempinski Taschenbergpalais *****s

Zentrumslage – Dresden

- 01067 Dresden, Taschenberg 3
  ☎ 0351-4912-0

Business | Wellness 11

Maritim Dresden *****

Zentrumslage – Dresden

- 01067 Dresden, Devrientstraße 10-12
  ☎ 0351-216-0

Business | Wellness 11

Steigenberger de Saxe

Zentrumslage an der Frauenkirche – Dresden

- 01067 Dresden, Neumarkt 9
  ☎ 0351-4386-0

Business | Wellness 11

Dorint Dresden ****

Zentrumsnahe Ortslage – Dresden

- 01069 Dresden, Grunaer Straße 14
  ☎ 0351-4915-0

Business | Wellness 12

Bülow Palais *****s

Zentrumsnähe – Dresden

- 01097 Dresden, Königstraße 14
  ☎ 0351-8003-0

Business | Wellness 11

The Westin Bellevue *****

Zentrumsnähe – Dresden

- 01097 Dresden, Große Meißner Straße 15
  ☎ 0351-805-0

Wellness 10

Villa Weltemühle garni ****

Grünruhelage am Stadtrand – Dresden

- 01157 Dresden
  Merbitzer Straße 53
  ☎ 0351-4255-0

Business | Wellness 11

Radisson Blu Parkhotel Radebeul ****s

Grünruhelage am Stadtrand in Radebeul bei Dresden

- 01445 Radebeul, Nizzastraße 55
  ☎ 0351-8321-0, 0800-77796753

Wellness 10

Spanischer Hof ****

Ortsrandlage in Gröditz – 45 km nordwestlich von Dresden

- 01609 Gröditz, Hauptstraße 15a
  ☎ 035263-44-0

Wellness 10

Altes Zollhaus

Grünlage Nähe tschechische Grenze – Erzgebirge

- 01776 Hermsdorf, Altenberger Straße 7
  ☎ 035057-54-0

Wellness 10

Parkhotel Bad Schandau ****

Grünlage in Bad Schandau – Sächsische Schweiz

- 01814 Bad Schandau
  Rudolf-Sendig-Straße 12
  ☎ 035022-52-0

Wellness 10

Helvetia Bio-Hotel ****

Grünlage bei Bad Schandau – Sächsische Schweiz

- 01814 Bad Schandau-Schmilka, Nr. 11
  ☎ 035022-9223-0

Kur | Wellness 10

Waldparkhotel

Ruhige Zentrumslage in Gohrisch – Sächsische Schweiz

- 01824 Gohrisch, Königsteiner Straße 14
  ☎ 035021-766-0

Wellness 11

Elbiente ****s

Grünruhelage am Ortsrand in Rathen – Sächsische Schweiz

- 01824 Rathen, Wehlener Weg 1
  ☎ 035024-75-500

Wellness 11

Elbschlösschen ****

Grünruhelage am Ortsrand in Rathen – Sächsische Schweiz

- 01824 Rathen, Kottesteig 5
  ☎ 035024-75-0

Wellness 10

Parkhotel Neustadt ***s

Zentrale Ortslage in Neustadt – Sächsische Schweiz

- 01844 Neustadt, Johann-Sebastian-Bach-Straße 20
  ☎ 03596-562-0

Wellness 11

Ambiente Parkhotel ****

Grünruhelage am Ortsrand – Sächsische Schweiz

- 01848 Hohnstein, Waldstraße 26
  ☎ 035975-862-0

Wellness 15

Schloss Gaußig

Ruhige Ortslage – 10 km südwestlich von Bautzen

Abseits vom Mainstream, ein beherbergungsmäßiges Kleinod mit Hideaway-Charakter: ein unglaublich aufwendig und sensibel restauriertes kleines Schloss aus dem 17. Jahrhundert am Rand eines weitläufigen, wunderschönen Landschaftsparks. „Stille, Genuss und Stil" lautet der werbliche Claim – er könnte nicht besser auf den Punkt gebracht werden. Das Ambiente präsentiert sich berauschend stilvoll arrangiert, ausgesuchte Antiquitäten, kleine Kristallluster, Goldrahmen und passende Tapeten bilden ein absolut stimmiges Umfeld – die Treppen knarren, und sogar das Telefon hat historische Anmutung! Das kleine Spa ist atmosphärisch gestaltet, bietet unter anderem zwei sehr kleine Pools mit Gegenstromanlagen, Ruheräume und ein Saunatauchbecken, es steht ausnahmslos Hotelgästen zur Verfügung. Die Massagen sind ausgezeichnet, die zwei Saunen schließen um 22 Uhr. Man frühstückt auf der Terrasse, Rehe hüpfen in der Morgensonne, die Küche ist sehr gut. Feine Tischkultur mit frischen Blumen, freundliche und aufmerksame Mitarbeiter. Fazit: niveauvolles, romantisches Umfeld – gehoben, aber niemals abgehoben. Jogging-Strecken und Wanderwege ohne Zahl. Ungeeignet für Kinder. 10 Liegen, 27 Betten.
Hallenbad, Sauna, Dampfbad, Massagen, Kosmetik, Personal Trainer. NF ab € 69,–.

- 02633 Doberschau-Gaußig
  An der Kirche 2
  ☎ 035930-55227

Wellness 16

Schumann ****s

Ortsrandlage in Kirschau – 10 km südlich von Bautzen

Hundefreundlich. „Das zauberhafte Luxushotel" (werblicher O-Ton) ist ein familiengeführtes Haus, es wurde vor knapp 20 Jahren eröffnet und liegt zwischen Tankstelle und Fußballplatz direkt an der Straße, was in einigen Zimmern auch deutlich zu hören ist. Diese stehen in 23 Kategorien (DZ von 21 bis 147 m²) zur Auswahl, sie sind in Sachen Interieur und Größe extrem unterschiedlich, das Spektrum reicht von klein und sehr durchschnittlich bis hin zu bester Ausstattung mit Harald-Glööckler-Flair und großer Dachterrasse. Auf romantisierende Ästhetik von römischer Antike bis Bergbauernhütte trifft man in dem weitläufigen und mit viel Aufwand gestalteten Spa, es bietet unter anderem einen netten Außenbereich mit Liegewiese und 20 m langem Pool, allerdings steht es auch externen Gästen offen, was die großzügigen Raumverhältnisse vor allem an Wochenenden schnell wieder relativiert, mitunter ist es dann unmöglich, noch eine freie Liege zu ergattern. Sehr gute Massagen, die insgesamt vier Saunen schließen um 21 Uhr. Feines Angebot beim Frühstück, gute Küche, zur Auswahl stehen fünf À-la-carte-Restaurants, das Haus ist nur mit Nächtigung und Frühstück („NF") buchbar, das Service ist nicht an allen Tagen in Höchstform. Raucherlounge, beispielgebende „Strictly no Kids"-Politik – unter 16 Jahren wird man hier als Gast nicht akzeptiert –, was übrigens Hotels in Österreich (und etwa auch in den USA) schon seit vielen Jahren erfolgreich praktizieren. 54 Liegen, 88 Betten.
Naturbadeteich, Freibecken, Hallenbad, Sauna, Dampfbad, Massagen, Kosmetik, Fitnessgeräte, Personal Trainer. NF ab € 84,50.

- 02681 Kirschau, Bautzener Straße 20
  ☎ 03592-520-0

Wellness 12

Hubertusbaude ***s

Grünruhelage mit Fernblick – 50 km südlich von Bautzen

- 02799 Großschönau-Waltersdorf, An der Lausche 4
  ☎ 035841-67330

Wellness 10

Tuchmacher ****

Zentrumslage in Görlitz – 40 km östlich von Bautzen

- 02826 Görlitz, Peterstraße 8, ☎ 03581-4731-0

Wellness | Kur 11

Fürst Pückler Park Kulturhotel ****

Ruhige Zentrumslage – 60 km nordöstlich von Bautzen

- 02953 Bad Muskau, Schlossstraße 8
  ☎ 035771-533-0

Wellness 12

Heide Spa ****s

Ortsrandlage in Bad Düben – nordöstlich von Leipzig

- 04849 Bad Düben, Bitterfelder Straße 42
  ☎ 034243-33633

Wellness 12

Gästehaus Wolfsbrunn

Grünruhelage Nähe Zwickau – Erzgebirge

- 08118 Hartenstein, Stein 8, ☎ 037605-76-0

Wellness 12

Jagdhaus Waldidyll ****

Grünruhelage Nähe Zwickau – Erzgebirge

- 08118 Hartenstein, Talstraße 1
  ☎ 037605-84-0

Wellness 10

IFA Ferienpark Schöneck

Grünruhelage am Ortsrand in Schöneck – Erzgebirge

- 08261 Schöneck, Hohe Reuth 5, ☎ 037464-30

Wellness 11

Am Kurhaus ****

Grünruhelage am Kurpark von Bad Schlema – Erzgebirge

- 08301 Bad Schlema, Richard-Friedrich-Boulevard 16
☎ 03772-3717-0

Kur | Wellness 9

Kurhotel Bad Schlema

Grünlage beim Kurpark in Bad Schlema – Erzgebirge

- 08301 Bad Schlema, Markus-Semmler-Straße 73
☎ 03771-2150-00

Wellness 10

Meerane ****

Im Gewerbegebiet in Meerane – Nähe Zwickau

- 08393 Meerane, A. d. Hohen Str. 3, ☎ 03764-591-0

Wellness 9

Schwanefeld ****

Grünlage in Meerane – Nähe Zwickau

- 08393 Meerane, Schwanefelder Str. 22, ☎ 03764-4050

Wellness 10

Helene Parkhotel ***s

Grünruhelage am Ortsrand – 30 km südlich von Plauen

- 08645 Bad Elster, Parkstraße 33, ☎ 037437-50-0

Wellness 12

Santé Royale ****

Grünruhelage in Bad Brambach – 35 km südlich von Plauen

- 08648 Bad Brambach, Badstr. 45, ☎ 037438-210-0

Wellness 10

Röhrsdorfer Hof

An der Durchgangsstraße in Röhrsdorf – Nähe Chemnitz

- 09247 Chemnitz, Limbacher Straße 14
☎ 03722-621-600

Wellness 10

Panorama ****

Grünruhelage am Ortsrand in Oberwiesenthal – Erzgebirge

- 09484 Oberwiesenthal, Vierenstraße 11
☎ 037348-78-0

Wellness 10

Rotgiesserhaus ***

Zentrale Ortslage in Oberwiesenthal – Erzgebirge

- 09484 Oberwiesenthal, Böhmische Straße 8
☎ 037348-131-0

Wellness 12

Sachsenbaude

Grünruhelage bei Oberwiesenthal – Erzgebirge

- 09484 Oberwiesenthal, Fichtelbergstraße 4
☎ 037348-139-0

Wellness 10

Weißflog Apartmenthotel ****

Grünruhelage bei Oberwiesenthal – Erzgebirge

- 09484 Oberwiesenthal, Emil-Riedel-Straße 50
☎ 037348-10-0

Wellness 10

Schwarzbeerschänke

Grünruhelage Nähe Marienberg – Erzgebirge

- 09496 Pobershau, Amtsseite Hinterer Grund 2
☎ 03735-9191-0

Wellness 10

Wettiner Höhe ****

Grünruhelage am Ortsrand in Seiffen – Erzgebirge

- 09548 Seiffen, Jahnstraße 23, ☎ 037362-14-00

Wellness 10

Lindenhof Naturhotel ***s

Grünruhelage am Ortsrand Nähe Obernhau – Erzgebirge

- 09623 Rechenberg-Bienenmühle, Bergstraße 4
☎ 037327-820

Business | Wellness 10

Dorint Charlottenhof ****s

Zentrumslage in Halle an der Saale

- 06108 Halle a. d. S., Dorotheenstr. 12, ☎ 0345-2923-0

Business | Wellness 10

Dormero Rotes Ross ****s

Zentrumslage in Halle an der Saale

- 06110 Halle a. d. S., Leipziger Str. 76, ☎ 0345-23343-0

Business | Wellness 9

Mercure Halle Leipzig ****

Am Autobahnzubringer bei Halle an der Saale

- 06188 Peißen, An der Windmühle 1, ☎ 0345-5750-0

Business | Wellness 12

Balneolum ***s

Zentrumsnähe in Quedlinburg – nördlich von Harzgerode

- 06484 Quedlinburg, Bergstr. 1a, ☎ 03946-7733990

Wellness 10

Familyclub Harz Familotel ****

Grünruhelage in Quedlinburg – nördlich von Harzgerode

- 06484 Quedlinburg, Westerhäuser Straße 43
☎ 03946-7722-0

Wellness 11

Habichtstein ***s

Grünlage bei Harzgerode – Harz

- 06493 Harzgerode-Alexisbad, Kreisstraße 4
  ☎ 039484-78-0

Wellness 10

Harzer Land ***

Ortslage Nähe Harzgerode – Harz

- 06502 Thale-Allrode, Teichstraße 28
  ☎ 039487-7475-0

Wellness 17

Schindelbruch Naturresort ****s

Absolute Naturlage Nähe Harzgerode – Harz

Familienfreundlich. Ruhig und abgeschieden am Waldrand gelegenes Haus, es wurde in den vergangenen Jahren schrittweise modernisiert und beinahe um das Doppelte vergrößert. Schon von außen hat man den Eindruck, dass es sich um etwas ganz Besonderes handeln muss, und tatsächlich erweist sich das Ambiente dann als große Wohltat fürs Auge: Alles präsentiert sich niveauvoll und von stilsicherer Hand arrangiert, es herrschen Weitläufigkeit, Übersichtlichkeit sowie Schönheit mit erfrischender Down-to-Earth-Qualität, wie man sie in vielen deutschen Wellnesshotels vergeblich sucht. Zimmer gibt es in neun Kategorien (DZ von 20 bis 57 m^2), sie sind angenehm arrangiert, nicht selten sogar schlechthin eine Augenweide. Das Spa ist nur Hausgästen zugänglich, das ist heute nahezu schon die Ausnahme, öffnen doch bereits 75 Prozent aller Häuser ihren Wellnessbereich für externe Gäste, nicht gerade zum Vorteil ihrer – wesentlich mehr zahlenden – Hausgäste. Unter anderem geboten werden ein schöner Außensaunabereich mit Duschen im Freien (sehr fein, das, die Anlage soll dennoch nach unserem Redaktionsschluss substanziell vergrößert werden), mehrere Ruheräume sowie zwei Innenpools – ein kleinerer für Familien mit Kindern und ein mehr als doppelt so großer für alle anderen. Täglich Aktivprogramm, die insgesamt vier Saunen schließen um 22 Uhr. Ein starker Wermutstropfen ist der fehlende Außenpool, auf den man unter Hinweis auf die Ökologie verzichtet. Das wird aber hier nicht als hohle Ausrede missbraucht, sondern ist gelebte Realität: Als erstes klimaneutrales Hotel Deutschlands fokussiert man generell auf umweltverträgliches Wirtschaften, so stammt etwa die Energie überwiegend aus regenerativen Quellen, und sogar das Abwasser wird selbst gereinigt. Raucherlounge, erfreuliches Frühstücksbuffet, gute Küche mit regionaler und biologischer Ausrichtung, auch Wild aus eigener Jagd kommt auf den Tisch, eine süße Nachmittagsjause im Spa-Bistro ist inkludiert. Freundliche junge Mitarbeiter in allen Bereichen – nicht alle agieren ganz professio-

nell, aber ärgern muss man sich nicht. Viele Tagungen, feine Terrasse, Laufstrecken und Wanderwege ohne Zahl. Herrliche Luft, absolute Ruhe, bester Schlaf. 84 Liegen, 182 Betten.
Hallenbad, Außensauna, Dampfbad, Massagen, Kosmetik, Fitnessstudio, Personal Trainer.
18-Loch-Parcours in 34 km. Tennisplätze.
HP ab € 97,–.

- 06536 Südharz-Stolberg, Schindelbruch 1
  ☎ 034654-808-0

Wellness 12

Zum Stein ****

Grünruhelage am Ortsrand von Wörlitz – Nähe Wittenberg

- 06786 Wörlitz, Erdmannsdorffstraße 228
  ☎ 034905-50-0

Wellness 12

Villa Heine ****s

Grünlage am Stadtrand in Halberstadt

- 38820 Halberstadt, Kehrstraße 1
  ☎ 03941-31400

Wellness 13

Wasserschloss Westerburg ****s

Grünruhelage am Ortsrand – Nähe Halberstadt

Kein Haus für jedermann und auch alles andere als ein normales Wellnesshotel. Vielmehr handelt es sich bei diesem Familienbetrieb um eine Burg aus dem Mittelalter, mit Torhaus, Wassergraben und grob gepflastertem Innenhof (absolut ungeeignet für Stöckelschuhe!) – all das verströmt natürlich einen ganz besonderen Reiz. Das Ambiente zeigt sich nicht überall stimmig und bisweilen stilistisch ziemlich holprig, unser Respekt gilt dennoch den Eigentümern, die den Mut haben, derart altem Gemäuer Hotelleben einzuhauchen. Zimmer gibt es in 15 stark unterschiedlichen Kategorien, nicht alle begeistern, und etwas mehr Sauberkeit da und dort könnte nicht schaden. Das Spa ist auf drei nur über Treppen zugängliche Bereiche verteilt, es bietet unter anderem einen modernen, 18,5 m langen Indoorpool, eine sehr bescheidene Saunazone, eine kleine Liegewiese und gute Massagen, die zwei Saunen schließen um 21 Uhr. Nette Restaurantterrasse (was abends auch den Mücken gefällt), freundliche und bemühte Mitarbeiter, zumeist gute Küche. Herrliche Ruhe (wenn nicht gerade eine Hochzeit oder ein Event stattfindet), vielstimmiger Vogelgesang. Unterm Strich nicht wirklich das, was man sich unter einem Vierstern-superior-Haus vorstellt, dennoch gemütlich – zumindest wenn man ein paar Mal wohlwollend die Augen zudrückt – und für Romantiker wie Individualisten allemal stimmungsaufhellender als so manches seelenlose Kettenhotel. Ungeeignet für Kinder. 32 Liegen, 114 Betten.
Hallenbad, Sauna, Massagen, Kosmetik, Ayurveda, Fitnessgeräte.
HP ab € 98,–.

- 38836 Dedeleben-Westerburg, Westerburg 34
  ☎ 039422-955-0

Wellness 11

Jagdhaus garni

Grünlage am Ortsrand in Wernigerode – Harz

- 38855 Wernigerode
  Unterm Ratskopf 20
  ☎ 03943-9398-0

Wellness 10

Schlossberg garni ***s

Grünruhelage am Ortsrand in Wernigerode – Harz

- 38855 Wernigerode, Burgberg 9a-b
  ☎ 03943-5459-0

Wellness 10

Travel Charme Gothisches Haus ****s

Zentrumslage in Wernigerode – Harz

- 38855 Wernigerode, Marktplatz 2
  ☎ 03943-675-0

Wellness 11

Ilsenburg Berghotel ****

Grünruhelage am Ortsrand bei Wernigerode – Harz

- 38871 Ilsenburg, Suental 5
  ☎ 039452-90-0

Wellness 11

Zu den Rothen Forellen *****s

Ruhige Zentrumslage bei Wernigerode – Harz

- 38871 Ilsenburg, Marktplatz 2
  ☎ 039452-9393

Business | Wellness 12

Parkhotel Herrenkrug ****s

Grünruhelage am Stadtrand von Magdeburg

- 39114 Magdeburg, Herrenkrug 3
  ☎ 0391-8508-0

Wellness 10

Keck Landhotel

Grünlage am Ortsrand – 85 km nördlich von Magdeburg

- 39606 Osterburg-Düsedau, Kosterende 16
  ☎ 03937-2199999

Wellness 12

Wellnessfarm Haus am See ****

Grünlage in Arendsee – 120 km nördlich von Magdeburg

- 39619 Arendsee, Lindenstraße 28
  ☎ 039384-989-0

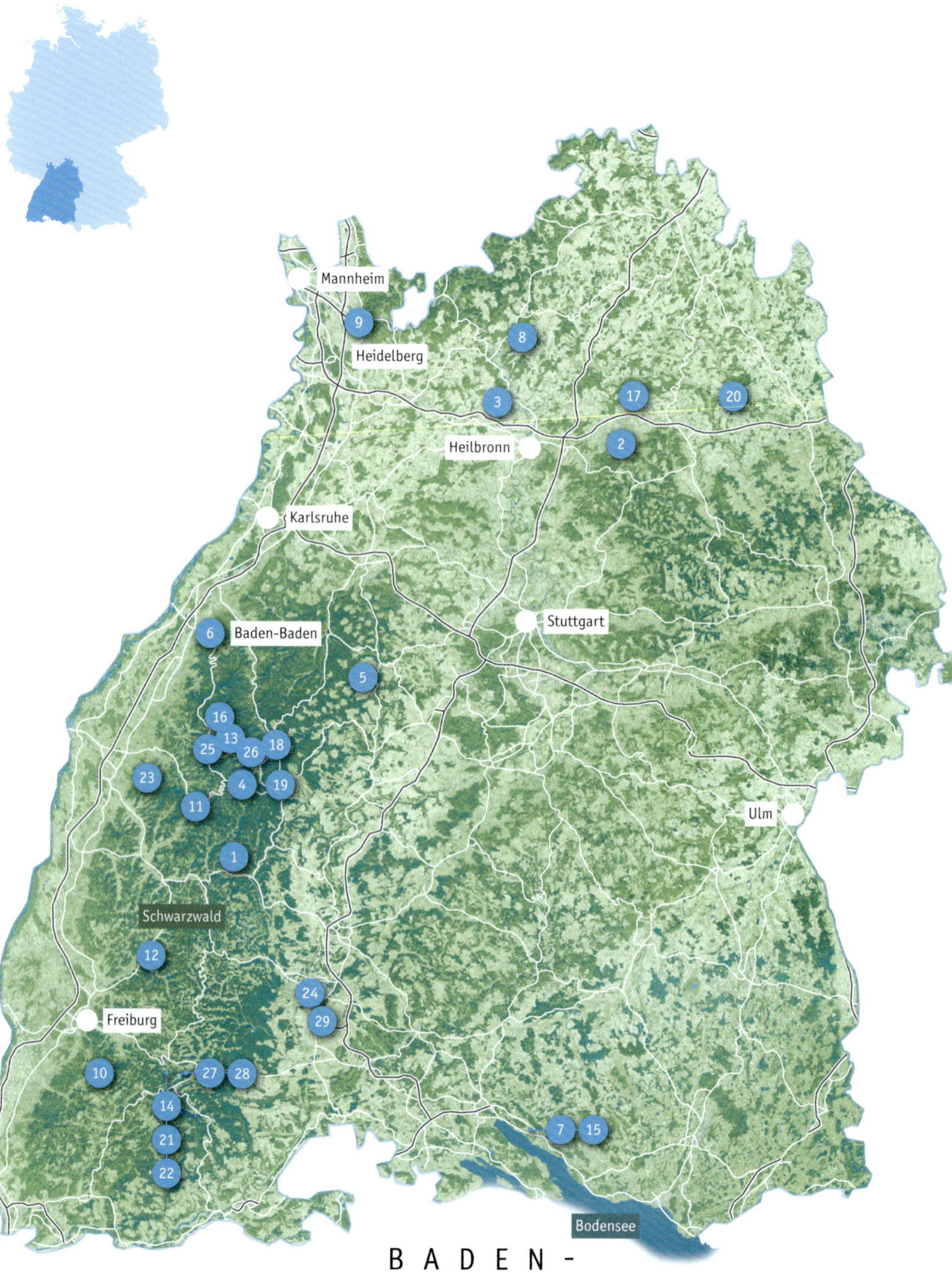

BADEN-WÜRTTEMBERG

20 km

ALLE LILIEN-HOTELS IN **BADEN-WÜRTTEMBERG**

	Hotel	Seite
1	**Adler Naturparkhotel** ****S	145
2	**Aum Ayurveda-Kurzentrum**	139
3	**Ayurveda Garden**	141
4	**Bareiss** *****S	136
5	**Berlins Kronelamm** ****S	141
6	**Brenners Park-Hotel & Spa** *****S	143
7	**Buchinger Wilhelmi**	153
8	**Casa Medica**	140
9	**Der Europäische Hof** *****S	134
10	**Die Halde** ****	147
11	**Dollenberg** *****S	145
12	**Elztalhotel** ****S	148
13	**Engel Obertal** *****S	137
14	**Erfurths Bergfried** ****S	150
15	**F. X. Mayr Zentrum Bodensee**	153
16	**Forsthaus Auerhahn** ****	135
17	**Friedrichsruhe Wald & Schlosshotel** *****S	139
18	**Heselbacher Hof** ****	136
19	**Lauterbad** ****S	134
20	**Mawell Resort**	145
21	**Parkhotel Adler** *****	151
22	**Reppert** ****S	151
23	**Ritter Durbach** ****S	1454
24	**Salinensee**	146
25	**Therme Bad Teinach** ****S	141
26	**Traube Tonbach** *****S	137
27	**Treschers Schwarzwaldhotel am See** ****S	149
28	**Wiesler Seehotel** ****S	149
29	**Öschberghof** ****S	146

Business | Wellness 10

Maritim Parkhotel ****

Zentrumslage in Mannheim

- 68165 Mannheim, Friedrichsplatz 2, ☏ 0621-1588-0

Wellness 11

Achat Premium Walldorf ****

Grünruhelage am Ortsrand – 20 km von Heidelberg

- 68799 Reilingen, Hockenheimer Straße 86
  ☏ 06205-959-0

Business | Wellness 14

Der Europäische Hof *****s

Ruhige Zentrumslage in Heidelberg

Hundefreundlich. Familiengeführter Hoteladel mit 150-jähriger Tradition und dem erfrischenden Charme eines guten, alten Grandhotels. Klassisch-plüschiges Ambiente, stark unterschiedliche Zimmer in 18 Varianten, auch solche mit Holzböden sind zu haben. Im Dachgeschoß befindet sich das Spa, unter anderem bietet es einen kleinen Pool, einen rund um die Uhr geöffneten Fitnessraum und eine Liegeterrasse mit Ausblick auf das Heidelberger Schloss, die Saunen schließen zwischen 21 und 22 Uhr. Gute Küche, sehr gutes Service, freundliche und sehr zuvorkommende Crew, gemütliche Bar, Restaurantterrasse. 10 Liegen, 198 Betten.
Hallenbad, Sauna, Dampfbad, Massagen, Kosmetik, Ayurveda, Fitnessgeräte, Personal Trainer. 18-Loch-Parcours in 14 km. NF ab € 131,–.

- 69117 Heidelberg, Friedrich-Ebert-Anlage 1
  ☏ 06221-515-0

Wellness 10

Winzerhof ****

Ruhige Ortsrandlage bei Wiesloch – Nähe Heidelberg

- 69231 Rauenberg, Bahnhofstraße 4-8
  ☏ 06222-952-0

Beauty 12

Haus Waldesruh Schönheitsfarm

Grünruhelage – 40 km östlich von Heidelberg

- 69412 Eberbach-Gainmühle, Höllgrundstraße 3
  ☏ 06271-9214-0

Business | Wellness 11

Steigenberger Graf Zeppelin

Zentrumslage in Stuttgart

- 70173 Stuttgart, Arnulf-Klett-Pl. 7, ☏ 0711-2048-0

Wellness 9

Relax

Zentrumsnah in Stuttgart

- 70188 Stuttgart, Landhausstraße 259
  ☏ 0711-48059-0

Business | Wellness 12

Pullman Fontana ****s

Bei der S-Bahn-Station Vahingen in Stuttgart

- 70563 Stuttgart, Vollmoellerstr. 5, ☏ 0711-730-0

Wellness 11

Albblick Vital & Wellness ****

Grünruhelage – 70 km südwestlich von Stuttgart

- 72178 Waldachtal-Salzstetten, Tumlinger Weg 30
  ☏ 07486-980-0

Wellness 11

Langenwaldsee ****

Grünlage bei Freudenstadt – Schwarzwald

- 72250 Freudenstadt, Straßburger Straße 99
  ☏ 07441-8893-0

Wellness 12

Palmenwald ****s

Grünruhelage in Freudenstadt – Schwarzwald

- 72250 Freudenstadt, Lauterbadstraße 56
  ☏ 07441-8887-0

Wellness 9

Klosterhof Pension

Grünlage bei Freudenstadt – Schwarzwald

- 72250 Freudenstadt-Kniebis, Alte Passstraße 49
  ☏ 07442-6044000

Wellness 12

Waldblick Kniebis ****

Grünruhelage bei Freudenstadt – Schwarzwald

- 72250 Freudenstadt-Kniebis, Eichelbachstraße 47
  ☏ 07442-834-0

Wellness 12

Grüner Wald ****s

Grünruhelage am Ortsrand – Schwarzwald

- 72250 Freudenstadt, Kinzigtalstr. 23, ☏ 07441-86054

Wellness 17

Lauterbad ****s

Grünruhelage bei Freudenstadt – Schwarzwald

Hundefreundlich. Ein kleines, sehr gemütliches Hotel unter Familienführung, es liegt ein paar Kilometer südlich vom Stadtrand und bietet Zimmer in sieben Hauptkategorien (und zahlreichen Varianten davon, DZ von 20 bis 65 m²), manche haben feine Holzböden, alle Loggia, Balkon oder Terrasse. Das Spa ist öffentlich zugänglich, der Außenpool 14 m lang und doch etwas kühl, zu den Wellness-Highlights zählen die große Anzahl an Ruheliegen, ausgezeichnete Massagen, großzügige Saunaöffnungszeiten (ab 7.15 Uhr, abends ist allerdings schon um 20 Uhr Schluss) sowie das tägliche

Aktivprogramm, das auch Pilates und Fünf Tibeter miteinschließt. Frühstück bis 11 Uhr, bodenständige gute Küche mit biologischer Orientierung, ein Light Lunch ist im Zimmerpreis inkludiert, das wird hier übrigens etwas unscharf als VP bezeichnet, entspricht aber einer erweiterten Halbpension (auch: „Dreiviertelpension", „Verwöhnpension"), wie sie etwa in österreichischen Wellnesshotels Standard ist. Präsente Gastgeber, freundliche Crew (Gepäckhilfe hätte uns allerdings schon gefreut), Raucherlounge, fabelhafte Restaurantterrasse (jedoch zu klein für alle), keine Tagungen, keine Events. Auch Fastenkuren nach Buchinger und Lützner. Wanderwege ohne Zahl. Ungeeignet für Kinder. 54 Liegen, 81 Betten.
Freibecken, Hallenbad, Sauna, Dampfbad, Massagen, Kosmetik, Ayurveda, Fitnessgeräte.
18-Loch-Parcours in 1 km. Leihfahrräder.
HP ab € 129,–.

- 72250 Freudenstadt-Lauterbad, Amselweg 5
  ☎ 07441-86017-0

Wellness 13

Forsthaus Auerhahn ****

Grünruhelage bei Baiersbronn – Schwarzwald

Hunde- und familienfreundlich. Ein netter Familienbetrieb, er liegt tief im Wald, absolut solitär und zudem im Handyfunkloch und besteht aus insgesamt fünf Logierhäusern, von denen drei miteinander verbunden und zwei ein paar Schritte abseits gelegen sind. Zimmer gibt es in 19 stark unterschiedlichen Kategorien (DZ von 19 bis 55 m²), viele haben Balkon, fast alle Teppichböden. Ebenso seltsam wie nervig ist der Umstand, dass man bei Kurzbuchungen keine fixe Zimmerkategorie zugesagt erhält, sondern ein „Glückszimmer", das unter Umständen auch teurer als die gewünschte Kategorie sein kann – ein besonderes Glück! Das Spa ist nur Hausgästen zugänglich, allerdings verwinkelt und kleinteilig angelegt, wassermäßige Highlights sind zwei kleine Whirlpools und ein ebensolches Hallenbad, die drei Saunen schließen um 19 Uhr. Kleines Aktivprogramm, auch Yoga und Pilates. Nette Restaurantterrasse, gemütliches Umfeld, freundliche Mitarbeiter, ein Light Lunch ist im Preis enthalten. Geführte Wanderungen, schöne Wanderwege ohne Zahl. 36 Liegen, 100 Betten.
Hallenbad, Außensauna, Sauna, Dampfbad, Massagen, Kosmetik, Ayurveda, Fitnessgeräte. 18-Loch-Parcours in 32 km. Tennisplatz. HP ab € 97,–.

- 72270 Baiersbronn, Hinterlangenbach 108
  ☎ 07447-934-0

Wellness 10

Goldener Hahn

Grünruhelage in Baiersbronn – Schwarzwald

- 72270 Baiersbronn, Oberdorfstr. 72, ☎ 07442-8406

Wellness 13

Heselbacher Hof ****

Grünruhelage am Ortsrand in Baiersbronn – Schwarzwald

Familienfreundlich. Ein Familienbetrieb von überschaubarer Größe, unweit der Bundesstraße liegt er ein paar Kilometer außerhalb von Baiersbronn an einem sonnenseitigen Hang. Stark unterschiedliche Zimmer in 13 Kategorien (DZ von 25 bis 61 m²) stehen im Angebot, fast alle haben Teppichböden, die meisten bieten einen schönen Ausblick in die umgebende Landschaft. Zum Spa zählen unter anderem ein geradezu winziges Hallenbad, ein 15 m langes Freibecken und eine feine Liegeterrasse, die Saunen schließen um 19 Uhr. Kleines Aktivprogramm, ein Light Lunch im Bademantel-Bistro ist im Preis inkludiert. 33 Liegen, 80 Betten. Freibecken, Hallenbad, Außensauna, Sauna, Dampfbad, Massagen, Kosmetik, Fitnessgeräte. 18-Loch-Parcours in 13 km. HP ab € 100,–.

- 72270 Baiersbronn, Heselbacher Weg 72
  ☎ 07442-838

Wellness 19

Bareiss *****S

Grünruhelage bei Baiersbronn – Schwarzwald

Kinderfreundlich. Familiengeführte Hotellegende, sie bietet beherbergungsmäßige Spitzenklöppelkunst, wie man sie in diesen Zeiten allgemeiner Unvernunft anderswo kaum noch findet. Das Ambiente verströmt stets hochwertig anmutende, mitunter auch ans Kitschige grenzende Ländlichkeit, Zimmer stehen in 26 Varianten und Größen von 35 bis 120 m² zur Auswahl, alle haben Balkon oder Terrasse, einige sind auch mit Holzböden zu haben, alles zeigt sich sehr gepflegt, wenngleich nicht überall ganz taufrisch. Das Spa ist herrlich anzusehen und externen Gästen nicht zugänglich, dazu gehören etwa wunderbar feine Ruhezonen, ein Ladys-Spa sowie ein erquickender Außenbereich, einnehmend sind die kleinen Erfrischungen, die hier immer wieder gereicht werden – etwas ganz Besonderes, auch in der Qualität. Die Behandlungen sind sehr gut, täglich gibt es ein Aktivprogramm – etwa Yoga, Pilates und Muskelentspannung nach Jacobson –, die Saunen schließen um 19.30 Uhr. Ein ruhevolles Umfeld findet man auch im sogenannten Waldpark, einer weitläufigen Grünanlage, die unter vielem anderen mit Forellenteich, Quellbächlein und Gymnastikwiese aufwarten kann. Fabelhafte Restaurantterrasse, großartiges Frühstücksbuffet, ausgezeichnete Küche (die Wertung bezieht sich wie immer auf die Halbpension und nicht auf das À-la-carte-Restaurant von Claus-Peter Lumpp, das vom Guide Michelin mit drei Sternen prämiert wurde), eine süße Nachmittagsjause und ein Mitternachtssnack sind im Preis inkludiert, die Weinkarte ist schier unendlich. Für Kinder gibt es mehrere großzügige Spielareale – unter

anderem Indianerdorf, Villa Kunterbunt und Streichelzoo – sowie täglich Betreuung (9 bis 18 Uhr, zu Ferienzeiten bis 23 Uhr). Elegante Raucherlounge mit einer respektablen Auswahl an Malts und Puros, Valet Parking. Außerordentlich freundliche und zuvorkommende Mitarbeiter. 85 Liegen, 230 Betten.
Naturbadeteich, Solefreibecken, Freibecken (Sommer), Solehallenbad, Hallenbad, Kinderbecken, Sauna, Dampfbad, Massagen, Kosmetik, Ayurveda, Fitnessgeräte, Personal Trainer. 18-Loch-Parcours in 12 km. Tennisplatz. HP ab € 195,–.

- 72270 Baiersbronn-Mitteltal, Hermine-Bareiss-Weg 1
  ☎ 07442-47-0

Wellness 17

Engel Obertal *****s

Grünlage bei Baiersbronn – Schwarzwald

Familienfreundlich. Ein inhabergeführtes Haus, es besteht aus vier miteinander verbundenen Logiergebäuden und bietet gediegene, bisweilen ins Kitschige abgleitende Schwarzwald-Edelländlichkeit sowie Zimmer in 17 stark unterschiedlichen Kategorien (DZ ab 29 m^2). Sie sind überwiegend großzügig geschnitten, nicht immer ganz taufrisch und offerieren stets Teppichböden und Balkon, bei jenen im Stammhaus findet man vor allem in puncto Ausblick und Straßenlärm wohl die ungünstigsten Varianten. Das Spa ist inwendig nicht gerade weitläufig, doch es bietet erfreulich viel, unter anderem einen Badeteich mit schwimmbarem Grundriss und 25 m Länge, zwei wunderbare Außensaunen mit offenen Feuerstellen, weiters Wasserfall und Außenwhirlpool sowie einen Floating Pool in einem vergoldeten Raum mit Barockengel. Täglich außer Sonntag gibt es ein Aktivprogramm, auch Yoga, Qi Gong, autogenes Training und Pilates, die Saunen schließen um 19 Uhr. Restaurantterrasse, sehr gutes Frühstücksbuffet (bis 12 Uhr), gute Küche, ein Light Lunch ist im Preis inkludiert und kann bereits am Anreisetag konsumiert werden. Überwiegend sehr freundliche Mitarbeiter, viele alte Stammgäste. Kinderbetreuung zu Ferienzeiten. 70 Liegen, 150 Betten.
Naturbadeteich, Solefreibecken, Solehallenbad, Hallenbad, Außensauna, Sauna, Dampfbad, Massagen, Kosmetik, Ayurveda, Fitnessstudio, Personal Trainer. 18-Loch-Parcours in 15 km, bis zu 100 % Greenfee-Rabatt. Tennisplatz, Leihfahrräder gratis. HP ab € 152,–.

- 72270 Baiersbronn-Obertal, Rechtmurgstraße 28
  ☎ 07449-85-0

Wellness 12

Schliffkopf Nationalpark-Hotel ****s

Grünlage mit Fernblick an der B500 – Schwarzwald

- 72270 Baiersbronn, An der Schwarzwaldhochstraße
  ☎ 07449-920-0

Wellness 10

Holzschuh's Schwarzwaldhotel ****

An der B462 bei Baiersbronn – Schwarzwald

- 72270 Baiersbronn, Murgtalstraße 655
  ☎ 07447-9463-0

Wellness 11

Sonnenhof ****

Ruhige Ortslage bei Baiersbronn – Schwarzwald

- 72270 Baiersbronn, Schifferstr. 36, ☎ 07447-930

Wellness 11

Sackmann ****s

An der B462 bei Baiersbronn – Schwarzwald

- 72270 Baiersbronn, Murgtalstr. 602, ☎ 07447-289-0

Wellness 12

Tanne Tonbach ****

Grünruhelage in Tonbach bei Baiersbronn – Schwarzwald

- 72270 Baiersbronn, Tonbachstr. 243, ☎ 07442-833

Wellness 10

Terra Nova ****

Grünlage in Tonbach bei Baiersbronn – Schwarzwald

- 72270 Baiersbronn-Tonbach, Tonbachstraße 177
  ☎ 07442-18023-0

Wellness 15

Traube Tonbach *****s

Grünruhelage in Tonbach bei Baiersbronn – Schwarzwald

Kinderfreundlich. Familiengeführte Luxuslegende, sie besteht aus drei Gebäuden, die teilweise durch eine – verkehrsarme – Straße getrennt sind. Schwerer Tischlerbarock, Eichenschnitzereien und ein unübersichtlicher Grundriss prägen das nicht immer ganz taufrische Ambiente, frische Blumen erfreuen, wohin das Auge auch fällt. Die Zimmer (DZ von 36 bis 100 m^2) bieten stark unterschiedliche Interieurs, die meisten haben Teppichböden, alle Balkon oder Terrasse. Das Spa ist öffentlich zugänglich, auf drei auseinanderliegende Bereiche aufgeteilt, inwendig jedoch nicht unbedingt weitläufig – wie man hier auf die werblich angeführten 4.500 m^2 kommen kann, entzieht sich unserer Vorstellungskraft. Unter anderem bietet man einen 16 m langen Innenpool, sehr gute Massagen, eine Liegewiese in einem schönen Garten sowie ein tägliches Aktivprogramm (außer So), die fünf Saunen schließen um 20 Uhr. Großartiges Frühstücksbuffet (bis 12 Uhr), feiner Weinkeller, ausgezeichnete Küche (diese Wertung bezieht sich wie immer auf die Halbpension, nicht auf das À-la-carte-Restaurant, das mit drei Sternen vom Guide Michelin prämiert wurde), schade nur, dass das HP-Restaurant keine Terrasse hat. Valet Parking, große Auswahl an Malts in der Bar, eine Nachmittagsjause ist

im Zimmerpreis inkludiert. Viele alte Stammgäste, Wanderwege und Laufstrecken ohne Zahl. Täglich Betreuung für Kinder ab drei Jahren von 10 bis 22 Uhr (mit saisonalen Einschränkungen). 97 Liegen, 330 Betten. Solefreibecken, Hallenbad, Kinderbecken, Sauna, Dampfbad, Massagen, Kosmetik, Ayurveda, Fitnessstudio, Personal Trainer. 18-Loch-Parcours in 14 km, 20 % Greenfee-Rabatt. Tennisplätze.
HP ab € 163,50.

- 72270 Baiersbronn-Tonbach
  Tonbachstraße 237
  ☎ 07442-492-0

Wellness 11

Schwanen Kälberbronn ****

Grünruhelage bei Freudenstadt – Schwarzwald

- 72285 Pfalzgrafenweiler, Große Tannenstraße 10
  ☎ 07445-188-0

Wellness 12

Oberwiesenhof ****s

Grünlage am Ortsrand bei Baiersbronn – Schwarzwald

- 72297 Seewald-Besenfeld, Freudenstädter Straße 60
  ☎ 07447-280-0

Wellness 11

Bären am See Familotel ****

Grünruhelage Nähe Freudenstadt – Schwarzwald

- 72297 Seewald, Panoramastraße 6
  ☎ 07448-922-0

Wellness 11

Graf Eberhard ****

Grünlage am Ortsrand – 45 km südlich von Stuttgart

- 72574 Bad Urach, Bei den Thermen 2
  ☎ 07125-148-0

Business | Wellness 11

Best Western Am Schlossberg ****

Zentrumsnähe in Nürtingen – 35 km südlich von Stuttgart

- 72622 Nürtingen, Europastraße 13
  ☎ 07022-704-0

Gesundheit 11

Sonnenhalde Landhotel ***s

Grünlage in Bad Boll – 45 km südöstlich von Stuttgart

- 73087 Bad Boll, Kornbergweg 1
  ☎ 07164-9403-0

Kur | Gesundheit 11

Energie-Kurhotel

Grünruhelage – 55 km südöstlich von Stuttgart

- 73342 Bad Ditzenbach, Sonnenbühl 1
  ☎ 07334-9641-0

Wellness 10

Naturpark Ebnisee ****

Grünlage Nähe Ebnisee – 50 km östlich von Stuttgart

- 73667 Ebnisee, Winnender Str. 10, ☎ 07184-292-0

Wellness 10

Am Rosengarten ****

Ruhelage in Bad Wimpfen – 65 km nördlich von Stuttgart

- 74206 Bad Wimpfen, Osterbergstr. 16, ☎ 07063-991

Wellness 9

Roger Landgasthof ***s

Grünlage am Ortsrand – 60 km nördlich von Stuttgart

- 74245 Löwenstein-Hößlinsülz, Heiligenfeld 56
  ☎ 07130-230

Kur | Wellness 11

Hohenlohe ****s

An der B19 in Schwäbisch Hall – 70 km von Stuttgart

- 74523 Schwäbisch Hall, Weilertor 14
  ☎ 0791-7587

Wellness 12

Meiser Vital-Hotel ****s

Grünlage bei Dinkelsbühl – 95 km östlich von Heilbronn

- 74579 Fichtenau, Grenzstr. 42, ☎ 07962-71194-0

Wellness ⚜⚜⚜ 17

Mawell Resort

Grünruhelage mit Fernblick – 70 km östlich von Heilbronn

Im Hohenloher Land oder ganz genau gesagt in the middle of nowhere: Ein absolut ungewöhnliches Haus in ruhevoller Lage, es präsentiert sich weitab vom real existierenden Hoteleinheitsbrei, nämlich charaktervoll, ökologiebewusst und mit ideenreicher Bodenständigkeit geplant. Der Eintritt erfolgt geheimnisvoll, nämlich über einen langen „Entschleunigungsgang", der an der Rezeption als Tor zu einer ganz eigenen Welt endet. Zimmer gibt es in drei Kategorien, alle sind großzügig geschnitten (DZ von 31 bis 40 m²), sie bieten wunderbare Wohnlichkeit sowie feine Holzböden und Terrasse, die Interieurs sind mit Herz und Hirn durchdacht und hochwertig ausgeführt. Das auch externen Gästen zugängliche Spa ist auf drei wunderschöne, atmosphärisch arrangierte Zonen verteilt, großartige Highlights sind ein ganzjährig nutzbares und buchstäblich in die Baumwipfel hineingebautes Freibecken, ein Felsenbereich inmitten riesiger, uralter Kalksteinblöcke – anderswo sind „Felsen" immer aus Polyester, hier sind sie echt – sowie ein sensationelles Panoramadeck, das diesen Namen auch wirklich verdient. Es befindet sich auf einem hohen Turm und bietet Sauna, einen kleinen Außenpool sowie einen grandiosen Ausblick ins Land, der übrigens auch abends aus der Turmbar zu

genießen ist! Auf dem Flachdach des Gebäudes ist ein Laufparcours eingerichtet, die vier Saunen schließen um 20 Uhr. Sehr freundliche Mitarbeiter, fabelhafte Restaurantterrasse mit Abendsonne, zumeist gute Küche mit vielen Zutaten aus dem eigenen Garten sowie aus regionaler Landwirtschaft, ausgezeichnetes Preis-Leistungs-Verhältnis. Wanderwege ohne Zahl. Ungeeignet für Kinder. 57 Liegen, 138 Betten.
Naturbadeteich, Freibecken, Solehallenbad, Außensauna, Sauna, Dampfbad, Massagen, Kosmetik, Fitnessgeräte.
HP ab € 119,–.

- 74595 Langenburg, Roseneck 5
  ☏ 07905-9414-0

Gesundheit 15

Aum Ayurveda-Kurzentrum

Grünruhelage – 70 km nordöstlich von Stuttgart

Aum (auch: Om) ist der Name des Schöpfungsmantras, in dem sich laut vedischer Lehre das Geheimnis der Selbsterkenntnis verbirgt, und auch dieses kleine Haus nennt sich so. Es handelt sich um eines der ältesten Ayurvedakurzentren Europas, es liegt am Ortsrand an der Straße und besteht aus zwei Gebäuden und einem naturbelassenen Garten mit Fischteich und Pavillon. Die Zimmer sind sehr einfach, die Behandlungen sehr gut, täglich stehen Yoga und Meditation auf dem Programm. Gute Küche nach sattvischen Kriterien, ungekünstelt freundliche und gelassene Atmosphäre mit dem Hintergrund lebendiger Spiritualität, die Emotionen beruhigt und den Geist klärt. Im Angebot stehen zwei- und dreiwöchige entgiftende Panchakarmakuren sowie Kurzaufenthalte zum Kennenlernen, aber auch ambulante Massagen sowie Mittagstisch für externe Gäste (nach Voranmeldung). Sauberes Preis-Leistungs-Verhältnis. Ungeeignet für Kinder. 22 Betten.
14-tägige Ayurvedakur inkl. VP ab € 2.240,–. Tagessatz mit VP inklusive Anwendungen ab € 160,–.

- 74629 Pfedelbach-Gleichen
  Römerstraße 1
  ☏ 07949-590

Wellness 20

Friedrichsruhe Wald & Schlosshotel *****S

Grünruhelage – 30 km nordöstlich von Heilbronn

Ein ruhevolles Schlosshotel, es gibt sich in allen Bereichen einnehmend niveauvoll – als Discerning Traveller kann man sich hier an vollkommenem Service ebenso wie an einer großartigen Hardware erfreuen. Das Haus liegt in einer Parkanlage mit Kieswegen und Rosenbeeten, gleichzeitig aber auch direkt am Golfplatz. Es besteht aus fünf kleineren Gebäuden, jedes steht für einen speziellen Einrichtungsstil. Der Bogen spannt sich von englischem Landhaus über Laura Ashley bis hin zu geradlinig-schlichter Modernität (im Spa-Haus), Romantikern sei das Jagdschloss aus dem frühen 18.

 RELAX Guide App

Jahrhundert empfohlen, selbst wenn Restaurant- und Spa-Besuche dann ein paar Schritte im Freien erfordern, denn hier ist das Flair so wunderbar schlossig – wunderschöne Flure, Antiquitäten und Ausblick in den prachtvollen Park inklusive. Auch das Spa punktet in Sachen Wohlfühlqualitäten, hier wollen wir aber wieder einmal anmerken, dass unsere Lilien niemals eine Auszeichnung für den Wellnessbereich alleine, sondern immer für das „Gesamtprodukt" sind. Dazu gehören hier jedenfalls unter anderem wunderschöne Ruheräume, mit hellem Granit ausgekleidete Pools und eine riesige, wunderbar ruhige Liegewiese. Die Behandlungen sind ausgezeichnet, es gibt ein kleines Aktivprogramm, auch Pilates ist zu haben, die Saunen schließen knapp vor 22 Uhr. Allerdings: Dass das Spa auch externen Gästen offensteht, ist gerade in dieser Liga alles andere als erfreulich. Die Mitarbeiter hingegen machen richtig Freude, sie sind nicht selten sehr jung, agieren aber stets hochprofessionell, nämlich wunderbar aufmerksam und zuvorkommend. Edle Zigarrenlounge, schöne Restaurantterrasse mit Morgensonne, Frühstück in feiner Qualität, ausgezeichnete Küche, hervorragende Weinberatung. Ungeeignet für Kinder. 85 Liegen, 132 Betten. Freibecken, Hallenbad, Außensauna, Sauna, Dampfbad, Massagen, Kosmetik, Fitnessstudio, Personal Trainer. 27-Loch-Parcours. Tennisplatz.
NF ab € 150,–.

- 74639 Zweiflingen-Friedrichsruhe
  Kärcherstraße 11
  ☏ 07941-6087-0

Gesundheit 15

Casa Medica

Grünruhelage am Ortsrand – 35 km nördlich von Heilbronn

Keine Wellnessoase, aber auch keine seelenlose Kurklinik, sondern ein kleines, familiengeführtes Naturheilsanatorium. Es liegt ruhig am Waldrand und ist schon seit Jahrzehnten auf eine Sonderform der Hydrotherapie spezialisiert. Auf die sogenannten Dauerbrausebäder nämlich, die vor knapp einem Jahrhundert von einem Schüler des „Wasserpfarrers" Sebastian Kneipp entdeckt wurden und hier mit frischem Quellwasser durchgeführt werden. Sie wirken bei zahlreichen Gesundheitsproblemen, darunter auch Erschöpfungszuständen und Burnout, außerordentlich gut. Unterstützend werden Osteopathie, Neuraltherapie und Akupunktur angeboten. Das kleine Spa verströmt musealen Charakter, die Zimmer sind höchst einfach, die Mitarbeiter sehr natürlich, und das Wasser aus der eigenen Quelle ist einfach herrlich. Weitläufiger Garten, in dem Obst und Gemüse schon seit Jahrzehnten biologisch angebaut werden und aus dem die meisten Zutaten der vegetarischen Küche stammen. Kleine Preise, und alles ist von einem Hauch absoluter Bescheidenheit umgeben – das ist für eine Re-

generationsadresse nicht gerade typisch, aber doch sehr gewinnend. Auch Yoga, Tai Chi und Pilates. Ungeeignet für Kinder. 9 Liegen, 45 Betten.
Hallenbad, Sauna, Dampfbad.
VP ab € 84,–.
- 74834 Elztal-Dallau, Obere Augartenstraße 36
  ☎ 06261-8000-0

Gesundheit 13

Ayurveda Garden

Grünruhelage – 20 km nordwestlich von Heilbronn

Nettes, kleines Ayurvedakurzentrum, es liegt am Kurpark des Städtchens und wird von einem indischen Ayurvedaarzt geleitet. Einfache Zimmer ohne Internetzugang, alles zeigt sich sehr sauber und nett gestaltet, geboten wird authentisches Ayurveda sowie täglich Yoga. Drei- bis 21-tägige Programme, auch Panchakarmakuren. 17 Betten.
14-tägige Ayurvedakur inkl. VP ab € 3.430,–. Tagessatz mit VP ab € 80,– zzgl. Behandlungen.
- 74906 Bad Rappenau, Saline 1-3
  ☎ 07264-8905-95

Kur | Wellness 9

Bergfrieden ***

Grünruhelage – 75 km westlich von Stuttgart

- 75323 Bad Wildbad, Bätznerstr. 78, ☎ 07081-1704-0

Kur | Wellness 10

Rossini ****s

Ortslage in Bad Wildbad – 75 km westlich von Stuttgart

- 75323 Bad Wildbad, Am Kurplatz 4-6, ☎ 07081-301

Wellness 12

Rothfuss ****

Grünruhelage in Bad Wildbad – 75 km von Stuttgart

- 75323 Bad Wildbad, Olgastr. 47, ☎ 07081-9248-0

Kur | Wellness 10

Valsana am Kurpark ****

Grünlage in Bad Wildbad – 75 km westlich von Stuttgart

- 75323 Bad Wildbad, Kernerstr. 182, ☎ 07081-151-0

Wellness | Kur 11

Weingärtner ***s

Grünlage in Bad Wildbad – 75 km westlich von Stuttgart

- 75323 Bad Wildbad, Olgastraße 15
  ☎ 07081-1706-0

Wellness 10

Talblick Schömberg ***s

Ortslage Nähe Bad Liebenzell – 60 km von Stuttgart

- 75328 Schömberg, Liebenzeller Straße 25
  ☎ 07084-4234

Wellness 11

Enztalhotel ****

Grünlage bei Enzklösterle – Schwarzwald

- 75337 Enzklösterle, Freudenstadtstr. 67, ☎ 07085-180

Beauty 12

Bad Liebenzeller Schönheitsfarm

Grünruhelage in Bad Liebenzell – 45 km von Stuttgart

- 75378 B. Liebenzell, Eichendorffstr. 19, ☎ 07052-3582

Wellness 14

Therme Bad Teinach ****s

Grünruhelage in Bad Teinach – 50 km von Stuttgart

Hundefreundlich. Das ehemalige Bad-Hotel, ein klassizistisch angehauchtes Gebäude aus dem 19. Jahrhundert, nach umfassender Modernisierung der angeschlossenen öffentlichen Therme wurde vor kurzem durch einen modernen Zubau auf mehr als die doppelte Größe erweitert. Die neue Lobby empfängt mit geschmackssicher arrangiertem Interieur, die neuen Zimmer sind wunderschön eingerichtet und haben Holzböden, jene im alten Teil („Haupthaus" und „Fürstenflügel") sowie die Restaurantbereiche können da in keiner Weise mithalten, was im Prospekt jovial mit „ehrwürdiger Tradition" umschrieben wird. Der Wellnessbereich ist einnehmend angenehm gestaltet, unter anderem geboten werden zwei knapp 23 m lange Pools, ein separates Ladys-Spa und ein Aktivprogramm, aus der Sauna und dem kleinen Fitnessraum hat man einen Ausblick in eine kurparkähnliche Gartenidylle, die insgesamt vier Saunen schließen um 21 Uhr. Gute Massagen, die allerdings auch unterbrochen werden, da – zumindest bei unserem Besuch – die Therapeutin gleichzeitig als Spa-Rezeptionistin tätig werden musste. Frühstückseier aus Bodenhaltung, beim Service gibt es noch etwas Spielraum nach oben. 90 Liegen, 240 Betten.
Freibecken, Kinderfreibecken, Thermalhallenbad, Außensauna, Sauna, Dampfbad, Massagen, Kosmetik, Fitnessgeräte, Personal Trainer. 18-Loch-Parcours in 21 km.
HP ab € 100,50.
- 75385 Bad Teinach, Otto-Neidhart-Allee 5
  ☎ 07053-29-0

Wellness 14

Berlins Kronelamm ****s

Grünlage bei Bad Teinach – 50 km westlich von Stuttgart

Ein familiengeführtes Traditionshaus, es wurde in den vergangenen Jahren großzügig erweitert und besteht aus zwei durch eine Straße voneinander getrennten Gebäuden, nämlich aus Krone (mit À-la-carte-Restaurant, ein Michelin-Stern) und Lamm, bei Letzterem handelt es sich um das Haupthaus, in dem sich Halbpensionsrestaurant und Spa befinden. Zimmer wählt man aus 14 stark unterschiedlichen Varianten (DZ von 22 bis 90 m^2),

die meisten haben Balkon mit herrlichem Ausblick in die Landschaft, fast alle Teppichböden. Der vor kurzem renovierte Wellnessbereich ist auf vier Geschoße verteilt und recht schön gestaltet, inwendig aber nicht gerade weitläufig, die werblich angeführten 1.600 m² Fläche werden jedenfalls indoor deutlich unterschritten. Im Außenbereich gibt es einen 14 m langen Pool, schöne Liegedecks, im Angebot steht ein Aktivprogramm, das auch Yoga, Pilates und geführte Wanderungen umfasst, die vier Saunen schließen um 20.30 Uhr. Das Spa ist öffentlich zugänglich, Kindern unter 14 Jahren ist der Zutritt verwehrt. Freundliche Mitarbeiter, Restaurantterrasse mit Abendsonne und bezauberndem Panorama, Light Lunch sowie eine Nachmittagsjause im Spa-Bistro sind im Preis inkludiert. Ungeeignet für Kinder.
42 Liegen, 150 Betten.
Freibecken, Sauna, Dampfbad, Massagen, Kosmetik, Ayurveda, Fitnessgeräte, Personal Trainer.
HP ab € 118,–.

- 75385 Bad Teinach-Zavelstein
  Marktplatz 2-3
  ☏ 07053-9294-0

Wellness 11

Talblick Landhotel ***s

Grünlage am Ortsrand – 65 km westlich von Stuttgart

- 75389 Neuweiler, Breitenberger Str. 15, ☏ 07055-9288

Wellness 11

Mönch's Waldhotel ****

Grünruhelage am Ortsrand – 65 km westlich von Stuttgart

- 75399 Unterreichenbach, Zu den Mühlen 2
  ☏ 07235-790

Business | Wellness 10

Novotel Karlsruhe City ****s

Zentrumslage in Karlsruhe

- 76137 Karlsruhe, Festplatz 2, ☏ 0721-3526-0

Wellness 12

Erbprinz *****s

Zentrumslage in Ettlingen – 5 km südlich von Karlsruhe

- 76275 Ettlingen, Rheinstraße 1, ☏ 07243-322-0

Wellness 11

Villa Hammerschmiede *****

Grünlage bei Pfinztal – 15 km östlich von Karlsruhe

- 76327 Pfinztal, Hauptstraße 162
  ☏ 07240-601-0

Wellness 9

Best Western Bad Herrenalb ***s

Grünlage am Ortsrand – 25 km südlich von Karlsruhe

- 76332 Bad Herrenalb, Dobler Str. 26
  ☏ 07083-7420

Wellness 11

Schwarzwald Panorama ****s

Grünruhelage in Bad Herrenalb – 25 km von Karlsruhe

- 76332 Bad Herrenalb, Rehteichweg 22, ☎ 07083-927

Wellness 14

Brenners Park-Hotel & Spa *****s

Grünruhelage in Baden-Baden

Hunde- und kinderfreundlich. Eine Ausnahmeerscheinung ist diese Grandhotellegende, sie versteht sich bestens auf Tagungen und exklusive Events, liegt mitten in der Stadt und verfügt über einen traumhaften Park. Alles zeigt sich von einnehmend niveauvoller Gediegenheit und räumlicher Großzügigkeit, wenngleich nicht überall ganz taufrisch, was auch für so manches Zimmer gilt, es gibt übrigens 13 Kategorien, die teuerste Suite schlägt mit rund 3.600 Euro zu Buche. Noch vor zwei Jahrzehnten galt das Haus als Deutschlands führende Spa-Adresse, in der Zwischenzeit hat man allerdings etwas an Terrain verloren, wer hier gehobene Variationen von Wasser und Wärme sucht, wird enttäuscht, das können selbst wesentlich günstigere Häuser inzwischen viel besser. Und daran ändert auch die neue Villa Stephanie nicht viel: vornehmlich Sauna, unglaublich luxuriöse Treatment-Rooms, ein Fitnessraum und ein Tauchbecken! Zigarrenlounge, fabelhafte Restaurantterrassen, ausgezeichnete Qualität beim Frühstück, gute bis sehr gute Küche. Fazit: ruhevolles Erlebnis besonderer Güte – so nicht gerade ein Event stattfindet. Täglich vier Stunden Betreuung für Kinder ab drei Jahren. 15 Liegen, 210 Betten. Hallenbad, Sauna, Dampfbad, Massagen, Kosmetik, Fitnessstudio, Personal Trainer. 18-Loch-Parcours in 3 und 17 km. NF ab € 227,–.

- 76530 Baden-Baden, Schillerstr. 4-6, ☎ 07221-900

Wellness 12

Dorint Maison Messmer *****

Grünruhelage in Baden-Baden

- 76530 Baden-Baden, Werderstr. 1, ☎ 07221-3012-0

Business | Wellness 11

Leonardo Royal ****s

Ruhige Ortslage in Baden-Baden

- 76530 Baden-Baden, Falkenstr. 2, ☎ 07221-219-0

Wellness 10

Radisson Blu Badischer Hof ****

Zentrumsnähe in Baden-Baden

- 76530 Baden-Baden, Lange Str. 47, ☎ 07221-934-0

Wellness 12

Grüner Baum Waldhotel ****s

Grünruhelage bei Oberkirch – 75 km von Karlsruhe

- 77704 Oberkirch-Ödsbach, Alm 33, ☎ 07802-809-0

 Adler Naturparkhotel (Seite 145)

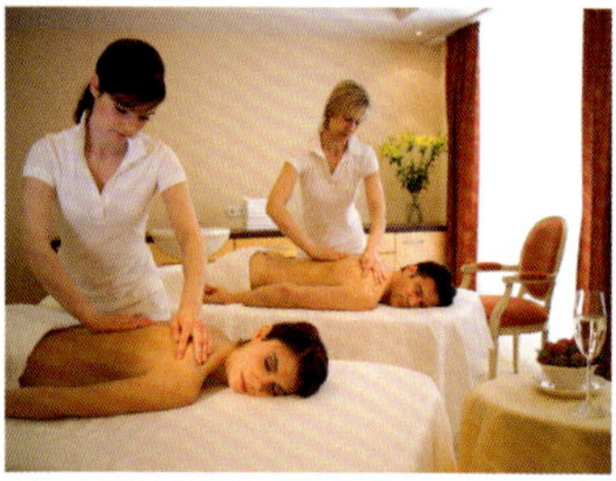

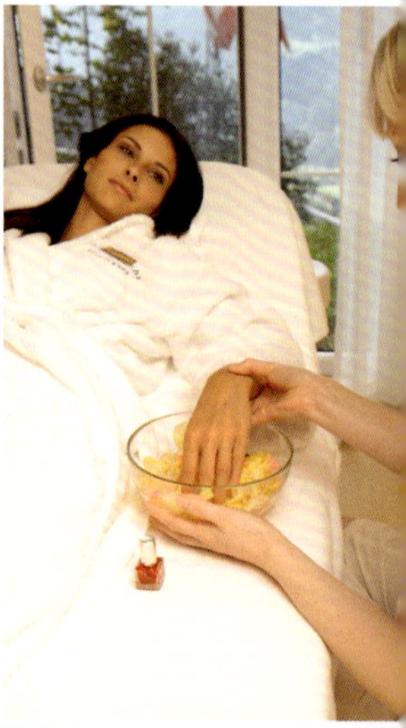

Wellness 14

Adler Naturparkhotel ****s

Grünruhelage am Ortsrand bei Wolfach – Schwarzwald

Hunde- und familienfreundlich. Ein netter Familienbetrieb, er bietet sozusagen ohne Aufpreis schon einmal die Grundvoraussetzung für entspannende Tage, liegt er doch in einem entzückenden Mini-Dörfchen inmitten von Wäldern und Wiesen – Handyfunkloch inklusive. Inwendig herrschen unübersichtliche Grundrisse und bodenständige Optik, Zimmer wählt man aus 15 stark unterschiedlichen Varianten (DZ von 21 bis 75 m²), viele haben Balkon, die meisten blitzrote Spannteppiche, jene im neuen Trakt (Südseite mit Talblick) Laminatböden. Das Spa bietet unter anderem ein 16 m langes Freibecken und Ruhezonen auf vier Ebenen, die vier Saunen schließen um 21 Uhr. Von der Liegewiese genießt man einen wunderschönen Ausblick, und aus der Sauna sieht man auf die Wallfahrtskirche, ohne dass der Herr Pfarrer hereinsehen kann – das Glas ist verspiegelt. Restaurantterrasse, gute Küche, Light Lunch, süße Nachmittagsjause und alkoholfreie Getränke im Spa-Bistro sind im Preis inkludiert. Präsente Gastgeber, freundliche Mitarbeiter – mit den Putzfrauen kann man sich übrigens auf Deutsch unterhalten, sie stammen alle aus der Umgebung, das ist ja heute genauso eine Seltenheit wie ein Handyfunkloch. Geführte Wanderungen, Wanderwege ohne Zahl. 58 Liegen, 135 Betten. (Foto Seite 143)
Freibecken, Hallenbad, Sauna, Dampfbad, Massagen, Kosmetik, Fitnessgeräte, Personal Trainer. 18-Loch-Parcours in 28, 31 und 40 km. HP ab € 98,–.

- 77709 Wolfach, St. Roman 14
  ☎ 07836-9378-0

Wellness 13

Dollenberg *****s

Absolute Grünruhelage bei Griesbach – Schwarzwald

Familienfreundlich. Eigentümergeführtes Großhotel in schöner Panoramalage, ausgesprochen verheißungsvoll erlebt man hier den ersten Anblick. Inwendig herrscht eine labyrinthische, mitunter auch längst nicht mehr taufrische Anmutung. Stark unterschiedliche Zimmer in nicht weniger als 22 Kategorien, auch weniger erfreuliche finden sich darunter, einige haben Holzböden, alle Balkon. Das Spa ist öffentlich zugänglich, es bietet nette Sauna- und Ruhezonen (nur: viel zu klein), einen wunderschönen Außenbereich mit Liegewiese und Springbrunnen, allerdings auch einen Pool mit Plastikfelsen und bestenfalls bedingt schwimmbarem Grundriss. Die werblich angeführten 5.000 m² Spa-Fläche werden indoor nicht einmal im Ansatz erreicht, die insgesamt sechs Saunen schließen um 19 Uhr. Schwankende Küchenleistung, schwaches, nicht selten überfordertes Service – von einem Fünfstern-superior-Niveau ist man hier ungefähr Lichtjahre entfernt. Viele alte Stammgäste, für den abendlichen Alleinunterhalter sind wir allerdings noch zu jung, und auch Küchenpartys (mit Scharen von externen Gästen) betrachten wir als alltagsabgewandtem Relaxen nur bedingt zuträglich. Wanderwege ohne Zahl. 58 Liegen, 250 Betten.
Freibecken, Hallenbad, Solehallenbad, Sauna, Dampfbad, Massagen, Kosmetik, Fitnessgeräte, Personal Trainer. 18-Loch-Parcours in 23 km. Tennisplatz. HP ab € 142,–.

- 77740 Bad Peterstal, Dollenberg 3, ☎ 07806-78-0

Wellness 10

Hubertus garni ***s

Zentrale Ortslage in Bad Peterstal – Schwarzwald

- 77740 Bad Peterstal, Insel 3, ☎ 07806-595

Wellness 15

Ritter Durbach ****s

Zentrale Ortslage in Durbach – Schwarzwald

Hundefreundlich. An der Badischen Weinstraße: Ein aufmerksam geführter Familienbetrieb, er ist baulich aus einem historischen Fachwerkhaus hervorgegangen und liegt mitten in einem malerischen Ort. Verwinkelte Grundrisse und ein so liebevoll wie stilsicher gestaltetes Ambiente sind besondere Kennzeichen des Hauses. Zimmer wählt man aus 10 Kategorien (DZ von 17 bis 70 m²), sie bieten geschmackvoll arrangierte Interieurs, gute Betten mit feiner Bettwäsche und verströmen kontemporäre Wohnlichkeit, aus vielen sieht man wunderschön auf die Weinberge, bei offenem Fenster ist die Durchgangsstraße allerdings nicht zu überhören. Das Spa ist auf drei auseinanderliegende, über Treppen und Lift erreichbare Ebenen verteilt, der Pool muss ohne Tageslicht auskommen und ist zudem ganz klein. Erwähnenswert sind die ausgezeichneten Massagen, die angenehmen Ruhezonen und die ausgedehnten Öffnungszeiten: etwa Saunen von 10 bis 22 Uhr bzw. auf Wunsch sogar rund um die Uhr – das gibt es nirgendwo sonst in Deutschland! Präsente Gastgeber, junge, ausgesprochen freundliche Crew, niveauvolle Gäste – und die dazu passenden Tageszeitungen. Feines Frühstücksbuffet (mit ebensolchen Tees), gute bis sehr gute Küche – die Wertung gilt wie immer für die HP-Küche („Ritterstube") und nicht für das À-la-carte-Restaurant des Küchenvirtuosen André Tienelt, das mit einem Stern vom Guide Michelin ausgezeichnet wurde. Großartiger Weinkeller, kompetente Beratung. Eher ungeeignet für Kinder. 35 Liegen, 175 Betten.
Hallenbad, Sauna, Dampfbad, Massagen, Kosmetik, Fitnessgeräte, Personal Trainer. HP ab € 124,–.

- 77770 Durbach, Im Tal 1, ☎ 0781-9323-0

Wellness 10

Zum Kranz ****

Zentrumslage in Bad Rippoldsau – Schwarzwald

- 77776 Bad R., Reichenbachstr. 2, ☎ 07440-913900

Wellness 10

Badischer Hof ****

Grünruhelage bei Biberach – Schwarzwald

- 77781 Biberach, Im Dörfle 20
  ☏ 07835-636-0

Wellness 12

Tannenhof Sasbachwalden ***

Grünruhelage mit Fernblick – 30 km von Baden-Baden

- 77887 Sasbachwalden, Murberg 6
  ☏ 07841-64070

Wellness 11

Berghotel Mummelsee ***S

Grünlage mit Fernblick an der B500 – Schwarzwald

- 77889 Seebach, Schwarzwaldhochstraße 11
  ☏ 07842-99286

Wellness 10

Colosseo ****S

Ortsrandlage in Rust – 25 km nördlich von Freiburg

- 77977 Rust, Europa-Park-Straße 4, ☏ 07822-860-0

Wellness 11

Santa Isabel ****S

Ortsrandlage in Rust – 25 km nördlich von Freiburg

- 77977 Rust, Europa-Park-Str. 4, ☏ 07822-860-0

Wellness 13

Salinensee

Grünruhelage in Bad Dürrheim – 70 km von Freiburg

Ein familiengeführtes Kleinhotel am Ortsrand, umringt von einem Wäldchen liegt es direkt an einem schlammigen See. Stark unterschiedliche Zimmer in fünf Kategorien (20 bis 48 m²), die meisten wurden vor kurzem renoviert. Zeitgemäßes Spa mit Liegewiese, die zwei Saunen schließen um 20 Uhr. Urige Gaststube, gute Küche, nette Terrasse, viele alte Stammgäste. Ungeeignet für Kinder. 16 Liegen, 42 Betten.

Hallenbad, Sauna, Massagen, Kosmetik, Ayurveda, Personal Trainer. HP ab € 86,–.

- 78073 Bad Dürrheim, Am Salinensee 1
  ☏ 07726-3705-0

Wellness | Kur 12

Waldeck ****

Im Kurgebiet von Bad Dürrheim – 70 km von Freiburg

- 78073 Bad Dürrheim, Waldstr. 18, ☏ 07726-663-100

Wellness 10

Best Western Schwarzwaldresidenz ***S

Grünruhelage in Triberg – Schwarzwald

- 78098 Triberg, Bgm.-De-Pellegrini-Straße 20
  ☏ 07722-9623-0

Wellness | Gesundheit 12

Wehrle Parkhotel ****

Zentrumslage in Triberg – Schwarzwald

- 78098 Triberg, Gartenstraße 24, ☏ 07722-8602-0

Wellness 9

Schwarzwald Parkhotel ***S

Grünlage bei Königsfeld – Schwarzwald

- 78126 Königsfeld, Klimschpark, ☏ 07725-808-0

Wellness 11

Schöne Aussicht ****

Absolute Naturlage bei Hornberg – Schwarzwald

- 78132 Hornberg, Schöne Aussicht 1, ☏ 07833-9369

Wellness 10

Dorer ****

Grünruhelage am Ortsrand in Schönwald – Schwarzwald

- 78141 Schönwald, Schubertstr. 20, ☏ 07722-9505-0

Wellness 11

Ochsen ****

Grünruhelage in Schönwald – Schwarzwald

- 78141 Schönwald, L.-Uhland-Str. 18, ☏ 07722-866480

Wellness 15

Öschberghof ****S

Grünruhelage – 65 km östlich von Freiburg

Direkt am Golfplatz: Eine höchst sauber geführte Mischung aus Tagungs-, Ferien- und Golfhotel. Zimmer wählt man aus fünf Kategorien – sie sollen im Zuge einer baulichen Erweiterung im nächsten Jahr allesamt refurbished, also aufgehübscht werden –, fast alle sind großzügig geschnitten und haben Balkon oder Terrasse, etwa ein Drittel liegt allerdings in einer ein paar gute Schritte entfernten Dependance, was speziell während der kälteren Jahreszeit eine gewisse Herausforderung auf dem Weg in den Wellnessbereich bedeutet. Dieser ist öffentlich zugänglich und auf drei Ebenen aufgeteilt, dazu gehören unter anderem ein Innenpool mit gut schwimmbarem Grundriss – er ist 25 m lang –, ein feines Sonnendeck mit Sauna auf dem Dach und ein Kälteraum (minus 15 Grad). Täglich Aktivprogramm, auch Yoga und Pilates, die insgesamt fünf Saunen schließen um 22 Uhr. Aufmerksame und freundliche Mitarbeiter, gute Küche. Nachmittagsjause und eine kleine Getränkeauswahl tagsüber sind im Zimmerpreis inkludiert, das Spa kann am Abreisetag noch bis 22 Uhr genutzt werden. Jogging-Pfade, Leihfahrräder gratis. Ungeeignet für Kinder.
48 Liegen, 129 Betten.

Hallenbad, Außensauna, Sauna, Dampfbad, Massagen, Kosmetik, Ayurveda, Fitnessgeräte, Personal Trainer.
27-Loch-Parcours, bis zu 50 % Greenfee-Rabatt.
HP ab € 162,50.

- 78166 Donaueschingen-Aasen
  Golfplatz 1
  ☎ 0771-84-0

Wellness 12

Art Villa am See garni

Grünruhelage am Bodensee – 160 km von Stuttgart

- 78315 Radolfzell, Rebsteig 2/2, ☎ 07732-9444-0

Wellness 11

Gottfried ****

Grünlage am Ortsrand – 160 km südlich von Stuttgart

- 78345 Moos, Böhringer Straße 1, ☎ 07732-92420

Wellness 12

Adler Seehotel ****

Grünruhelage am Bodensee – 155 km von Stuttgart

- 78351 Bodman, Hafenstr. 4, ☎ 07773-9339-0

Wellness 10

Ganter Mohren ***s

Grünlage im Ort auf der Insel Reichenau – Bodensee

- 78479 Reichenau, Pirminstr. 141, ☎ 07534-9944-0

Business | Wellness 11

Traube Revital ****

Grünlage am Ortsrand – 125 km südlich von Stuttgart

- 78573 Wurmlingen, U. Hauptstr. 43, ☎ 07461-9380

Wellness 10

Käppelehof ****

Grünruhelage bei Lauterbach – Schwarzwald

- 78730 Lauterbach, Käppeleshof 5, ☎ 07422-3889

Business | Wellness 12

Colombi *****s

Zentrumslage in Freiburg

- 79098 Freiburg, Rotteckring 16, ☎ 0761-21060

Business | Wellness 10

Novotel am Konzerthaus ****

Zentrumslage am Hauptbahnhof in Freiburg

- 79098 Freiburg, K.-Adenauer-Platz 2, ☎ 0761-3889-0

Business | Wellness 11

Mercure Panorama Freiburg ****s

Grünruhelage mit Fernblick am Stadtrand von Freiburg

- 79104 Freiburg, Wintererstr. 89, ☎ 0761-5103-0

Business | Wellness 11

Dorint An den Thermen ****

Grünruhelage am Stadtrand von Freiburg

- 79111 Freiburg, An den Heilquellen 8
  ☎ 0761-4908-0

Wellness 10

Eden am Park ***s

In der Kurzone in Bad Krozingen – 20 km von Freiburg

- 79189 B. K., H.-Hellmann-Allee 20, ☎ 07633-958090

Kur 10

Eden an den Thermen ***s

In der Kurzone in Bad Krozingen – 20 km von Freiburg

- 79189 Bad Krozingen, Thürachstr. 1, ☎ 07633-1005

Wellness 10

Hofmann zur Mühle garni ***

Ruhige Zentrumslage – 20 km von Freiburg

- 79189 Bad Krozingen, Litschgistr. 6, ☎ 07633-908859

Wellness 10

Ott ***

In der Kurzone in Bad Krozingen – 20 km von Freiburg

- 79189 Bad Krozingen, Thürachstr. 3, ☎ 07633-40060

Wellness 10

Kreuz-Post ***s

Grünlage im Rheintal – 25 km nordwestlich von Freiburg

- 79235 Vogtsburg, Landstr. 1, ☎ 07662-90910

Wellness 10

Spielweg ****

Grünlage in Münstertal – 30 km südlich von Freiburg

- 79244 Münstertal, Spielweg 61, ☎ 07636-709-0

Wellness 15

Die Halde ****

Absolute Naturlage 25 km von Freiburg – Schwarzwald

Familienfreundlich. Sympathisches, familiengeführtes Kleinhotel, es liegt in 1.150 m Seehöhe auf dem Berg Schauinsland – der Name ist hier Programm, gewährt das Haus doch aus vielen Räumen einen Ausblick über die Hügel des Schwarzwaldes. Hinter mit Holzschindeln gedeckten Fassaden herrscht ein heimeliges Ambiente, die Zimmer (acht Kategorien, DZ ab 25 m²) sind einfach, aber fernab vom üblichen Schwarzwaldfolklorestil gehalten. Sie sind hell, schlicht und mit viel Lärchenholz gestaltet, haben teilweise große Fensterflächen, selten Balkon und niemals eine Minibar. Zum Spa gehören unter anderem ein kleiner Pool, eine Liegewiese sowie ein direkter Zugang zum Teich nach der Sauna. Sehr gute Massagen, kleines Aktivprogramm, auch Yoga und geführte Wanderungen, die drei Saunen schließen um 22 Uhr. Atmosphärisch gestaltetes Restaurant, das leider ab und an von vielen Tagesausflüglern frequentiert wird. Freundliche Mitarbeiter, solide, gute Küche, ein Light Lunch ist inkludiert. Bester Schlaf, der Weckruf erfolgt sanft – durch Kuhglockengebimmel. Wanderwege ohne Zahl. 32 Liegen, 76 Betten.

Naturbadeteich, Hallenbad, Sauna, Dampfbad, Massagen, Kosmetik, Ayurveda, Fitnessgeräte.
HP ab € 135,–.

- 79254 Oberried-Hofsgrund, Halde 2
  ☏ 07602-9447-0

Wellness 11

Hirschen ****
Zentrale Ortslage in Glottertal – Schwarzwald

- 79286 Glottertal, Rathausweg 2, ☏ 07684-810

Wellness 10

Schwarzenberg ***
Grünlage in Glottertal – Schwarzwald

- 79286 Glottertal, Talstraße 24, ☏ 07684-1324

Wellness ⚜⚜ 16

Elztalhotel ****s
Grünruhelage mit Fernblick bei Winden – Schwarzwald

Familienfreundlich. Ehrgeizig geführter Familienbetrieb, er liegt auf einer Anhöhe über dem Ort und ist uns wie kein zweiter in Deutschland seit langen Jahren sozusagen als Baustelle in Permanenz bekannt, freilich stets bei vollem Betrieb, was wiederum einiges über das Anspruchsniveau seiner Gäste aussagen dürfte. Das Haus besteht mittlerweile aus acht ineinander verschachtelten Gebäuden, das Ambiente zeigt sich dementsprechend uneinheitlich und stilistisch nicht überall ganz firm. Zimmer wählt man aus insgesamt 19 Varianten (die tatsächlichen Größen werden aber nicht kommuniziert!), sie sind stark unterschiedlich, die meisten haben Teppichböden, manche bieten einen schönen Ausblick. Eine besondere Stärke des Hauses zeigt sich im Spa. Dieses ist zwar öffentlich zugänglich und inwendig auch deutlich kleiner als die 6.000 m² aus dem Prospekt, aber dennoch überdurchschnittlich weitläufig. Highlights sind mehrere Pools und vor allem ein regelrechtes Saunaparadies, schade nur, dass die Öffnungszeiten dieser ganzen Pracht doch ziemlich beschränkt sind, so etwa öffnen die Saunen erst um 12.30 und schließen bereits um 19.30 Uhr. Liegewiese, gute Massagen, Aktivprogramm, auch geführte Wanderungen sind zu haben. Restaurantterrasse, viele freundliche Mitarbeiter, üppige Buffets, ein Light Lunch ist im Preis enthalten. Abendliche Tanzveranstaltungen mit nur bedingt erbaulichem Alleinunterhalter, viele alte Stammgäste, Gratisgarage für alle. 164 Liegen, 240 Betten. Solefreibecken, Freibecken, Freibecken (Sommer), Hallenbad, Außensauna, Sauna, Dampfbad, Massagen, Kosmetik, Ayurveda, Fitnessstudio. 9-Loch-Parcours in 7 km, 25 % Greenfee-Rabatt. Tennisplatz, Beachvolleyballplatz. HP ab € 151,–.

- 79297 Winden im Elztal, Am Rüttlersberg 5
  ☏ 07682-9114-0

Wellness 12

Ludinmühle ****s
Grünlage bei Freiamt – Schwarzwald

- 79348 Freiamt, Brettental 31, ☏ 07645-9119-0

Gesundheit 10

Markgräflerland Kursanatorium
Grünruhelage am Ortsrand – 35 km südlich von Freiburg

- 79379 Müllheim, Am Rappen 17, ☏ 07631-3690-0

Wellness 12

Schwarzmatt ****s
Grünruhelage in Badenweiler – 35 km südlich von Freiburg

- 79405 Badenweiler, Schwarzmattstr. 6, ☏ 07632-8201

Wellness 11

Am Park ****
Grünruhelage in Badenweiler – 35 km südlich von Freiburg

- 79410 Badenweiler, Römerstr. 8, ☏ 07632-758-0

Wellness 10

Anna ****
Grünruhelage in Zentrumsnähe – 35 km südlich von Freiburg

- 79410 Badenweiler, Oberer Kirchweg 2, ☏ 07632-797

Wellness 11

Balance am Blauenwald ***s
Grünruhelage in Badenweiler – 35 km südlich von Freiburg

- 79410 Badenweiler, Blauenstr. 11, ☏ 07632-8216-0

Kur | Wellness 11

Kellner's Spa ****
Grünruhelage in Badenweiler – 35 km südlich von Freiburg

- 79410 Badenweiler, Hochwaldstr. 7, ☏ 07632-751-0

Wellness 11

Post an der Therme ****
Zentrale Ortslage in Badenweiler – 35 km von Freiburg

- 79410 Badenweiler, Sofienstr. 1, ☏ 07632-82480

Wellness 10

Ritter ****
Zentrale Ortslage in Badenweiler – 35 km von Freiburg

- 79410 Badenweiler, Friedrichstr. 2, ☏ 07632-831-0

Gesundheit 11

Zimmermann Klinik
Grünruhelage am Ortsrand – 35 km südlich von Freiburg

- 79410 Badenweiler, Badstraße 46, ☏ 07632-754-0

Kur 10

Markushof Kurhotel ***
Grünlage am Ortsrand – 40 km südlich von Freiburg

- 79415 Bad Bellingen, Badstr. 6, ☏ 07635-3108-0

Kur | Wellness 9

Schwarzwälder Hof ***

Grünlage am Ortsrand – 40 km südlich von Freiburg

- 79415 Bad Bellingen, V.-Andlaw-Str. 9, ☎ 07635-8108

Wellness 9

Hebelhof ****

Grünlage an der B3 – 40 km südlich von Freiburg

- 79415 B. Bellingen, Bellingenstr. 5, ☎ 07635-8244930

Wellness 12

Bergvital ****

Grünruhelage in Todtnauberg – Schwarzwald

- 79674 Todtnauberg, Ennerbachstr. 28, ☎ 07671-9693

Wellness 10

Engel Todtnauberg ****

Ortslage in Todtnauberg – Schwarzwald

- 79674 Todtnauberg, Kurhausstr. 3, ☎ 07671-9119-0

Gesundheit 11

Oase Revitalis

Grünruhelage in Todtnauberg – Schwarzwald

- 79674 Todtnauberg, Kurhausstr. 23, ☎ 07671-724

Wellness 9

Fünfjahreszeiten ****

Grünlage am Ortsrand von Todtmoos – Schwarzwald

- 79682 Todtmoos, Auf dem Köpfle 1, ☎ 07674-924-0

Wellness 11

Rößle ****

Grünlage an der Straße bei Todtmoos – Schwarzwald

- 79682 Todtmoos, Kapellenweg 2, ☎ 07674-9066-0

Wellness 10

Bercher ****

Zentrale Ortslage in Waldshut-Tiengen – Schwarzwald

- 79761 Waldshut, Bahnhofstr. 1, ☎ 07741-4747

Wellness 11

Bären Titisee ****

Zentrale Ortslage in Titisee – Schwarzwald

- 79822 Titisee, Neustädter Str. 35, ☎ 07651-806-0

Wellness | Kur 12

Brugger's Hotelpark am See ****

Grünlage in Titisee – Schwarzwald

- 79822 Titisee, Strandbadstr. 14, ☎ 07651-801-0

Wellness 11

Maritim Titiseehotel ****

Ortslage am Seeufer in Titisee – Schwarzwald

- 79822 Titisee, Seestraße 16, ☎ 07651-808-0

Wellness ⚜14

Treschers Schwarzwaldhotel am See ****S

Ortslage am Seeufer in Titisee – Schwarzwald

Sehr schön am Seeufer gelegener, familiengeführter Traditionsbetrieb, er empfängt romantisch: mit schwarzen Holzschindelfassaden, grünen Fensterläden und blumengeschmückten Balkonen, innen wird die lupenreine Sommerfrischenostalgie allerdings thematisch nicht weitergeführt. Das Haus besteht aus drei miteinander verbundenen Gebäuden in unterschiedlichen Reifestadien, dementsprechend unterschiedlich zeigen sich auch die Zimmer. Sie stehen in 16 Varianten zur Auswahl, nicht alle präsentieren sich ganz taufrisch, doch es gibt auch elegantere, viele haben Balkon oder Terrasse, alle Teppichböden. Das inwendig nicht allzu große Spa ist klug und sensibel geplant, mit verschiedenartigem Stein, wenigen Farben und gänzlich ohne Dekoration – und das im Schwarzwald! Fein sind Seezugang mit Badesteg und kleinem Sonnendeck, der Außenpool ist 12 m lang. Sehr gute Massagen, schwacher Fitnessraum, die Saunen schließen um 20 Uhr. Liegewiese, feine Restaurantterrasse, bei Küche und Service gibt es noch etwas Luft nach oben. Ungeeignet für Kinder. 43 Liegen, 150 Betten. Freibecken, Hallenbad, Sauna, Dampfbad, Massagen, Kosmetik, Fitnessgeräte, Personal Trainer. 18-Loch-Parcours in 2 und 26 km. Tennisplatz, Bootsverleih. NF ab € 81,–.

- 79822 Titisee, Seestraße 10
  ☎ 07651-805-0

Wellness 10

Waldeck Parkhotel ****

Beim Bahnhof in Titisee – Schwarzwald

- 79822 Titisee, Parkstraße 4-6, ☎ 07651-809-0

Wellness ⚜⚜15

Wiesler Seehotel ****S

Ortslage am Seeufer in Titisee – Schwarzwald

Umweltbewusster Familienbetrieb von angenehmer Größe, er liegt privilegiert am Seeufer und besteht aus dem Haupthaus und einer etwa 100 m entfernt liegenden Dependance. Zimmer wählt man aus acht Varianten, sie sind ausnahmslos großzügig geschnitten, viele wurden vor kurzem renoviert oder zumindest „refurbished", die meisten haben Balkon und Holzböden. Das Spa wurde vor kurzem erweitert, es bietet unter anderem einen Außenpool – allerdings mit sehr beschränkten Nutzungszeiten – sowie einen großen Freibereich mit Whirlpool, zwei kleine Saunen und Liegewiese – alles mit herrlichem Ausblick, die insgesamt vier Saunen schließen um 19.30 Uhr. Feine Restaurantterrasse mit Morgensonne, bodenständige und gute, biologisch orientierte Küche, ein Nachmittagssnack im Spa-Bistro ist inkludiert, wer abends eine Bar sucht, wird nicht fündig. Freundliche,

bemühte Mitarbeiter. Ungeeignet für Kinder. 49 Liegen, 95 Betten.
Seebadestrand, Freibecken, Hallenbad, Außensauna, Dampfbad, Massagen, Kosmetik, Ayurveda, Fitnessgeräte. 18-Loch-Parcours in 2 und 26 km. HP ab € 103,–.

- 79822 Titisee, Strandbadstraße 5
  ☎ 07651-9809-0

Wellness 12

Adler Häusern ****s

Ruhige Ortslage in Häusern – Schwarzwald

- 79837 Häusern, St.-Fridolin-Str. 15, ☎ 07672-417-0

Wellness 12

Saigerhöh ****s

Grünruhelage mit Fernblick Nähe Titisee – Schwarzwald

- 79853 Lenzkirch, Saiger Höhe 8-10, ☎ 07653-6850

Wellness 11

Alemannenhof ****

Grünlage am Seeufer bei Titisee – Schwarzwald

- 79856 Hinterzarten, Bruderhalde 21, ☎ 07652-9118

Wellness 15

Erfurths Bergfried ****s

Grünruhelage am Ortsrand in Hinterzarten – Schwarzwald

Aufmerksam geführter Familienbetrieb von angenehmer Größe, er liegt in einer ruhigen Wohngegend und bietet ein stilvoll-behagliches Ambiente – Lobby mit offenem Kamin inklusive. Die Zimmer sind charmant arrangiert und aus nicht weniger als 19 Kategorien (DZ von 28 bis 60 m²) auszuwählen, alle haben Teppichböden, aber keines gleicht dem anderen, und des öfteren zeigen so manche Kleinigkeiten, dass man in diesem Haus auf Details achtet. Das feine Spa ist ausschließlich Hausgästen vorbehalten – bei 70 Prozent der in diesem Bundesland kommentierten Häuser ist das leider nicht so, auch wenn wir es nicht überall erwähnen. Unter anderem gibt es ein 10 m langes Freibecken, Innenwhirlpool, Saunahaus im Garten, Liegewiese und Arztpraxis. Gute Massagen, kleines Aktivprogramm, geführte Wanderungen, die Saunen schließen um 19.30 Uhr. Viele ordentlich geschulte und sehr freundliche Mitarbeiter, Frühstück bis 12 Uhr, sehr gute Küche, ebensolche Tisch- und Teekultur, Restaurantterrasse mit Abendsonne, große regionale Weinkarte. Niveauvolle Tageszeitungen, Turn-down-Service. Ruhevolles Umfeld – externe Restaurantgäste und Kinder unter 14 Jahren werden nicht aufgenommen. 38 Liegen, 78 Betten.
Freibecken, Hallenbad, Außensauna, Sauna, Dampfbad, Massagen, Kosmetik, Fitnessgeräte, Personal Trainer. 18-Loch-Parcours in 6 und 22 km, bis zu 20 % Greenfee-Rabatt. HP ab € 125,–.

- 79856 Hinterzarten, Sickinger Str. 28, ☎ 07652-1280

Wellness 12

Kesslermühle ****s

Grünruhelage am Ortsrand in Hinterzarten – Schwarzwald

- 79856 H., Erlenbrucker Str. 45, ☎ 07652-129-0

Gesundheit 11

Naturion Bio-Hotel

Grünruhelage am Ortsrand in Hinterzarten – Schwarzwald

- 79856 Hinterzarten, Sonnenbühlweg 6, ☎ 07652-5282

Wellness 15

Parkhotel Adler *****

Grünruhelage in Hinterzarten – Schwarzwald

Hunde- und familienfreundlich. Ruhig am Ortsrand gelegenes Traditionshaus mit großer Historie und charmant verwinkeltem Grundriss, mit bezauberndem Park mit Teich und vielen alten Bäumen. Es besteht aus Haupthaus und einer Dependance, in der die Deckenhöhe bestenfalls ausgesprochen kleinwüchsigen Menschen zuträglich ist. Über die Zimmergrößen vor allem der unteren Kategorien verraten die werblichen Unterlagen nichts – höchst seltsam, das –, die Interieurs changieren zwischen atavistischer Gediegenheit und kontemporär bis romantisch angehauchter Plüschigkeit, die meisten Zimmer haben Teppichböden, nur wenige Balkon. Das öffentlich zugängliche Spa verströmt wenig Flair und bietet kaum Rückzugsmöglichkeiten, die Massagen sind gut, Yoga gibt es gegen ambitionierten Aufpreis, die Saunen öffnen um 13 und schließen um 21 Uhr. Reichhaltiges Frühstücksbuffet bis 11 Uhr, bei der Küche gibt es noch etwas Luft nach oben, das Service ist längst nicht immer so, wie man sich's bei fünf Sternen erwarten dürfte. Noch zwei Wermutstropfen: Der Fokus auf Hochzeiten, Tagungen und Events ist alltagsabgewandtem Relaxen nur bedingt zuträglich. Und der im Prospekt versprochene „herrliche Ausblick auf den Adler-See" beim Frühstück war nicht zu finden. 32 Liegen, 122 Betten.

Freibecken, Hallenbad, Außensauna, Dampfbad, Massagen, Kosmetik, Ayurveda, Fitnessgeräte, Personal Trainer. 18-Loch-Parcours in 5 und 22 km, bis zu 100 % Greenfee-Rabatt. Tennisplätze. HP ab € 181,50.

- 79856 Hinterzarten, Adlerplatz 3
  ☎ 07652-127-0

Wellness 17

Reppert ****s

Grünruhelage in Hinterzarten – Schwarzwald

Immer wieder eine Freude für uns Tester: Ein sympathisches, familiengeführtes Kleinhotel, es liegt an einem Weiher und bietet ein erfrischend behaglich-konservatives Ambiente. Kaum ein Zimmer gleicht dem anderen, insgesamt stehen 25 sehr unterschiedliche Varianten zur Auswahl (DZ von 24 bis 78 m²), sie haben meistens Balkon, einige auch Holzböden und ganz

Reppert

moderne Bäder. Das Spa ist ausschließlich Hotelgästen vorbehalten, es wurde vor kurzem modernisiert und bietet auf zwei Etagen verschiedenartigste Variationen des Themas Wasser und Wärme. Unter anderem gibt es einen wunderschönen Saunabereich, Außenpool und Liegewiese mit Ausblick sowie hervorragende Massagen, sogar die gute alte Bürstenmassage nach Kneipp ist zu haben. Kleines Aktivprogramm, auch Yoga, Pilates und geführte Wanderungen, die sechs Saunen schließen um 19 Uhr. Niveauvolle Zeitungen, präsente Gastgeber, viele langjährige Mitarbeiter, sie agieren herzlich, fleißig und aufmerksam. Stoffservietten gibt es auch beim Frühstück, fein sind Teekultur und die große Auswahl an offenen Weinen, der Kaffee kommt im Silberkännchen. Fabelhaftes Frühstücksbuffet (bis 12 Uhr), sehr gute Küche, ein Light Lunch ist inkludiert. Ungeeignet für Kinder. 33 Liegen, 80 Betten.
Freibecken, Solehallenbad, Hallenbad, Sauna, Dampfbad, Massagen, Kosmetik, Ayurveda, Fitnessgeräte.
18-Loch-Parcours in 5 und 22 km, bis zu 20 % Greenfee-Rabatt.
HP ab € 127,–.
- 79856 Hinterzarten, Adlerweg 21
  ☏ 07652-1208-0

Wellness 9
Schwarzwaldhof ***
Ortslage in Hinterzarten – Schwarzwald
- 79856 Hinterzarten, Freiburger Str. 2, ☏ 07652-12030

Wellness 12
Thomahof ****
Grünlage am Ortsrand in Hinterzarten – Schwarzwald
- 79856 H., Erlenbrucker Str. 16, ☏ 07652-1230

Wellness 11
Parkhotel Flora ****s
Grünruhelage in Schluchsee – Schwarzwald
- 79859 Schluchsee, Sonnhalde 22, ☏ 07656-9742-0

Wellness 10
Schiff am Schluchsee
Zentrale Ortlage an der B500 in Schluchsee – Schwarzwald
- 79859 Schluchsee, Kirchplatz 7, ☏ 07656-9757-0

Wellness 12
Vier Jahreszeiten am Schluchsee ****
Grünruhelage bei Schluchsee – Schwarzwald
- 79859 Schluchsee, Am Riesenbühl, ☏ 07656-70-0

Wellness 12
Auerhahn ****
Grünlage an der B500 bei Schluchsee – Schwarzwald
- 79859 Schluchsee, Vorderaha 4, ☏ 07656-9745-0

Wellness 12
Alpenblick Bio-Wellnesshotel ****
Ruhige Ortslage in Höchenschwand – Schwarzwald
- 79862 Höchenschwand, St.-Georg-Straße 9
  ☏ 07672-418-0

Wellness 10
Fital ****
Grünlage am Ortsrand in Höchenschwand – Schwarzwald
- 79862 Höchenschwand, Sebastian-Kneipp-Straße 5
  ☏ 07672-488-0

Wellness 10
Feldberger Hof Familotel ****
Grünruhelage auf 1.300 m Nähe Titisee – Schwarzwald
- 79868 Feldberg, Dr.-Pilet-Spur 1, ☏ 07676-180

Wellness 10
Tannhof Wohlfühlhotel ***s
Grünlage am Ortsrand Nähe Titisee – Schwarzwald
- 79868 Feldberg, Im Dobel 1, ☏ 07655-9332-0

Wellness 11
Krone ****s
Ortslage bei Friedrichshafen – Bodensee
- 88045 Friedrichshafen, Untere Mühlbachstraße 1
  ☏ 07541-4080

Wellness 12
Traube am See ****
An der B31 bei Friedrichshafen – Bodensee
- 88048 Friedrichshafen, Meersburger Straße 11
  ☏ 07541-958-0

Wellness 12
Sonnenhof Bodensee-Hotel ****
Grünlage am Ortsrand Nähe Lindau – Bodensee
- 88079 Kressbronn, Sonnenhof 8, ☏ 07543-50022-0

Wellness 10
Litz Seehotel ****
An der Uferpromenade Nähe Friedrichshafen – Bodensee
- 88085 Langenargen, Obere Seestr. 11, ☏ 07543-9311

Wellness 11
Jägerhof Berghotel ****s
Absolute Grünruhelage – 185 km südöstlich von Stuttgart
- 88316 Isny, Jägerhof 1, ☏ 07562-77-0

Wellness 10
Vita ****
Grünruhelage in Aulendorf – 125 km südöstlich von Stuttgart
- 88326 Aulendorf, Ebisweilerstraße 20
  ☏ 07525-9210-0

Kur 10

Kurparkhotel

Ruhelage in Bad Waldsee – 125 km südöstlich von Stuttgart

- 88339 Bad Waldsee, Badstraße 30
  ☏ 07524-9707-0

Kur | Wellness 11

Parkhotel Jordanbad ****

Grünlage am Ortsrand – 135 km südöstlich von Stuttgart

- 88400 Biberach an der Riß, Im Jordanbad 7
  ☏ 07351-343300

Gesundheit 13

Buchinger Wilhelmi

Grünruhelage in Überlingen – Bodensee

Ein Spezialist für hochpreisiges Heilfasten, er liegt unweit des Bahnhofs auf einem Hang über dem Ort. Geboten werden stark unterschiedliche und überwiegend geradezu unfassbar winzige Zimmer, höchst seltsam klingen auch die Zusatzkosten, etwa: TV-Gerät 5 Euro pro Tag, Parkplatz 5 Euro pro Tag. Das allerdings bei Preisen von mehr als 2.100 Euro für das günstigste Wochenpackage und einem Zimmerchen von 9 m²! Zum kleinen Wellnessbereich gehören Liegewiese und ein feines Sonnendeck, ergänzend zu den Fastenkuren gibt es ein wahres Füllhorn von ganzheitsmedizinischen Therapieformen und Entspannungstechniken sowie Psychotherapie, Akupunktur und medizinische Check-ups. Internationale Gästeschar, viele Gäste aus dem arabischen Raum. Ungeeignet für Kinder. 5 Liegen, 196 Betten.
Freibecken, Sauna, Massagen, Kosmetik, Fitnessstudio, Personal Trainer. 18-Loch-Parcours in 6 km.
Pauschalen, etwa „Classic" (21 Tage inkl. Arzt und Fastendiät) ab € 5.019,–. Tagessatz ab € 214,– inkl. med. Grundversorgung und Buchinger-Programm.

- 88662 Überlingen, Wilhelm-Beck-Straße 27
  ☏ 07551-807-0

Kur | Gesundheit 12

Röther Kneipp- & Vitalhotel

Grünruhelage oberhalb von Überlingen – Bodensee

- 88662 Überlingen, Uhlandstr. 2, ☏ 07551-9224-0

Kur 10

Seehof Strandhotel ***s

Ortsrandlage in Überlingen – Bodensee

- 88662 Überlingen, Strandweg 6
  ☏ 07551-94798-0

Wellness 9

Stadtgarten ***s

Grünruhelage am Ortsrand in Überlingen – Bodensee

- 88662 Überlingen, Bahnhofstraße 22
  ☏ 07551-4522

Gesundheit 14

F. X. Mayr Zentrum Bodensee

Grünruhelage mit Fernblick bei Überlingen – Bodensee

Freundlicher, kleiner Familienbetrieb, man ist auf Entgiftungs- und Regenerationskuren nach F. X. Mayr spezialisiert. Das Haus liegt ebenso ruhig wie hoch über dem Bodensee, es bietet ein zeitgemäßes, unaufdringliches Ambiente. Die Zimmer sind 23 bis 34 m² groß, alle haben Netzfreischaltung, Balkon oder Terrasse sowie Seeblick, die große Wiese hinter dem Haus führt direkt ins Naturschutzgebiet. Seriöse Treatments, auch Yoga und Pilates. Sehr nettes und hilfsbereites Team, lockere Atmosphäre, guter Schlaf. 36 Betten.
Sauna, Dampfbad, Massagen, Kosmetik, Fitnessgeräte. 18-Loch-Parcours in 4 km. Leihfahrräder.
13-Tages-Pauschale ab € 1.876,– inkl. Arzt, Therapien und Diät.

- 88662 Überlingen-Hödingen, Brunnenstraße 30a
  ☏ 07551-9177-0

Wellness 10

Krone ****

Ruhige Ortslage – 165 km südlich von Stuttgart

- 88693 Deggenhausertal, Lindenpl. 2, ☏ 07555-9229

Wellness 11

Burgunderhof garni

Grünruhelage mit Fernblick bei Meersburg – Bodensee

- 88709 Hagnau, Am Sonnenbühl 70
  ☏ 07532-80768-0

Kur 10

Alexa Kurhotel ***s

Grünlage am Ortsrand – 75 km nordöstlich von Heilbronn

- 97980 Bad Mergentheim, Edelfinger Straße 11-13
  ☏ 07931-97270

Wellness 12

Best Western Bad Mergentheim ****s

Grünruhelage am Ortsrand – 75 km von Heilbronn

- 97980 Bad Mergentheim, Lothar-Daiker-Straße 6
  ☏ 07931-539-0

Wellness 11

Das Schaffers ***

Grünlage am Ortsrand – 75 km nordöstlich von Heilbronn

- 97980 B. Mergentheim, Edelfinger Straße 7
  ☏ 07931-9712-0

Wellness 11

Savoy Familotel ****

Grünlage am Ortsrand – 75 km nordöstlich von Heilbronn

- 97980 Bad Mergentheim, Erlenbachweg 17
  ☏ 07931-599-0

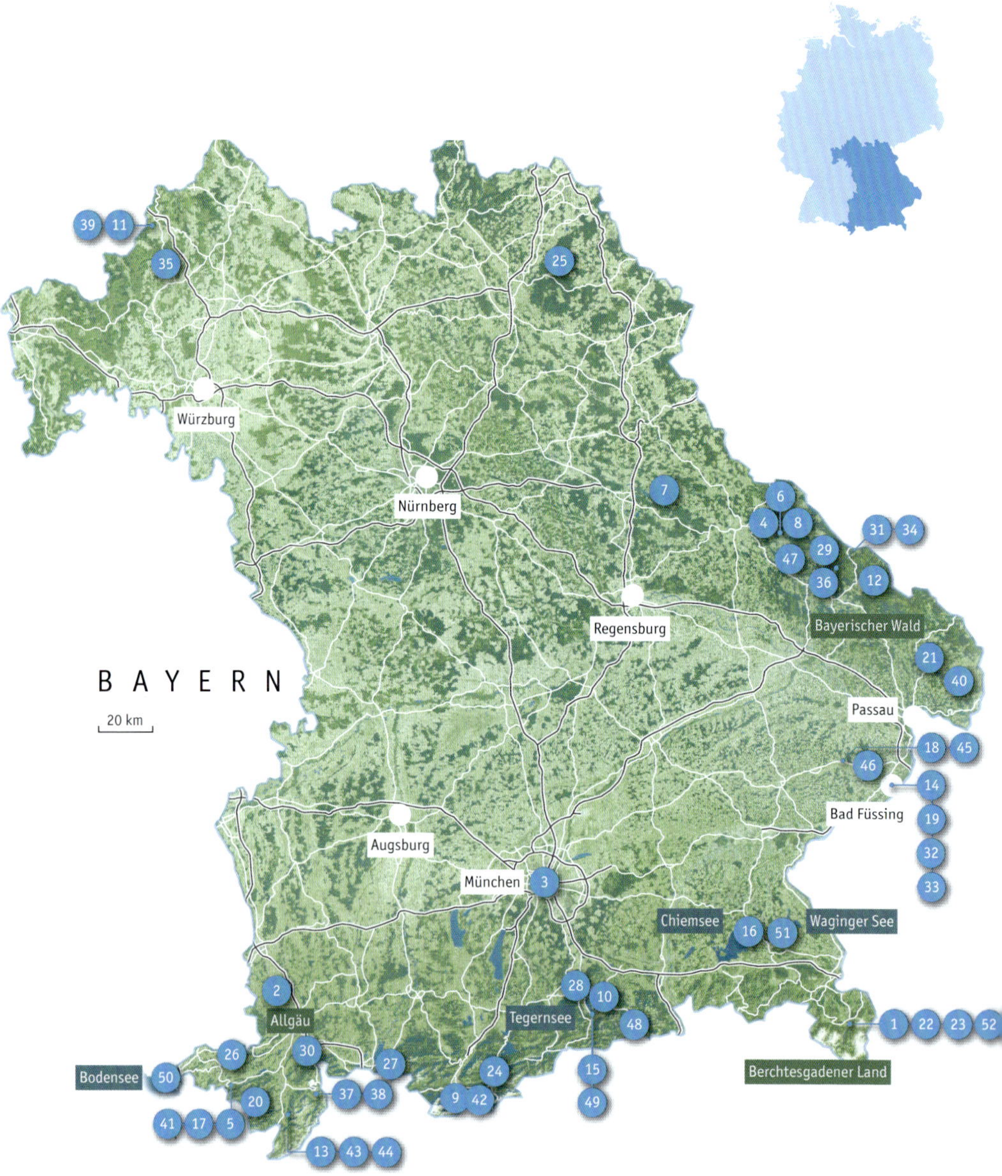
BAYERN
20 km
Würzburg
Nürnberg
Regensburg
Passau
Bad Füssing
Augsburg
München
Bayerischer Wald
Chiemsee
Waginger See
Tegernsee
Allgäu
Bodensee
Berchtesgadener Land
39 11
35
25
7
6
4 8
31 34
29
47
36
12
21
40
18 45
46
14
19
32
33
3
16 51
28
10
48
15
49
2
30
26
50
27
24
37 38
9 42
20
41 17 5
13 43 44
1 22 23 52

ALLE LILIEN-HOTELS IN **BAYERN**

Wellness 10

Lamm ****

Ortslage Nähe Aschaffenburg – 70 km von Würzburg

- 63872 Heimbuchenthal, St. Martinusstraße 1
  ☎ 06092-944-0

Wellness 11

Weyberhöfe Schlosshotel *****

An der B26 bei Aschaffenburg – 75 km von Würzburg

- 63877 Sailauf bei Aschaffenburg, Weyberhöfe
  ☎ 06093-940-0

Wellness 10

Schafhof Amorbach ****

Grünruhelage am Ortsrand – 80 km westlich von Würzburg

- 63916 Amorbach, Schafhof 1
  ☎ 09373-97330

Business | Wellness 14

Bayerischer Hof *****

Ruhige Zentrumslage in München

Hundefreundlich. Inhabergeführter Grandhotelklassiker, er ist schlechthin eine Institution in München und befindet sich in bester Shoppinglage, was freilich auch bezahlt werden will. Einnehmendes Ambiente, stark unterschiedliche Zimmer – das Spektrum reicht von enttäuschend bis hin zu großartig luxuriös, Wohnträume mit mehr als 130 m² inklusive. Das sogenannte Blue Spa ist eines der Highlights des Hauses, es befindet sich im Dachgeschoß, bietet offenen Kamin, Pool mit „Cabrio-Dach" bei Sonnenschein sowie eine Terrasse mit fabelhaftem City-Ausblick. Gute Massagen, auch Yoga und Pilates (gegen Aufpreis), die Saunen öffnen um 7 und schließen um 22.30 Uhr. Freundliche Mitarbeiter, bei Service und Küche gibt es aber noch etwas Luft nach oben. Garage (nötig) gegen 34 Euro pro Tag. 20 Liegen, 800 Betten.

Hallenbad, Sauna, Dampfbad, Massagen, Kosmetik, Ayurveda, Fitnessstudio, Personal Trainer.

NF ab € 220,–.

- 80333 München, Promenadenplatz 2-6
  ☎ 089-2120-0

Business | Wellness 12

The Charles *****s

Ruhige Zentrumslage Nähe Hauptbahnhof – München

- 80333 München, Sophienstraße 28
  ☎ 089-544555-0

Business | Wellness 12

Sofitel Munich Bayerpost *****

Zentrumslage beim Hauptbahnhof – München

- 80335 München, Bayerstraße 12
  ☎ 089-59948-0

Business | Wellness 10

Kempinski Vier Jahreszeiten *****s

Zentrumslage in München

- 80539 München, Maximilianstr. 17, ☎ 089-2125-0

Business | Wellness 11

Marriott München

Im Wohngebiet beim Stadtring von München

- 80805 München, Berliner Straße 93, ☎ 089-36002-0

Business | Wellness 10

The Westin Grand München *****

Ruhige Zentrumslage in Bogenhausen – München

- 81925 München, Arabellastraße 6, ☎ 089-9264-0

Wellness 10

Vier Jahreszeiten Starnberg ****s

Ortslage an der B2 in Starnberg – Nähe München

- 82319 Starnberg, Münchner Str. 17, ☎ 08151-4470-0

Wellness 12

Leoni Seehotel ****

Grünruhelage am Seeufer – 30 km südlich von München

- 82335 Berg, Assenbucherstraße 44, ☎ 08151-506-0

Wellness 11

Residence Starnberger See ****

An der Hauptstraße in Feldafing – 35 km von München

- 82340 Feldafing, Possenhofener Straße 29
  ☎ 08157-303-0

Wellness 10

Marina Bernried ****

Uferlage am Starnberger See – südlich von München

- 82347 Bernried, Am Yachthafen 1-15
  ☎ 08158-9320

Wellness 12

Alpenhof Murnau *****

Grünruhelage am Ortsrand – 70 km südlich von München

- 82418 Murnau, Ramsachstraße 8
  ☎ 08841-491-0

Kur | Wellness 11

Am Wiesenhang garni ***

Ruhige Ortslage in Bad Kohlgrub – 85 km von München

- 82433 Bad Kohlgrub, Prentstraße 14-18
  ☎ 08845-74700

Wellness | Kur 12

Johannesbad ****

An der Durchzugsstraße – 85 km von München

- 82433 Bad Kohlgrub, Saulgruberstraße 6
  ☎ 08845-84-0

Kur 10

Kurhaus Dr. Lauter ****

Grünruhelage am Ortsrand – 85 km von München

- 82433 Bad Kohlgrub, Kurhausstr. 81, ☎ 08845-97-0

Kur | Wellness 12

Panorama Bio-Kurhotel ***S

Ruhige Ortslage in Bad Kohlgrub – 85 km von München

- 82433 Bad Kohlgrub, Spengelstr. 6, ☎ 08845-702-0

Wellness 11

Schillingshof ****

Ruhige Ortslage in Bad Kohlgrub – 85 km von München

- 82433 Bad Kohlgrub, Fallerstr. 11, ☎ 08845-701-0

Kur | Wellness 10

Sebaldus Landhotel ***

Südhanglage am Ortsrand – 85 km südlich von München

- 82433 Bad Kohlgrub, Mühlstraße 1, ☎ 08845-7000

Kur 10

Siass Kurbad garni

Zentrale Ortslage in Bad Kohlgrub – 85 km von München

- 82433 Bad Kohlgrub, Samstraße 1, ☎ 08845-8705

Kur | Wellness 11

Sonnen Kur- & Vitalhotel ***

Grünruhelage am Ortsrand – 85 km von München

- 82433 Bad Kohlgrub, Sonnen 92a
  ☎ 08845-74770

Kur 10

St. Martin Kurbad

Ruhige Zentrumslage – 85 km südlich von München

- 82433 Bad Kohlgrub, Prentstraße 9
  ☎ 08845-7472-0

Wellness | Kur 11

Waldruh ***S

Grünruhelage am Ortsrand – 85 km von München

- 82433 Bad Kohlgrub, Sonnen 93
  ☎ 08845-7410-0

Wellness | Kur 11

Parkhotel Bayersoien ****S

Seenahe Grünruhelage – 100 km südwestlich von München

- 82435 Bad Bayersoien, Am Kurpark 1
  ☎ 08845-120

Wellness 11

Best Western Obermühle ****S

Zentrumsnähe in Garmisch-Partenkirchen

- 82467 Garmisch-Partenkirchen, Mühlstraße 22
  ☎ 08821-704-0

Wellness 13

Das Graseck ****S

Absolute Naturlage bei Garmisch-Partenkirchen

Auf 900 m Seehöhe und nur nach einer geradezu abenteuerlich romantischen Fahrt mit einer kleinen, wackeligen Seilbahn zu erreichen: der legendäre Berggasthof Graseck von ehedem. Im Vorjahr wurde er mit dem Namenszusatz My Mountain Hideaway eröffnet, nach einer umfangreichen Modernisierung, bei der kein Stein auf dem anderen geblieben sein dürfte – nur das großartige Panorama ist noch vorhanden. Das Ambiente präsentiert sich geradlinig und reduziert, Zimmer wählt man aus fünf Kategorien (DZ von 18 bis 50 m²), sie haben Holzböden, schicke Interieurs, aber leider stets offene Bäder (diese Architekten!). Kleines Spa mit Außenwhirlpool, der Fokus liegt auf medizinischer Prävention und Leistungsdiagnostik, neben Check-ups stehen etwa auch Burnout-Prophylaxe, Mundhygiene sowie gastroenterologische Untersuchungen im Angebot, die Saunen schließen um 21 Uhr. Fabelhafte Restaurantterrasse, gute Küche, beim Service gibt es noch etwas Luft nach oben. Ein Wermutstropfen: Das mit dem Mountain Hideaway stimmt nicht so ganz, denn Biergarten, Restaurant und Spa sind öffentlich zugänglich, außerdem sind Hochzeiten und Events alltagsabgewandtem Relaxen nur sehr bedingt zuträglich. Ungeeignet für Kinder. 15 Liegen, 80 Betten. Sauna, Dampfbad, Massagen, Kosmetik, Fitnessgeräte, Personal Trainer.
HP ab € 125,–.

- 82467 Garmisch-Partenkirchen, Graseck 4
  ☎ 08821-943240

Wellness 11

Dorint Garmisch-Partenkirchen ****

Grünlage am Ortsrand in Garmisch-Partenkirchen

- 82467 G.-P., Mittenwalder Str. 59, ☎ 08821-706-0

Wellness 10

H+ Alpina ****

Zentrale Ortslage in Garmisch-Partenkirchen

- 82467 Garmisch-Partenkirchen, Alpspitzstraße 12
  ☎ 08821-7830

Wellness 9

Leiners Familotel

Grünlage am Ortsrand in Garmisch-Partenkirchen

- 82467 Garmisch-Partenkirchen, Wildenauer Str. 20
  ☎ 08821-9528-0

Wellness 10

Mercure Garmisch-Partenkirchen ****

An der B2 in Garmisch-Partenkirchen

- 82467 Garmisch-Partenkirchen, Mittenwalder Str. 2
  ☎ 08821-7560

Wellness 11

Reindl's Partenkirchner Hof *****
Zentrale Ortslage in Garmisch-Partenkirchen
- 82467 Garmisch-P., Bahnhofstr. 15, ☏ 08821-94387-0

Wellness 10

Rheinischer Hof ****
An der B23 in Garmisch-Partenkirchen
- 82467 Garmisch-Partenkirchen, Zugspitzstraße 76 ☏ 08821-9120

Wellness 11

Riessersee Resort ****s
Grünruhelage – Nähe Garmisch-Partenkirchen
- 82467 Garmisch-Partenkirchen, Am Riess 5 ☏ 08821-758-0

Wellness 11

Sonnenbichl Grand ****
An der B23-Ortseinfahrt in Garmisch-Partenkirchen
- 82467 Garmisch-P., Burgstraße 97, ☏ 08821-702-0

Wellness 12

Staudacherhof ****s
Grünruhelage in Zentrumsnähe – Garmisch-Partenkirchen
- 82467 Garmisch-Partenkirchen, Höllentalstraße 48 ☏ 08821-929-0

Wellness 10

Wittelsbacher Hof ****
Zentrumslage in Garmisch-Partenkirchen
- 82467 Garmisch-P., Von-Brug-Str. 24, ☏ 08821-53096

Wellness 12

Zugspitze ****s
Zentrumslage in Garmisch-Partenkirchen
- 82467 Garmisch-Partenkirchen, Klammstraße 19 ☏ 08821-901-0

Kur | Wellness 10

Am Kofel ***s
Grünruhelage in Oberammergau – 90 km von München
- 82487 Oberammergau, Hubertusstraße 2 ☏ 08822-780

Wellness 10

Parkhotel Sonnenhof ***s
Ruhige Ortslage in Oberammergau – 90 km von München
- 82487 Oberammergau, König-Ludwig-Straße 12-16 ☏ 08822-9130

Wellness 11

Alpenhof Grainau ****
Grünruhelage am Ortsrand bei Garmisch-Partenkirchen
- 82491 Grainau, Alpspitzstr. 34, ☏ 08821-987-0

Wellness 11

Haus Hammersbach ****

Ruhige Ortslage in Grainau bei Garmisch-Partenkirchen

- 82491 Grainau, Kreuzeckweg 2, ☎ 08821-983-0

Wellness 11

Waxenstein ****s

Zentrumsnahe Grünlage bei Garmisch-Partenkirchen

- 82491 Grainau, Höhenrainweg 3, ☎ 08821-984-0

Wellness 19

Schloss Elmau *****s

Absolute Grünruhelage bei Garmisch-Partenkirchen

Kinderfreundlich. Ein inhabergeführtes Luxusresort mit Märchenschlossanmutung – zumindest, was die Lage betrifft: solitär, bezaubernd schön, vor grandioser Naturkulisse. Es besteht neuerdings aus zwei Hotels, nämlich dem Schloss und dem sogenannten Retreat, das im Vorjahr eröffnet wurde und ein paar Schritte entfernt liegt. In diesem wurden die bestehenden Luxusdimensionen nochmals erhöht, hier beeindrucken zunächst Lobby und Restaurants: offen verglast zum Wetterstein hin, echtes High-End-Hotelflair auf internationalem Niveau – sehr viel Stil, sympathisch, weil nicht protzig, und allerbeste Materialien. Weiters findet man im Retreat 50 bis 125 m^2 große Suiten mit bis an den Boden reichenden Fenstern, mit fabelhaften Bädern und geradezu betörend zeitloser Wohnlichkeit sowie ein eigenes Spa von respektabler Größe! Die HP-Preise hier bewegen sich übrigens zwischen 300 und 1.250 Euro pro Person. Aber zurück zum Schloss: Hier begeistern gestalterisches Niveau und guter Geschmack, wohin das Auge auch blickt, es gibt Bibliotheken, einen Teesalon, eine atmosphärisch gestaltete Bar und mehrere angenehme Lounges. Zimmer sind aus nicht weniger als 29 Varianten (26 bis 110 m^2) wählbar, wie alles in diesem Haus sind auch sie von stilsicherer Hand gestaltet. Nachdem man als Gast des Resorts alle Bereiche nutzen darf, stehen hier insgesamt vier Wellnessbereiche zur Verfügung, die nichts vermissen lassen, genau deshalb aber auch hier nicht ausführlich beschrieben werden können, einfach weil der Platz dafür nicht reichen würde. Ganz kurz zusammengefasst: Insgesamt gibt es fünf große Außenpools – mit Längen zwischen 20 und 27 m –, weiters Ladys-Spa, Familien-Spa sowie während der Sommermonate das erquickende Nature Spa: mit Bächlein, Sauna und sogar Treatments im Freien. Ein Highlight sind auch die Massagen – sie zählen zu den besten in Deutschland –, täglich gibt es ein Aktivprogramm, auch Qi Gong und geführte Wanderungen werden hier geboten. Erwähnenswert in diesem Kontext ist auch das umfassende Angebot an Yoga (zweimal täglich, für Anfänger und Fortgeschrittene), das ist anderswo in Deutschland nicht zu finden. Zwei Pools sind, so wie das Fitnessstudio, rund um die Uhr geöffnet, die Saunen schließen um 20 Uhr. Sehr freundliche und aufmerksame Mitarbeiter, aber nicht alle sind auf ihrem Gebiet (Rezeption, Service) auch ganz sattelfest. Großartiges Frühstücksbuffet in bester Qualität, sehr gute Küche, Nachmittagsjause und Mitternachtsimbiss sind im Preis enthalten, die Weinkarte ist mit außergewöhnlicher Expertise und Leidenschaft zusammengestellt. Valet Parking; täglich 12 Stunden Betreuung für Kinder ab einem Jahr – sehr nett, mit außergewöhnlichem Programm. Der Fokus auf Familien bedeutet übrigens, dass auch mehr als 100 Kinder im Haus sein können, was vor allem im Hauptrestaurant zu einer entsprechenden Lautstärke führen kann. 130 Liegen, 400 Betten.

Freibecken, Solefreibecken, Hallenbad, Außensauna, Sauna, Dampfbad, Massagen, Kosmetik, Ayurveda, Fitnessstudio, Personal Trainer. 18-Loch-Parcours in 26 km. Tennisplätze. HP ab € 205,–.

- 82493 Elmau, Nr. 2
  ☎ 08823-18-0

Wellness 19

Kranzbach ****s

Absolute Grünruhelage bei Garmisch-Partenkirchen

Hundefreundlich. Ruhe, Ruhe, Ruhe: Ein lupenreines „Erwachsenenhotel", es ist schon fürs Auge eine außergewöhnliche Erscheinung, zumal vor belebender Naturkulisse gelegen, solitär und übrigens im selben Tal wie das Schloss Elmau (siehe vorigen Eintrag). Es wurde vor 10 Jahren eröffnet und besteht aus einem kleinen altenglischen Schloss mit modernem Zubau, in dem sich die Mehrzahl der Zimmer befindet. Sie sind zumeist sehr großzügig geschnitten (DZ ab 43 m^2), haben Eichenholzböden, stets herrliche Betten mit ebensolcher Wäsche und gewähren einen feinen Ausblick in die grandiose Natur ringsum. Im historischen Schloss dominiert hingegen Alice-im-Wunderland-Flair – die Interieursprache der britischen Innenarchitektin Ilse Crawford, einer Meisterin spielerisch-leichtfüßiger Exzentrik. Das Spa ist weitläufig und ausschließlich Hausgästen vorbehalten, unter anderem bietet es ein Ladys-Spa, drei Außenpools, einer davon ist 21 m lang, weiters FKK-Zone auf dem Dach, Fitnessraum mit herrlichem Ausblick, eine schier endlose Liegewiese sowie eine außergewöhnlich hohe Anzahl von Ruheliegen. Hinzu kommen Arztpraxis, Traditionelle Chinesische Medizin sowie das tägliche, breite Aktivprogramm, unter anderem mit Qi Gong, Pilates und Yoga – Letzteres sogar morgens und abends. Die Treatments sind ausgezeichnet, bei guter Witterung gibt es Massagen auch im Freien, die Saunen schließen um 20 Uhr. Fabelhafte Restaurantterrasse, freundliche, aber nicht immer ganz professionell agierende Mitarbeiter, sehr gute Küche, ein Highlight ist die abendliche Auswahl an regionalem Käse. Fein: keine

Kinder, keine Events, keine Tagungen, keine externen Gäste im Restaurant. Light Lunch und Nachmittagsjause sind inkludiert, Hundebesitzer werden über Waschplatz und Gassi-Service (wenngleich gegen Aufpreis) frohlocken. Gratisgarage für alle. 242 Liegen, 260 Betten. Solefreibecken, Freibecken, Hallenbad, Außensauna, Sauna, Dampfbad, Massagen, Kosmetik, Ayurveda, Fitnessgeräte, Personal Trainer.
HP ab € 162,–.

- 82493 Krün, Kranzbach 1
  ☏ 08823-92800-0

Wellness 11

Parkhotel Wallgau ****s
Zentrale Ortslage bei Garmisch-Partenkirchen

- 82499 Wallgau, Barmseestraße 1, ☏ 08825-290

Wellness 12

Schlossgut Oberambach
Grünruhelage Nähe Starnberger See – südlich von München

- 82541 Münsing, Oberambach 1, ☏ 08177-9323

Wellness 10

Sankt Georg ***s
Ruhige Ortslage in Bad Aibling – 60 km von München

- 83043 Bad Aibling, Ghersburgstraße 18
  ☏ 08061-497-0

Wellness 12

Schmelmer Hof ****
Grünlage am Ortsrand – 60 km südöstlich von München

- 83043 Bad Aibling, Schwimmbadstraße 15
  ☏ 08061-492-0

Wellness 10

Kurfer Hof ***
Grünruhelage in Bad Endorf – Nähe Chiemsee

- 83093 Bad Endorf, Kurf 1, ☏ 08053-79900-0

Wellness | Kur 10

Seeblick ***
Grünlage an der Straße – Nähe Chiemsee

- 83093 Bad Endorf, Pelham am See 4, ☏ 08053-309-0

Wellness 9

Ströbinger Hof Thermenhotel ****
Ortslage in Bad Endorf – Nähe Chiemsee

- 83093 Bad Endorf, Ströbinger Straße 19
  ☏ 08053-200-200

Wellness 11

Karner
Grünlage am Ortsrand in Frasdorf – Nähe Chiemsee

- 83112 Frasdorf, Nußbaumstraße 6
  ☏ 08052-17970

Wellness 10

Reinhart Garden-Hotel ****

Grünruhelage in Ufernähe in Prien – Chiemsee

- 83209 Prien, Erlenweg 16, ☎ 08051-694-0

Wellness 11

Achental Golf Resort ****

Grünlage am Ortsrand von Grassau – Nähe Chiemsee

- 83224 Grassau, Mietenkamerstr. 65, ☎ 08641-4010

Wellness 12

Residenz Heinz Winkler *****

Ruhige Ortslage in Aschau – 80 km südöstlich von München

- 83229 Aschau, Kirchplatz 1, ☎ 08052-1799-0

Wellness 12

Gut Steinbach ****s

Grünruhelage am Ortsrand – 110 km von München

- 83242 Reit i. Winkl, Steinbachweg 10, ☎ 08640-807-0

Wellness 12

Unterwirt ****s

Zentrale Ortslage – 110 km südöstlich von München

- 83242 Reit im Winkl, Kirchplatz 2, ☎ 08640-801-0

Wellness 12

Gut Edermann

Grünlage am Ortsrand – 30 km westlich von Salzburg

- 83317 Teisendorf, Holzhausen 2, ☎ 08666-9273-0

Wellness 12

Ortnerhof ****

Grünlage am Ortsrand – 115 km von München

- 83324 Ruhpolding, Nr. 6
  ☎ 08663-8823-0

Wellness 14

Wellnessgarten ****

Grünlage am Ortsrand – 30 km von Salzburg

Ein familiengeführtes Kleinsthotel, es liegt ein paar Gehminuten vom Seeufer und steht im Gebäudeverbund mit den zwei großen Tennishallen des „Tenniscamps" von Sepp Baumgartner. Insgesamt 15 Zimmer gibt es in vier Kategorien, sie sind sehr schön eingerichtet, großzügig geschnitten und haben feine Holzböden, der Ausblick geht nicht selten auf die Tennishallen oder auf den Parkplatz, drei Zimmer bieten direkten Zugang zum Schwimmteich. Highlight des öffentlich zugänglichen Wellnessbereichs sind sieben verschiedene Saunen sowie zwei sehr nette, aber nicht allzu große Außenbereiche – einer FKK, der andere textil – mit teilweise überdachten und beheizten Ruhezonen, die Saunen schließen nach großzügigen Öffnungszeiten um 22.30 Uhr. Die Fläche des Wellnessbereichs passt zur Hotelgröße, mit Tagesgästen und vor allem im Winter dürfte es aber etwas eng werden. Biergarten, zwei Restaurants, eines davon ist nur im Bademantel zugänglich – auch abends. Freundliche Mitarbeiter, gute Küche in sehr legerem Ambiente, viel bayerische Gemütlichkeit. 26 Liegen, 30 Betten.
Naturbadeteich, Außensauna, Sauna, Dampfbad, Massagen, Kosmetik. Tennishalle, Tennisplätze. NF ab € 90,–.

- 83329 Waging am See, Angerpoint 5
  ☎ 08681-9845

Wellness 13

Gut Ising ****s

Grünruhelage bei Chieming – 105 km von München

Hunde- und familienfreundlich. Großes Landhotel, eigentlich schon ein Minidörfchen: mit acht Logiergebäuden, mit Reithallen, Pferdemuseum, Golfplatz, Festsälen und Tagungszentrum – alles im traditionellen Stil eines bayerischen Gutshofes, mit blumengeschmückten, dunklen Holzbalkonen und grünen Fensterläden. Zimmer gibt es in 22 Varianten, sie unterscheiden sich stark in Größe und Einrichtung, winzige und wenig erfreuliche finden sich auch darunter. Der Wellnessbereich ist öffentlich zugänglich, zudem aus vielen Zimmern nur durch ein paar Schritte im Freien zu erreichen, die werblich angeführte Fläche von 2.500 m² ist für Pools, Sauna und Ruhezonen bestenfalls ein Bruchteil davon, das „einzigartige, luxuriöse Felsenschwimmbad" (werblicher O-Ton) ist etwas durchschnittlich geraten, die zwei kleinen „Felsen" sind aus Plastik. Weiters gibt es unter anderem einen großen Außenwhirlpool, edle Behandlungsräume und eine kleine Saunazone, die insgesamt drei Saunen schließen nach großzügigen Öffnungszeiten um 22 Uhr. Wem die Wasserflächen zu klein sind – das trifft sicher auf die meisten zu –, dem empfiehlt das Haus übrigens ganz unverblümt „ein erfrischendes Bad in unserem größten Pool, dem Chiemsee". Der ist allerdings 20 Gehminuten entfernt. Restaurantterrasse, freundliche Mitarbeiter, Jogging-Strecken. Wermutstropfen: Tagungen, Hochzeiten, Events. Und den Weckruf übernimmt die katholische Kirche mit ihren Glocken – pünktlich um sechs! 37 Liegen, 250 Betten.
Hallenbad, Sauna, Dampfbad, Massagen, Kosmetik, Fitnessgeräte, Personal Trainer. 9-Loch-Parcours, Driving Range. Gestüt mit Reithalle, Schule und Gastpferdeboxen. Tennishalle, Tennisplätze.
HP ab € 117,50.

- 83339 Chieming-Ising, Kirchberg 3
  ☎ 08667-79-0

Wellness 11

Reiter Alm

Grünruhelage bei Ainring – Nähe Salzburg

- 83404 Ainring, Reit 1 + 2, ☎ 08654-7788-0

Kur 10

Alpina Kurhotel

Grünruhelage in Bad Reichenhall – Nähe Salzburg

- 83435 Bad Reichenhall, A.-Schmid-Str. 5
  ☎ 08651-975-0

Wellness | Kur 10

Amber Residenz Bavaria ****

Bahnhofsnähe in Bad Reichenhall – Nähe Salzburg

- 83435 Bad R., Am Münster 3, ☎ 08651-776-0

Wellness 9

Bayern Vital ****

Ortslage in Bad Reichenhall – Nähe Salzburg

- 83435 Bad R., Luitpoldstraße 8, ☎ 08651-706-0

Kur | Wellness 10

Luisenbad Parkhotel ****

Ruhige Zentrumslage in Bad Reichenhall – Nähe Salzburg

- 83435 Bad Reichenhall, Ludwigstraße 33
  ☎ 08651-604-0

Kur 10

Villa Henckel Kur-Residenz

Ruhige Ortslage in Bad Reichenhall – Nähe Salzburg

- 83435 Bad Reichenhall, Mackstraße 7
  ☎ 08651-987-0

Wellness 10

Wyndham Grand Axelmannstein ****

Ruhige Zentrumslage in Bad Reichenhall – Nähe Salzburg

- 83435 Bad R., Salzburger Str. 2, ☎ 08651-7770

Kur 10

Schlossberghof Sanatorium

Grünruhelage bei Bad Reichenhall – Nähe Salzburg

- 83435 Bad Reichenhall-Marzoll, Schlossberg 5
  ☎ 08651-7005-0

Wellness 12

Neubichler Alm Kinderhotel

Grünruhelage bei Bad Reichenhall – Nähe Salzburg

- 83451 Piding, Neubichel 5-6, ☎ 08656-7009-0

Wellness | Gesundheit 15

Klosterhof Health Resort ****S

Grünruhelage bei Bad Reichenhall – Nähe Salzburg

Brandneu, erst vor wenigen Monaten eröffnet: Ein familiengeführtes Haus in schöner und absolut ruhiger Panoramalage, die im 16. Jahrhundert von den Augustinermönchen entdeckt und von ihnen lange Zeit genutzt wurde, zuletzt war es ein rustikales Kleinsthotel, das nun von den neuen Eigentümern großzügig erweitert wurde. Das allgemeine Ambiente präsentiert sich wunderschön und mit hochwertiger Anmutung, was auch

für die Zimmer gilt. Es gibt sie in fünf Varianten (DZ von 25 bis 68 m²), sie sind heimelig-kontemporär gestaltet, alle haben Interieurs aus Apfel-Vollholz, feine Holzböden, Balkon und einen herrlichen Ausblick auf die Bergwelt, für Detailinteressierte liegt ein Fernglas im Zimmerschrank, die hoppelnden Häschen vor dem Haus sieht man freilich auch mit freiem Auge. Das Spa fühlt sich großzügig und sehr angenehm an, die Massagen sind großartig, der Innenpool ist knapp 17 m lang, das Freibecken allerdings mini und ohne Inneneinstieg. Aktivprogramm, auch Yoga und geführte Wanderungen, die insgesamt drei Saunen schließen um 22 Uhr. Ein angeschlossenes Gesundheitszentrum soll erst bei Erscheinen dieser Ausgabe eröffnet werden. Service und Küche – sie punktet mit „Ausgezeichnet" – machen große Freude, zum Frühstück gibt es kleine Mengen und eine kleine Auswahl in toller Qualität (Büffelmozzarella, göttliche Croissants, gute Säfte, feiner Rohschinken, herrlicher Fisch), alles liebevoll angerichtet – so soll es sein! Präsente Gastgeber, liebevolles Umfeld. Schattiger Biergarten, Gratisgarage für alle. Ungeeignet für Kinder. 35 Liegen, 130 Betten.
Freibecken, Hallenbad, Sauna, Dampfbad, Massagen, Kosmetik, Fitnessgeräte.
HP ab € 140,–.

- 83457 Bayerisch Gmain, Steilhofweg 19
  ☎ 08651-9825-0

Kur | Wellness 10

Rupertus garni

Ortslage bei Bad Reichenhall – Nähe Salzburg

- 83457 Bayerisch Gmain, Rupertistraße 3
  ☎ 08651-9782-0

Wellness 12

Edelweiss Berchtesgaden ****s

Zentrumslage in Berchtesgaden – Nähe Salzburg

- 83471 Berchtesgaden, Maximilianstraße 2
  ☎ 08652-9799-0

Wellness 13

Kempinski Berchtesgaden *****s

Grünruhelage bei Berchtesgaden – Nähe Salzburg

Hundefreundlich. Das vor mehr als einem Jahrzehnt eröffnete und etwas glücklose Intercontinental ist seit dem Vorjahr ein Kempinski. Es liegt auf 1.000 m Seehöhe, bietet ein wunderschönes Panorama, geschmackvoll gestaltete öffentliche Räume und ebensolche, hochwertig ausgestattete, aber nicht immer ganz taufrische Zimmer in sieben Kategorien und Größen ab 32 m² (DZ). Das Spa enttäuscht in Sachen Größe und Ausstattung, die meisten Liegen stehen im Hallenbad – dicht an dicht –, die Massagen sind gut, allerdings teuer, die drei Saunen schließen um 21 Uhr. Gemütliche Bar, bei Küche und vor allem beim Service gibt es noch Luft nach oben,

Alpenhof Almhotel (Seite 164)

so manchem Mitarbeiter stünde ein ausbildungsmäßiges Fünfstern-superior-Update nicht schlecht. Wanderwege ohne Zahl, Tagungen und Events, viele Kinder im Poolbereich möglich, speziell an Wochenenden. Garage (nötig) gegen 15 Euro pro Tag, der Helikopterlandeplatz ist hingegen gratis. Viel internationales Publikum, wenig berauschendes Preis-Leistungs-Verhältnis – Wellness gibt es in geringer Entfernung besser und viel billiger. Hart an der Null-Lilien-Grenze. Eher ungeeignet für Kinder. 68 Liegen, 276 Betten.
Freibecken, Hallenbad, Sauna, Dampfbad, Massagen, Kosmetik, Fitnessstudio. 9-Loch-Parcours, 30 % Greenfee-Rabatt. HP ab € 198,–.

- 83471 Berchtesgaden, Hintereck 1
  ☎ 08652-9755-0

Wellness 9

Kronprinz Alpenhotel ****

Grünruhelage am Ortsrand – Nähe Salzburg

- 83471 Berchtesgaden, Am Brandholz
  ☎ 08652-607-0

Wellness 11

Neuhäusl ****

Grünlage bei Berchtesgaden – Nähe Salzburg

- 83471 Berchtesgaden-Oberau, Wildmoos 45
  ☎ 08652-9400

Wellness 14

Alpenhof Almhotel ****s

Absolute Grünruhelage bei Berchtesgaden – Nähe Salzburg

Familienfreundlich. Schön und ruhig gelegen: Ein sympathisch solider Familienbetrieb in angenehmer Größe, er präsentiert sich mit typisch bayerischer Ländlichkeit in unterschiedlichen Reifestadien. Alle Zimmer (10 Varianten, DZ von 23 bis 65 m²) haben Teppichböden, die meisten Südbalkon mit großartigem Ausblick auf die Berchtesgadener Bergwelt. Kleines Spa mit bescheidener Saunazone, mit Außenbereich und Liegewiese, die Massagen sind sehr gut, die insgesamt zwei Saunen schließen um 20 Uhr. Feine Frühstücksterrasse, eine Nachmittagsjause ist inkludiert. Freundliche und zuvorkommende Mitarbeiter, präsente Gastgeber, viele, viele Stammgäste. Wanderwege ohne Zahl, zum Königssee sind's knapp 40 Gehminuten. 30 Liegen, 100 Betten. (Foto Seite 163)
Freibecken, Hallenbad, Sauna, Dampfbad, Massagen, Kosmetik, Ayurveda, Fitnessgeräte. 9-Loch-Parcours in 11 km, 30 % Greenfee-Rabatt. Tennisplatz. HP ab € 76,–.

- 83471 Berchtesgaden-Schönau, Richard-Voss-Str. 30
  ☎ 08652-6020

Wellness 16

Zechmeisterlehen Alpenhotel ****s

Grünruhelage bei Berchtesgaden – Nähe Salzburg

Hunde- und familienfreundlich. Ein preisgünstiger

und freundlicher Familienbetrieb von überschaubarer Größe, mit blumengeschmückten Balkonen und typisch bayerischem Erscheinungsbild. Inwendig zeigt er sich verwinkelt und mitunter ästhetisch herausfordernd, was auch für die Zimmer gilt. Diese gibt es in nicht weniger als 15 stark unterschiedlichen Varianten (DZ von 27 bis 108 m²), die meisten haben Teppichböden, alle Balkon oder Terrasse, jenen der sogenannten neuen Generation (im Prospekt freundlicherweise klar gekennzeichnet) geben wir den Vorzug. Das Spa ist auf drei auseinanderliegende Bereiche verteilt, unter anderem gibt es einen fabelhaften Schwimmteich mit ebensolcher „Seesauna" und feinen Sonnendecks, schöne Ruhezonen sowie Liegewiese und einen größeren, auch im Winter geöffneten Außenwhirlpool. Die Massagen sind gut, die insgesamt sechs Saunen öffnen um 13 und schließen um 19.30 Uhr. Frühstücksterrasse, zuvorkommende Mitarbeiter, reichhaltiges Frühstücksbuffet, gute Küche, Light Lunch und süße Nachmittagsjause sind im Preis inkludiert. Leihfahrräder kostenlos, Gratisgarage für alle. 68 Liegen, 106 Betten.
Naturbadeteich, Freibecken (Sommer), Hallenbad, Sauna, Dampfbad, Massagen, Kosmetik, Ayurveda, Fitnessgeräte. 9-Loch-Parcours in 11 km, 30 % Greenfee-Rabatt. HP ab € 86,–.

- 83471 Berchtesgaden-Schönau, Wahlstraße 35
  ☏ 08652-945-0

Wellness 12

Reissenlehen ****

Grünlage am Ortsrand in Bischofswiesen – Nähe Salzburg

- 83483 Bischofswiesen, Reißenpoint 11
  ☏ 08652-97720-0

Wellness 12

Best Western Rehlegg Berghotel ****S

Grünruhelage bei Berchtesgaden – Nähe Salzburg

- 83486 Ramsau, Holzengasse 16, ☏ 08657-9884-0

Gesundheit 10

Alpenhof garni Bad Tölz ****

Grünlage in Bad Tölz – 55 km südlich von München

- 83646 Bad Tölz, Buchenerstr. 14, ☏ 08041-78740

Kur | Wellness 11

Eberl's Vitalresort ****

Ruhelage in Bad Tölz – 55 km südlich von München

- 83646 Bad Tölz, Buchenerstraße 17
  ☏ 08041-7872-0

Kur | Wellness 9

Leonhardihof garni ***

Ruhige Ortsrandlage in Bad Tölz – 55 km von München

- 83646 Bad Tölz, Seppstraße 6, ☏ 08041-2818

Wellness 9

Tölzer Hof ****

Ruhige Ortslage in Bad Tölz – 55 km von München

- 83646 Bad Tölz, Rieschstraße 21
  ☏ 08041-806-0

Wellness 10

Villa Bellaria garni ****

Ruhelage am Kurpark in Bad Tölz – 55 km von München

- 83646 Bad Tölz, Ludwigstraße 22
  ☏ 08041-8008-0

Wellness 12

Benediktenhof garni ****

Grünruhelage am Ortsrand – 60 km von München

- 83646 Bad Tölz-Arzbach, Alpenbadstraße 16
  ☏ 08042-9147-0

Gesundheit 20

Lanserhof Tegernsee

Grünruhelage mit Fernblick – 50 km von München

Wunderschön auf einem Hochplateau über dem Tegernsee: keine Wellnessoase, sondern ein Gesundheitshotel, genauer: ein Spezialist für medizinisch begleitete Entgiftungs- und Entschlackungskuren, die im Kern nach den Prinzipien von Franz Xaver Mayr durchgeführt werden. Gleich vorweg, die Mayr-Ärzte sind hier auch nicht besser als anderswo, doch das Haus ist wohl das luxuriöseste seiner Art in Europa (oder gar, soweit wir die Einrichtungen international kennen, weltweit), und das mit weitem Abstand! Die öffentlichen Räume verströmen ultimative Schlichtheit in schier tempelähnlichen Dimensionen, beeindruckend, das, genauso wie die eingesetzten Materialien und die räumliche Großzügigkeit, alleine die zahlreichen Überwachungskameras sind gewöhnungsbedürftig – es sei denn, man ist russischer Oligarch. Die Zimmer zeigen sich geradlinig und reduziert arrangiert, dennoch einnehmend wohnlich gestaltet und bis zu 100 m² groß, selbst das kleinste misst noch fabelhafte 55 m². Alle Zimmer bieten großzügig angelegte Balkone, feinste Holzböden, Netzfreischaltung sowie ein Höchstmaß an stimmungserhellender Durchflutung mit natürlichem Licht – bodentiefe Fenster oder besser: riesige Glasflächen sorgen dafür. Einzig die vollelektronischen „Verwöhntoiletten" (Stückpreis mehr als 12.000 Euro) könnten Stress hervorrufen – bei 15 Bedienungsknöpfen! Das Spa verfügt über ein eigenes Badehaus mit Saunen, mit Außenpool, Gymnastik- und Yogaraum, der uneinsehbare Innenhof über Ruhezonen inmitten eines Gartens. Herzstück des Hauses ist ein 7.000 m² großer medizinischer Bereich mit hochmodernen Behandlungs-, Beratungs- und Bewegungsräumen – auch hier ist alles gestalterisch bis ins kleinste Detail auf das Wesentliche reduziert. Wun-

derbar freundliche, kompetente Mitarbeiter, sehr gute Diätküche. Anmerkung: Die angeführte Bettenkapazität ist nur theoretisch, es werden zurzeit maximal etwa 80 Gäste aufgenommen. Ungeeignet für Kinder. 18 Liegen, 140 Betten.
Solefreibecken, Sauna, Dampfbad, Massagen, Kosmetik, Fitnessgeräte, Personal Trainer. 18-Loch-Parcours. Wochenpauschale („Basic") inkl. Diät-VP, Arzt und Therapien ab € 4.009,–.

- 83666 Waakirchen-Marienstein, Gut Steinberg 1-4
  ☏ 08022-1880-0

Wellness 17

Das Tegernsee ****s

Grünruhelage mit Fernblick – 50 km von München

Hunde- und familienfreundlich. Sehr charmant: mit historischem Schlösschen, dazu noch an einem regelrechten Logenplatz, nämlich am Waldrand hoch über dem Tegernsee. Zwar fokussiert das Haus auf Tagungen und Events, dennoch kann man auch als Wellnessgast hier seine Ruhe weitgehend genießen, da sowohl die einzelnen Bereiche als auch die Logiergebäude baulich voneinander getrennt sind. Sehr schöne Zimmer gibt es mit vier unterschiedlichen Interieurs, man wählt zwischen kontemporärem Alpenstil, erfrischend reduziertem Retroambiente, moderner Landhausoptik und gehobener Eleganz mit einem Hauch von Schlossflair – Kronleuchter inklusive. Das kleine, feine Spa ist ein Anbau zum größten Bettentrakt („Haus Wallberg"), dazu gehören unter anderem ein 18 m langer Innenpool, ein nicht allzu großer Außenpool, edle Behandlungsräume sowie Liegedecks mit Luxuspanorama und ganztägiger Sonne. Ausgezeichnete Treatments, die Saunen öffnen um 7 und schließen um 22 Uhr. Biergarten, fabelhafte Restaurantterrasse, reichhaltiges Frühstücksbuffet, gute Küche, freundliche Mitarbeiter. Wermutstropfen: ambitionierte Preise. Garage (meistens nötig): 15 Euro pro Tag. 45 Liegen, 164 Betten.
Freibecken, Hallenbad, Sauna, Dampfbad, Massagen, Kosmetik, Fitnessgeräte. 18-Loch-Parcours in 9 und 10 km. HP ab € 182,50.

- 83684 Tegernsee, Neureuthstraße 23
  ☏ 08022-182-0

Wellness 10

Bachmair am See *****

Ortslage am Tegernsee – 55 km von München

- 83700 Rottach-Egern, Seestraße 47, ☏ 08022-272-0

Wellness 12

Egerner Höfe Parkhotel *****s

Grünruhelage am Ortsrand – 55 km von München

- 83700 Rottach-Egern, Aribostraße 19-26
  ☏ 08022-666-0

Beauty 16

Gertraud Gruber Schönheitsfarm

Grünruhelage am Ortsrand – 55 km von München

Hundefreundlich. Die erste Schönheitsfarm Europas, sie wurde vor mehr als 60 Jahren von Gertraud Gruber eröffnet – in einer ehemaligen Silberfuchsfarm, was die 1921 geborene Beauty-Pionierin damals prompt zu dem Namen „Schönheitsfarm" inspirierte. Sie besteht aus sechs kleinen Häusern in einer Art hochfeinem Resi-Berghammer-Look, mit blumengeschmückten Holzbalkonen und idyllischem Garten. Und sie ist auch heute noch stets gut gebucht, da Grubers Rezept – kein oberflächlicher Schnickschnack, sondern eine streng ganzheitliche Sicht der Dinge – einfach unschlagbar ist. Schönheit ist demnach nichts anderes als sichtbare Gesundheit. Die Ernährung hat dabei einen entsprechenden Stellenwert, genauso wie etwa auch Yoga, Qi Gong, meditativer Tanz und Meditation. Mini-Spa mit Liegewiese, hauseigene, bewährte Kosmetiklinie, ausgezeichnete Treatments. Gertraud Gruber, die rüstige Verfechterin von Ganzheitlichkeit, die ursprünglich eigentlich Tänzerin werden wollte und die in den ersten Berufsjahren ihre Damen noch mit dem Fahrrad besuchte, behandelt freilich nicht mehr selbst, doch sie hält Vorträge und gibt Yogastunden – mit strahlenden Augen! Sehr gute Vollwertküche, das Frühstück kommt echt nett ans Bett. Blitzsauberes, gemütliches Umfeld mit großem Geborgenheitsfaktor, viele, viele jahrelange Stammgäste. 10 Liegen, 110 Betten. (Foto Seite 168)

Hallenbad, Sauna, Dampfbad, Massagen, Kosmetik, Ayurveda. 18-Loch-Parcours in 8 und 12 km.

Pauschalen, etwa „Kurwoche" (So bis Sa) inkl. VP und Anwendungen ab € 1.059,–.

- 83700 Rottach-Egern
  Berta-Morena-Weg 1
  ☎ 08022-274-0

Wellness 10

Maier zum Kirschner garni ****

Ruhige Ortslage in Rottach-Egern – 55 km von München

- 83700 Rottach-Egern, Seestr. 23, ☎ 08022-6711-0

Wellness 13

Überfahrt Seehotel *****S

Grünruhelage am Tegernsee – 55 km von München

Hundefreundlich. Großes Tagungs-, Event- und Ferienhotel am Ufer des Tegernsees. Es empfängt mit eleganten Interieurs in einer eindrucksvollen Halle, der allerdings auch etwas Neureich-Flair anhaftet. Zimmer gibt es in 10 Kategorien und ab 35 m² Größe (DZ), alle haben Balkon oder Terrasse, fast alle wurden vor kurzem renoviert oder zumindest refurbished, allein die Bäder verharren in der pompösen Marmoroptik, mit der das Haus vor 16 Jahren eröffnete. Der Wellnessbereich ist öffentlich zugänglich,

Das Tegernsee

unter anderem bietet er ein 28 m langes Hallenbad und höchst luxuriöse Behandlungsräume, aber was nützt uns das, wenn die Massage – um 90 Euro immerhin – gar nicht zufriedenstellend verlaufen ist? Die Ruheräume sind edel gestaltet, jedoch zu klein, die Saunen schließen um 21 Uhr. Die werblich angeführte Spa-Fläche von 3.500 m² irritiert: Rechnet man knapp zwei Drittel davon ab, dann kommt man in Sachen Pool, Saunen und Indoor-Ruhezonen der Wahrheit deutlich näher! Reichhaltiges Frühstücksbuffet, gute Küche – dabei beziehen wir uns wie immer auf die Halbpension und nicht auf das À-la-carte-Restaurant, das mit drei Michelin-Sternen ausgezeichnet wurde –, beim Service gibt es noch Luft nach oben. Viele Gäste aus Russland und dem arabischen Raum. Liegewiese, Jogging-Parcours, täglich kleines Aktivprogramm. Garage (nötig): 15 Euro pro Tag. Eher ungeeignet für Kinder. 69 Liegen, 376 Betten.
Seebadestrand, Freibecken (Sommer), Hallenbad, Kinderbecken, Sauna, Dampfbad, Massagen, Kosmetik, Fitnessgeräte, Personal Trainer. 18-Loch-Parcours in 7 und 13 km. HP ab € 167,50.

- 83700 Rottach-Egern, Überfahrtstr. 10, ☎ 08022-6690

Wellness 9

Waltershof Seehotel ****

Zentrale Ortslage in Rottach-Egern – 55 km von München

- 83700 Rottach-Egern, Seestraße 77, ☎ 08022-277-0

Wellness 11

Bachmair Weissach

Grünlage am Ortsrand – 55 km von München

- 83700 Rottach, Wiesseer Straße 1
  ☎ 08022-278-0

Wellness 11

Alpenhof ****

Grünruhelage in Bad Wiessee – 50 km von München

- 83707 Bad Wiessee, Anton-von-Rieppel-Straße 26
  ☎ 08022-8601-0

Wellness 12

Am Stein Landhaus garni ****

Ortsrandlage in Bad Wiessee – 50 km von München

- 83707 Bad Wiessee, Im Sapplfeld 8, ☎ 08022-98470

Wellness 10

Schnitzer ***s

Ruhige Ortslage in Bad Wiessee – 50 km von München

- 83707 Bad W., Hirschbergstraße 14, ☎ 08022-9855-0

Kur | Wellness 11

Terrassenhof ****

Grünruhelage am See – 50 km von München

- 83707 Bad Wiessee, Adrian-Stoop-Straße 50
  ☎ 08022-8630

Wellness 10

Karma Bavaria

Grünlage am Ortsrand in Schliersee – 65 km von München

- 83727 Schliersee, Kirchbichlweg 18, ☎ 08026-608-0

Gesundheit | Wellness 10

Schlierseer Hof Seehotel ****

An der B307 in Schliersee – 65 km südlich von München

- 83727 Schliersee, Seestraße 21, ☎ 08026-92920-0

Wellness 12

Arabella Alpenhotel ****s

Grünruhelage am Spitzingsee – 75 km von München

- 83727 Schliersee, Seeweg 7, ☎ 08026-798-0

Gesundheit 16

Tannerhof

Grünruhelage bei Bayrischzell – 80 km von München

Kein Mainstream-Wellnesstempel und sicher auch kein Haus für jedermann, sondern ein familiengeführtes Gesundheitshotel mit biologischer Orientierung – und dem Namenszusatz „Ihr Versteck in den Bergen", was den Rückzugscharakter auch gut trifft. Auf TV-Geräte, Radio und W-Lan muss man hier verzichten – das hat freilich einen ganz eigenen Reiz! Zimmer gibt es in vier Preiskategorien, sie reichen vom winzigen „Kammerl" im Hauptgebäude über die ein paar Schritte entfernten „Einsiedlerhütten" (mit Veranda) bis hin zu „Hüttentürmen", in denen jeweils drei Zimmer übereinander untergebracht sind. Viel altes Holz, Naturstein, Leinen und nicht selten auch heimelige Patina prägen das Erscheinungsbild, alles ist stets wunderbar schlicht, niveauvoll und behaglich gestaltet. Das Spa ist sehr bescheiden ausgestattet, der Fokus liegt auf Regeneration nach den Prinzipien von Kneipp, auf Fastenkuren sowie medizinischen Check-ups (EKG, Ultraschall u. a.). Breites Therapiespektrum, ausgezeichnete Behandlungen, täglich gibt es ein Aktivprogramm, auch Yoga, Tai Chi, autogenes Training und geführte Wanderungen. Nette Terrasse, sehr gute Küche mit biologischer und regionaler Orientierung, ein Light Lunch ist inkludiert. Sehr freundliches Umfeld, schöne Natur ringsum, vielstimmiger Vogelgesang, bester Schlaf. Ungeeignet für Kinder.
9 Liegen, 120 Betten.
Hallenbad, Außensauna, Sauna, Massagen, Kosmetik, Fitnessgeräte, Personal Trainer.
HP ab € 110,–.

- 83735 Bayrischzell, Tannerhofstraße 32
  ☎ 08023-810

Wellness | Kur 10

Birnbacher Hof garni ****

Grünlage in Bad Birnbach – 45 km von Passau

- 84364 B. Birnbach, Lindhuberstr. 3, ☎ 08563-9637-0

Tannerhof

Wellness | Kur 10

Birnbachhöhe Aparthotel ****

Grünruhelage am Ortsrand – 45 km von Passau

- 84364 Bad Birnbach, Am Aunhamer Berg 3
  ☎ 08563-971-0

Kur | Wellness 10

Chrysantihof ****

Grünruhelage am Ortsrand – 45 km von Passau

- 84364 Bad Birnbach, Brunnaderstraße 7
  ☎ 08563-299-0

Wellness | Kur 10

Gräfliches Hotel Alte Post

Grünruhelage in Bad Birnbach – 45 km von Passau

- 84364 Bad Birnbach, Hofmark 23
  ☎ 08563-292-0

Wellness 14

Hofgut Hafnerleiten

Grünruhelage bei Bad Birnbach – 35 km von Passau

Ebenso wie der zuvor kommentierte Tannerhof eine Art Entschleunigungswunder, allerdings nicht direkt vergleichbar, da kein Gesundheitshotel und damit auch keine medizinischen Angebote. Es handelt sich um ein familiengeführtes Miniresort mit ausgeprägtem Hideaway-Charakter, auch hier gibt es keine TV-Geräte und sogar nicht einmal ein Handynetz – das nennt man übrigens neuerdings Digital Detox. Die Anlage wurde vor mehr als anderthalb Jahrzehnten eröffnet und ist in den letzten Jahren ganz schön gewachsen, heute besteht sie bereits aus 10 Häuschen und einem Hauptgebäude – nur dort gibt es W-Lan. Das Ensemble liegt in einem schönen, weitläufigen Garten und ist von Wiesen und Feldern umgeben. Die Häuschen sind thematisch jeweils unterschiedlich, aber stets niveauvoll und so ansprechend eingerichtet, dass die Entscheidung schwerfällt. Abends speist man zusammen mit anderen Gästen an einer großen Tafel – ein Flascherl vom guten Roten ist ohne Aufpreis dabei. Schöne Terrasse, sehr gute Küche – der Gastgeber kocht selbst und das mit Verve –, herzliche Crew. Feine Jogging-Strecken, Wanderwege ohne Zahl. Ungeeignet für Kinder. 6 Liegen, 28 Betten.
Naturbadeteich, Außensauna, Sauna, Massagen.
27-Loch-Parcours in 7 km, 18-Loch-Parcours in 14, 15 und 16 km.
HP ab € 185,–.

- 84364 Bad Birnbach, Brunndobl 16
  ☎ 08563-91511

Wellness 11

Hofmark ****

Grünruhelage am Ortsrand – 45 km von Passau

- 84364 Bad Birnbach, Kurallee 3, ☎ 08563-296-0

Wellness | Kur 12

Quellenhof ****

Grünlage in Bad Birnbach – 45 km von Passau

- 84364 B. Birnbach, Brunnaderstr. 11, ☎ 08563-307-0

Wellness | Kur 9

Rottaler Hof ***

Grünlage in Bad Birnbach – 45 km von Passau

- 84364 Bad Birnbach, Brunnaderstraße 4
  ☎ 08563-28-0

Wellness | Kur 10

Sammareier Gutshof ****

Grünlage am Ortsrand in Bad Birnbach – 45 km von Passau

- 84364 Bad Birnbach, Pfarrkirchnerstraße 22
  ☎ 08563-297-0

Wellness 13

Sonnengut ****s

Grünruhelage am Ortsrand – 45 km von Passau

Hunde- und familienfreundlich. Freundliches, familiengeführtes Thermenhotel, es liegt auf einer kleinen Anhöhe am Ortsrand. Bar und Restaurant wurden vor kurzem neu gestaltet, die Zimmer bieten unterschiedliche Interieurs und sind stets großzügig geschnitten, einige haben Holzböden, viele bieten einen Ausblick über den Ort. Das Spa ist laut Werbung 2.500 m² groß, rechnet man mehr als die Hälfte davon ab, so kommt man für Pools, Saunen und Indoor-Ruhezonen den tatsächlichen Verhältnissen bedeutend näher. Unter anderem gibt es zwei Innenpools – bei einem lässt sich die Decke bei warmer Witterung öffnen (siehe unten: „Freibecken im Sommer"), die Massagen sind sehr gut, die Saunen schließen um 21 Uhr. Liegewiese, täglich kleines Aktivprogramm, auch Pilates und Jacobson-Tiefenmuskelentspannung. Freundlich-bemühtes Team, nette Restaurantterrasse, ein Mittagsimbiss ist inkludiert, das Spa auch nach dem Check-out noch bis 18 Uhr nutzbar. Viele alte Stammgäste, Kinderbetreuung während der bayerischen Pfingst-, Sommer- und Herbstferien. 62 Liegen, 176 Betten.
Freibecken (Sommer), Thermalhallenbad, Hallenbad, Außensauna, Sauna, Dampfbad, Massagen, Kosmetik, Ayurveda, Fitnessstudio, Personal Trainer. 27-Loch-Parcours in 0,8 km, sieben weitere 18-Loch-Parcours in 12 bis 20 km, bis zu 30 % Greenfee-Rabatt. HP ab € 115,–.

- 84364 Bad Birnbach, Am Aunhamer Berg 2
  ☎ 08563-305-0

Wellness | Kur 10

Sonnenhügel Aparthotel garni

Grünruhelage am Ortsrand – 45 km von Passau

- 84364 Bad Birnbach, Am Aunhamer Berg 1
  ☎ 08563-970-0

Wellness | Kur 10

Sternsteinhof ***

Ruhige Ortslage in Bad Birnbach – 45 km von Passau

- 84364 B. Birnbach, Brunnaderstr. 8, ☎ 08563-295-0

Wellness 12

Vitalhotel Bad Birnbach ****

Grünlage am Ortsrand – 45 km von Passau

- 84364 B Birnbach, Brunnaderstr. 27, ☎ 08563-308-0

Wellness | Kur 12

Arterhof Aparthotel ****

Grünlage am Ortsrand – 45 km von Passau

- 84364 B. Birnbach, Hauptstraße 3, ☎ 08563-9613-0

Business | Wellness 10

Parkhotel Heidehof ****s

Im Gewerbegebiet bei Ingolstadt – 100 km von Nürnberg

- 85080 Gaimersheim, Ingolstädter Straße 121 ☎ 08458-64-0

Wellness 12

Dirsch ****

Grünruhelage im Ort – 70 km südlich von Nürnberg

- 85135 Emsing, Hauptstraße 13, ☎ 08423-189-0

Wellness 11

Victory Therme Erding

Grünlage in Erding – 40 km nordöstlich von München

- 85435 Erding, Thermenallee 1a, ☎ 08122-550-3000

Wellness 10

Schwaiger ***s

Zentrale Ortslage – 30 km südöstlich von München

- 85625 Glonn, Feldkirchner Straße 3-5 ☎ 08093-9088-0

Business | Wellness 12

Steigenberger Drei Mohren

Zentrale Innenstadtlage in Augsburg

- 86150 Augsburg, Maximilianstraße 40 ☎ 0821-5036-0

Business | Wellness 10

Alpenhof ****

Stadtrandlage an der B2 in Augsburg – 70 km von München

- 86154 Augsburg, Donauwörther Straße 233 ☎ 0821-4204-0

Business | Wellness 10

Die Post ***

Zentrale Lage in Zusmarshausen – 90 km von München

- 86441 Zusmarshausen, Augsburger Straße 2 ☎ 08291-1880-0

Wellness 10

Dehner Blumenhotel ****

Zentrale Ortslage in Rain – 110 km von München

- 86641 Rain, Bahnhofstraße 19, ☎ 09090-76-0

Kur | Wellness 11

Angerhof Kur- & Sporthotel ****

Ruhige Ortslage in Bad Wörishofen – Allgäu

- 86825 B. Wörishofen, Lerchenstr. 13, ☎ 08247-991-0

Kur | Wellness 11

Bayernwinkel ****

Ruhige Ortslage in Bad Wörishofen – Allgäu

- 86825 B. Wörishofen, Kellerweg 10, ☎ 08247-3057-0

Kur | Wellness 10

Brandl Kurhotel

Zentrale Ortslage in Bad Wörishofen – Allgäu

- 86825 Bad Wörishofen, Hildegardstraße 3 ☎ 08247-3909-0

Kur | Wellness 12

Edelweiss Bad Wörishofen ****

Ruhige Ortslage in Bad Wörishofen – Allgäu

- 86825 Bad Wörishofen, Bgm.-Singer-Straße 11-13 ☎ 08247-3501-0

Kur | Wellness 10

Eichinger Kneipp-Kurhotel ***s

Ruhige Ortslage in Bad Wörishofen – Allgäu

- 86825 Bad Wörishofen, Hartenthaler Straße 22-24 ☎ 08247-3903-0

Kur | Wellness 12

Fontenay *****

Grünruhelage am Ortsrand in Bad Wörishofen – Allgäu

- 86825 B. Wörishofen, Eichwaldstr. 10, ☎ 08247-306-0

Kur 11

Haus Bartholomäus ****

Waldrandlage in Bad Wörishofen – Allgäu

- 86825 Bad Wörishofen, Erlenweg 7, ☎ 08247-9618-0

Wellness 9

Justina

Grünruhelage am Ortsrand in Bad Wörishofen – Allgäu

- 86825 Bad Wörishofen, Hahnenfeldstraße 40 ☎ 08247-994-0

Kur | Gesundheit 12

Kneippianum ****

Grünruhelage am Kurpark in Bad Wörishofen – Allgäu

- 86825 Bad Wörishofen, Alfred-Baumgarten-Straße 6 ☎ 08247-351-0

Kur | Wellness 11

Kreuzer Kneipp-Kurhotel ****

Zentrale Ortslage in Bad Wörishofen – Allgäu

- 86825 B. Wörishofen, F.Kreuzer-Str.1, ☎ 08247-353-0

Wellness 10

Lang Ferienhof garni

Grünruhelage am Ortsrand in Bad Wörishofen – Allgäu

- 86825 Bad Wörishofen, Kirchdorfer Straße 7a
  ☎ 08247-997300

Kur | Wellness 10

Luitpold Kneipp-Kurhotel ***s

An der Kurpromenade in Bad Wörishofen – Allgäu

- 86825 B. Wörishofen, Kneippstr. 7, ☎ 08247-998-0

Kur | Wellness 12

Marienbad ****

Grünruhelage am Kurpark in Bad Wörishofen – Allgäu

- 86825 Bad Wörishofen, Eichwaldstraße 25a
  ☎ 08247-395-0

Wellness | Kur 11

Residence Parkhotel ****s

Zentrale Ortslage beim Bahnhof in Bad Wörishofen – Allgäu

- 86825 Bad Wörishofen, Bahnhofstraße 8-10
  ☎ 08247-352-0

Kur | Wellness 11

Schropp ***s

Grünruhelage am Ortsrand in Bad Wörishofen – Allgäu

- 86825 B. Wörishofen, O. Mühlstr. 13, ☎ 08247-3500-0

Kur | Gesundheit 12

Sebastianeum Kneipp- & Gesundheitsresort

Ruhige Ortslage in Bad Wörishofen – Allgäu

- 86825 B. Wörishofen, Kneippstr. 8, ☎ 08247-355-0

Wellness 12

Sonneck Vitalhotel ****

Grünruhelage am Ortsrand in Bad Wörishofen – Allgäu

- 86825 Bad Wörishofen, Am Tannenbaum 1
  ☎ 08247-33490-0

Kur | Wellness 11

Sonnengarten ****

Grünruhelage am Ortsrand in Bad Wörishofen – Allgäu

- 86825 Bad Wörishofen, Adolf-Scholz-Allee 5
  ☎ 08247-309-0

Wellness 12

Steigenberger Sonnenhof *****s

Grünruhelage am Kurpark in Bad Wörishofen – Allgäu

- 86825 B. Wörishofen, H.-Aust-Str. 11, ☎ 08247-959-0

Kur | Wellness 10

Steinle Kneipp-Kurhotel ***s

Ruhige Ortslage in Bad Wörishofen – Allgäu

- 86825 Bad Wörishofen, Gärtnerweg 17
  ☎ 08247-3003-0

Kur | Wellness 12

Tanneck Golf & Spa ****

Grünruhelage am Ortsrand in Bad Wörishofen – Allgäu

- 86825 Bad Wörishofen, Hartenthaler Straße 29
  ☎ 08247-307-0

Kur | Wellness 10

Weber Kurhotel ***

Ruhige Ortslage in Bad Wörishofen – Allgäu

- 86825 B. Wörishofen, Ahornweg 1, ☎ 08247-95994-0

Wellness 11

Auf der Gsteig ****

Grünruhelage am Ortsrand Nähe Füssen – Allgäu

- 86983 Lechbruck, Gsteig 1, ☎ 08862-9877-0

Wellness 11

Bavaria Familotel ****

Grünruhelage am Ortsrand in Pfronten – Allgäu

- 87459 Pfronten, Kienbergstr. 62, ☎ 08363-902-0

Wellness | Kur 10

Berghof ****

Grünlage am Ortsrand in Pfronten – Allgäu

- 87459 Pfronten, Falkensteinweg 13, ☎ 08363-9113-0

Kur | Wellness 10

Bergpanorama ***s

Grünlage nahe der Hauptstraße bei Pfronten – Allgäu

- 87459 Pfronten-Weißbach, Röfleuter Weg 14
  ☎ 08363-91191-0

Wellness 14

Mittelburg ****s

Grünruhelage am Ortsrand von Oy-Mittelberg – Allgäu

Keine Burg, aber ein herzlicher und sehr persönlich geführter Familienbetrieb von sehr überschaubarer Größe. Hinter einer typischen Alpenlandfassade erwartet einen ein urig-gemütliches, stets sauberes Ambiente. Zimmer bietet man in sieben Kategorien, sie sind 18 bis 70 m² groß, alle haben Balkon, die meisten Teppichböden, nicht alle vermögen zu begeistern. Kleines Spa, unter anderem mit einem 12 m langen Pool, einer großen Außensauna und einer Liegewiese in einem schönen Garten. Kleines Aktivprogramm, auch Pilates, Yoga und geführte Wanderungen, die insgesamt drei Saunen schließen um 20.30 Uhr. Restaurantterrasse mit Morgen- und Abendsonne sowie herrlichem Ausblick.

Freundliche, zuvorkommende Mitarbeiter, präsente Gastgeber, angenehmes Publikum. Gute Küche, Light Lunch (feiner Suppentopf) und Nachmittagsjause sind im Preis enthalten. Viele Stammgäste, ungeeignet für Kinder. 19 Liegen, 54 Betten.
Hallenbad, Außensauna, Sauna, Dampfbad, Massagen, Kosmetik, Fitnessgeräte. 18-Loch-Parcours in 28 km. HP ab € 93,20.

- 87466 Oy-Mittelberg, Mittelburgweg 1-3
  ☎ 08366-18-0

Wellness 10

Sonnenhang ***s

Grünruhelage in Oy-Mittelberg – Allgäu

- 87466 Oy-Mittelberg, Sebastian-Kneipp-Weg 2
  ☎ 08366-9821-8

Wellness 11

Tannenhof Parkhotel ****

Grünruhelage am Ortsrand bei Oy-Mittelberg – Allgäu

- 87466 Oy, Tannenhofstraße 19, ☎ 08366-98844-0

Wellness 10

Sulzberger Hof ***

Ortsrandlage in Sulzberg – Allgäu

- 87477 Sulzberg, Sonthofener Straße 17
  ☎ 08376-921330

Wellness 10

Hofgut Kürnach ***s

Grünruhelage bei Wiggensbach – Allgäu

- 87487 Wiggensbach, Unterkürnach 2, ☎ 08370-807-0

Wellness 10

Waldhorn ***

Grünruhelage am Ortsrand Nähe Oy-Mittelberg – Allgäu

- 87491 Jungholz, Langenschwand 79
  ☎ +43-5676-8135

Wellness 15

Sonnenalp Resort *****s

Grünruhelage bei Sonthofen – Allgäu

Kinderfreundlich. Eine familiengeführte Riesenanlage mit labyrinthischen Zügen, üppig dekoriertem XXL-Rustikalbarock und einem nahezu konkurrenzlosen Angebot an Sport-, Spiel- und Freizeitmöglichkeiten. Zimmer wählt man hier aus sage und schreibe 35 Varianten, interieurmäßig changieren sie zwischen bayerischer Spät-1980er-Rustikaliät und kontemporär gediegenem Holz-Dirndlstoff-Chic. Das Spa ist mit Wasserflächen gut ausgestattet und in diesem Sinn weitläufig (bei Vollbelegung sieht es freilich wieder etwas anders aus), die „Saunawelt" wird mit 1.700 m² beworben, tatsächlich steht aber indoor zum Saunieren nur wenig mehr als ein Zehntel dieser Fläche zur Verfügung. Weitläufige

„Kinderwasserwelt", Liegewiese, täglich Aktivprogramm, auch autogenes Training, Pilates und Yoga sowie geführte Wanderungen. Ausgezeichnete Massagen, die insgesamt vier Saunen schließen um 20 Uhr. Restaurantterrasse, reichhaltiges Frühstücksbuffet – auf den „Guten Morgen"-Aufdruck auf dem Frühstücksei hätten wir allerdings gerne verzichtet, ein Ei aus biologischer Freilandhaltung wäre uns lieber gewesen. Gute Küche – die Bewertung bezieht sich wie immer auf die Halbpension, nicht etwa auf das À-la-carte-Restaurant, das mit einem Michelin-Stern ausgezeichnet wurde. Sehr freundliche und meistens auch herzliche Mitarbeiter. Im Hauptrestaurant kann es recht laut werden (viele Kinder, häufig mit den Großeltern), für alltagsabgewandtes Relaxen und Ruhesuchende erscheint uns das Haus nur bedingt geeignet. Viele, viele alte Stammgäste, sie werde hofiert. Täglich 12 Stunden Kinderbetreuung (sehr nett). 107 Liegen, 500 Betten.
Freibecken, Freibecken (Sommer), Kinderfreibecken (Sommer), Hallenbad, Babybecken, Außensauna, Sauna, Dampfbad, Massagen, Kosmetik, Ayurveda, Fitnessstudio, Personal Trainer. 18-Loch-Parcours in 1 und 4 km, Wintergolf mit vier Abschlägen in der Halle, Golfschule. Tennishalle mit Schule, Tennisplätze, Squash, Reitstall mit Schule, Beachvolleyballplatz, Leihfahrräder.
HP ab € 221,–.

- 87527 Ofterschwang, Sonnenalp 1
  ☎ 08321-272-0

Wellness 10

Allgäu Stern
Grünruhelage am Ortsrand in Sonthofen – Allgäu

- 87527 Sonthofen, Buchfinkenweg 2, ☎ 08321-279-0

Wellness 10

Adler ****
Ruhige Zentrumslage in Oberstaufen – Allgäu

- 87534 Oberstaufen, Kirchplatz 6, ☎ 08386-93210

Wellness | Gesundheit 12

Allgäu Sonne *****
Grünlage am Ortsrand in Oberstaufen – Allgäu

- 87534 Oberstaufen, Stießberg 1, ☎ 08386-7020

Kur | Wellness 10

Allgäuer Hof ***s
Zentrumsnähe in Oberstaufen – Allgäu

- 87534 Oberstaufen, Kalzhofer Str. 19, ☎ 08386-487-0

Kur | Wellness 12

Allgäuer Panoramahotel ***s
Grünlage am Ortsrand in Oberstaufen – Allgäu

- 87534 Oberstaufen, Stießberg 3
  ☎ 08386-492-0

Wellness | Kur 9

Alpenhof garni Oberstaufen ***
Zentrumsnahe Ruhelage in Oberstaufen – Allgäu

- 87534 Oberstaufen, G.-Resl-Weg 8a, ☎ 08386-4850

Wellness | Kur 12

Alpenkönig ****s
Grünlage am Ortsrand in Oberstaufen – Allgäu

- 87534 Oberstaufen, Kalzhofer Str. 25, ☎ 08386-93450

Wellness | Kur 11

Bad Rain ****
Grünruhelage außerhalb von Oberstaufen – Allgäu

- 87534 Oberstaufen, Hinterstaufen 9
  ☎ 08386-9324-0

Wellness | Kur 10

Bavaria Oberstaufen ***s
Ortsrandlage in Oberstaufen – Allgäu

- 87534 Oberstaufen, Isnyer Str. 2, ☎ 08386-93250

Kur | Wellness 10

Bayerischer Hof ****
In der Fußgängerzone in Oberstaufen – Allgäu

- 87534 Oberstaufen, Hochgratstr. 2, ☎ 08386-495-0

Wellness | Kur 11

Concordia ****s
Grünlage in Oberstaufen – Allgäu

- 87534 Oberstaufen, In Pfalzen 8, ☎ 08386-484-0

Wellness 10

Das Hochgrat
Zentrale Ortslage in Oberstaufen – Allgäu

- 87534 Oberstaufen, Rothenfelsstraße 6-8
  ☎ 08386-991462-0

Wellness 12

Dein Engel ****s
Grünlage bei Oberstaufen – Allgäu

- 87534 Oberstaufen, Buflings 3
  ☎ 08386-709-0

Wellness | Kur 11

Diana ****
Ruhige Zentrumsnähe in Oberstaufen – Allgäu

- 87534 Oberstaufen, Unterm Schloss 2
  ☎ 08386-4880

Wellness 11

Evviva! ****
Grünruhelage am Ortsrand in Oberstaufen – Allgäu

- 87534 Oberstaufen, Kalzhofer Straße 50
  ☎ 08386-9329-0

Kur | Wellness 10

Hirsch Kur- & Wellnesshotel ****

Ruhige Zentrumslage in Oberstaufen – Allgäu

- 87534 Oberstaufen, Kalzhofer Straße 4
  ☎ 08386-491-0

Kur | Wellness 12

Hochbühl ***s

Grünruhelage am Ortsrand in Oberstaufen – Allgäu

- 87534 Oberstaufen, Auf der Höh 12
  ☎ 08386-9354-0

Kur | Wellness 11

Interest ****

Grünruhelage in Oberstaufen – Allgäu

- 87534 Oberstaufen, Auf der Höh 1
  ☎ 08386-910-0

Wellness | Kur 12

Johanneshof ****

Grünlage bei Oberstaufen – Allgäu

- 87534 Oberstaufen, Buflings 1
  ☎ 08386-9343-0

Wellness 9

Königshof City garni ***

Ruhige Ortslage in Oberstaufen – Allgäu

- 87534 Oberstaufen, Bgm.-Hertlein-Straße 1
  ☎ 08386-9309-0

Kur | Gesundheit 11

Königshof Health & View

Ruhige Südhanglage bei Oberstaufen – Allgäu

- 87534 Oberstaufen, Weißachstraße 10
  ☎ 08386-705-0

Kur | Wellness 11

Kronenhof ****

Grünruhelage am Ortsrand in Oberstaufen – Allgäu

- 87534 Oberstaufen, Bgm.-Hertlein-Straße 12
  ☎ 08386-489-0

Wellness | Kur 12

Lindner Parkhotel ****s

Grünlage am Ortsrand in Oberstaufen – Allgäu

- 87534 Oberstaufen, Argenstraße 1
  ☎ 08386-703-0

Gesundheit | Wellness 13

Rosenalp ****s

Grünlage am Ortsrand in Oberstaufen – Allgäu

Ein freundlicher Familienbetrieb von angenehmer Größe. Er ist auf Schrothkuren spezialisiert und liegt in einem ruhigen Wohngebiet, das Ambiente changiert zwischen bayerischem Alpenbarock und aktueller Modernität. Zimmer wählt man aus 12 stark unterschiedlichen Varianten, sie sind mehrheitlich in sehr gutem Zustand, einige haben feine Holzböden, fast alle Balkon, die auf der Südseite bieten ein schönes Panorama. Das Spa wurde nach unserem Redaktionsschluss großzügig erweitert – beispielsweise gibt es nun einen neuen, mehr als doppelt so großen Innenpool und einen neuen Außenpool mit schönem Panorama –, all das kann naturgemäß erst in der nächsten Ausgabe bewertet werden. Zum Angebot zählen unter anderem Arztpraxis, medizinische Check-ups, sehr gute Massagen sowie das mit Abstand beste Fitnessstudio der Region. Montags bis freitags gibt es ein Aktivprogramm, auch Yoga, Pilates sowie geführte Wanderungen, bei Letzteren ist Haushund Max gerne dabei, die insgesamt drei Saunen schließen um 20 Uhr. Restaurantterrasse, fabelhafter Garten mit Ruhezonen, sehr gute Küche, sehr freundliches Team, viele alte Stammgäste. Ungeeignet für Kinder. 16 Liegen, 110 Betten.

Freibecken (Sommer), Hallenbad, Außensauna, Sauna, Dampfbad, Massagen, Kosmetik, Ayurveda, Fitnessstudio, Personal Trainer. 18-Loch-Parcours in 1 km (kostenlos), weitere in 7 und 9 km, 20 % Greenfee-Rabatt.

HP ab € 145,–.

- 87534 Oberstaufen, Am Lohacker 5
  ☎ 08386-706-0

Wellness | Kur 9

Tanneck Kurhotel

Grünruhelage am Ortsrand in Oberstaufen – Allgäu

- 87534 Oberstaufen, Am kühlen Grund 4
  ☎ 08386-9340-0

Wellness | Gesundheit 17

Haubers Alpenresort ****s

Grünruhelage am Ortsrand bei Oberstaufen – Allgäu

Ein solider Familienbetrieb, sehr schön liegt er am Waldrand an einem Südhang. Das Resort besteht aus zwei etwa 200 m voneinander entfernt liegenden Häusern: „Gutshof" und „Landhaus", Letzteres ist einfacher, vor allem Schrothkurgäste sind dort untergebracht. Zimmer wählt man aus insgesamt 12 stark unterschiedlichen Kategorien, sie sind durchwegs großzügig geschnitten, alle haben Balkon oder Terrasse, manche zeigen sich mehr zweckmäßig als charmant, am schönsten sind wohl die neuen Themenzimmer im Westflügel des Gutshofes. In beiden Häusern gibt es ein Spa, im Landhaus ein kleineres mit einem 12 m langen Innenpool, im Gutshof ein deutlich größeres (mit 14,5 m langem Außenpool), das zudem im Vorjahr großzügig erweitert wurde. Ebendort findet man nun einen fast schon riesig zu nennenden Naturschwimmteich, zusätzliche Saunen und Ruhezonen – all das ist für Ruhesuchende konzipiert und erst ab 16

Jahren zugänglich. Die Massagen sind sehr gut, es gibt ein kleines Aktivprogramm, auch Yoga ist zu haben, die insgesamt fünf Saunen schließen um 20 Uhr. Wie überall in Oberstaufen wird auch hier die Schrothkur angeboten, zudem gibt es etwa auch Heilfasten und Bäder mit Bergheu. Liebenswerte Besonderheiten des Hauses sind das Almfrühstück (einmal pro Woche) und der hauseigene, von Hängematten gesäumte Naturpfad. Die Absenz einer Bar vermag hingegen nicht alle zu entzücken, entspricht aber dem gesundheitsorientierten Stil des Hauses. Dieser zeigt sich auch bei der Küche: alles andere als hotelmäßiger Mainstream mit Convenience und künstlichen Aromen, sondern erfrischend bodenständig mit sehr guten Zutaten, ebensolchem Handwerk sowie biologischer und regionaler Ausrichtung. Wer alpenferne Verrenkungen und Schnickschnack am Teller sucht, wird demnach nicht fündig. Übrigens auch wunderbar: das naturtrübe Bier aus einer nahen Kleinbrauerei – in schönen altmodischen Flaschen. Fabelhafte Restaurantterrasse mit weitem Ausblick, gute Qualität mit bescheidener Auswahl beim Frühstücksbuffet (Biofreilandeier stünden dem Haus allerdings nicht schlecht), freundliche Mitarbeiter, präsente Gastgeber. Der Einstieg zum Golfplatz ist direkt am Haus, das Greenfee kostenlos. Keine externen Gäste im Spa, Wanderwege ohne Zahl, kein Handyempfang, bester Schlaf. Ungeeignet für Kinder. 38 Liegen, 134 Betten.

Naturbadeteich, Freibecken, Hallenbad, Sauna, Dampfbad, Massagen, Kosmetik, Ayurveda, Fitnessgeräte, Personal Trainer. 18-Loch-Parcours (kostenlos), weitere in 8 und 11 km, 20 % Greenfee-Rabatt. HP ab € 149,–.

- 87534 Oberstaufen-Kalzhofen, Meerau 34 ☏ 08386-9330-5

Wellness | Kur 10

Mondi Holiday Alpenblickhotel ****

Grünruhelage bei Oberstaufen – Allgäu

- 87534 Oberstaufen, Malas 8, ☏ 08386-7000

Wellness | Kur 10

Birkenhof ****

Grünruhelage bei Oberstaufen – Allgäu

- 87534 Oberstaufen, Am Anger 30, ☏ 08386-9808-0

Wellness 10

Ludwig Royal ****S

Zentrale Ortslage in Steibis bei Oberstaufen – Allgäu

- 87534 Oberstaufen, Im Dorf 29, ☏ 08386-891-0

Wellness | Kur 10

Traube Thalkirchdorf ****

Ruhige Ortslage bei Oberstaufen – Allgäu

- 87534 Oberstaufen, Kirchdorfer Straße 12 ☏ 08325-920-0

Wellness 10

Königshof Resort ****s

Grünlage an der Ortsdurchfahrt bei Oberstaufen – Allgäu

- 87534 Oberstaufen, Mühlenstr. 16, ☏ 08386-493-0

Wellness | Gesundheit 16

Bergkristall ****s

Grünruhelage mit Fernblick bei Oberstaufen – Allgäu

Traumhaft auf einer Anhöhe über dem Tal gelegen: ein sympathischer Familienbetrieb mit ländlichem Erscheinungsbild und ausgesprochen gemütlicher Atmosphäre. Stark unterschiedliche Zimmer in 18 Varianten, alle sind blitzsauber, aus vielen genießt man einen herrlichen Ausblick, besonders einnehmend arrangiert sind die neuen, bis zu 78 m² großen Suiten im Dachgeschoß. Das Spa ist öffentlich zugänglich und inwendig deutlich kleiner als im Prospekt angegeben, sehr erfreulich hingegen ist das wunderschöne Ambiente, etwa im Saunabereich, der mit Naturmaterialien in schlichten Formen gestaltet ist. Die Pools kann man nicht unbedingt riesig nennen, vom Außenbecken mit infinite edge sieht man hinunter auf das hauseigene Gehege, in dem Ziegenkitze und junge Hirsche grasen. Die für das Haus so typische wie faszinierende ewigweite Fernsicht ist auch aus dem Fitnessraum zu haben, freilich auch von Sonnendeck und Liegewiese. Ausgezeichnete Massagen, die insgesamt drei Saunen schließen um 20 Uhr. Auch Schrothkuren werde angeboten, täglich gibt es ein Aktivprogramm, auch Yoga, Pilates und geführte Wanderungen. Große Terrasse, schönes Restaurant und ebensolche Bar, freundliche Mitarbeiter. Reichhaltiges Frühstücksbuffet, gute Küche, Light Lunch und Nachmittagsjause sind im Preis enthalten. Ungeeignet für Kinder. 47 Liegen, 130 Betten.

Freibecken, Hallenbad, Sauna, Dampfbad, Massagen, Kosmetik, Ayurveda, Fitnessgeräte. 18-Loch-Parcours in 8 km (kostenlos), weitere in 13 und 15 km, 20 % Greenfee-Rabatt. HP ab € 152,–.

- 87534 Oberstaufen-Willis, Willis 8
  ☏ 08386-911-0

Wellness 12

Bergblick ****s

Grünlage am Ortsrand in Balderschwang – Allgäu

- 87538 Balderschwang, Schlipfhalden 31
  ☏ 08328-1052

Wellness 16

Hubertus Alpin Lodge

Grünlage am Ortsrand in Balderschwang – Allgäu

Ein sehr gemütlicher Familienbetrieb, er liegt sozusagen mitten auf der Alm, gleichzeitig aber auch an der zumindest nächtens kaum befahrenen Hauptstraße eines Zehn-Häuser-Dörfchens. Schon beim Betreten des

Hubertus Alpin Lodge

Hotels fühlt man sich gut, man wird herzlich empfangen, das Ambiente ist mit ebenso viel Feingefühl wie mit Coolness arrangiert und erhebt sich erfrischend hoch über die regional vorherrschende altvatrische Rustikalmuffigkeit. Zimmer stehen in 17 Kategorien zur Auswahl, alle sind schön gestaltet, manche sehr klein, alle haben Holzböden, nur wenige Internetzugang (das ist für ein Lilien-Hotel übrigens absolut unüblich). Auch das Spa ist angenehm gestaltet, es bietet unter anderem einen 11 m langen, ganzjährig nutzbaren Außenpool, eine Liegewiese mit Ausblick auf grasende Kühe sowie insgesamt fünf Saunen, sie schließen um 20 Uhr. Tägliches Aktivprogramm, auch Yoga und geführte Wanderungen. Reichhaltiges Frühstücksbuffet bis 11.30 Uhr, auf der Restaurantterrasse genießt man morgens wie abends die Sonne, der Verkehr ist allerdings nicht zu überhören. Gute bis sehr gute Küche, sie favorisiert frische Zutaten aus der Region und bietet auch vegane Varianten, Light Lunch und süße Nachmittagsjause sind im Preis enthalten. Sehr freundliche und aufmerksame, junge Mitarbeiter. Wanderwege und Loipen ohne Zahl. Ungeeignet für Kinder.
51 Liegen, 130 Betten.
Freibecken, Außensauna, Sauna, Dampfbad, Massagen, Kosmetik, Ayurveda, Fitnessgeräte, Personal Trainer.
HP ab € 154,–.

- 87538 Balderschwang, Dorf 5
  ☏ 08328-920-0

Wellness 12

Parkhotel Burgmühle ****s

Grünruhelage am Ortsrand in Fischen – Allgäu

- 87538 Fischen, Auf der Insel 2-4, ☏ 08326-9950

Wellness 10

Rosenstock ****

Ortslage in Fischen – Allgäu

- 87538 Fischen, Berger Weg 14, ☏ 08326-36456-0

Wellness 12

Tanneck ****

Grünruhelage oberhalb von Fischen – Allgäu

- 87538 Fischen, Maderhalm 20
  ☏ 08326-999-0

Wellness 10

Frohsinn ***

Grünlage am Ortsrand bei Fischen – Allgäu

- 87538 Fischen-Langenwang, Wiesenweg 4
  ☏ 08326-38493-0

Wellness | Kur 12

Sonnenbichl ****

Grünruhelage am Ortsrand bei Fischen – Allgäu

- 87538 Fischen-Langenwang, Sägestraße 19
  ☏ 08326-994-0

Wellness 12

Berwanger Hof ****

Ruhige Ortslage bei Fischen – Allgäu

- 87538 Obermaiselstein, Niederdorf 11, ☎ 08326-36330

Wellness 10

Sonne Romantikhotel ****

Zentrale Ortslage in Bad Hindelang – Allgäu

- 87541 Bad Hindelang, Marktstr. 15, ☎ 08324-897-0

Wellness | Kur 13

Prinz-Luitpold-Bad ****

Grünruhelage mit Fernblick in Bad Hindelang – Allgäu

Ein liebenswerter, rustikaler Familienbetrieb mit mehr als 150 Jahren Geschichte, er liegt in traumhafter Aussichtslage an einem Südhang über dem Ort. Das Ambiente präsentiert sich nahezu konkurrenzlos mit dem Flair vergangener Zeiten, die Zimmer (DZ von 24 bis 70 m²) sind einfach, das W-Lan ist schwach. Das Spa bietet streckenweise museale Anmutung sowie unter anderem einen knapp 14 m langen Innenpool und einen 12 m langen Außenpool, weiters eine FKK-Zone im Freien, eine eigene Schwefelquelle (für medizinische Wannenbäder) sowie Arztpraxis und Anwendungen mit Heilmoor, dieses stammt aus dem eigenen Hochmoor des Hauses. Die insgesamt drei Saunen schließen um 21.30 Uhr. Ausgesprochen freundliches Team, eine Nachmittagsjause ist im Preis inkludiert. Viele, viele alte Stammgäste. Wanderwege ohne Zahl. Ungeeignet für Kinder. 40 Liegen, 180 Betten.

Freibecken, Schwefelwasserhallenbad, Außensauna, Sauna, Dampfbad, Massagen, Kosmetik. 18-Loch-Parcours in 13 und 17 km.

HP ab € 101,–.

- 87541 Bad Hindelang, Andreas-Gross-Straße 7 ☎ 08324-890-0

Wellness 10

Lanig Resort & Spa ****

Grünlage am Ortsrand Nähe Bad Hindelang – Allgäu

- 87541 Bad Hindelang-Oberjoch, Ornachstraße 11 ☎ 08324-708-0

Wellness 12

Oberjoch Kinderhotel ****

Grünruhelage Nähe Bad Hindelang – Allgäu

- 87541 Bad Hindelang-Oberjoch, Am Prinzenwald 3 ☎ 08324-709-0

Wellness 16

Panoramahotel Oberjoch ****s

Grünruhelage im Ort Nähe Bad Hindelang – Allgäu

Hundefreundlich. Modernes, familiengeführtes Großhotel mit Tagungskapazitäten, es liegt mitten im höchsten

Panoramahotel Oberjoch

Bergdorf Deutschlands (1.200 m Seehöhe), rund 250 m von der Talstation der Bergbahn entfernt, was im Winter für den Anschluss an 32 km Pisten steht. Zeitgemäße, schöne Zimmer stehen in sechs gefälligen Varianten und Größen zwischen 35 und 100 m² (DZ) zur Auswahl, alle haben Balkon, Holzböden oder dunkelbraune Teppichböden – hochflorig, seltsam –, das namensgebend versprochene Panorama ist allerdings längst nicht aus allen zu haben. Das Spa ist recht angenehm gestaltet, inwendig allerdings kleiner als beworben. Es gibt feine Ruhezonen (teilweise mit offenem Kamin) sowie einen netten Außenbereich mit Liegewiese, die insgesamt vier Saunen schließen um 22 Uhr. Täglich Aktivprogramm, auch Yoga und geführte Wanderungen. Alles wunderbar sauber, ausgesprochen freundliche Crew, zumeist gute Küche, Restaurantterrasse mit Morgensonne, große Weinkarte mit fairen Preisen. Wanderwege ohne Zahl. Gratisgarage für (fast) alle, ein Light Lunch im Spa-Bistro ist inkludiert, das Spa kann vor dem Check-in und nach dem Check-out ohne Aufpreis genutzt werden. Ungeeignet für Kinder. 54 Liegen, 285 Betten.
Freibecken, Hallenbad, Außensauna, Sauna, Dampfbad, Massagen, Kosmetik, Fitnessgeräte, Personal Trainer.
HP ab € 136,–.

- 87541 Bad Hindelang-Oberjoch, Passstraße 41
  ☎ 08324-9333-0

Wellness 12

Krone Familotel ****

Ruhige Ortslage Nähe Bad Hindelang – Allgäu

- 87541 Bad Hindelang, Sorgschrofenstraße 2
  ☎ 08324-98201-0

Wellness 12

Mattlihüs Bio-Hotel ****

Grünruhelage mit Fernblick in Bad Hindelang – Allgäu

- 87541 Oberjoch, Iselerstraße 28, ☎ 08324-980289

Wellness 12

Allgäuer Berghof Familotel ****

Alleinlage auf 1.200 m Nähe Sonthofen – Allgäu

- 87544 Gunzesried, Blaichach Alpe Eck 1
  ☎ 08321-806-0

Wellness 11

Alpenhof Oberstdorf ****s

Grünruhelage am Ortsrand in Oberstdorf – Allgäu

- 87561 Oberstdorf, Fellhornstraße 36
  ☎ 08322-9602-0

Wellness 12

Birgsauer Hof ***s

Absolute Grünruhelage bei Oberstdorf – Allgäu

- 87561 Oberstdorf, Birgsau 9, ☎ 08322-9690-0

Wellness 14

Exquisit ****s

Grünlage am Ortsrand in Oberstdorf – Allgäu

Der „Ruhepol in den Bergen" (werblicher O-Ton) liegt am Ortsrand in einem Wohngebiet und bietet ein Ambiente, das seinem Namen alle Ehre macht. Zimmer wählt man aus 12 Kategorien (DZ von 25 bis 60 m²), sie sind ausnahmslos einnehmend schön, fast alle haben übergroße Betten, Balkon und Teppichböden – auch auf den Fluren sind Letztere hochflorig ausgelegt. Das Spa ist ansprechend gestaltet, unter anderem geboten werden ein 15 m langer Innenpool, Liegewiese, sehr gute Massagen sowie auch Yoga und geführte Wanderungen, die drei Saunen schließen um 20 Uhr. Restaurantterrasse, freundliche Mitarbeiter, nahezu ausgezeichnete Küche, Light Lunch und Nachmittagsjause sind im Preis enthalten. Ungeeignet für Kinder. 32 Liegen, 104 Betten.
Hallenbad, Außensauna, Sauna, Dampfbad, Massagen, Kosmetik, Ayurveda, Fitnessgeräte, Personal Trainer.
18-Loch-Parcours in 10,5 km (15 % Greenfee-Rabatt) und 9-Loch-Parcours in 3 km (30 % Greenfee-Rabatt).
HP ab € 135,–.

- 87561 Oberstdorf, Lorettostraße 20
  ☎ 08322-9633-0

Wellness | Kur 11

Filser ****

In der Kurzone in Oberstdorf – Allgäu

- 87561 Oberstdorf, Freibergstr. 15, ☎ 08322-708-0

Wellness 11

Nebelhornblick ****

Grünruhelage am Ortsrand bei Oberstdorf – Allgäu

- 87561 Oberstdorf, Kornau 49, ☎ 08322-9642-0

Wellness 11

Oberstdorf ****s

Grünlage an der B19 bei Oberstdorf – Allgäu

- 87561 Oberstdorf, Reute 20, ☎ 08322-94077-0

Wellness 12

Parkhotel Frank *****

In der Kurzone in Oberstdorf – Allgäu

- 87561 Oberstdorf, Sachsenweg 11, ☎ 08322-706-0

Wellness 11

Schellenberg garni ***s

Ruhige Ortslage in Oberstdorf – Allgäu

- 87561 O., Schellenbergerstr. 2, ☎ 08322-96370

Kur | Wellness 15

Schüle's Gesundheitsresort & Spa ****s

Grünruhelage am Ortsrand in Oberstdorf – Allgäu

Niveauvoll geführtes Traditionshaus in schöner Lage, es

ist sozusagen ein Hybridprodukt, einerseits ein staatlich anerkanntes Privatsanatorium für Kuren und Rehabilitation, gleichzeitig aber auch Anbieter für Wellnessurlaub, was freilich einen gewissen Spagat bedeutet und weiters dazu führt, dass sich die Punkte für das Haus als Durchschnitt aus zwei Bewertungen ergeben. Nämlich einmal für das Haus als Kurhotel – hier schneidet es mit 17 Punkten deutlich besser ab –, und ein andermal als Wellnesshotel, hier muss es sich selbstverständlich dem Vergleich mit anderen Häusern stellen und punktet weniger gut. Das Ambiente verströmt konservative Gediegenheit in verschiedenen Reifestadien, Zimmer gibt es in 23 Varianten, auch zeitgemäße, ganz neue und sehr große finden sich darunter. Alle haben Teppichböden, viele Balkon mit herrlichem Ausblick auf die Berge. Der Wellnessbereich ist inwendig deutlich kleiner als im Prospekt angeführt, er bietet unter anderem ein 15 m langes Hallenbad (werblicher O-Ton übrigens: 18 m), ein großes und ganz modernes Ladys-Spa im Dachgeschoß, die insgesamt vier Saunen schließen um 20 Uhr, samstags um 23 Uhr. Täglich gibt es ein Aktivprogramm, auch Pilates, Qi Gong, Yoga und geführte Wanderungen. Die Massagen sind ausgezeichnet, hinzu kommen ein wahres Füllhorn an schul- und alternativmedizinischen Diagnostik- und Therapieverfahren, umfassende ärztliche Check-ups und medizinische Kosmetik, auch Kneipp- und Fastenkuren stehen im Angebot. Gepflegter Garten mit Liegewiese und Zierteich, feine Terrasse, zumeist gute Küche, Light Lunch und Nachmittagsjause sind im Preis inkludiert. Freundliche Crew, präsenter Gastgeber, viele alte Stammgäste, guter Schlaf. Ungeeignet für Kinder. 49 Liegen, 166 Betten.
Hallenbad, Sauna, Dampfbad, Massagen, Kosmetik, Ayurveda, Fitnessgeräte, Personal Trainer.
HP ab € 126,–.

- 87561 Oberstdorf, Ludwigstraße 37-41a
  ☎ 08322-701-0

Wellness 10

Wittelsbacher Hof ****

Am Rande der Kurzone in Oberstdorf – Allgäu

- 87561 Oberstdorf, Prinzenstraße 24
  ☎ 08322-605-0

Wellness 11

Alpenhotel Oberstdorf ****

Grünruhelage Nähe Oberstdorf – Allgäu

- 87561 Oberstdorf, Falkenstraße 15, ☎ 08322-702-0

Wellness 10

Luitpoldpark ****

Zentrumslage in Füssen – Allgäu

- 87629 Füssen, Luitpoldstraße 1
  ☎ 08362-904-0

Wellness 12

Sommer ****

Grünruhelage beim Seeufer in Füssen – Allgäu

- 87629 Füssen, Weidachstraße 74, ☎ 08362-9147-0

Kur | Wellness 9

Jakob garni ***

Ruhige Ortslage im Kurgebiet in Füssen – Allgäu

- 87629 Füssen-Bad Faulenbach, Schwärzerweg 6
  ☎ 08362-9132-0

Wellness 11

Parkhotel Bad Faulenbach ***s

Grünruhelage im Kurgebiet in Füssen – Allgäu

- 87629 Füssen, Fischhausweg 5, ☎ 08362-9198-0

Wellness 10

Ruchti's ***

Grünruhelage am Ortsrand in Füssen – Allgäu

- 87629 Füssen, Alatseestraße 38, ☎ 08362-91010

Kur | Wellness 12

Schweiger Aktiv Hotel ***s

Grünruhelage am Ortsrand in Füssen – Allgäu

- 87629 Füssen, Ländeweg 2, ☎ 08362-9140-0

Kur | Wellness 10

Wiedemann Kur- & Vitalhotel ***s

Grünruhelage im Kurgebiet in Füssen – Allgäu

- 87629 Füssen-Bad Faulenbach, Am Anger 3
  ☎ 08362-9130-0

Wellness 10

Alpenglühn garni ***

Ortsrandlage oberhalb von Füssen – Allgäu

- 87629 Füssen-Hopfen am See, Höhenstraße 21
  ☎ 08362-93873-0

Gesundheit | Wellness 12

Eggensberger Bio-Hotel ****

Grünruhelage mit Fernblick bei Füssen – Allgäu

- 87629 Füssen-Hopfen am See, Enzensbergstraße 5
  ☎ 08362-91030

Wellness 10

Geiger ****

Grünlage am Hopfensee bei Füssen – Allgäu

- 87629 Füssen, Uferstraße 18, ☎ 08362-7074

Wellness | Kur 11

Hartung's Hoteldorf ***s

Grünruhelage mit Fernblick bei Füssen – Allgäu

- 87629 Füssen-Hopfen am See, Enzensbergstraße 20
  ☎ 08362-5055-0

Kur | Gesundheit 12

Möst Kneipp-Sanatorium

Grünruhelage am Hopfensee bei Füssen – Allgäu

- 87629 Füssen, Uferstraße 1, ☏ 08362-504-0

Wellness | Kur 12

Bergruh ****

Grünruhelage mit Fernblick bei Füssen – Allgäu

- 87629 Füssen, Alte Steige 16, ☏ 08362-902-0

Wellness 11

Gockelwirt Landhotel ****

Grünlage im Ort Nähe Füssen – Allgäu

- 87637 Eisenberg, Pröbstener Straße 23
  ☏ 08364-830

Wellness | Gesundheit 10

Seeg Landhotel ***

Grünlage am Ortsrand in Seeg – Allgäu

- 87637 Seeg, Wiesleutenerstraße 9
  ☏ 08364-88-0

Wellness 14

König Ludwig Resort Allgäu ****

Grünruhelage am Ortsrand in Schwangau – Allgäu

Weitläufiger, nicht mehr überall taufrischer Gebäudekomplex in schöner Lage, dazu gehören vier Logiergebäude, von denen eines („Hochplatte") vor kurzem komplett neue Zimmer erhalten hat und ein weiteres („Fernblick") im Vorjahr zur Gänze neu erbaut wurde. Ebendort findet man nun 18 ausschließlich große Suiten, die in aufreizend modern-verspieltem Alpenbarock arrangiert sind (und zudem überlange Betten haben). Die restlichen Zimmer sind älter und mehrheitlich deutlich weniger charmant, insgesamt gibt es 14 Varianten, alle haben Balkon oder Terrasse. Das Spa ist über Verbindungsgänge zu erreichen und laut Prospekt mehr als 3.000 m² groß, rechnet man etwa vier Fünftel der Fläche ab, dann kommt man für Pools, Saunen und Indoor-Ruhezonen der Wahrheit deutlich näher! Geboten werden unter anderem ein 20 m langer Außenpool, Außensauna und mehrere Liegedecks im Freien, der Ausblick ist wunderbar, die insgesamt fünf Saunen schließen nach 12 Stunden Öffnungszeit um 22 Uhr. Täglich Aktivprogramm, auch Yoga und Pilates, das Spa kann am Abreisetag noch bis 15 Uhr genutzt werden. Sehr freundliche Mitarbeiter, bei Küche und Service gibt es noch ein wenig Luft nach oben. Ungeeignet für Kinder. 75 Liegen, 220 Betten.
Freibecken, Hallenbad, Außensauna, Sauna, Dampfbad, Massagen, Kosmetik, Fitnessgeräte, Personal Trainer.
18-Loch-Parcours in 23 km, 20 % Greenfee-Rabatt.
HP ab € 111,–.

- 87645 Schwangau, Kreuzweg 15
  ☏ 08362-889-0

Wellness 12

Rübezahl ****s

Ortslage in Schwangau – Allgäu

- 87645 Schwangau-Horn, Am Ehberg 31
  ☏ 08362-8888

Wellness 12

Maximilian Parkhotel ****s

Grünruhelage am Ortsrand in Ottobeuren – Allgäu

- 87724 Ottobeuren, Bannwaldweg 11
  ☏ 08332-9237-0

Wellness 9

St. Ulrich

Grünruhelage am Ortsrand in Ottobeuren – Allgäu

- 87724 Ottobeuren, Bannwaldweg 10
  ☏ 08332-92352-0

Wellness 12

Allgäu Resort ****s

Grünruhelage am Ortsrand in Bad Grönenbach – Allgäu

- 87730 Bad Grönenbach
  Sebastian-Kneipp-Allee 7
  ☏ 08334-534650-0

Kur | Gesundheit 16

Bad Clevers Kneipp-Sanatorium

Grünruhelage am Ortsrand in Bad Grönenbach – Allgäu

Ein ausgesprochen sympathischer, ganz kleiner Familienbetrieb, er beherbergt sowohl das „Kneipp-Sanatorium – Klinik für Naturheilverfahren" als auch das „Gesundheitsresort & Spa" unter einem Dach und besteht aus vier kleinen Logiergebäuden, zwischen denen ein Quellbächlein rauscht, all das inmitten eines weitläufigen naturbelassenen Gartens, der an zahlreichen Plätzen zum Sitzen, Lesen, Schlafen oder Plaudern einlädt und auch über einen großen Badeteich verfügt. Inwendig herrscht ein freundliches, helles Ambiente, die Zimmer haben Vollholzmöbel, sind klein, nett und zweckmäßig eingerichtet, das Hallenbad ist winzig, das Spa lichtdurchflutet, die insgesamt drei Saunen schließen um 22 Uhr. Spezialisiert ist man auf Medical Wellness (Prävention im Rahmen von ärztlich betreuten, einwöchigen Aufenthalten) sowie auf Kneipp-, Mayr- und Fastenkuren. Weiters gibt es medizinische Check-ups mit EKG und Labor sowie ein breites Spektrum an Bewegungs- und Entspannungstraining, unter anderem Yoga, Pilates und Meditation. Ausgezeichnete Treatments, wunderbar freundliche Mitarbeiter, präsente Gastgeber, sehr gute Küche mit saisonaler und regionaler Ausrichtung, ein Light Lunch ist im Preis enthalten. Familiäres Umfeld, viele, viele Stammgäste. Ungeeignet für Kinder. 13 Liegen, 60 Betten.
Naturbadeteich, Hallenbad, Sauna, Dampfbad, Mas-

sagen, Kosmetik, Fitnessgeräte, Personal Trainer. 18-Loch-Parcours in 13 und 21 km.
HP ab € 98,–.

- 87730 Bad Grönenbach, Klevers 1
  ☎ 08334-609-0

Wellness 11

Bad Schachen ****S

Grünruhelage am Seeufer in Lindau – Allgäu

- 88131 Lindau, Bad Schachen 1, ☎ 08382-298-0

Wellness 12

Bayerischer Hof Lindau *****

An der Hafenpromenade in Lindau – Allgäu

- 88131 Lindau, Bahnhofplatz 2, ☎ 08382-915-0

Wellness 11

Helvetia ****S

An der Hafenpromenade in Lindau – Allgäu

- 88131 Lindau, Seepromenade 3
  ☎ 08382-9130

Wellness 13

Villino

Grünruhelage am Ortsrand in Lindau – Allgäu

Ein niveauvolles, familiengeführtes Hideaway, es liegt ruhig am Ortsrand und bietet ein von stilsicherer Hand gestaltetes Ambiente mit mediterraner Anmutung, was auch für die insgesamt nur 21 Zimmer (DZ von 18 bis 120 m²) und das kleine Spa gilt. Weitere Kennzeichen: bezaubernder Garten, frische Blumen, feines Frühstück, sehr gute bis ausgezeichnete Küche – der Hausherr kocht selbst –, ausgezeichnete Weinberatung, freundliches und aufmerksames Umfeld. Kleinsthotels, die in etwa mit dem Villino vergleichbar sind, gibt es übrigens nur ganz wenige, alle sind in dieser Ausgabe beschrieben, die Luxusniveaus sind allerdings unterschiedlich: Dorint Söl'ring Hof, Hofgut Hafnerleiten, Burg Schlitz, Seehotel am Neuklostersee, Schloss Gaußig, Lösch für Freunde. Ungeeignet für Kinder. 7 Liegen, 42 Betten. Sauna, Dampfbad, Massagen, Kosmetik. 18-Loch-Parcours in 6 und 9 km. NF ab € 95,–.

- 88131 Lindau, Hoyerberg 34
  ☎ 08382-9345-0

Gesundheit 13

König Landhaus ****

Grünruhelage am Ortsrand in Grünenbach – Allgäu

Gemütlicher Familienbetrieb, man ist auf Darmsanierung und Regeneration nach F. X. Mayr spezialisiert. Kleine, einfache Zimmer, netter Garten mit Kneippanlage, auch medizinische Check-ups, unter anderem Labor-, EKG- und Ultraschalldiagnostik. Gutes Preis-Leistungs-Verhältnis, viele alte Stammgäste. 8 Liegen, 29 Betten.

GRAND HOTEL

Hallenbad, Außensauna, Massagen, Kosmetik, Fitnessgeräte. Pauschalen, etwa „14 Tage Mayrkur" inkl. Diät, Arzt und Therapien ab € 1.390,–.

- 88167 Grünenbach, Kirchweg 9
  ☎ 08383-9204-0

Wellness | Gesundheit 12

Tannenhof Weiler

Grünruhelage am Ortsrand in Weiler – Allgäu

- 88171 Weiler, Lindenberger Str. 33, ☎ 08387-1235

Wellness 12

Birkenmoor ***

Grünruhelage am Ortsrand in Scheidegg – Allgäu

- 88175 Scheidegg, Brunnenbühl 10, ☎ 08381-9200-0

Wellness 9

Allgäublick Landhotel

Grünlage Nähe Oberstaufen – Allgäu

- 88179 Oberreute, Hochgratstraße 314
  ☎ 08387-9243642

Business | Wellness 10

Creativhotel Luise garni ***s

Zentrumslage in Erlangen – 20 km nördlich von Nürnberg

- 91052 Erlangen, Sophienstraße 10, ☎ 09131-122-0

Business | Wellness 11

Herzogspark ****s

Am Ortsrand von Herzogenaurach – Nähe Nürnberg

- 91074 Herzogenaurach, Beethovenstraße 6
  ☎ 09132-778-0

Wellness 10

Kainsbacher Mühle ****

Grünruhelage am Ortsrand – 40 km von Nürnberg

- 91230 Happurg, Mühlgasse 1, ☎ 09151-728-0

Wellness 11

Sternwirt Landhotel

Ruhige Ortslage bei Weigendorf – 45 km von Nürnberg

- 91249 Weigendorf-Högen, Schlossplatz 2-4
  ☎ 09663-425

Wellness 11

Greifen-Post ****

Zentrale Ortslage in Feuchtwangen – 90 km von Nürnberg

- 91555 Feuchtwangen, Marktplatz 8, ☎ 09852-680-0

Business | Wellness 10

Parkhotel Altmühltal ****s

Ruhige Ortslage in Gunzenhausen – 55 km von Nürnberg

- 91710 Gunzenhausen, Zum Schießwasen 15
  ☎ 09831-5040

Wellness 10

Gams ****

An der B299 in Beilngries – 70 km von Nürnberg

- 92339 Beilngries, Hauptstraße 16
  ☎ 08461-610-0

Wellness 15

Birkenhof Landhotel ****s

Grünruhelage bei Neunburg – Bayerischer Wald

Am östlichen Rand der Oberpfalz: Auf einer Anhöhe gelegener Familienbetrieb mit starken Tagungskapazitäten, er ist von Wiesen und Feldern umgeben und bietet einen Ausblick auf Seen sowie auf Industrieanlagen in der Ferne. Zimmer wählt man aus 15 stark unterschiedlichen Varianten (DZ von 28 bis 92 m²), fast alle haben Teppichböden. Das Spa ist öffentlich zugänglich und an Wochenenden nicht gerade schwach besucht, unter anderem bietet es einen 17 m langen Außenpool, wunderschöne Behandlungsräume und eine feine Panoramasauna, die insgesamt vier Saunen schließen um 21 Uhr. Schöne Restaurantterrasse, bei Küche und Service gibt es noch Luft nach oben, das hier wie immer nicht bewertete À-la-carte-Restaurant („Eisvogel") wurde vom Guide Michelin mit einem Stern ausgezeichnet. Nicht ganz so großartig (bei viereinhalb Sternen): keine Kreditkarten, schwaches W-Lan. Ungeeignet für Kinder. 85 Liegen, 170 Betten.
Naturbadeteich, Freibecken, Hallenbad, Sauna, Dampfbad, Massagen, Kosmetik, Ayurveda, Fitnessgeräte. 18-Loch-Parcours in 3 km.
HP ab € 108,–.

- 92431 Neunburg vorm Wald, Hofenstetten 55
  ☎ 09439-950-0

Wellness 11

Wutzschleife ****s

Grünruhelage bei Rötz – Bayerischer Wald

- 92444 Rötz, Hillstett 40, ☎ 09976-18-0

Wellness 11

Burg Wernberg *****

Grünruhelage am Ortsrand – Bayerischer Wald

- 92533 Wernberg, Schlossberg 10, ☎ 09604-939-0

Wellness 10

St. Hubertus

Grünruhelage bei Schönsee – Bayerischer Wald

- 92539 Schönsee, St. Hubertus 1, ☎ 09674-9229-0

Wellness 10

Gaisthaler Hof ***s

Ortslage bei Schönsee – Bayerischer Wald

- 92539 Schönsee-Gaisthal, Schönseer Straße 16
  ☎ 09674-238

Business | Wellness 11

Götzfried ****

Grünlage am Stadtrand in Regensburg

- 93057 Regensburg, Wutzlhofen 1, ☏ 0941-6961-0

Wellness 12

Eisvogel ****

Grünruhelage in Bad Gögging – 100 km von München

- 93333 B. Gögging, An der Abens 20, ☏ 09445-9690

Kur | Wellness 10

Kaiser Trajan Kurhotel ***

Grünlage in Bad Gögging – 100 km von München

- 93333 Bad Gögging, Römerstraße 8, ☏ 09445-966-0

Wellness 11

Marc Aurel Spa & Golf-Resort ****s

Grünruhelage in Bad Gögging – 100 km von München

- 93333 Bad Gögging, Heiligenstädter Straße 36 ☏ 09445-958-0

Kur | Wellness 9

Minerva-Diana Aparthotel

Grünruhelage in Bad Gögging – 100 km von München

- 93333 B. Gögging, Z. Limestherme 3, ☏ 09445-88-0

Kur 11

Römerbad Klinik Kurhotel

Grünruhelage in Bad Gögging – 100 km von München

- 93333 B. Gögging, Römerstraße 15, ☏ 09445-960-0

Wellness 11

The Monarch ****s

Grünruhelage in Bad Gögging – 100 km von München

- 93333 Bad Gögging, Kaiser-Augustus-Straße 36 ☏ 09445-98-0

Wellness 11

Randsberger Hof ****

Zentrale Ortslage in Cham – Bayerischer Wald

- 93413 Cham, Randsbergerhofstraße 15-19 ☏ 09971-85770

Wellness | Kur 10

Amberger Hof ***

Ruhige Ortslage in Bad Kötzting – Bayerischer Wald

- 93444 Bad Kötzting, Zeltendorfer Weg 4 ☏ 09941-950-0

Wellness ⚜⚜ 15

Bayerwaldhof

Grünruhelage bei Bad Kötzting – Bayerischer Wald

Familienfreundlich. „Ihr kleines Paradies auf dem Lande" (werblicher O-Ton) ist ein großer Familienbetrieb, er liegt auf einer Anhöhe mitten im Grünen und besteht aus sieben ineinander verschachtelten Gebäuden unterschiedlichen Baudatums. Das Ambiente zeigt nahezu unschlagbar überladen dekorierte bayerische Rustikalität in verschiedensten Reifestadien, so manche Farbkombinationen und Stoffmuster könnten Feingeister verstören. Stark unterschiedliche, aber fast ausnahmslos großzügig geschnittene Zimmer in 19 Kategorien (bis zu 130 m² groß), schwerer Tischlerbarock, Teppichböden und solide Möbelqualität herrschen vor, das W-Lan ist schwach. Das Spa ist groß und gut ausgestattet, jedoch ein Labyrinth – physisch wie stilistisch. Es bietet unter anderem ein Hallenbad mit Plastikfelsenwand, einen Außenbereich mit Garten und großem, jedoch trübem FKK-Schwimmteich, weiters mehrere, zum Teil sehr angenehme Ruhebereiche sowie auch Pilates und Qi Gong, die insgesamt sechs Saunen schließen um 19 Uhr. Freundliche Mitarbeiter, schöne Restaurantterrasse, reichhaltiges Frühstücksbuffet (unser Frühstücksei stammte allerdings aus Bodenhaltung). Abends gibt es Tanz, Damenmodeschauen und Alleinunterhalter. Eine Nachmittagsjause ist im Preis enthalten, keine Kreditkarten, gutes Preis-Leistungs-Verhältnis, viele Stammgäste. Täglich drei Stunden Kinderbetreuung (auf Anfrage). 112 Liegen, 220 Betten.
Naturbadeteich, Freibecken, Hallenbad, Außensauna, Sauna, Dampfbad, Massagen, Kosmetik, Ayurveda, Fitnessgeräte. 18-Loch-Parcours in 18 km. Reitstall mit Gastpferdeboxen.
HP ab € 97,–.

- 93444 Bad Kötzting, Liebenstein 25 ☏ 09941-9480-0

Wellness 10

Donna Burghotel ****

Grünruhelage bei Neukirchen – Bayerischer Wald

- 93453 Neukirchen beim Hl. Blut, Mais-Kühberg 31 ☏ 09947-201-0

Wellness 9

Donna Klosterhof ***

Ortsrandlage in Neukirchen – Bayerischer Wald

- 93453 Neukirchen beim Hl. Blut, Marktstraße 49 ☏ 09947-951-102

Wellness 10

Böhmerwald

Grünlage bei Warzenried – Bayerischer Wald

- 93458 Eschlkam, S.-Adam-Str. 54, ☏ 09947-200-0

Wellness | Gesundheit 11

Bayerwald ***s

Zentrale Ortslage in Lam – Bayerischer Wald

- 93462 Lam, Arberstraße 73, ☏ 09943-9530

Wellness 12

Best Western Sonnenhof ****s

Grünruhelage am Ortsrand in Lam – Bayerischer Wald

- 93462 Lam, Himmelreich 13, ☎ 09943-370

Wellness 11

Osserhotel

Absolute Naturlage Nähe Lam – Bayerischer Wald

- 93470 Lohberg, Silbersbach 12, ☎ 09943-9406-0

Wellness 10

Rappenhof Landhotel ***

Ortslage Nähe Bodenmais – Bayerischer Wald

- 93471 Arnbruck, Rappendorf 5, ☎ 09945-1374

Wellness 10

Herzog Heinrich ****

Ortslage in Arrach – Bayerischer Wald

- 93474 Arrach, Eckstraße 5, ☎ 09943-954-0

Wellness 14

Birkenhof Grafenwiesen ****

Grünruhelage am Ortsrand – Bayerischer Wald

Schön gelegener Familienbetrieb, er heißt im Namenszusatz „Spirit & Spa am Elfenhain – magisch, mystisch, menschlich ..." und ist ebenso liebevoll wie gewöhnungsbedürftig dekoriert. Das Haus besteht aus Altbau (mit sehr kleinen Standardzimmern) und neueren Zubauten, in denen sich auch die deutlich größeren Zimmer (DZ bis 55 m²) befinden. Das Spa ist verwinkelt angelegt, nicht überall ganz taufrisch und zudem auf mehrere auseinanderliegende Bereiche aufgeteilt, die werblich angegebene Fläche von 3.500 m² wird in puncto Pools, Saunen und Ruhezonen nicht einmal annähernd erreicht, viele Ruheliegen stehen zudem in einem unruhigen Umfeld. Wellness-Highlight des Hauses ist ein knapp 14 m langer, ganzjährig nutzbarer Außenpool auf dem Dach, ebendort findet man Sonnendeck und Außensauna, all das mit herrlichem Ausblick. Schöne Behandlungsräume, die insgesamt acht Saunen schließen nach 14-stündiger Öffnungszeit um 23 Uhr – das ist anderswo nur höchst selten zu haben! Gute Massagen, kleines Aktivprogramm, unter anderem mit Pilates, Yoga, Kundalini-Meditation und geführten Wanderungen. Sehr netter Garten mit „Elfenhain", mit Hängematten und Gemüsebeeten – die selbstgezogenen Kräuter und Salate kommen der Küche zugute. Ausgesprochen freundliche Mitarbeiter, gute Küche, Light Lunch und Nachmittagsjause sind im Preis enthalten. Sauberes Preis-Leistungs-Verhältnis, viele Stammgäste, ungeeignet für Kinder. 132 Liegen, 150 Betten. Freibecken, Hallenbad, Außensauna, Sauna, Dampfbad, Massagen, Kosmetik, Ayurveda, Fitnessgeräte. 18-Loch-Parcours in 21 km, 20 % Greenfee-Rabatt. Tennisplatz. HP ab € 107,–.

- 93479 Grafenwiesen, Auf der Rast 7 ☎ 09941-4004-0

Wellness 12

Bayerischer Hof ****

Ortslage in Rimbach – Bayerischer Wald

- 93485 Rimbach, Dorfstraße 32, ☎ 09941-2314

Wellness 11

Ulrichshof Baby & Kinder Bio-Resort ****s

Grünruhelage bei Rimbach – Bayerischer Wald

- 93485 Rimbach, Zettisch 42, ☎ 09977-950-0

Wellness 9

Reiterhof Runding Familienhotel ***

Grünruhelage bei Runding – Bayerischer Wald

- 93486 Runding, In den Sallerwiesen 1 ☎ 09971-999-0

Wellness 12

Pusl ***s

Zentrale Ortslage in Stamsried – Bayerischer Wald

- 93491 Stamsried, Marktplatz 6, ☎ 09466-326

Wellness | Kur 10

Apollo ****

Ortsrandlage in Bad Füssing

- 94072 Bad Füssing, Mozartstraße 1, ☎ 08531-951-0

Kur | Wellness 10

Astoria Kurhotel ***s

Zentrale Ortslage in Bad Füssing

- 94072 Bad Füssing, Kurallee 10, ☎ 08531-291-0

Wellness | Kur 10

Bayerischer Hof ****

Zentrale Ortslage in Bad Füssing

- 94072 Bad Füssing, Kurallee 18, ☎ 08531-956-6

Wellness | Kur 9

Brunnenhof garni

Zentrale Ortslage in Bad Füssing

- 94072 Bad Füssing, Schillerstr. 9, ☎ 08531-9418-0

Wellness | Kur 9

Chalet Swiss

Zentrale Ortslage in Bad Füssing

- 94072 B. Füssing, Prof.-Böhm-Str. 8, ☎ 08531-9740

Wellness | Kur 10

City Apartmenthotel garni

Zentrale Ortslage in Bad Füssing

- 94072 B. Füssing, Prof.-Böhm-Str. 9, ☎ 08531-259-0

Wellness | Kur 10

Diana Kurhotel garni ***s

Zentrale Ortslage in Bad Füssing

- 94072 Bad Füssing, Kurallee 12, ☎ 08531-2906-0

Wellness 14

Falkenhof Bio-Vitalhotel ****

Grünruhelage am Ortsrand in Bad Füssing

Ein gemütliches, ruhevolles Haus von angenehmer Größe, es ist in Sachen Küche und Wohnen biologisch ausgerichtet und offeriert ein ebenso harmonisches wie zeitlos-kontemporäres Ambiente. Die Zimmer sind 25 bis 50 m² groß (DZ), alle bieten Vollholzmöbel von Team 7, metallfreie Betten, Entstörung von Elektrosmog, Buchenparkett und Balkon, auch mit dem W-Lan muss man sich nicht ärgern, es funktioniert erfreulich schnell. Das Spa ist auf drei auseinanderliegende Bereiche aufgeteilt, unter anderem gibt es einen kleinen, ganzjährig nutzbaren Thermalaußenpool auf der Dachterrasse, sehr gute Massagen sowie ein kleines Aktivprogramm, die insgesamt zwei Saunen schließen um 21 Uhr. Schöner Garten mit Liegewiese, Restaurantterrasse, freundliche Crew, gute Küche, sie legt Wert auf regionale Zutaten und bietet auch vegane Varianten, ein Light Lunch ist im Preis enthalten. Ungeeignet für Kinder. 30 Liegen, 85 Betten.

Thermalfreibecken, Solehallenbad, Sauna, Dampfbad, Massagen, Kosmetik, Ayurveda, Fitnessgeräte, Personal Trainer. 18-Loch-Parcours in 4 km, 25 % Greenfee-Rabatt. HP ab € 116,–.

- 94072 Bad Füssing, Paracelsusstraße 4
  ☎ 08531-9743

Wellness 10

Frechdachs Thermenhotel

Grünruhelage am Ortsrand in Bad Füssing

- 94072 Bad Füssing, Paracelsusstr. 5, ☎ 08531-942-0

Kur 9

Freudenstein Kurpension garni

Zentrale Ortslage in Bad Füssing

- 94072 Bad Füssing, Kurallee 14, ☎ 08531-2406-0

Kur 11

Füssinger Hof Kurhotel

Zentrale Ortslage in Bad Füssing

- 94072 Bad Füssing, Thermalbadstraße 9
  ☎ 08531-2263-0

Kur | Wellness 11

Gass Thermenhotel garni ***s

Grünruhelage am Ortsrand in Bad Füssing

- 94072 Bad Füssing, Finkenstraße 6
  ☎ 08531-2908-0

Kur 9

Haus an der Therme

Zentrale Ortslage in Bad Füssing

- 94072 Bad Füssing, Sonnenstraße 1
  ☎ 08531-21122

Wellness | Kur 15

Holzapfel Hotels

Grünruhelage in Bad Füssing

Grundsolider, familiengeführter Traditionsbetrieb, er besteht aus zwei unterschiedlichen „Produkten", nämlich dem großen Stammhaus („Traditionshaus") und einem deutlich kleineren, vor sieben Jahren eröffneten Neubau („Alchemia Spa"), beide Gebäude sind durch eine breite Straße getrennt, aber unterirdisch miteinander verbunden. Im Stammhaus wohnen vornehmlich die Kurgäste, hier befindet sich das klassisch arrangierte Halbpensionsrestaurant für beide Häuser, und hier gibt es einen kurzen, direkten Bademantelgang in die weitläufige öffentliche „Therme eins". Der Eintritt ist im Zimmerpreis enthalten, nur für den Saunahof wird ein geringer Aufpreis verlangt. Die Pools mit ihren unterschiedlichen Temperaturen – jener mit 42 Grad ist der einzige seiner Art im ganzen Ort – sind herrlich, allerdings nur in den Morgenstunden, danach kann es sehr voll werden. Im Neubau findet man die deutlich größeren und auch besser ausgestatteten Zimmer (DZ von 35 bis 52 m²) sowie einen hoteleigenen Wellnessbereich, der unter anderem einen knapp 8 m langen, ganzjährig nutzbaren Außenpool und einen kleinen Sole-Floating-Pool bietet, die insgesamt vier Saunen schließen um 20 Uhr. Weiters gibt es Liegewiese, Kurarzt- und Naturheilpraxis, die Treatments sind ausgezeichnet. Tüchtige, ausgesprochen freundliche Crew, gemütliches Restaurant (mit Terrasse und Blümchen sowie Kerze auf jedem Tisch), sehr gute Küche, ein Mittagessen ist inkludiert. Viele alte Stammgäste, ruhige Atmosphäre. Alles sehr sauber, auch das Preis-Leistungs-Verhältnis. Abends Tanz und Modeschauen. Ungeeignet für Kinder. 34 Liegen, 186 Betten.

Thermalfreibecken, Thermalhallenbad, Sauna, Dampfbad, Massagen, Kosmetik, Fitnessgeräte. 18-Loch-Parcours in 4 km, 25 % Greenfee-Rabatt.
VP ab € 101,– (Traditionshaus), HP ab € 125,– (Alchemia Spa).

- 94072 Bad Füssing
  Thermalbadstraße 5
  ☎ 08531-957-0

Kur | Wellness 9

Hubertushof garni

Ortsrandlage in Bad Füssing

- 94072 Bad Füssing, Safferstettener Straße 21
  ☎ 08531-9215-0

Wellness 9

Juwel ****

Zentrale Ortslage in Bad Füssing

- 94072 B. F., Thermalbadstr. 12, ☏ 08531-2269-0

Kur | Wellness 10

Köck Thermalresort garni

Grünruhelage am Ortsrand in Bad Füssing

- 94072 Bad Füssing, Waldstraße 8, ☏ 08531-271-0

Wellness | Kur 10

Königshof Bad Füssing

Grünlage am Ortsrand in Bad Füssing

- 94072 Bad Füssing, Richard-Wagner-Straße 1
  ☏ 08531-2250

Kur | Wellness 10

Ludwig Thoma Kur & Thermal

Grünlage am Ortsrand in Bad Füssing

- 94072 Bad Füssing, Ludwig-Thoma-Weg 23
  ☏ 08531-228-0

Kur 9

Mayerhof garni

Grünruhelage in Bad Füssing

- 94072 Bad Füssing, Paracelsusstraße 2
  ☏ 08531-2709-0

Wellness 10

Morada Unter den Linden ***s

Zentrale Ortslage in Bad Füssing

- 94072 Bad Füssing, Schillerstraße 8
  ☏ 08531-2268-218

Wellness | Kur 13

Mühlbach Thermal Spa ****s

Grünlage am Ortsrand in Bad Füssing

Neben der Kirche gelegener Familienbetrieb, er ist gleichzeitig Kursanatorium und Wellnessoase. Die öffentlichen Räume sind gemütlich-atmosphärisch gestaltet, Zimmer gibt es in 11 Kategorien (DZ ab 26 m²), viele wurden vor kurzem renoviert, die anderen begeistern weniger. Das vor zwei Jahren erweiterte und zumindest streckenweise wunderschöne Spa ist laut Werbung eine „mehr als 1.500 m² große Thermallandschaft" (oder auch: „2.000 m² groß"), rechnet man etwa zwei Drittel davon ab, so kommt man für Pools, Saunen und Indoor-Ruhezonen der Wahrheit bedeutend näher. Unter anderem geboten werden Innenpool und Außenpool, beide sind etwa 9 m lang, weiters Arztpraxis, ein außergewöhnlich breites Therapiespektrum, gute Massagen sowie montags bis freitags ein kleines Aktivprogramm, die insgesamt drei Saunen schließen um 19 Uhr. Kleiner Garten mit Liegewiese, freundliche Crew. Light Lunch und Nachmittagsjause sind im Preis enthalten, Gratis-

garage für alle. Viele alte Stammgäste, ungeeignet für Kinder. 50 Liegen, 110 Betten.
Thermalfreibecken, Thermalhallenbad, Sauna, Dampfbad, Massagen, Kosmetik, Ayurveda, Fitnessgeräte, Personal Trainer. 18-Loch-Parcours in 4 km, 25 % Greenfee-Rabatt. HP ab € 107,–.

- 94072 Bad Füssing, Bachstraße 15
  ☎ 08531-278-0

Wellness | Kur 13

Mürz ****

Ruhige Zentrumslage in Bad Füssing

Preisgünstiger, kleiner und ruhiger Familienbetrieb mit 1970er-Fassade, konservativ-gediegen anmutenden öffentlichen Räumen und nicht immer ganz taufrischen Zimmern (allerdings hochwertigen Betten in den höheren Kategorien) in acht Kategorien (DZ von 19 bis 52 m²). Das Spa ist klein, die insgesamt zwei Saunen schließen um 22 Uhr. Großes Angebot an guten Massagen und Therapien, auch Traditionelle Chinesische Medizin, medizinische Check-ups, medizinische Kosmetik (u. a. Faltenunterspritzung) und Heilfasten werden angeboten. Ausgesprochen freundliche und hilfsbereite Crew, viele alte Stammgäste. Eine Nachmittagsjause ist im Preis enthalten, das Spa ist an An- und Abreisetag ganztägig ohne Aufpreis zugänglich. Ungeeignet für Kinder. 23 Liegen, 72 Betten.
Naturbadeteich, Thermalhallenbad, Sauna, Dampfbad, Massagen, Kosmetik, Ayurveda, Fitnessgeräte, Personal Trainer. 18-Loch-Parcours in 4 km, 25 % Greenfee-Rabatt. HP ab € 79,50.

- 94072 Bad Füssing, Birkenallee 9
  ☎ 08531-958-0

Kur 10

Olympia

Zentrale Ortslage in Bad Füssing

- 94072 Bad Füssing, Thermalbadstraße 16
  ☎ 08531-9429-0

Wellness | Kur 11

Ortner's Lindenhof garni ****s

Grünlage am Ortsrand in Bad Füssing

- 94072 Bad Füssing, Pockinger Str. 1, ☎ 08531-279-0

Wellness | Kur 11

Parkhotel Bad Füssing ****

Grünlage am Ortsrand in Bad Füssing

- 94072 Bad Füssing, Waldstraße 16, ☎ 08531-9280

Wellness 12

Quellenhof garni ****

Grünlage am Ortsrand in Bad Füssing

- 94072 Bad Füssing, Dr.-Koch-Str. 2, ☎ 08531-299-0

Kur 9

Regina Kurhotel garni

Zentrale Ortslage in Bad Füssing

- 94072 B. Füssing, Prof.-Böhm-Str. 3, ☎ 08531-954-0

Wellness | Kur 10

Reindl garni ***s

Zentrale Ortslage in Bad Füssing

- 94072 Bad Füssing, Thermalbadstraße 15-17
  ☎ 08531-224-0

Wellness | Kur 10

Richstein's Posthotel ***

Grünruhelage am Ortsrand in Bad Füssing

- 94072 Bad Füssing, Inntalstr. 36, ☎ 08531-2909-0

Kur 9

Royal Apartmenthotel

Zentrale Ortslage in Bad Füssing

- 94072 Bad Füssing, Goethestraße 5, ☎ 08531-949-0

Kur 10

Sacher-Stoiber ***s

Zentrale Ortslage in Bad Füssing

- 94072 Bad Füssing, Schillerstr. 3, ☎ 08531-977-560

Kur 10

San Andreas Kurhotel

Zentrale Ortslage in Bad Füssing

- 94072 Bad Füssing, Goethestr. 12, ☎ 08531-293-0

Kur | Wellness 10

Schatzberger Kurhotel garni

Zentrale Ortslage in Bad Füssing

- 94072 Bad Füssing, Safferstettener Straße 25
  ☎ 08531-926-6

Wellness | Kur 11

Schweizer Hof ****

Zentrale Ortslage in Bad Füssing

- 94072 Bad Füssing, Thermalbadstraße 11
  ☎ 08531-9109-7

Kur | Wellness 12

Sonnenhof Kurhotel ****

Ruhige Ortslage in Bad Füssing

- 94072 Bad Füssing, Schillerstraße 4
  ☎ 08531-2264-0

Kur 10

Tannenhof Sanatorium

Zentrale Ortslage in Bad Füssing

- 94072 Bad Füssing, Kurallee 25
  ☎ 08531-276-0

Wellness 11

Thermen-Club ***s

Zentrale Ortslage in Bad Füssing

- 94072 Bad Füssing, Safferstettener Straße 17-19
  ☎ 08531-24090

Kur 9

Thermenhof Apartmenthaus

Zentrale Ortslage in Bad Füssing

- 94072 Bad Füssing, Thermalbadstraße 8
  ☎ 08531-2261-0

Kur 10

Undine garni

Zentrale Ortslage in Bad Füssing

- 94072 Bad Füssing, Kurallee 2, ☎ 08531-956-0

Wellness | Kur 10

Victoria garni

Zentrale Ortslage in Bad Füssing

- 94072 Bad Füssing, Beethovenstr. 1, ☎ 08531-979-0

Kur | Wellness 10

Villa Fortuna ***

Zentrale Ortslage in Bad Füssing

- 94072 Bad Füssing, Thermalbadstraße19
  ☎ 08531-954-6

Wellness | Kur 11

Waldeck ****

Grünruhelage am Ortsrand in Bad Füssing

- 94072 Bad Füssing, Paracelsusstraße 12
  ☎ 08531-2905-0, 0800-9407200

Kur | Wellness 11

Wittelsbach ****

Zentrale Ortslage in Bad Füssing

- 94072 Bad Füssing, Beethovenstr. 8, ☎ 08531-952-0

Kur 9

Würdinger Hof Kurhotel

Grünruhelage am Ortsrand in Bad Füssing

- 94072 Bad Füssing, Untere Inntalstraße 39
  ☎ 08531-9569-0

Kur 9

Zentralhotel garni ***

Zentrale Ortslage in Bad Füssing

- 94072 Bad Füssing, Goethestr. 3, ☎ 08531-973-0

Wellness | Kur 12

Zink Kurhotel ****

Grünlage am Ortsrand in Bad Füssing

- 94072 B. Füssing, Thermalbadstr. 1, ☎ 08531-927-0

Kur | Wellness 10

Riedl Landhaus

Grünlage am Ortsrand in Bad Füssing

- 94072 Bad Füssing-Riedenburg, Nussbaumweg 1
  ☎ 08531-9507-0

Wellness 12

Columbia Bad Griesbach ****s

Grünlage an der Durchzugsstraße in Bad Griesbach

- 94086 Bad Griesbach, Passauer Straße 39a
  ☎ 08532-309-0

Wellness | Kur 9

Residenz Aktiv & Vital ***s

Grünlage am Ortsrand in Bad Griesbach

- 94086 Bad Griesbach, Prof.-Baumgartner-Straße 1
  ☎ 08532-708-0

Kur 10

St. Lukas Fachklinik

Grünlage am Ortsrand in Bad Griesbach

- 94086 Bad Griesbach, Nibelungenstraße 49
  ☎ 08532-796-0

Wellness | Kur 11

Birkenhof Bad Griesbach ***s

Grünruhelage in Bad Griesbach

- 94086 B. Griesbach, Thermalbadstr. 15, ☎ 08532-7030

Wellness 12

Das Ludwig ****s

Grünruhelage in Bad Griesbach

- 94086 Bad Griesbach, Am Kurwald 2, ☎ 08532-799-0

Wellness | Kur 12

Drei Quellen Therme ****s

Grünruhelage in Bad Griesbach

- 94086 B. Griesbach, Thermalbadstr. 3, ☎ 08532-7980

Wellness | Kur 11

Fürstenhof ****s

Grünruhelage in Bad Griesbach

- 94086 B. Griesbach, Thermalbadstr. 28, ☎ 08532-9810

Kur | Wellness 10

Glockenspiel garni ***

Grünruhelage in Bad Griesbach

- 94086 B. Griesbach, Thermalbadstr. 21, ☎ 08532-7060

Kur | Wellness 10

Griesbacher Hof Apartmenthotel ***

Grünruhelage im Kurgebiet in Bad Griesbach

- 94086 Bad Griesbach-Therme, Thermalbadstraße 24
  ☎ 08532-701-0

Kur | Wellness 10

Konradshof ***S

Im Kurgebiet in Bad Griesbach

- 94086 Bad Griesbach-Therme, Thermalbadstraße 30 ☎ 08532-702-0

Wellness | Kur 11

Maximilian Quellness & Golf *****

Im Kurgebiet in Bad Griesbach

- 94086 Bad Griesbach, Kurallee 1, ☎ 08532-795-0

Wellness | Kur 12

Parkhotel ****S

Grünruhelage am Ortsrand in Bad Griesbach

- 94086 Bad Griesbach, Am Kurwald 10, ☎ 08532-28-0

Kur 9

Sankt Leonhard garni ***

Im Kurgebiet in Bad Griesbach

- 94086 Bad Griesbach-Therme, Thermalbadstraße 9 ☎ 08532-925230

Kur | Wellness 9

Sonnleiten-Rupert ***

Im Kurgebiet in Bad Griesbach

- 94086 Bad Griesbach-Therme, Thermalbadstraße 12 ☎ 08532-709-0

Kur | Wellness 13

St. Wolfgang *****

Grünruhelage am Ortsrand in Bad Griesbach

Großer Gebäudekomplex, er vereint ein Wellness-, Tagungs- und Eventhotel sowie eine Privatklinik (Kardiologie, Innere Medizin, Urologie, Orthopädie, Sportmedizin) unter einem Dach – ein ziemlicher Spagat! Inwendig herrscht eine nicht immer ganz taufrische Gediegenheit im Stil der frühen 1990er Jahre, die Zimmer sind äußerst großzügig geschnitten, alle haben Teppichböden, viele Balkon oder Terrasse. Das Spa ist nicht allzu groß, unter anderem geboten werden ein 18 m langer Innenpool, ein etwas kleineres Freibecken, Liegewiese sowie ausgezeichnete Treatments zu fairen Preisen, die insgesamt drei Saunen schließen um 20 Uhr. Auch Heilfasten, medizinische Check-ups, Akupunktur und ästhetische Medizin (u. a. Mikrodermabrasion, Faltenunterspritzung, Lidstraffung). Freundliche Crew, alles rollstuhlgerecht. Ungeeignet für Kinder. 56 Liegen, 278 Betten.
Freibecken, Thermalhallenbad, Sauna, Dampfbad, Massagen, Kosmetik, Fitnessstudio, Personal Trainer. Sechs 18-Loch-Parcours in max. 5 km, bis zu 25 % Greenfee-Rabatt.
HP ab € 130,–.

- 94086 Bad Griesbach-Therme
  Ludwigpromenade 6
  ☎ 08532-980-0

Kur | Wellness 10

Summerhof ***

Grünruhelage in Bad Griesbach

- 94086 Bad Griesbach-Therme
  Thermalbadstraße 6
  ☏ 08532-27-3000

Wellness 11

Gut Riedelsbach ***S

Grünlage bei Neureichenau – Bayerischer Wald

- 94089 Neureichenau, Riedelsbach 12
  ☏ 08583-9604-0

Wellness 12

Antoniushof ****

Zentrale Ortslage in Ruhstorf – Nähe Bad Füssing

- 94099 Ruhstorf an der Rott, Ernst-Hatz-Straße 2
  ☏ 08531-9349-0

Wellness 16

Reischlhof ****S

Grünlage bei Wegscheid – Bayerischer Wald

Ein freundlicher Familienbetrieb, er liegt solitär inmitten von Wiesen und Feldern, aber auch direkt an einer schmalen Landstraße, die allerdings nächtens kaum befahren wird. Das Haus präsentiert sich nett gestaltet und überall sehr sauber, jedoch etwas verwinkelt und nicht überall rasend harmonisch. Zimmer gibt es in 15 Kategorien (DZ von 20 bis 55 m²), die neuesten haben Holzböden, fast alle Balkon oder Terrasse. Das Spa bietet zahlreiche attraktive Bereiche, unter anderem Außensauna und einen großen Sole-Whirlpool (knapp 18 m², bis 22 Uhr geöffnet) auf dem Dach, einen schönen Fitnessraum sowie zahlreiche kleinteilige Indoor-Ruhezonen. Im nicht allzu großen Garten bietet das Haus Liegewiese, Barfußweg, Sonnendecks, Badeteich und einen weiteren Whirlpool, die insgesamt sechs Saunen schließen zwischen 18.30 und 19.30 Uhr. Täglich Aktivprogramm, auch Yoga, autogenes Training, Jacobson-Tiefenmuskelentspannung und Qi Gong. Außerordentlich bemühte und freundliche Mitarbeiter, reichhaltiges Frühstücksbuffet, gute bis sehr gute Küche, ein Light Lunch ist im Preis enthalten – und die Bar ist bis ein Uhr früh geöffnet. Zwei Wermutstropfen: kleines Hallenbad, viele externe Gäste im Spa. Ungeeignet für Kinder. 141 Liegen, 150 Betten.
Naturbadeteich, Hallenbad, Außensauna, Sauna, Dampfbad, Massagen, Kosmetik, Ayurveda, Fitnessgeräte. 18-Loch-Parcours in 14 km, 27-Loch-Parcours in 16 km.
HP ab € 117,–.

- 94110 Wegscheid
  Sperlbrunn 7
  ☏ 08592-9390-0

Wellness 17

Jagdhof Röhrnbach *****

Grünruhelage in Röhrnbach – Bayerischer Wald

Ein ehrgeizig geführter Familienbetrieb, er liegt mitten im Ort, war vor wenigen Jahren noch ein alter Traditionsgasthof und darf – nach umfangreichen baulichen Erweiterungen – seit kurzem fünf Sterne im Logo führen, übrigens als einziges Hotel der Region. Das Ambiente changiert zwischen kontemporärem Landhausstil, luxuriösem Sissi-Flair und einer Art von „Versace trifft Armani"-Anmutung, auch Rückstände von bayerischer Rustikalität der 1980er Jahre sind noch anzutreffen. Zimmer wählt man aus 23 Kategorien (DZ von 21 bis 95 m²), sie sind entweder in sehr gutem Zustand oder sogar neu renoviert, zahlreich sind sie auch mit feinen Holzböden zu haben, auch wahre Wohnträume darf man sich erwarten. Der Wellnessbereich wurde in mehreren Etappen erweitert und modernisiert, jetzt wirbt man mit 6.500 m² Fläche, die jedoch in Bezug auf Pools, Saunen und Indoor-Ruhezonen nicht einmal im Ansatz erreicht werden. Dennoch ist der Bereich weitläufig, zudem sehr gut ausgestattet, unter anderem geboten werden ein 20 m langes Innenbecken, zahlreiche Ruhezonen und ein feines Ladys-Spa, all das in hochwertiger Anmutung – der extravagante Stil erinnert übrigens an das Spa des Luxushotels Spirit in Sárvár, Ungarn. Wunderbar ist auch der Garten mit einem 25 m langen Sportbecken, mit Liegewiese, tiefem und sauberem Schwimmteich, mit Himmelbetten, einem FKK-Außenwhirlpool und einem entzückenden alten Saunahäuschen, in dem das Saunieren richtig Spaß macht. Umfangreiches Aktivprogramm, auch Yoga, Pilates, Jacobson-Muskelentspannung und geführte Wanderungen sind zu haben, die insgesamt sechs Saunen schließen um 20 Uhr. Restaurantterrasse, feine Weinkarte, reichhaltiges Frühstücksbuffet, ein (ausgiebiger) Light Lunch (inklusive Getränke) ist im Preis enthalten, bei Küche und vor allem beim Service scheint es mitunter, als müsste man in die neue Fünfsternrolle erst noch etwas hineinwachsen. Feine Weinkarte, abends gibt es Tanz, Alleinunterhalter und Modeschauen. Gratisgarage für alle, den Weckdienst übernehmen die Glocken der nahen katholischen Kirche zu – urlaubsmäßig – unchristlichen Zeiten. Ungeeignet für Kinder. 196 Liegen, 250 Betten. (Foto Seite 194)
Naturbadeteich, Freibecken, Hallenbad, Außensauna, Sauna, Dampfbad, Massagen, Kosmetik, Ayurveda, Fitnessstudio. 18-Loch-Parcours in 15 und 18 km, bis zu 25 % Greenfee-Rabatt.
HP ab € 151,–.

- 94133 Röhrnbach
  Putzgartenstraße 2
  ☏ 08582-9159-0

Wellness 12

Parkschlössl zu Thyrnau ****

Grünruhelage bei Thyrnau – Bayerischer Wald

- 94136 Thyrnau, Hundsdorf 20a, ☎ 08501-922-0

Wellness 12

Hüttenhof ***s

Grünruhelage am Ortsrand in Grainet – Bayerischer Wald

- 94143 Grainet, Hobelsberg 23
  ☎ 08585-9605-0

Wellness 11

Haidmühler Hof ****

Ruhige Ortslage in Haidmühle – Bayerischer Wald

- 94145 Haidmühle, Max-Pangerl-Straße 11
  ☎ 08556-9700

Wellness 10

Haslinger Hof

Ortsrandlage in Kirchham bei Bad Füssing

- 94148 Kirchham, Ed 1, ☎ 08531-295-0

Wellness 10

Schürger

Zentrale Ortslage in Thurmansbang – Bayerischer Wald

- 94169 Thurmansbang, Ginghartinger Straße 2
  ☎ 08504-900-0

Wellness 10

Ahornhof

Grünlage am Ortsrand bei Zwiesel – Bayerischer Wald

- 94227 Lindberg, Lehen 35, ☎ 09922-853-0

Wellness 11

Glashotel ***s

Grünlage im Wohngebiet in Zwiesel – Bayerischer Wald

- 94227 Zwiesel, Hochstraße 45
  ☎ 09922-854-0

Wellness 11

Magdalenenhof Landhotel ***

Grünruhelage am Ortsrand in Zwiesel – Bayerischer Wald

- 94227 Zwiesel, Ahornweg 17, ☎ 09922-8560

Wellness 12

Bavaria ****

Grünruhelage mit Fernblick bei Zwiesel – Bayerischer Wald

- 94227 Zwiesel-Rabenstein, Lindenweg 9
  ☎ 09922-8550

Wellness 9

Am Pfahl Sporthotel

An der B54 in Viechtach – Bayerischer Wald

- 94234 Viechtach, Waldfrieden 1
  ☎ 09942-957-0

Wellness 15

Sterr Burghotel ****

Grünruhelage mit Fernblick – Bayerischer Wald

Ruhig und wunderschön gelegener Familienbetrieb, er ist allerdings keine Burg, sondern liegt in der Nähe von Überresten einer Burg aus dem 14. Jahrhundert. Das Ambiente ist konsistent und verströmt einen Hauch von Toskana-Flair, die Zimmer sind angenehm-wohnlich und stehen in acht Kategorien zur Auswahl, sie sind stets außerordentlich großzügig geschnitten (DZ ab 36 m²), einige sind auch mit Holzböden zu haben. Nur wenige Schritte abseits vom Hotelgebäude steht das sogenannte Bergdorf Sterr: sechs mehr oder weniger luxuriöse Chalets (115 bis 120 m² groß), die um einen kleinen Badeteich angeordnet sind und mit offenem Kamin, Sauna und Außenwhirlpool aufwarten können, die Gäste der Chalets können sowohl das Restaurant als auch das Spa des Hotels nutzen. Letzteres ist nicht allzu groß, unter anderem gibt es einen Innenwhirlpool und einen 11 m langen Badeteich – beides klein, aber mit schönem Panorama –, die insgesamt sechs Saunen schließen um 19.30 Uhr. Großartiger Ausblick aus vielen Räumen, fabelhafte Terrasse, Liegewiese in romantisch-beschaulichem Garten. Ein (reichhaltiger) Light Lunch ist im Preis enthalten. Wanderwege ohne Zahl. Ungeeignet für Kinder. 62 Liegen, 106 Betten.
Naturbadeteich, Hallenbad, Sauna, Dampfbad, Massagen, Kosmetik, Ayurveda, Fitnessgeräte.
HP ab € 93,–.

- 94234 Viechtach, Neunussberg 35
  ☎ 09942-805-0

Wellness 11

Zum Kramerwirt ****

Ortslage bei Viechtach – Bayerischer Wald

- 94244 Geiersthal, Bgm.-Fleischmann-Straße 1
  ☎ 09923-2181

Wellness 14

Oswald Landromantik ****s

Zentrale Ortslage in Kaikenried – Bayerischer Wald

Ein netter Familienbetrieb, er liegt im Zentrum eines 150-Häuser-Dorfes und wurde vor zwei Jahren großzügig erweitert und ansprechend modernisiert. Zimmer gibt es in 16 stark unterschiedlichen Varianten (DZ von 26 bis 75 m²), auch einnehmend schöne finden sich darunter, ein schnelleres W-Lan hätte uns gefreut. Das sehr angenehm gestaltete Spa bietet unter anderem einen 15 m langen Außenpool und einen warmen Whirlpool im Freien – beide werden übrigens werblich als „Dachpools" bezeichnet, das trifft es wohl nicht ganz –, weiters gibt es Liegewiese und sehr gute Massagen, die insgesamt vier Saunen schließen um 19 Uhr. Restaurantterrasse, reichhaltiges Frühstücksbuffet, gute bis sehr gute Küche mit regionaler Orientierung, Light Lunch und Nachmittagsjause sind inkludiert. Präsente Gastgeber, gemütliche Bar mit fairen Preisen, den Weckruf übernehmen die Glocken der katholischen Kirche nebenan. Ungeeignet für Kinder. 62 Liegen, 130 Betten.
Freibecken, Hallenbad, Sauna, Dampfbad, Massagen, Kosmetik, Fitnessgeräte.
HP ab € 109,–.

- 94244 Kaikenried, Am Platzl 2
  ☎ 09923-8410-0

Wellness 11

Bergknappenhof ****

Grünlage am Ortsrand in Bodenmais – Bayerischer Wald

- 94249 Bodenmais, Silberbergstr. 8, ☎ 09924-7740

Wellness 14

Bodenmaiser Hof ****s

Zentrale Ortslage in Bodenmais – Bayerischer Wald

Kinderfreundlich: Ein sozusagen äußerst verkehrsgünstig gelegener Familienbetrieb, er besteht aus zwei Häusern, die mit einem Tunnel unter der Straße verbunden sind. Das Motto des Ambientes lautet offenbar bayerisch-stylish, Empfindsame könnten freilich ein Zuviel an Stil entdecken. Die Zimmer sind stark unterschiedlich gestaltet – 16 Varianten, 22 bis 65 m² –, akustisch ist man von Regionalbahn, Kirchturmglocken und Gockelhähnen umgeben. Das Spa wurde im Vorjahr nach Redaktionsschluss modernisiert und ist überraschend nett gelungen, es bietet unter anderem ein 14 m langes Freibecken, eine Erdsauna mit großem Naturtauchbecken und einer Art kaltem Dauerregen im Freien – sehr fein, das – sowie mehrere kleinere Ruhebereiche. Unsere Massagen waren alles andere als zufriedenstellend, die insgesamt vier Saunen schließen um 20 Uhr, mittwochs um 22 Uhr, für die Überwachungskameras im Nacktbereich fehlt uns das Verständnis. Täglich kleines Aktivprogramm, auch Yoga und geführte Wanderungen. Zumeist gute Küche, das Frühstücksei kommt allerdings aus Käfighaltung, eine süße Nachmittagsjause ist inkludiert, eine Restaurantterrasse ist nicht vorhanden. Das Haus wirbt übrigens mit zwei Lilien, wurde aber niemals damit ausgezeichnet. 80 Liegen, 120 Betten. (Foto Seite 196)
Naturbadeteich, Freibecken, Hallenbad, Außensauna, Sauna, Dampfbad, Massagen, Kosmetik, Ayurveda, Fitnessgeräte, Personal Trainer.
HP ab € 88,–.

- 94249 Bodenmais, Risslochweg 4
  ☎ 09924-954-0

Wellness 11

Böhmhof ****

Grünlage am Ortsrand in Bodenmais – Bayerischer Wald

- 94249 Bodenmais, Böhmhof 1, ☎ 09924-9430-0

Wellness 10

Dolce Vita ***s

Grünlage am Ortsrand in Bodenmais – Bayerischer Wald

- 94249 Bodenmais, Hölzlweg 10
  ☏ 09924-94349-0

Wellness 12

Hammerhof ****

Grünlage am Ortsrand in Bodenmais – Bayerischer Wald

- 94249 Bodenmais, Kothinghammer 1
  ☏ 09924-9570

Wellness 11

Hofbräuhaus ****

Zentrale Ortslage in Bodenmais – Bayerischer Wald

- 94249 Bodenmais, Marktplatz 5
  ☏ 09924-777-0

Wellness 14

Mooshof ****s

Grünlage am Ortsrand in Bodenmais – Bayerischer Wald

Familienfreundlich. Gutbürgerlicher Familienbetrieb, er besteht aus fünf aneinandergereihten Gebäuden und ist verwinkelt angelegt. Stark unterschiedliche Zimmer in nicht weniger als 32 Varianten (DZ von 19 bis 123 m^2), die im jüngsten Neubau sind die wesentlich besseren, sie sind manchmal sogar luxuriös sowie mit Holzböden zu haben. In das Spa gelangt man über einen Gang mit Vitrinen, in denen örtliche Damen Häkelhauben ausstellen und ein „extrem schönes Kleid aus Canada in Größe 36-48" beworben wird. Eine substanzielle Erweiterung des Wellnessbereichs könnte in wenigen Monaten abgeschlossen sein (und ist naturgemäß erst in der nächsten Ausgabe zu bewerten), neben einem 17 m langen, neuerdings auch ganzjährig nutzbaren Außenpool gibt es unter anderem zwei Hallenbäder und eine große Liegewiese mit Badeteich und Sauna. Die Liegen sind teilweise mit Metallic-Glanzstoffen bezogen, die insgesamt fünf Saunen schließen um 19 Uhr. Bescheidenes Aktivprogramm, auch Yoga, Qi Gong und geführte Wanderungen. Restaurantterrasse mit Ausblick in den großen Garten, bei Küche und Service gibt es noch Luft nach oben, eine Nachmittagsjause ist im Preis enthalten. Abends Tanz und Modeschauen. Nicht so begeisternd: keine Kreditkarten, die nahen Straßen.
100 Liegen, 180 Betten.
Naturbadeteich, Freibecken, Hallenbad, Außensauna, Sauna, Dampfbad, Massagen, Kosmetik, Ayurveda, Fitnessgeräte. 18-Loch-Parcours in 19 km, 25 % Greenfee-Rabatt, Driving Range mit Putting und Pitching Greens. Tennisplätze.
HP ab € 97,–.

- 94249 Bodenmais, Mooshof 7
  ☏ 09924-7750

Wellness 15

Neue Post ****

Zentrale Ortslage in Bodenmais – Bayerischer Wald

Das „Wohlfühl-Hotel“ (werblicher O-Ton) ist ein sympathisch-gemütlicher Familienbetrieb von überschaubarer Größe. Er liegt zentral, aber ruhig und bietet bayerisch-ländliches Flair sowie nette Zimmer in 13 Kategorien. Fast alle haben Balkon (zumeist nach Süden mit Blick in den Garten), einige auch feine Holzböden, etwa jene vom Typ Standard, die allerdings sehr klein sind. Das nicht allzu große Spa ist wunderschön gestaltet und auf drei Bereiche aufgeteilt. Dazu gehören unter anderem ein 12 m langes Hallenbad, ein größerer, ganzjährig nutzbarer Außenwhirlpool sowie eine Liegewiese in einem schönen Garten mit alten Bäumen und kleinem Zierteich, die insgesamt vier Saunen schließen um 20 Uhr. Täglich kleines Aktivprogramm, auch Yoga, Pilates, Qi Gong und geführte Wanderungen. Freundliche und engagierte Crew, gute bis sehr gute Küche, sauberes Preis-Leistungs-Verhältnis, eine Nachmittagsjause ist im Preis enthalten. Viele Stammgäste. Eher ungeeignet für Kinder. 39 Liegen, 125 Betten. (Foto Seite 198)

Hallenbad, Außensauna, Sauna, Dampfbad, Massagen, Kosmetik, Ayurveda, Fitnessgeräte. 18-Loch-Parcours in 19 km, bis zu 50 % Greenfee-Rabatt. Tennisplatz.
HP ab € 79,–.

- 94249 Bodenmais, Kötztinger Straße 25
  ☎ 09924-958-0

Wellness 12

Riederin ****

Grünruhelage am Ortsrand – Bayerischer Wald

- 94249 Bodenmais, Riederin 1, ☎ 09924-7760

Wellness | Kur 10

Waldeck ****

Grünlage am Ortsrand in Bodenmais – Bayerischer Wald

- 94249 Bodenmais, Arberseestr. 37, ☎ 09924-9403-0

Wellness 10

Waldesruh

Grünruhelage am Ortsrand – Bayerischer Wald

- 94249 Bodenmais, Scharebenstr. 31, ☎ 09924-9500

Wellness 12

Ödhof ****

Grünruhelage bei Bodenmais – Bayerischer Wald

- 94255 Böbrach, Öd 5, ☎ 09923-8413-0

Wellness 15

Lindenwirt ****

Grünruhelage bei Bodenmais – Bayerischer Wald

Familienfreundlich. Ein ländlicher Familienbetrieb mit

Mooshof

dem vielleicht nicht ganz passenden Namenszusatz „Das Refugium – Designed by Nature", er liegt in der Mitte eines Dorfes an der nächtens kaum befahrenen Hauptstraße. Moderne öffentliche Räume, stark unterschiedliche Zimmer in 11 Kategorien, auch zeitgemäße finden sich darunter. Der Wellnessbereich zeigt sich in weiten Teilen einnehmend schön und bietet feine Ruhezonen, weiters einen kleinen Innenpool, ebensolche Saunen und sehr gute Massagen. Seit wenigen Monaten erfreut ein 20 m langes Außenbecken, es ist ganzjährig nutzbar, die insgesamt fünf Saunen schließen um 20 Uhr (Außensauna: 22 Uhr). Aktivprogramm (Mo bis Sa), auch Yoga, Qi Gong und geführte Wanderungen. Die „Gourmetküche" (werblicher O-Ton) bietet auch vegane Varianten, ein Light Lunch ist im Zimmerpreis inkludiert, das Service ist etwas verbesserungsfähig. Wanderwege ohne Zahl. 85 Liegen, 145 Betten.
Naturbadeteich, Freibecken, Hallenbad, Außensauna, Sauna, Dampfbad, Massagen, Kosmetik, Ayurveda, Fitnessgeräte. HP ab € 103,–.

- 94256 Drachselsried, Unterried 9
  ☎ 09945-951-0

Wellness 12

Riedlberg ****

Absolute Naturlage mit Fernblick – Bayerischer Wald

- 94256 Drachselsried, Riedlberg 1, ☎ 09924-9426-0

Wellness 14

Eibl-Brunner ****

Zentrale Ortslage in Frauenau – Bayerischer Wald

Solider, familiengeführter Landgasthof mit traditionellem rustikalen Erscheinungsbild, er liegt an der Hauptstraße, besteht aus Stammhaus und Neubau und verfügt über Zimmer in neun Varianten, nicht alle begeistern, jene vom Typ Standard sind zudem winzig, der Abschluss einer baulichen Erweiterung erfolgte weit nach Redaktionsschluss, sie soll in einem neuen Trakt komfortablere Zimmer bringen. Auch das Spa wurde erweitert, unter anderem um eine vollständig neue Saunazone und neue Behandlungsräume, Details können naturgemäß erst in der nächsten Ausgabe kommentiert werden. Unter anderem geboten wurden bislang ein 14 m langer Innenpool, ein etwas kleinerer Außenpool, Außensauna und Liegewiese, die insgesamt vier Saunen schließen um 19 Uhr. Freundliche Mitarbeiter – nicht wenige kommen aus Tschechien –, Restaurantterrasse, gute Küche, ein Light Lunch ist im Preis enthalten. Fazit: Kein Luxus, aber ärgern muss man sich nicht – nur die W-Lan-Verbindung eilt im Schneckentempo –, das Preis-Leistungs-Verhältnis ist ausgesprochen sauber. 36 Liegen, 200 Betten.
Freibecken, Hallenbad, Außensauna, Sauna, Dampfbad, Massagen, Kosmetik, Fitnessgeräte. HP ab € 69,–.

- 94258 Frauenau, Hauptstraße 18
  ☎ 09926-951-0

Wellness 10

Sankt Florian ****
Ruhige Ortslage in Frauenau – Bayerischer Wald
- 94258 Frauenau, Althüttenstr. 22, ☏ 09926-9520

Wellness 12

Zum Bräu ***s
Ortslage in Kollnburg – Bayerischer Wald
- 94262 Kollnburg, Viechtacher Straße 6
☏ 09942-9485-0

Wellness | Gesundheit 10

Richterhof Apartmenthotel
Grünruhelage mit Fernblick – Bayerischer Wald
- 94262 Kollnburg, Baierweg 15, ☏ 09942-9463-0

Wellness 12

St. Gunther ****
Ortslage Nähe Regen – Bayerischer Wald
- 94269 Rinchnach, Am Käserhügel 18
☏ 09921-809-0

Wellness 12

Reibener Hof Parkhotel ****
Grünruhelage bei Konzell – Bayerischer Wald
- 94357 Konzell, Reiben 1
☏ 09963-9432-0

Wellness 12

Posthotel Rattenberg ****
Zentrumslage Nähe St. Englmar – Bayerischer Wald
- 94371 Rattenberg, Dorfplatz 2
☏ 09963-950-0

Wellness 11

Angerhof St. Englmar ****s
Grünruhelage am Ortsrand – Bayerischer Wald
- 94379 St. Englmar, Am Anger 38, ☏ 09965-186-0

Wellness 11

Gut Schmelmerhof ****
Grünruhelage bei St. Englmar – Bayerischer Wald
- 94379 St. Englmar, Rettenbach 24, ☏ 09965-189-0

Wellness 12

Maibrunn Berghotel ****s
Grünruhelage mit Fernblick – Bayerischer Wald
- 94379 St. Englmar, Maibrunn 1
☏ 09965-850-0

Wellness 10

Predigtstuhl Resort
Grünlage am Ortsrand in St. Englmar – Bayerischer Wald
- 94379 St. Englmar, Am Predigtstuhl 2
☏ 09965-981

Eibl-Brunner

Wellness 10

Reinerhof ****

Grünlage bei St. Englmar – Bayerischer Wald

- 94379 St. Englmar, Grün 9, ☏ 09965-851-0

Wellness 11

Simmerl Familotel ***s

Grünlage mit Fernblick – Bayerischer Wald

- 94379 St. Englmar, Maibrunn 8
  ☏ 09965-84120

Wellness 10

Arcadia Sonnenhof

Grünruhelage am Ortsrand in Grafenau – Bayerischer Wald

- 94481 Grafenau, Sonnenstraße 12, ☏ 08552-4480

Wellness 12

Reblinger Hof ****

Grünruhelage am Ortsrand in Bernried – Bayerischer Wald

- 94505 Bernried, Rebling 3, ☏ 09905-555

Wellness 10

Antoniushof Schönberg ***s

Zentrale Ortslage Nähe Grafenau – Bayerischer Wald

- 94513 Schönberg, Unterer Marktplatz 12
  ☏ 08554-944989-0

Wellness 10

Landhaus zur Ohe Familotel ***s

Grünruhelage am Ortsrand – Bayerischer Wald

- 94513 Schönberg, Maukenreuth 1
  ☏ 08554-9607-0

Wellness 12

Schreinerhof Familotel ****

Grünruhelage am Ortsrand – Bayerischer Wald

- 94513 Schönberg, Schreinerhof 1, ☏ 08554-94294-0

Wellness 12

Hochriegel ****

Ortslage bei Frauenau – Bayerischer Wald

- 94518 Klingenbrunn, Frauenauer Straße 31
  ☏ 08553-970-0

Wellness 10

Seehotel Hohenau ***

Grünlage bei Grafenau – Bayerischer Wald

- 94545 Hohenau, Bierhütte 40, ☏ 08558-9612-0

Wellness 12

Thula ***s

Grünruhelage mit Fernblick bei Lalling – Bayerischer Wald

- 94551 Lalling, Ranzingerbergstraße 91
  ☏ 09904-811099-0

Wellness 12

Pausnhof Bio-Hotel ****

Ortslage in St. Oswald – Bayerischer Wald

- 94568 St. Oswald, Goldener Steig 7
  ☏ 08552-40886-0

Wellness 9

Sonnenwald

Grünruhelage bei Schöfweg – Bayerischer Wald

- 94572 Schöfweg-Langfurth, Sonnenwald 1
  ☏ 09908-8910

Business | Wellness 10

Central ****

Zentrale Ortslage in Hof – 140 km nördlich von Nürnberg

- 95030 Hof, Kulmbacher Straße 4, ☏ 09281-6050

Wellness | Kur 10

Haus Birken ***

Ruhelage in Bad Steben – 150 km nördlich von Nürnberg

- 95138 Bad Steben, Sudetenstraße 12
  ☏ 09288-9754-0

Wellness | Kur 12

Relexa Bad Steben ****

Grünruhelage in Bad Steben – 150 km nördlich von Nürnberg

- 95138 Bad Steben, Badstraße 26, ☏ 09288-72-0

Kur 14

Kurzentrum Weißenstadt ****

Grünruhelage am Seeufer – 120 km von Nürnberg

Schön gelegenes Mittelklassehotel der österreichischen Kurzentrum-Kette. Mit zeitgemäßem, ziemlich buntem Erscheinungsbild und großen Zimmern, alle haben Balkon und Teppichböden, viele bieten Ausblick auf den See. Das Spa gereichte vielen Wellnesshotels zur Ehre, das Außenbecken ist 20 m lang, die insgesamt vier Saunen schließen um 22 Uhr. Breites Therapiespektrum, darunter etwa Radonanwendungen und die sogenannte Ganzkörperkryotherapie bei minus 110 Grad. Im Angebot stehen „Light-Kuren" (etwa „Gesundheitswoche"), Basenfasten sowie Aufenthalte ohne medizinische Leistungen. Nette Caféterrasse, Gratisgarage für alle. Ungeeignet für Kinder. 45 Liegen, 202 Betten. Freibecken, Hallenbad, Sauna, Dampfbad, Massagen, Kosmetik, Fitnessgeräte.

HP ab € 95,–.

- 95163 Weißenstadt, Im Quellenpark 1
  ☏ 09253-9545-0

Wellness 11

Herrmann's Posthotel ****

Zentrumslage in Wirsberg – 100 km nördlich von Nürnberg

- 95339 Wirsberg, Marktplatz 11, ☏ 09227-2080

Wellness 12

Reiterhof Wirsberg ****S

Grünruhelage bei Wirsberg – 100 km nördlich von Nürnberg

- 95339 Wirsberg, Sessenreuther Straße 50
  ☏ 09227-2040

Wellness 12

Krug Familotel ****

Grünruhelage bei Bayreuth – 100 km nördlich von Nürnberg

- 95485 Warmensteinach, Siebensternweg 15
  ☏ 09277-991-0

Wellness 10

Alexandersbad ****

Grünlage in Bad Alexandersbad – 130 km von Nürnberg

- 95680 Bad Alexandersbad, Markgrafenstraße 24
  ☏ 09232-889-0

Wellness 10

Ernestgrün Schlosshotel

Grünruhelage am Ortsrand – 140 km von Nürnberg

- 95698 Neualbenreuth, Rothmühle 15
  ☏ 09638-930-0

Wellness 10

Fahrenbach Golfhotel ***S

Absolute Grünruhelage bei Tröstau – 125 km von Nürnberg

- 95709 Tröstau, Fahrenbach 1
  ☏ 09232-882-0

Wellness 11

Best Western Kurhotel Obermaintherme ****

Ortsrandlage in Bad Staffelstein – 90 km von Nürnberg

- 96231 Bad Staffelstein, Am Kurpark 7
  ☏ 09573-333-0

Wellness 11

Zum Löwen ***

Ortslage bei Bad Staffelstein – 90 km von Nürnberg

- 96231 Bad Staffelstein, Schwabthal 5
  ☏ 09573-928-0

Business | Wellness 10

Goldene Traube Romantikhotel ****

Zentrumslage in Coburg – 105 km nördlich von Nürnberg

- 96450 Coburg
  Am Viktoriabrunnen 2
  ☏ 09561-876-0

Wellness | Kur 10

Bad Rodach Kurhotel ****

Grünruhelage in Bad Rodach – 125 km von Nürnberg

- 96476 Bad Rodach, Kurring 2
  ☏ 09564-9230-0

Business | Wellness 10

Novotel Würzburg ****

Zentrumsnähe in Würzburg

- 97070 Würzburg, Eichstraße 2
  ☏ 0931-3054-0

Wellness 10

Franziskaner ****

Ortsrandlage in Dettelbach – 25 km von Würzburg

- 97337 Dettelbach, Wallfahrtsweg 14
  ☏ 09324-973030

Wellness 9

Ebner ***

Am Kurpark in Bad Königshofen – 80 km von Würzburg

- 97631 Bad Königshofen, Schottstraße 36
  ☏ 09761-9119-0

Wellness 12

Sturm Garten & Spa ****

Grünlage am Ortsrand – 100 km nördlich von Würzburg

- 97638 Mellrichstadt
  Ignaz-Reder-Straße 3
  ☏ 09776-8180-0

Wellness 10

Rhön Park ****

Grünruhelage bei Hausen – 110 km nördlich von Würzburg

- 97647 Hausen-Roth, Rother Kuppe 2
  ☏ 09779-91-0

Wellness 11

Sonnentau ****

Grünlage am Ortsrand – 105 km nördlich von Würzburg

- 97650 Fladungen, Wurmberg 1-3
  ☏ 09778-9122-0

Wellness 11

Hubertus Landhaus ***

Grünruhelage in Unterelsbach – 95 km von Würzburg

- 97656 Unterelsbach, Röderweg 9-11
  ☏ 09774-85808-0

Wellness 11

Krummbachtal ****

Grünruhelage bei Schönau – 95 km von Würzburg

- 97659 Schönau an der Brend, Krummbachstraße 24
  ☏ 09775-9191-0

Kur 9

Dösch & Bayerischer Hof

Zentrumslage in Bad Kissingen – 65 km von Würzburg

- 97688 Bad Kissingen, Maxstraße 9-11
  ☏ 0971-8045-0

Wellness | Kur 10

Frankenland ****s

Zentrumslage in Bad Kissingen – 65 km von Würzburg

- 97688 Bad Kissingen, Frühlingstraße 11
  ☎ 0971-81-0

Wellness 12

Laudensacks Parkhotel ****

Am Kurpark in Bad Kissingen – 65 km von Würzburg

- 97688 Bad Kissingen, Kurhausstraße 28
  ☎ 0971-7224-0

Wellness 12

Residence von Dapper ****

Ruhige Ortslage in Bad Kissingen – 65 km von Würzburg

- 97688 Bad Kissingen, Menzelstraße 21
  ☎ 0971-78548-0

Wellness 10

Sonnenhügel ***

Grünruhelage am Ortsrand – 65 km von Würzburg

- 97688 Bad Kissingen, Burgstraße 15
  ☎ 0971-83-0

Wellness | Kur 11

Westpark

Ruhige Ortslage in Bad Kissingen – 65 km von Würzburg

- 97688 Bad Kissingen, Rosenstraße 2
  ☎ 0971-7156-0

Wellness 12

Wyndham Garden Bad Kissingen ****

Am Kurpark in Bad Kissingen – 65 km von Würzburg

- 97688 Bad Kissingen, Bismarckstraße 8-10
  ☎ 0971-824-0

Wellness 12

Kunzmann's ****

Ruhelage am Kurpark in Bad Bocklet – 75 km von Würzburg

- 97708 Bad Bocklet, An der Promenade 6
  ☎ 09708-78-0

Kur | Wellness 11

Kurhaus Bad Bocklet

Ruhelage am Kurpark in Bad Bocklet – 75 km von Würzburg

- 97708 Bad Bocklet, Kurhausstraße 2
  ☎ 09708-77-0

Wellness (1 Lilie) 13

Dorint Resort & Spa Bad Brückenau ****s

Im Kurpark in Bad Brückenau – 85 km von Würzburg

Hundefreundlich. Weitläufige Anlage mit historischen Bauten, sie liegt inmitten eines beeindruckend schönen Barockparks und ist – neben Wellness – auf Tagungen, Events und Hochzeiten fokussiert. Untergebracht wird man in drei teilweise weit auseinanderliegenden Gebäuden, was nicht bei jeder Witterung einen erfreulichen Fußmarsch zur Folge hat, wenn man ins Restaurant oder ins Spa möchte. Zimmer gibt es in neun Kategorien, jene im sogenannten Spa-Flügel werden bis zum Jahresende renoviert, das war wohl auch seit Jahren fällig. Der Wellnessbereich ist auf drei Ebenen verteilt und laut Prospekt 2.800 m² groß, rechnet man deutlich mehr als die Hälfte ab, so kommt man für Pools, Saunen und Indoor-Ruhezonen der tatsächlichen Fläche bedeutend näher! Der Außenpool ist knapp 16 m lang, die insgesamt vier Saunen schließen um 21 Uhr. Liegewiese, gutes Frühstücksbuffet, beim Service gibt es noch viel Luft nach oben. Ungeeignet für Kinder. 38 Liegen, 241 Betten.

Freibecken, Sauna, Dampfbad, Massagen, Kosmetik, Fitnessstudio, Personal Trainer. 18-Loch-Parcours in 37 und 45 km. HP ab € 95,50.

- 97769 Bad Brückenau-Staatsbad
  Heinrich-von-Bibra-Straße 13
  ☎ 09741-85-0

Gesundheit (3 Lilien) 17

Regena Gesundheits-Resort ****

Grünruhelage in Bad Brückenau – 85 km von Würzburg

Keine Wellnessoase, sondern ein bestens geführtes Gesundheitshotel, es liegt sehr ruhig am Waldrand, inmitten eines Parks mit Springbrunnen, Teich und alten Bäumen. Die 1970er-Fassade schafft es jedesmal anstrengungslos, unsere Tester zu schockieren, vor allem dann, wenn sie zuvor im Dorint-Hotel waren und dessen eindrucksvolles Barockensemble noch vor Augen haben. Dafür sind sie dann umso mehr überrascht, wie geschmackvoll gestaltet, wie blitzsauber, hell und freundlich sich das Haus inwendig präsentiert. Zimmer gibt es in fünf Kategorien (DZ von 35 bis 70 m²), alle haben genügend Ablageflächen und Balkon, alle bieten Ausblick in die Landschaft. Der Fokus des Hauses liegt auf ganzheitlicher Regeneration, dafür steht ein freundliches Mediziner- und Therapeutenteam aus zahlreichen Spezialgebieten im Einsatz – Zahnärzte und Implantologen inklusive! Außerordentlich breites Spektrum an Heil- und Diagnoseverfahren, unter anderem Osteopathie und Traditionelle Chinesische Medizin. Dazu gibt es zahlreiche, zumeist einwöchige Programme, etwa zu den Themen Burnout, Entgiftung, dauerhaftes Abnehmen oder Yoga, außerdem umfassende medizinische Check-ups. Die Treatments sind ausgezeichnet, täglich gibt es ein Aktivprogramm, so etwa auch Meditation, Qi Gong, Yoga und Tai Chi, und last but not least ein bestens ausgestattetes Fitnessstudio sowie einen 15 m langen Innenpool. Nette Bar, feine Terrasse, leichte und sehr gute bis ausgezeichnete Küche mit frischen Zutaten,

von Herzen freundliche Mitarbeiter, stets präsenter Gastgeber mit stimmungsaufhellenden Qualitäten. Und gegen geringe Gebühr kann man sich von einem höflichen Regena-Chauffeur von zu Hause abholen lassen. Fazit: „Gesundheitskompetenz in Urlaubsatmosphäre". So steht es im Prospekt, und so ist es auch wirklich! Ungeeignet für Kinder. 20 Liegen, 122 Betten. Thermalsole-Whirlpool im Freien, Hallenbad, Sauna, Dampfbad, Massagen, Kosmetik, Ayurveda, Fitnessstudio, Personal Trainer. 18-Loch-Parcours in 37 und 45 km. VP ab € 149,–.

- 97769 Bad Brückenau-Staatsbad, E.-Putz-Straße 52 ☎ 09741-801-0

Wellness 10

Gut Dürnhof

Grünlage am Ortsrand – 45 km westlich von Würzburg

- 97794 Rieneck, Burgsinner Straße 3, ☎ 09354-1001

Wellness 15

Neumühle Romantikhotel ****

Grünlage bei Diebach – 60 km nördlich von Würzburg

Hundefreundlich. Niveauvolles Kleinhotel mit Hideaway-Qualitäten: ein mit großem Aufwand und viel Liebe restauriertes Fachwerkhausensemble aus dem 16. Jahrhundert. Es ist von Wiesen und Wäldern umgeben, liegt am Ufer der fränkischen Saale, gleichzeitig aber auch direkt an einer Landstraße, die Zimmer sind jedoch stets auf die Saale-Seite hin ausgerichtet. Inwendig ein sensibel gestaltetes Umfeld: Antiquitäten, Bauernmöbel, authentische Details. Auch die Zimmer sind wunderschön, sie offerieren Holzböden und ganz allgemein zeitgemäße, gehobene Wohnlichkeit. Das Spa ist klein, aber sehr angenehm gestaltet, auch hier fehlt die provinzielle Schunkellied-Optik, die gerade in Bayern so häufig in Kauf genommen werden muss, völlig. Unter anderem gibt es einen kleinen Pool, einen Fitnessraum mit schönem Ausblick sowie eine Liegewiesenidylle am Flussufer, die zwei Saunen schließen um 20 Uhr. Gute Treatments, guter Kaffee, sehr gute Küche, ebensolches Service. Gemütliches Umfeld, angenehmes Publikum – und das Rauschen der Saale sorgt für besten Schlaf. Ungeeignet für Kinder. 8 Liegen, 64 Betten. Hallenbad, Sauna, Dampfbad, Massagen, Kosmetik, Fitnessgeräte. 18-Loch-Parcours in 23 km. HP ab € 135,–.

- 97797 Wartmannsroth, Neumühle 54 ☎ 09732-803-0

Wellness 11

Villa Christalina

Grünruhelage bei Marktheidenfeld – 45 km von Würzburg

- 97828 Marktheidenfeld, Am Lauterpfad 2 ☎ 09391-507471

WANDERN & SPA: DIE 35 BESTEN HOTELS

Wandern wirkt

Das Wandern erlebt gegenwärtig eine ungeahnte Renaissance – es ist wieder im Trend. Aus gutem Grund freilich, sind doch die vielfältigen positiven Auswirkungen auf Körper und Seele bekannt. Und sie werden immer wichtiger, denn die meisten Menschen leben heute mit einem Stressniveau, das in der Zivilisationsgeschichte wohl einmalig ist. Der „Globalisierungsdruck" in der Arbeitswelt, die Dauerüberwachung durch lebensferne Bürokraten und die Politik zum Wohle von Konzernen und Finanzeliten zählen unter anderem zu den Verursachern. Mediziner berichten davon, dass sich rund zwei Drittel ihrer Patienten chronisch müde, 60 Prozent energielos und sage und schreibe 40 Prozent ausgebrannt fühlen, was Wunder, wenn ein moderner Schlüsselbegriff „die erschöpfte Multitasking-Gesellschaft" lautet.

Wandern, das ist wissenschaftlich längst bestätigt, kräftigt Immunsystem, Knochen und Gelenke, und es beeinflusst alle Risikofaktoren für Herz-Kreislauf-Erkrankungen positiv, darunter etwa Bluthochdruck, Übergewicht und Störungen des Zucker- und Fettstoffwechsels. Zudem werden Stresshormone abgebaut und Glückshormone („Endorphine") ausgeschüttet – Wandern ist demnach auch als mächtiger Stimmungsaufheller einzustufen, allerdings einer ohne Nebenwirkungen! Weiters hat das Gehen in der Natur immer auch einen mehr oder weniger starken meditativen Charakter: Es beruhigt den Verstand, klärt den Geist – und zeigt neue Wege auf.

Wald, Höhenluft und Bewegung

Entspannung erlebt jedenfalls, wer in das satte Grün von Wäldern und Almen eintaucht, den Duft von Blumen und Kräutern erlebt, dem fröhlichen Trällern der Vögel lauscht. Doch es geht nicht allein um die Sinne, sondern auch um die Waldluft. Sie ist überaus sauerstoffreich und schadstoffarm, und sie enthält auch heilende bioaktive Substanzen, die vom Körper über Lunge und Haut aufgenommen werden und die Bildung von sogenannten Killerzellen anregen. Diese sind eine der wichtigsten angeborenen Anti-Krebs-Substanzen unseres Organismus. Bereits ein Tag im Wald genügt übrigens, um die Zahl dieser Abwehrzellen um mehr als ein Drittel zu erhöhen!

Wellness mit Wandern verbinden

Was liegt also näher, als Wellnessurlaub mit Wandern zu verbinden? Dafür haben wir diese Auswahl von 35 Hotels jeder Preisklasse – das Spektrum reicht vom gemütlichen Dreisternhaus bis hin zum Fünfstern-superior-Hotel – zusammengestellt, und zwar nach fünf Kriterien:

- ein sehr gutes Wellnesshotel, also ein Lilien-Hotel
- Wandern direkt ab Hotel muss möglich sein, ohne den Bus oder das eigene Auto einzusetzen
- das Hotel muss dem Gast mit Rat und Tat zur Seite stehen (Informationen, Ausrüstung etc.)
- ein Wandergebiet, das mit seiner Vielfalt und seinen Naturschönheiten begeistert
- die Eignung für Schneeschuhwanderungen im Winter

Speziell das letztgenannte Kriterium führte dazu, dass die meisten dieser Top-35-Hotels in Österreich liegen – Schneeschuhwanderungen sind in Deutschland nur vergleichsweise selten möglich. Auch Wälder gibt es in Österreich wesentlich zahlreicher als in Deutschland, zählt doch Österreich zu den fünf waldreichsten Ländern in Europa! Und viele sind herrlich zum Wandern.

ÖSTERREICH

Wellness 14

Molzbachhof ***s

Grünruhelage bei Kirchberg am Wechsel

Hundefreundlich. Ein kleiner, liebevoll geführter Familienbetrieb, er liegt sehr ruhig am Ortsrand und bietet stark unterschiedliche Zimmer, von denen die neuen Zirbenzimmer wohl die schönsten sind. Das kleine Spa bietet vornehmlich Saunen (bis 22 Uhr geöffnet), weiters hervorragende Massagen, in einem kleinen Park neben dem Haus gibt es einen Schwimmteich mit Wasserfall sowie auch Beeren, Kräuter- und Gemüsebeete. Naturnahe, sehr gute Küche mit Zutaten aus der Region, ein Light Lunch ist im Preis inkludiert. Sehr familiäres Umfeld (fünf Familienmitglieder arbeiten tüchtig mit), viele alte Stammgäste. Feine Laufstrecke, geführte Wanderungen, Wanderwege ohne Zahl, auch Meditation und Qi Gong (gegen Aufpreis). Sehr sauberes Preis-Leistungs-Verhältnis, Gratisgarage für alle. Ungeeignet für Kinder. 27 Liegen, 68 Betten.

Die Regionen Kirchberg und Wechsel liegen einem hier zu Füßen, das steht für etwa 120 km Wege, in der näheren Umgebung befinden sich zudem die Hausberge der Wiener, nämlich Semmering, Rax, Hohe Wand und Schneeberg. Einige Trails beginnen direkt am Hotel, in 10 Autominuten ist man mit dem Hotelshuttle zudem auf einem Hochplateau (Seehöhe 1.300 bis 1.900 m), ebendort gibt es zahlreiche Almen, Schutzhütten sowie natürlich auch Wege. Viele davon sind gut befestigt, der Schwierigkeitsgrad reicht von leicht bis mittel, wer richtig klettern will, muss dafür an die Rax. Rucksack, Stöcke, Schirm, Proviant und Wanderkarten sind im Preis inkludiert. Dreimal pro Woche gibt es geführte Wanderungen, im Winter, mit Schneeschuhen, finden sie einmal wöchentlich statt – so es Schnee gibt.

Naturbadeteich, Sauna, Dampfbad, Massagen, Kosmetik, Fitnessgeräte.

HP ab € 70,–.

- 2880 Kirchberg, Aussen 36
  ☎ 02641-2203

Wellness 14

Alpenhotel Gösing ****

Absolute Naturlage mit Fernblick – Ötschergebiet

Hundefreundlich. Ein Grandhotel aus den 1920er Jahren, es liegt nahezu konkurrenzlos und so märchenhaft wie abgeschieden im Ötscherland. Vieles wurde in den letzten Jahren relativ behutsam renoviert, anderes wiederum trägt Patina und verleiht dem Hotel ein unvergleichlich nostalgisches Flair. Stark unterschiedliche Zimmer in 13 Varianten, von vielen genießt man einen herrlichen Ausblick auf den Ötscher. Das Spa ist von bescheidener Größe, der Außenpool viel zu kalt, die Massagen gut. Fabelhafte Restaurantterrasse, bei Service und Küche gibt es noch etwas Spielraum nach oben. Herrliche Ruhe, man hört nichts anderes als das Rauschen des Waldes und den Gesang der Vögel; ringsum gibt es traumhafte Wanderwege und Laufstrecken ohne Zahl. Ungeeignet für Kinder. 28 Liegen, 120 Betten.

Das Haus liegt mitten im Naturpark Ötscher-Tormäuer, dieser gilt als größter Naturpark Österreichs und bietet wildromantische Schluchten und Wanderwege ohne Zahl. Zwar erfordern manche auch Trittsicherheit und Schwindelfreiheit – etwa die Gipfelbesteigung des Ötschers über den Rauen Grat –, vornehmlich führen viele Touren jedoch durch leicht wanderbares Gelände. Die 5 km lange sogenannte Hausrunde (mit zahlreichen herrlichen Ausblicksplätzen) ist zudem kinderwagentauglich. Für die meisten Routen ist der Einstieg direkt beim Hotel möglich, andere sind über die Mariazellerbahn bestens erreichbar, die Station befindet sich nur ein paar Schritte abseits. Der kürzeste Weg ist übrigens der zum sogenannten Romantikbankerl, er ist in 10 Minuten absolviert, der längste dauert etwa drei Stunden und führt nach Wienbruck, wem das genug ist, der steigt einfach in die Mariazellerbahn und ist bald wieder im Hotel zurück. Wanderstöcke und Rucksack gibt es in der Regel gegen Aufpreis, sie sind nur in einigen Packages inkludiert, ein Lunchpaket kostet extra. Geführte Wanderungen gibt es nicht, das geht einem hier allerdings überhaupt nicht ab. Eine einfache Karte erhält man an der Rezeption, sie genügt vollauf, verirren ist auch orientierungsmäßig Minderbemittelten unmöglich. Im Winter stehen den Gästen Schneeschuhe zur Gratisleihe zur Verfügung, seinen Weg muss man selbst finden, das ist abenteuerlich und wunderschön, aber dann bei viel Schnee mitunter nicht mehr ganz so einfach wie im Sommer.

Freibecken (Sommer), Hallenbad, Sauna, Dampfbad, Massagen, Kosmetik, Fitnessgeräte.

HP ab € 102,–.

- 3221 Gösing, Nr. 4
  ☎ 02728-217

Wellness 14

Poppengut ****

Grünruhelage am Ortsrand in Hinterstoder

Freundlich, familiär und sehr gemütlich: Ein auf Wandern spezialisierter Familienbetrieb, er bietet

neben einigen ganz einfachen Zimmern (DZ ab 18 m², der unten angeführte Ab-Preis bezieht sich auf sie) mehrheitlich große und sehr nette in insgesamt sechs Varianten. Fast alle haben Balkon oder Terrasse, die meisten Holzböden. Das Spa ist inwendig eher klein, groß hingegen ist die Liegewiese, eine Spezialität des Hauses sind Bäder mit Gebirgsheu aus der Gegend. Die Massagen sind gut, die drei kleinen Saunen schließen nach bescheidenen Öffnungszeiten um 19.30 Uhr. Wanderwege gibt es ohne Zahl, geführte Wanderungen in vielen Variationen. Omnipräsente Gastgeber, freundliche, vornehmlich junge Crew. Reichhaltiges Frühstücksbuffet, sehr gute Küche, eine Nachmittagsjause ist im Preis inkludiert. Ungeeignet für Kinder. 48 Liegen, 94 Betten.

Das Stodertal liegt in der Region Pyhrn-Priel, diese ist vom Toten Gebirge sowie vom Nationalpark Kalkalpen umgeben. Wunderschöne Wandergebiete gibt es ohne Zahl, etwa die Bärenalm mit dem Dolomitensteig, das Naturjuwel Schiederweiher, die romantische Polsterluke oder den Flötzersteig vorbei am Stromboding-Wasserfall – um nur einige zu nennen. Im „Repertoire" stehen zwei- bis achtstündige Touren für jeden Geschmack, auch Bergsportler und absolut überzeugte Gehfaule kommen stets eindrucksvoll auf ihre Rechnung – der große Höhenunterschied zwischen Talboden und den Gipfeln ist schlechthin imposant. Gemütlich-flach geben sich die Spazierwege entlang der glasklaren Steyr und mittelschwer die Almtrails, anspruchsvoller dagegen die Klettersteige auf die insgesamt 11 Zweitausender. Wurzeralm und Huttererhöss wiederum lassen sich auch mit Seilbahn bezwingen, wer das schafft, wird mit einem herrlichen Rundweg belohnt – atemberaubendes Gebirgspanorama inklusive. Kartenmaterial und Ausrüstung gibt es zur Gratisleihe, notfalls gehören da auch Bergschuhe dazu. Geführte Wanderungen werden, je nach Wetterlage, drei- bis fünfmal wöchentlich veranstaltet, zu den Bergführern zählt auch der Chef des Hauses. Im Winter gibt es Schneeschuhwanderungen, die Ausrüstung dafür ist im Zimmerpreis inkludiert.

Freibecken, Hallenbad, Außensauna, Sauna, Dampfbad, Massagen, Kosmetik.
HP ab € 88,–.

- 4573 Hinterstoder, Mitterstoder 20
  ☏ 07564-5268

Wellness ⚜⚜⚜ 17

Gut Weissenhof ****s

Grünruhelage am Golfplatz in Radstadt – Pongau

Hunde-, kinder- und babyfreundlich. Ein familiengeführtes Haus mittlerer Größe, es fokussiert auf Familien, Reiter und Golfer und liegt ebenso schön wie direkt an einem 18-Loch-Parcours, im Winter ist man hier direkt an der Loipe, und die Talstation der Schischaukel Radstadt-Altenmarkt-Zauchensee ist 500 m entfernt. Geboten werden stark unterschiedliche Zimmer in 14 Kategorien (DZ von 24 bis 100 m^2), sie sind zumeist wunderschön, alle haben Balkon. Das Spa ist indoor nicht gerade weitläufig, es bietet unter anderem drei Saunen, zwei Pools mit 11 und 12 m Länge, einen netten Außenbereich mit Liegewiese und sehr gute Massagen. Zahlreich sind die hauseigenen Outdoor-Einrichtungen, darunter etwa ein Reitstall mit Dressurplatz und ein Weiher zum Forellenfischen, Ähnliches gilt für die Kinderattraktionen, da gibt es Ponyreiten, Streichelzoo, Lagerfeuer am Teich und Picknick auf der Alm, um nur einiges zu nennen. Gutes Service, viele langjährige und sehr zuvorkommende Mitarbeiter, gute Küche mit Zutaten aus der eigenen Biolandwirtschaft, Light Lunch und Nachmittagsjause sind im Preis enthalten. Täglich 12 Stunden Kinderbetreuung (mit saisonalen Einschränkungen). Geführte Wanderungen, Laufstrecken, Gratisgarage für (fast) alle. Viele, viele Stammgäste. 52 Liegen, 160 Betten.

Die Radstädter Tauern beginnen unweit von diesem Hotel, zwei Trails führen direkt vom Haus weg, für andere muss man etwa fünf Autominuten einrechnen, ins hochalpine Dachsteingebiet sind es dagegen etwa 30 Minuten. Einige Strecken sind kinderwagentauglich, zu den Standardrouten zählen unter anderem jedenfalls die Fageralm (Gehzeit zweieinhalb Stunden) sowie die Radstätter Hütte (Gehzeit fünfeinhalb Stunden). Kartenmaterial, Rucksäcke, Stöcke gibt es zur Gratisleihe, dasselbe gilt für Kleinkinderrückentragen und Kinderwagen, ein Lunchpaket ist ohne Aufpreis dabei. Eine geführte Wanderung findet einmal pro Woche statt, mit Seppi, dem Hausherrn, und zwar auf die hoteleigene Alm. Dort empfängt Sennerin Anita mit einer deftigen Jause – Bergwürste und Schnaps gehören selbstverständlich dazu. Winterliche Schneeschuhwanderungen können auf Wunsch organisiert werden, das Hotel selbst bietet sie nicht an.

Freibecken, Hallenbad, Kinderbecken, Außensauna, Sauna, Dampfbad, Massagen, Kosmetik, Fitnessstudio. Putting Green, Driving Range, 18-Loch-Parcours, bis zu 30 % Greenfee-Rabatt, Tennishalle, Tennisplätze.
HP ab € 122,–.

- 5550 Radstadt, Weissenhof 6
  ☏ 06452-7001

Wellness 13

Seitenalm Familotel ****

Grünruhelage mit Fernblick bei Radstadt – Pongau

Kinder- und babyfreundlich. Sympathischer und gutgeführter Familienbetrieb, er liegt auf einem vier Hektar großen Grundstück an einem Südhang auf 1.150 m Seehöhe. Das Ambiente zeigt sich sehr sauber und

Gut Weissenhof

heimelig gestaltet, was auch für die Zimmer gilt, die in 11 Varianten zur Auswahl stehen. Das Spa ist klein, unter anderem gibt es zwei Außensaunen, eine separate Familiensauna und eine Liegewiese. Groß – sogar ganz groß – hingegen sind die zahlreichen Indoor- und Outdoor-Spielareale, geboten werden etwa Fußballplatz, Fischteich, Indianerzelte, ein „Hexenhaus", ein überdachter Sandspielplatz sowie winters sogar ein kleiner Schlepplift, weiters viele Streicheltiere – Hasen, Meerschweinchen, Esel, Ziegen – und Ponys, auf denen man ausgiebig reiten darf – um nur einen kleinen Teil des Angebots zu nennen. Reichhaltiges Frühstücksbuffet, Light Lunch, Nachmittagsjause und alkoholfreie Getränke sind im Preis enthalten (das wird hier übrigens etwas irreführend als All inclusive bezeichnet). 66 Wochenstunden Betreuung für Kinder ab einem Jahr, 35 Wochenstunden für Babys (sehr nett!). Herzliche Gastgeber, freundliche, gute Crew, glückliche Gesichter – auch bei den Papas, gibt es doch eine kostenlose Autowaschbox! Wanderwege ohne Zahl. 54 Liegen, 150 Betten.

Das Hotel liegt auf einem Ausläufer der Radstädter Tauern, das Gebiet ist mehr hügelig als gebirgig, und das passt in diesem Fall bestens, da das gesamte Wanderprogramm auf Familien mit Kindern und Kleinkindern ausgerichtet ist. Alle Touren eignen sich für Kinderwagen, Kinderwanderungen und einfache Familienwanderungen, freilich sind rein theoretisch auch längere Wanderungen möglich, und am Dachstein (30 Autominuten) könnte man sogar hochalpin klettern. Die Wanderausrüstung wird kostenfrei verliehen: Stöcke, Rückentragen, verschiedene Babytragen, Regenschutz, Rucksäcke und sogar Wanderschuhe gehören dazu, ein Lunchpaket kostet 8 Euro Aufpreis. Wöchentlich stehen vier Wanderungen auf dem Hotelprogramm, darunter finden sich zwei unterschiedlich lange Wanderungen mit Ponys – das lieben die Kids –, eine kinderwagengerechte Familienwanderung (Gehzeit eine Stunde) sowie donnerstags die Stramme-Wadel-Tour – das lieben die Kids nicht – im Umfang von etwa fünf Stunden. Schneeschuhwandern ist auf eigene Faust möglich, die Ausrüstung kann im Hotelshop kostenpflichtig geliehen werden.

Hallenbad, Babybecken, Außensauna, Sauna, Dampfbad, Massagen, Kosmetik, Ayurveda, Fitnessgeräte. 18-Loch-Parcours in 4 km, 10 % Greenfee-Rabatt. Tennisplatz.
HP (inkl. alkoholfreier Getränke) ab € 126,–.
- 5550 Radstadt, Forstauerstraße 17
  ☏ 06452-6789-0

Wellness 15

Edelweiss Naturhotel Wagrain ****

Grünruhelage mit herrlichem Panorama – Pongau

Familienfreundlich. Sympathisches, familiengeführtes Haus mit traditioneller Alpenlandfassade, es liegt wun-

Edelweiss Naturhotel Wagrain RELAX Guide App App Store

derschön auf einer Alm in 1.200 m Seehöhe, etwa vier Kilometer außerhalb des Ortes, im Winter sozusagen mitten auf der Schipiste, nämlich etwas unterhalb der Mittelstation der Rote-Achter-Gondelbahn. Traumhafter Ausblick aus vielen Räumen, sehr saubere Zimmer mit Vollholzmöbeln, die meisten klein, in schlichter Ländlichkeit und mit Balkon, manche doch etwas hellhörig. Kleines Spa, es wird mit Erdwärme betrieben und bietet unter anderem drei Saunen, zwei Hallenbäder (eines für Kinder), Liegewiese sowie ausgezeichnete Massagen. Ausgesprochen freundliche Mitarbeiter, fabelhafte Restaurantterrasse, sehr gute Küche mit biologischer und regionaler Ausrichtung, eine Nachmittagsjause ist im Preis enthalten. Sechs Stunden Betreuung für Kinder ab vier Jahren (Mo bis Fr, mit starken saisonalen Einschränkungen). Geführte Wanderungen, Wanderwege ohne Zahl. 40 Liegen, 80 Betten.

Das Hotel befindet sich unmittelbar in der sogenannten Salzburger Sportwelt, deren Name im Winter übrigens geläufiger ist: Ski amadé. Direkt ab der Hoteltüre beginnen Rundwanderwege, Höhenwanderwege, Waldspaziergänge – die Auswahl reicht von leichten, kinderwagentauglichen Strecken (die Anzahl wird allerdings nach kurzer Autofahrt deutlich größer) bis hin zu anspruchsvolleren, jedenfalls sind 140 km markiert und direkt vom Hotel aus zu erobern. Stöcke, Rucksäcke und Ferngläser gibt es zur Gratisleihe, Lunchpakete kosten extra, eine Wanderkarte erhält man gegen Gebühr an der Rezeption (8,90 Euro). Dreimal wöchentlich bietet man geführte Wanderungen, der Wander-Guide heißt Adam, er ist kein Bergführer, aber Skicross-Sportler im Nationalteam und nebenbei Sohn des Hauses. Geführte Schneeschuhwanderungen stehen nicht im Angebot, die entsprechende Ausrüstung ist jedoch gegen eine kleine Leihgebühr erhältlich.

Naturbadeteich, Hallenbad, Kinderbecken, Sauna, Dampfbad, Massagen, Kosmetik, Ayurveda, Fitnessgeräte. 18-Loch-Parcours in 19 km. Tennisplatz.
HP ab € 83,–.

- 5602 Wagrain, Weberlandl 65
  ☏ 06413-8447

Wellness 14

Haus Hirt Alpine Spa ****

Grünruhelage mit Fernblick am Ortsrand – Bad Gastein

Hunde- und kinderfreundlich. Kein Ort für jedermann: ein altes Haus, das von einer jungen Familie herzerfrischend renoviert wurde. Dabei entstanden ist dieses so selten zu erlebende Ambiente, das intellektuelles Flair und kulturellen Geist verströmt. Nichts ist perfekt, auch nicht die Zimmer, obwohl sie stilsicher gestaltet sind – manche bieten übrigens einen geradezu überwältigenden Ausblick auf die Berge und über das Gasteinertal. Das Spa ist klein und höchst bescheiden ausgestattet,

eine Wohltat sind jedoch die Radonbäder in der Wanne sowie die Massagen – sie sind ausgezeichnet –, die Saunen schließen um 21.30 Uhr. Täglich gibt es Yoga und Pilates, feine Laufstrecken beginnen am Haus. Niveauvolles Publikum, viele Kinder, junge, nicht immer professionelle, dafür aber herzerfrischende Crew, fabelhafte Stimmung – Charme und Lebenslust pulsieren geradezu mitreißend. Herrliche Terrassen – auch mit Abendsonne –, Frühstück bis 11 Uhr, wunderbarer Kaffee, sehr gute Küche mit biologischer Orientierung, ein Light Lunch ist im Preis enthalten. Chillige Bar, präsente Gastgeber. Täglich sechs Stunden Betreuung für Kinder ab drei Jahren. 21 Liegen, 58 Betten.

Eine Art „Basislager für allerschönste Bergabenteuer" (werbliche Selbstdarstellung, das ist ein bisserl untertrieben), geboten wird jedenfalls eine große Auswahl an Touren aller Schwierigkeitsgrade, also von ebenem Höhenweg bis hin zu Talüberquerung und Klettersteig. Am anspruchslosesten ist jene in die Idylle des Kötschachtals, 500 Höhenmeter sind es bereits auf den Hausberg Poserhöhe, dort wird man übrigens mit einem Traumblick über das Tal und einem ausgezeichneten Kaiserschmarrn belohnt, und einen kleinen Kinderspielplatz gibt es auch. Wanderrucksäcke, Stöcke, Pulsuhren, Wasserflaschen und Kartenmaterial erhält man zur Gratisleihe, für hochalpine Ausrüstung zahlt man eine Leihgebühr, ein Lunchpaket darf sich jeder Gast nach Belieben am Frühstücksbuffet zusammenstellen, entsprechende Papiersackerl stehen bereit. Je nach Bedarf werden täglich ein bis vier geführte Wanderungen geboten, die feurigen Wander-Guides heißen Hannes, Matthias und Gaston, zudem gibt es die Bergführertochter Elisabeth, die vornehmlich Familienwanderungen begleitet, während Gerhard, ein externer Bergführer, die hochalpinen Touren übernimmt. Im Winter gibt es ein- bis zweimal pro Woche geführte Schneeschuhtouren, die Ausrüstung ist inkludiert.

Hallenbad, Sauna, Dampfbad, Radonbäder, Massagen, Kosmetik, Personal Trainer. 18-Loch-Parcours in 2 km. HP ab € 85,–.

- 5640 Bad Gastein, Kaiserhofstraße 14
  ☏ 06434-2797-0

Wellness 13

Rudolfshütte Berghotel ***

Absolute Naturlage Nähe Zell am See – Pinzgau

Familienfreundlich. Inmitten fulminanter Bergwelt auf 2.315 m Seehöhe gelegen, umgeben von zwei Gletschern und 22 Gipfeln, direkt am Ufer eines Sees: ein Dreisternhaus, viel mehr große Berghütte als Wellnesshotel, dennoch verdient es unsere Anerkennung – als das mit weitem Abstand höchstgelegene Refugium dieser Ausgabe. Zimmer wählt man aus fünf Kategorien, sie sind naturgemäß einfach, klein geschnitten (DZ von

17 bis 24 m²), sehr sauber und haben zumeist Laminatböden. Fast alle Zimmer sind zudem familiengeeignet (Stockbetten), Kinder bis 12 Jahren wohnen übrigens kostenlos. Das Spa ist vergleichsweise bescheiden ausgestattet, aber ziemlich neu, dazu gehören unter anderem eine Panoramasauna mit erhebendem Ausblick – richtiggehend luxuriös, das –, ein 11 m langer Innenpool und zwei Ruheräume. Massagen gibt es nur während der Wintersaison, die drei Saunen schließen nach bescheidenen Öffnungszeiten um 21 Uhr. In der Lobby spielt man Schlager aus den 1960er Jahren („... denn die Liebe, sie geht bis ans Ende von Zeit und Raum ..."), man blickt hinaus in die hochalpine Stille und frohlockt über die Tatsache, dass es keinerlei Zufahrt mit dem Auto und daher auch keinerlei frühmorgendliche, durch Lieferanten-Lkw hervorgerufene Schlafstörungen gibt. Die Idylle muss freilich erst erobert werden, entweder zu Fuß erklommen – vom Parkplatz in Enzingerboden sind das knapp drei Stunden –, oder man nimmt die Weißsee-Gondelbahn, die in regelmäßigen Abständen fährt und für die Strecke etwa 20 Minuten benötigt. Geführte Wanderungen, während der Wintermonate gibt es eine Schischule am Haus, ganzjährig eine Indoor-Kletterwand. 35 Liegen, 350 Betten.

Das Hotel ist in unserer Auswahl der Top-35-Wanderhotels jenes, das mit Abstand am höchsten liegt, und zwar inmitten des Nationalparks Hohe Tauern, genauer, in der Weißsee-Gletscherwelt. Das gesamte Gebiet ist hochalpines Terrain, für einen Kinderwagen also nicht geeignet. Doch niemand braucht Pickel und Seil, selbst Spaziergänger finden Geeignetes ganz in der Nähe, etwa am Grünsee, am Weißsee sowie am Aussichtsplateau Medelz auf 2.600 m. Hier eröffnet sich ein gewaltiges Panorama bis ins berühmte Dorfertal nach Kals am Großglockner. Richtige Wanderer hingegen können sich auf mehr als 40 km markierte Wanderwege freuen, sie führen hinauf bis auf knapp 3.000 m. Für Bergprofis begeisternd sind variantenreiche Gletscherhochtouren, die auch geführt angeboten werden (80 Euro). Stöcke gibt es zur Gratisleihe, einen Rucksack muss man mitbringen, für eine Klettersteigausrüstung (inklusive Helm) wird eine geringe Leihgebühr verlangt, Wanderkarten sind nur käuflich zu erwerben. Lunchpakete kosten grundsätzlich extra, nur wer in den frühen Morgenstunden ohne Mahlzeit aufbricht, erhält eines gratis. Zweimal pro Woche gibt es geführte Wanderungen, Schneeschuhwanderungen finden bis in den Frühsommer statt, für die Ausrüstung ist eine geringe Leihgebühr zu entrichten. Und der Bergführer heißt Christian.

Hallenbad, Sauna, Dampfbad, Massagen, Fitnessgeräte. HP ab € 52,–.

- 5723 Uttendorf, Stubach 82
  ☎ 06563-8221-0

Wellness 13

Sonnberghof Landhotel-Gut ****

Grünruhelage mit Fernblick Nähe Mittersill – Pinzgau

Hundefreundlich. Eine beschauliche ländliche Idylle bietet dieser Familienbetrieb, der aus einem kleinen Bauernhof und einem vor kurzem erweiterten und modernisierten Hotel besteht, all das in Panoramalage über dem Tal. Stark unterschiedliche, aber mehrheitlich sehr schöne und gemütliche Zimmer in 10 Varianten (DZ von 20 bis 42 m²), alle haben Vollholzmöbel und Holzböden, jedoch keines verfügt über einen Internetzugang. Sehr nettes, kleines Spa, im Sommer mit Badeteich und Liegewiese, die Saunen schließen um 19 Uhr. Butter, Marmeladen, Honig, Hirschschinken, Küchenkräuter und so manches andere kommen aus der eigenen Landwirtschaft, die Küche ist biologisch ausgerichtet und gut bis sehr gut, ein Light Lunch ist im Preis inkludiert. Freundliche Mitarbeiter, fabelhafte Terrasse, geführte Wanderungen, Wanderwege ohne Zahl, bester Schlaf. 29 Liegen, 100 Betten. (Foto Seite 212)

Das Haus liegt etwas nördlich vom Salzachtal, hier gibt es zahlreiche Routen in Richtung Kitzbühler Alpen, sie sind direkt ab Hotel bewanderbar und stehen für saftige Almen und gemütliche Wanderungen. Zudem gibt es den Nationalpark Hohe Tauern, er liegt freilich südlich des Salzachtals, um dorthin zu gelangen, bedarf es einer – zumeist eher nur kurzen – Autofahrt. Unter anderem bietet sich das Krimmler Achental mit seinen imposanten Wasserfällen an, weiters das Sulzbachtal mit dem Aufstieg zum Großvenediger sowie das Felbertal mit dem Hintersee – um nur einiges zu nennen. Die meisten der Seitentäler sind auch für den Kinderwagen geeignet, wer es ambitioniert angehen möchte, auf den warten mehrere Dreitausendergipfel, unzählige Höhensteige und „schwarze" Routen. Stöcke, Rucksäcke, Wasserflaschen und Regenschirme gibt es zur Gratisleihe an der Rezeption, eine hauseigene Infothek mit Tourenvorschlägen, Büchern und Wanderkarten steht Hausgästen zur freien Verfügung. Wöchentlich werden vier bis sechs geführte Wanderungen angeboten, der Bergführer ist eine Frau und heißt Sissy. Zusätzlich gibt es Exkursionen in den Nationalpark, die von Rangern geleitet werden. Diese Touren sind leicht bis anspruchsvoll und haben verschiedenartige Themenschwerpunkte, darunter Wildtierbeobachtungen, Gletscher, Gipfel im Hochgebirge oder alpine Botanik. Die Führungen sind im Zimmerpreis inkludiert. Im Winter gibt es pro Woche eine geführte Schneeschuhwanderung ab der Haustüre sowie zwei mit Nationalpark-Rangern, die Ausrüstung stellt das Hotel.

Naturbadeteich, Sauna, Dampfbad, Massagen, Kosmetik. 18-Loch-Parcours in 9 km.
HP ab € 90,–.

- 5730 Mittersill, Lämmerbichl 8
  ☎ 06562-8311

Wellness 19

Posthotel Achenkirch *****

Grünruhelage in Achenkirch – Achensee

Ein Urgestein der europäischen Wellnesshotellerie ist dieser Familienbetrieb, es handelt sich um Tirols ältestes und zweifellos auch renommiertestes Spa-Hotel. Vor mehr als drei Jahrzehnten hat hier der virtuose Gastgeber Karl Reiter mit seinen beherbergungsmäßigen Spitzenklöppelkünsten das Eichmaß des Wohlfühlens geschaffen, heute wird die oftmals erweiterte Anlage von seinem Sohn geführt. Sie liegt ruhig mitten im Ort und besteht mittlerweile aus acht miteinander verbundenen Logiergebäuden, was zu verwinkelten Grundrissen führt. Das Ambiente der öffentlichen Räume zeigt sich atmosphärisch und stilvoll gestaltet, die Zimmer im gehobenen Landhausstil sind sehr gut ausgestattet und ausnahmslos großzügig geschnitten. Sie stehen in sechs verschiedenen Hauptvarianten (mit zahlreichen Abweichungen) zur Auswahl, einige fühlen sich allerdings nicht mehr ganz taufrisch an. Der Wellnessbereich ist außerordentlich weitläufig, unter anderem bietet er sechs richtige Schwimmbecken, zwei Whirlpools und zahlreiche Saunen, weiters zwei fabelhafte Fitnesszonen, Liegewiese, ein Ladys-Spa, ein Zentrum für Traditionelle Chinesische Medizin sowie ein konkurrenzlos breites Angebot an täglichen Entspannungs- und Aktivprogrammen, darunter Meditation, Qi Gong, Tai Chi, Pilates und Yoga. Kurz gesagt: Mehr Spa – und mehr Sportmöglichkeiten – gibt es nirgendwo in Westösterreich. Ausgesprochen freundliche und zuvorkommende Mitarbeiter, grandioses Frühstücksbuffet, sehr gute bis ausgezeichnete Küche mit biologischer Ausrichtung, vieles kommt aus der eigenen Landwirtschaft, Light Lunch und Nachmittagsjause sind im Preis inkludiert.
Zigarrenlounge, großartiger Weinkeller, Gratisgarage mit kostenloser Autowaschanlage für alle. Höchst sauberes Preis-Leistungs-Verhältnis. Kinder unter 12 Jahren werden als Gäste nicht akzeptiert. 150 Liegen, 300 Betten.

Wandern ab Hoteltüre geht hier bestenfalls bedingt, da muss man zunächst zumindest einen Kilometer aus dem Ort hinausmarschieren. Weil dieses Hotel aber die meisten Sportmöglichkeiten aller österreichischen Wellnesshotels anbietet, sei uns diese klitzekleine Unschärfe ausnahmsweise gestattet. Die Region Achensee (mit Karwendel, Rofan und Achental) bietet rund 450 km Wanderwege für ganz unterschiedliche Ansprüche. Flache, allerdings nicht unbedingt kinderwagentaugliche finden sich ebenso darunter wie Höhenrundwege mit geringer Niveauveränderung sowie steilere Pfade, die zu Almen und Berghütten hochführen. Wer klettern will, muss noch höher hinaus, aber auch das ist möglich. Stöcke, Rucksäcke und Karten werden leihweise gratis angeboten, geführte Wanderungen dreimal die Woche. Auf ein Lunchpaket verzichten die meisten Gäste sehr gerne – bei dieser Küche! –, wer dennoch eines will, dem werden höchst bescheidene 5 Euro berechnet. Der Wander-Guide, Stefan, ist noch recht jung und neu im Haus, dennoch vermag er es, die Herzen seiner Gäste zu gewinnen. Geführte Schneeschuhwanderungen stehen zwischen Dezember und März im Programm, und zwar mehrmals pro Woche, für die Ausrüstung sorgt das Hotel.

Freibecken, Hallenbad, Außensauna, Sauna, Dampfbad, Massagen, Kosmetik, Fitnessstudio, Personal Trainer. 18-Loch-Parcours in 0,7 km, bis zu 25 % Greenfee-Rabatt. Tennisplätze, Reitstall, Lipizzanergestüt.
HP ab € 153,–.

- 6215 Achenkirch, Nr. 382
  ☎ 05246-6522

Wellness 17

Juffing ****s

Grünruhelage am Ortsrand bei Thiersee – Nähe Kufstein

Anders als die meisten anderen gibt sich dieser sympathische Familienbetrieb, nämlich klein, fein und dazu mit einer Art bodenständiger Aura des Besonderen umgeben. Im Gegensatz zu so vielen Hotels macht hier schon das Schmökern auf der Website Lust aufs Hinfahren: Sie spricht eine einfache, klare Sprache, informiert über alle Details, bleibt aber stets völlig unaufgeregt – den widerborstigen Charme überzogener oder gar fraudulenter werblicher Selbstdarstellungen wird man hier jedenfalls nicht finden. Diese Art von Ästhethik zeigt sich freilich auch im ganzen Haus – alles ist mit Herz und Hirn durchdacht und angelegt. Zimmer gibt es in 13 Varianten (DZ von 33 bis 76 m^2), sie sind sehr wohnlich eingerichtet, bieten alle Balkon, viel Ausblick und zumeist feine Holzböden. Das Spa ist nicht allzu weitläufig, fühlt sich aber richtig angenehm an, dazu gehören unter anderem ein als Bibliothek eingerichteter Ruheraum, sehr gute Treatments sowie ein Außenbereich mit großer Liegewiese, die Saunen schließen um 20 Uhr. Freundliche Mitarbeiter, nette Terrasse, gemütliches Restaurant, sehr gute Küche mit biologischer Orientierung und vielen Zutaten aus der Region, Light Lunch und Nachmittagsjause sind im Preis inkludiert. Ruhevolles Umfeld, präsente Gastgeber, niveauvolle Tageszeitungen, sauberes Preis-Leistungs-Verhältnis. Gratisgarage für (fast) alle – sogar mit Stromtankstelle! Ungeeignet für Kinder.
39 Liegen, 100 Betten.

Das Hotel liegt hoch im Thierseetal, zwischen den bayerischen Voralpen mit dem mächtigen Hinteren Sonnwendjoch und dem Aussichtskamm der östlichen Brandenberger Alpen mit dem Pendling, dem Hausberg. Die Auswahl an Wegen ist beträchtlich und reicht

Posthotel Achenkirch

von der gemütlichen Rundwanderung auf stillen Waldwegen bis hin zur etwas anspruchsvolleren Gipfeltour. Rund um eine bezaubernde Bergkulisse finden sich jedenfalls Wege und Steige für jeden Geschmack, bewirtschaftete Hütten und Berggasthöfe laden stets zur Einkehr ein. Zwei Beispiele, zum einen die Wäschkogel-Rundwanderung (Höhenunterschied 230 m, zweieinhalb Stunden Gehzeit), zum anderen der Trail zur Eishöhle (Höhenunterschied rund 700 m, Gehzeit sieben Stunden). Stöcke, Rucksäcke, Karten und Jause sind im Zimmerpreis inkludiert. Geführte Wanderungen werden nicht vom Hotel, sondern vom örtlichen Tourismusverband angeboten, dies täglich (außer Sa und So). Schneeschuhwanderungen stehen hingegen von Jänner bis März im Hotelangebot, für die Ausrüstung sorgt das Hotel. Der Lieblingsplatz der rührigen Hotelchefin ist übrigens ein kleiner, türkisgrüner See, der auf keiner Karte eingezeichnet ist. Er wurde einst von ihrem Großvater angelegt, und Frau Juffing verrät seinen Ort nur denen, die ernsthaft meditieren wollen.

Freibecken, Hallenbad, Sauna, Dampfbad, Massagen, Kosmetik, Fitnessgeräte.
HP ab € 119,–.

- 6335 Thiersee
  Hinterthiersee 79
  ☏ 05376-5585-0

Wellness 16

Kaiserhof Ellmau *****s

Grünruhelage mit Fernblick bei Ellmau – Nähe Kitzbühel

Familienfreundlich. Ein familiengeführtes Kleinhotel in traumhafter Panoramalage, man ist hier hoch über dem Tal und im Winter direkt an der Schipiste. Kaum ein Zimmer gleicht dem anderen, das Spektrum umfasst Größen zwischen 30 und 94 m^2 (DZ) und reicht von klassischer Gediegenheit bis hin zu stilvoller Eleganz, wer aufreizende Trendigkeit oder gar designmäßige Avantgarde sucht, wird hier auf keinen Fall bedient. Das inwendig eher bescheidene Spa steht auch externen Gästen offen, unter anderem bietet es einen wunderschönen Schwimmteich und täglich ein kleines Aktivprogramm, die drei kleinen Saunen schließen um 19 Uhr. Ein Highlight ist der Außenbereich mit Badeteich und Sonnendecks: Hier gerät der Bilderbuchausblick auf den Wilden Kaiser zu einem ganz besonderen Erlebnis. Nicht anders ist es auf der fabelhaften Restaurantterrasse, wo man bei entsprechender Witterung die Mahlzeiten einnehmen kann, genügend Platz ist jedenfalls für alle Hotelgäste vorhanden. Freundliche, zumeist zuvorkommende Mitarbeiter, stets präsente Gastgeberin, der Hausherr kocht aus ganzem Herzen: ausgezeichnetes Frühstücksbuffet, ausgezeichnete Küche. Feine Weinkarte mit kompetenter Beratung, eine Nachmittagsjause ist im Zimmerpreis enthalten, sie wird bei schlechtem Wetter allerdings in der Bar gereicht, was sich etwas sperrig anfühlt. Zigarrenlounge. 49 Liegen, 100 Betten.

In diesem Hotel wohnt man bereits hoch über dem Tal, und die Region Wilder Kaiser bietet ein vielfältig ausgeprägtes Netz an Wanderwegen, insgesamt 700 km sollen es sein. Von leichten, kinderwagentauglichen Wegen bis hin zu anspruchsvolleren Zweitausender-Gipfeltouren reicht das Spektrum, auch die zweite Etappe des bekannten Adlerwegs, eines Weitwanderwegs, der durch ganz Tirol führt, ist nicht weit entfernt, um hinzukommen, müssen allerdings ein paar Autominuten in Kauf genommen werden. Stöcke, Rucksäcke, Kartenmaterial und Stirnlampe (im Fall von Sonnenaufgangswanderungen) werden kostenfrei zur Verfügung gestellt. Geführte Wanderungen werden zweimal wöchentlich angeboten, der Bergwanderführer ist eine Frau, sie heißt Daniela und strotzt vor Energie und guter Laune. Im Winter zählen zweimal wöchentlich geführte Schneeschuhwanderungen zum Programm.

Naturbadeteich, Hallenbad, Sauna, Dampfbad, Massagen, Kosmetik, Ayurveda, Fitnessgeräte, Personal Trainer. 27-Loch-Parcours in 3 km, 30 % Greenfee-Rabatt. HP ab € 129,–.

- 6352 Ellmau
  Harmstätt 8
  ☎ 05358-2022

Wellness 16

Jerzner Hof ****

Grünlage mit Fernblick in Jerzens – Pitztal

Familienfreundlich. Ein ebenso solider wie rundum sympathischer Familienbetrieb, er hat eine angenehme Größe und liegt auf einem Sonnenhang hoch über dem Pitztal, was für eine wunderschöne Aussicht aus vielen Räumen steht, die auch durch eine unter dem Hotel vorbeigehende Straße zur Hochzeiger-Gondelbahn nicht beeinträchtigt wird. Die Bergbahn erreicht man in fünf Autominuten, im Winter bietet sie den Anschluss an 54 km Schipisten. Das Haus offeriert Zimmer in 12 verschiedenen Varianten (DZ ab 24 m^2), fast alle haben Balkon oder Terrasse, einige auch hochwertige Holzböden und Kachelöfen. Zu den Spa-Highlights zählen unter anderem feine Ruhezonen, ein 18 m langes Hallenbad, eine Paarsauna sowie, mit einem Hüpfer über die Straße erreichbar, eine große Liegewiese mit Schwimmteich und herrlichem Panorama. Aktivprogramm, auch Yoga und Pilates, die insgesamt fünf Saunen schließen um 19.30 Uhr. Freundliches Team, präsente und sehr hilfsbereite Gastgeber, sehr gute Küche, Light Lunch und süße Nachmittagsjause sind im Preis enthalten. Sauberes Preis-Leistungs-Verhältnis – auch bei den Getränken! 52 Liegen, 90 Betten.

Genaugenommen beginnen die Wanderwege hier erst in etwa 2 km Entfernung, nämlich an der Talstation

Jerzner Hof

der Hochzeiger-Bahn. Freilich kann man direkt vom Hotel losmarschieren, fast alle Gäste nehmen jedoch den Bus – die Haltestelle liegt genau vor dem Hotel – oder den eigenen Wagen. Das primäre Wandergebiet ist der Hochzeiger, hier gibt es etwa 100 km markierte Wanderwege, sie sind ausnahmslos für Bergwanderer geeignet, nicht anders ist es in den nahen Regionen Naturpark Kaunergrat, Rifflsee und Pitztaler Gletscher. Stöcke und Rucksack erhält man ohne Aufpreis, für Karten fallen teilweise Gebühren an, ein Lunchpaket ist für einen sehr geringen Aufpreis erhältlich. Geführte Wanderungen sind dreimal wöchentlich Teil des hoteleigenen Aktivprogramms, im Winter, mit Schneeschuhen, übernimmt das ein externer Anbieter. Er ist, wie die Ausrüstung, extra zu bezahlen.

Naturbadeteich, Hallenbad, Sauna, Dampfbad, Massagen, Kosmetik, Fitnessstudio, Personal Trainer. HP ab € 121,–.

- 6474 Jerzens, Oberfeld 170
  ☏ 05414-8510

Wellness 18

Schalber Wellness-Residenz *****s

Grünruhelage mit Fernblick am Ortsrand in Serfaus

Familienfreundlich. Auf einem Sonnenplateau in 1.400 m Seehöhe: Ein familiengeführtes Luxushaus, es liegt wunderschön an einem Hang am Ortsrand, was einen traumhaften Ausblick aus vielen Räumen garantiert – kein anderes Vierlilienhotel im deutschsprachigen Raum liegt so hoch wie dieses. Inwendig herrscht gehoben-charmante Alpenländlichkeit, Zimmer gibt es in nicht weniger als 27 Kategorien (DZ von 33 bis 120 m^2), alle sind bestens sauber. Das inwendig nicht allzu große Spa bietet unter anderem drei Panoramapools – einer davon ist 20 m lang und in Infinite-Edge-Bauart ausgeführt – sowie ein kleines, aber einnehmend feminin gestaltetes Ladys-Spa, weiters einen wunderschönen Garten mit Liegeterrassen, Teichen, Springbrunnen und Wasserfall sowie, last but not least, eine räumliche Trennung für Familien und Ruhesuchende. Die Massagen sind sehr gut, täglich gibt es ein kleines Aktivprogramm, die Saunen schließen nach bescheidenen Öffnungszeiten um 20 Uhr. Traumhafte Restaurantterrasse, innen bietet das Restaurant fünf Räume mit jeweils unterschiedlichem Ambiente und stets feiner Atmosphäre. Ausgezeichnetes Frühstücksbuffet, sehr gute Küche, großartiger Weinkeller. Light Lunch (nur im Sommer) und Nachmittagsjause sind im Preis enthalten. Sehr gutes Service, überwiegend junge, aber dennoch gut geschulte und sehr zuvorkommende Crew. Zigarrenlounge mit großer Auswahl an Whiskys und Puros, Valet Parking. Garage gegen 10 Euro pro Tag. 83 Liegen, 270 Betten.

Das Luxushaus liegt am Ortseingang von Serfaus, je nach gewählter Route kann man direkt vom Hotel losmarschieren, oder man nimmt die zur Seilbahn führende Dorf-U-Bahn (gratis), deren Station in unmittelbarer Nähe liegt, die Benützung aller Seilbahnen in Serfaus-Fiss-Ladis ist übrigens für Hotelgäste kostenlos. Die Wandergebiete ringsum bieten jeden Schwierigkeitsgrad und sind zu einem Teil auch kinderwagentauglich. Das Gebiet Serfaus-Fiss-Ladis liegt auf 1.400 m, mit den Seilbahnen erreicht man auch die Dreitausender der Sammnaungruppe. Eine Besonderheit ist der neue Schmugglersteig (leichter Schwierigkeitsgrad, aber Kondition braucht man, die Gehzeit beträgt sechs Stunden), er erzählt über das gefährliche Leben der Schmuggler, die während der Nachkriegszeit vor allem Zucker, Kaffee und Zigaretten aus der Schweiz schmuggelten – immer auf der Hut vor den Zöllnern. Rucksäcke, Stöcke, Karten und Regenschutz stellt das Hotel leihweise zur Verfügung. Geführte Wanderungen werden – abhängig von der Nachfrage – etwa dreimal pro Woche organisiert, im Winter gilt dasselbe für Schneeschuhwanderungen. Die Ausrüstung ist inkludiert, der Wanderführer heißt Rene.

Freibecken, Solefreibecken, Freibecken (Sommer), Kinderfreibecken, Hallenbad, Sauna, Dampfbad, Massagen, Kosmetik, Ayurveda, Fitnessstudio, Personal Trainer. Tennishalle.

HP ab € 170,–.

- 6534 Serfaus, Dorfbahnstraße 15
  ☎ 05476-6770

Wellness 16

Singer Sporthotel & Spa ****s

Grünlage an der Dorfstraße in Berwang – Nähe Reutte

Hundefreundlich. Ein charaktervolles, familiengeführtes Traditionshaus, es liegt nur ein paar Schritte von der Sonnalmbergbahn (im Winter ist das der Einstieg in 36 km Schipisten) entfernt. Hinter einer typischen Alpenlandfassade mit blumengeschmückten Balkonen überrascht es mit einem anderswo kaum noch erlebbaren Quäntchen von 1960er-Heimatfilm-Romantik, vor allem Lobby und Restaurantstuben sind geradezu sehenswert – und wohl nicht nur für uns eine willkommene Abwechslung im designmäßigen Mainstream-Einheitsbrei der modernen Wellnesshotellerie. Zimmer gibt es in 12 Kategorien (DZ von 25 bis 70 m²), alle haben Teppichböden und fast alle heimelig gediegene Interieurs. Das Spa befindet sich in einem dreigeschoßigen Gebäude, es ist über einen unter der Dorfstraße geführten unterirdischen Gang zu erreichen und zeigt sich so weitläufig wie einnehmend schön gestaltet. Dazu gehören unter anderem hochwertige Liegen, Ruhezonen mit offenem Kamin, relativ große Pools sowie ein weitläufiger Garten mit Kieswegen, Bächlein und Bergpanorama ringsum. Aktivprogramm, auch Yoga, Meditation und geführte Wanderungen, die Saunen schließen um 19.30 Uhr. Feine Frühstücksterrasse (die Straße hört man allerdings), ausgesprochen freundliche und zuvorkommende Mitarbeiter, sehr gute Küche, ebensolche Auswahl an – auch offenen – Weinen. Internationale Gästeschar. Ungeeignet für Kinder. 50 Liegen, 150 Betten.

Das Berwanger Tal bietet ein Netz von mehr als 300 km beschilderten Wanderwegen und Bergrouten, sie führen entlang von gurgelnden Gebirgsbächen und Wasserfällen, durch duftende Wälder und hinauf auf saftige Almen. Das Spektrum reicht von familienfreundlichen Touren, die sogar mit dem Kinderwagen bewältigt werden können, bis hin zu etwas anspruchsvolleren Gipfeltouren, etwa auf den 2.341 m hohen Thaneller. Eine mit Kindern gut machbare Strecke (Gehzeit eine Stunde) ist beispielsweise jene auf die Kögele-Hütte, dort wird man mit einer zünftigen Jause und Buchweizendessert mit Nuss und Schokolade belohnt, zudem gibt es dort einen Spielplatz. Erwähnenswert etwa auch die Ehenbichl-Alm, auf einer viereinhalbstündigen Rundwanderung lässt es sich hier trefflich rasten – bei Almgartopf, Käsespätzle und Schnaps! Stöcke, Rucksäcke und Kartenmaterial liegen auf jedem Zimmer, etwa einmal pro Woche gibt es eine geführte Wanderung mit Bergführer Gerd – er ist übrigens ganz nebenbei noch begnadeter Musiker, Bergretter und gelernter Bildhauer, und er hat bereits als Fünfjähriger einen Zweitausender bezwungen –, zumeist handelt es sich dabei um eine Sonnenaufgangstour mit Frühstück am Berg. Eine Besonderheit im Wanderprogramm sind Ausflüge zum Thema Blüten und Kräuter, die Spa-Leiterin Theresa führt sie. Und die heimischen Alpenkräuter werden dann im Spa bei Behandlungen eingesetzt sowie auch frisch als Tee aufgebrüht. Im Winter zählen Schneeschuhwanderungen zum Aktivprogramm des Hauses – einmal pro Woche –, die Ausrüstung leiht man sich im Shop nebenan (6 Euro).

Freibecken, Hallenbad, Sauna, Dampfbad, Massagen, Kosmetik, Fitnessgeräte, Personal Trainer. 9-Loch-Parcours in 15 km, 20 % Greenfee-Rabatt.

HP ab € 125,–.

- 6622 Berwang, Nr. 51
  ☎ 05674-8181

Wellness 14

Das Schäfer ****s

Grünruhelage in Fontanella – Großes Walsertal

Freundlicher und sehr sauber geführter Familienbetrieb, er wurde vor kurzem eröffnet und liegt sehr schön auf 1.150 m Seehöhe, zwar inmitten eines Dörfchens, aus vielen Räumen genießt man dennoch die belebende Kulisse von sieben Walser Berggipfeln. Bodenständigkeit, Reduktion und Achtsamkeit zählen zu den erklärten Features des Hauses, nach denen auch das Ambiente ausgerichtet ist. Sehr schöne Zimmer in sechs Kategorien (DZ von 25 bis 93 m²), sie sind schlicht gestaltet, Schafwolle, Eichenholz und Weißtanne sorgen für ein angenehmes Wohngefühl. Das nicht allzu große Spa ist im dritten und vierten Stock untergebracht, es bietet ein ansprechendes Umfeld, Bergpanorama aus vielen Räumen, einen 9 m langen Innenpool und einen winzigen Außenpool sowie gute Massagen, die insgesamt drei Saunen schließen um 20 Uhr. Wunderbares Frühstücksbuffet, gute bis sehr gute Küche mit regionaler und saisonaler Ausrichtung, präsente Gastgeber – sie nennen sich „die guten Hirten", das passt ganz gut –, eine Nachmittagsjause ist inkludiert, Garage und Valet Parking ebenso. Geführte Wanderungen (täglich), Wanderwege ohne Zahl. 51 Liegen, 110 Betten.

Das Hotel liegt auf einem Plateau am Ende des Großen Walsertals, das rund 230 km markierte Wanderwege in allen Schwierigkeitsgraden bietet – vom Spaziergang bis hin zur Gipfelwanderung. Sogar die sieben Bergspitzen, die man vom Hotel aus sieht – Wangspitze, Madonnakopf, Bettlerspitze, Gronggenkopf, Glattmar, Breithorn und Kellaspitze –, ließen sich bezwingen, so man genügend Erfahrung und Kondition mitbringt. Viele Touren beginnen am Hotel und sind variabel von eineinhalb bis fünf Stunden planbar. Stöcke und Rucksäcke erhält man, ebenso wie Schneeschuhe, gegen eine geringe Leihgebühr, Karten und Lunchpakete gibt es kostenlos. Jeden Tag gibt es eine geführte Wanderung, das Führen ist hier Chefsache, neben Christine und Rainer, den Eigentümern, arbeitet auch noch Thomas, ein geprüfter Bergführer, mit.

Freibecken, Hallenbad, Sauna, Dampfbad, Massagen, Kosmetik, Fitnessgeräte. HP ab € 120,–.

- 6733 Fontanella, Kirchberg 77
  ☎ 05554-5228

Wellness 16

Fernblick ****

Grünruhelage mit Fernblick bei Schruns – Montafon

Hoch über dem Tal, auf einem Südhang in 1.100 m Seehöhe: ein sympathischer Familienbetrieb, der seinem Namen alle Ehre macht. Er besteht aus Stammhaus und Neubau, in Letzterem befinden sich die deutlich größeren und netteren Zimmer – insgesamt kann man aus 11 Varianten (DZ von 19 bis 59 m²) wählen – alle haben Teppichböden, fast alle Balkon, keines jedoch einen Internetzugang (W-Lan gibt es nur in der Lobby, und das ist für ein Lilien-Hotel doch eine absolute Seltenheit). Das Spa ist in einem viergeschoßigen „Badehus" untergebracht, es bietet zahlreiche Ruhezonen mit traumhaftem Ausblick, weiters Liegewiese und Außenwhirlpool sowie einen wunderbaren, 20 m langen Außenpool in Infinite-Edge-Bauweise, in dem man förmlich in den Himmel hinausschwimmt! Keine

Fernblick

externen Gäste im Spa, die Saunen schließen um 19.30 Uhr. Täglich Aktivprogramm, auch Qi Gong und geführte Wanderungen. Nicht immer ganz perfekte, aber doch herzliche Mitarbeiter, Restaurantterrasse, bodenständige, sehr gute Küche, Light Lunch und Nachmittagsjause sind im Preis enthalten. Wanderwege ohne Zahl. Ungeeignet für Kinder. 75 Liegen, 125 Betten.

Das Wandergebiet Montafon bietet insgesamt etwa 500 km Wanderwege, die freilich längst nicht alle in Gehdistanz zum Hotel verlaufen. Vom Hotel weg gibt es aber eine erkleckliche Auswahl an Touren, das Spektrum reicht von kinderwagentauglich bis anspruchsvoll. Als Beispiel für Letzteres sei hier der Trail auf den 2.089 m hohen Itonskopf genannt, dessen letzter Abschnitt ein alpiner Steig ist – hin und retour sind es etwa sechs Stunden Gehzeit. Einfach und mit Kinderwagen zu bewältigen ist dafür etwa die Wanderung zum Kristberg und zurück (drei Stunden Gehzeit). Stöcke, Karten und Rucksäcke erhält man zur Gratisleihe, Lunchpakete sind immer kostenpflichtig, sie können nicht gegen Frühstück oder Nachmittagsjause eingetauscht werden. Pro Woche gibt es ein bis zwei geführte Wanderungen, die Führung obliegt den Chefleuten. Schneeschuhwanderungen stehen von Jänner bis März im Angebot – dazu gibt es auch spezielle Packages –, die Ausrüstung kann gegen Gebühr geliehen werden.

Freibecken, Hallenbad, Außensauna, Sauna, Dampfbad, Massagen, Kosmetik, Fitnessgeräte. 18-Loch-Parcours in 17 und 25 km.
HP ab € 118,–.

- 6781 Schruns-Bartholomäberg
  Panoramastraße 32
  ☎ 05556-73115-0

Wellness 17

Fasching Dorfhotel ****s

Grünruhelage in Fischbach – Nähe Mürzzuschlag

Hundefreundlich. Auf 1.050 m Seehöhe: Ein liebevoll geführter, ländlicher Familienbetrieb, er liegt im sogenannten Joglland, einem schönen Wandergebiet ohne Massentourismus, am Rande eines Dörfchens. Die Zimmer sind allesamt sehr großzügig geschnitten (neun Varianten, DZ von 34 bis 60 m²), manche haben Zirbenholzmöbel, andere Holzböden, alle Balkon oder Terrasse. Zum Spa gehören unter anderem ein nicht allzu großer Außenpool, eine nette Saunazone sowie ein feiner Außenbereich mit Liegewiese und Sonnendeck, die insgesamt sechs Saunen schließen um 19.30 Uhr. Wochentags gibt es ein kleines Aktivprogramm, auch Yoga, Pilates und Qi Gong. Ausgesprochen herzliche, sehr bemühte Mitarbeiter, nicht weniger als sieben sind Familienmitglieder, auch der kleine Nachwuchs packt tüchtig mit an, und Opa Ernst bringt abends das Begrüßungsschnapserl an den Tisch. Gute Küche, faire Getränkepreise, ein Light Lunch (reichlich) ist inkludiert. Ringsum Wanderwege ohne Zahl – ein Leihrucksack liegt am Zimmer. Die Preise haben in den vergangenen drei Jahren ganz schön zugelegt, das Preis-Leistungs-Verhältnis ist dennoch auch weiterhin recht sauber. Gratisgarage für alle. Viele alte Stammgäste, eher ungeeignet für Kinder. 76 Liegen, 95 Betten.

Inmitten der Fischbacher Alpen und damit in Peter Roseggers Waldheimat liegt dieses Haus, gleichzeitig aber auch an der Nordroute des Gletscher-Wein-Trails, eines fast 600 km langen Weitwanderwegs, der vom Dachstein-Gletscher bis nach Bad Radkersburg im Thermenland führt (die Südroute endet dagegen in Leibnitz in der Südsteiermark). Noch weitere Anschlüsse an Weitwanderwege gibt es: etwa an den Zentralalpenweg, an den Mariazeller Weg und an den Weitwanderweg Alpannonia, der von hier bis nach Ungarn führt. Rund um das Hotel existiert ein gut beschildertes und vor allem auch abwechslungsreiches Wegenetz von rund 60 km Länge. Die Touren reichen von gemütlichen, kinderwagentauglichen Spazierwegen (im Winter werden diese geräumt) bis hin zu ausgiebigen Tageswanderungen auf das Stuhleck oder den Teufelstein, ein höherer Schwierigkeitsgrad wird aber niemals erreicht. Der 1.500 m hohe Teufelstein ist der Hausberg von Fischbach, er bietet eine herrliche Rundumsicht auf die gesamte umliegende Region. Stöcke, Kartenmaterial und Rucksäcke gibt es zur Gratisleihe, ein Lunchpaket wird berechnet, es sei denn, man tauscht es gegen Frühstück oder Nachmittagsjause ein. Geführte Wanderungen machen in diesem Gebiet nur bedingt Sinn und gehören daher nicht zum Standardangebot des Hauses, auf Wunsch werden sie aber gerne organisiert. Im Winter erhält man Schneeschuhe zur Gratisleihe, eine Vorreservierung sei aber empfohlen.

Freibecken, Hallenbad, Außensauna, Sauna, Dampfbad, Kosmetik, Massagen, Fitnessgeräte.
HP ab € 98,–.

- 8654 Fischbach, Nr. 3c
  ☎ 03170-262

Wellness 13

Tonnerhütte ***

Absolute Grünruhelage mit Fernblick – Nähe Neumarkt

Hunde- und familienfreundlich. Ein familiengeführter, urig-einfacher Almgasthof mit ebensolchen Zimmern und einer gemütlichen Stube mit offenem Kamin. Die Lage auf 1.600 m Seehöhe ist solitär, der Ausblick einfach herrlich. Unter anderem geboten werden ein Schaffelbad im Freien, herzhaftes Frühstück sowie eine bodenständige, gute Küche, im Preis ist zudem ein Light Lunch inkludiert. Für Kinder gibt es Baumhaus, Katzen und Hasen, weiters „Eselwanderung" und das Schlafen im Heuschober, das Pony heißt Max. Freundliches, unkompliziertes Umfeld, großartiger Zirbenschnaps. Wanderwege ohne Zahl. Und im Winter gibt es einen hauseigenen Schlepplift sowie eine gesicherte Übungswiese. 6 Liegen, 50 Betten.

Das Hotel liegt sehr reizvoll inmitten des Naturparks Zirbitzkogel-Grebenzen, hier hat man unmittelbaren Anschluss an die 120 km lange sogenannte Via Natura (10 Etappen), die große Zirbitzkogelrunde umfasst alleine knapp 40 km. Die Trails am Zirbitzkogel weisen zumeist keine großen Höhenmeterdifferenzen auf, sie sind deswegen auch für Familien interessant, allerdings nicht kinderwagentauglich. Stöcke, Rucksäcke, Rückentragen für Kleinkinder, Kartenmaterial und Ferngläser stellt das Hotel, geführte Wanderungen werden jeweils montags, mittwochs und freitags angeboten. Wanderungen in der wunderschönen Grebenzen-Region – dort gibt es zahlreiche befestigte Wege, die auch für einen Kinderwagen geeignet sind – benötigen eine kurze Anfahrt, das übernimmt der Hotelbus ohne Aufpreis. Der Wanderführer ist Katrin, die Tochter des Hauses, die Chefin ist zudem geprüfte Pilgerbegleiterin. Im Winter werden auch Schneeschuhwanderungen angeboten, die Ausrüstung leiht man gegen eine kleine Gebühr.

Naturbadeteich, Außensauna, Sauna, Dampfbad, Massagen. 18-Loch-Parcours in 14 km, 20 % Greenfee-Rabatt. HP ab € 88,–.

- 8822 Mühlen, Jakobsberg 1
  ☎ 03586-30077

Wellness 16

Höflehner Naturhotel ****S

Grünruhelage mit Fernblick bei Haus – Ennstal

Hunde- und kinderfreundlich. Ein Familienbetrieb hoch über dem Tal, er liegt sehr abgeschieden und wunderschön, im Winter ist man hier mitten im Schigebiet und praktisch direkt am Lift. Vor wenigen Monaten wurde das Haus um knapp neun Millionen Euro großzügig erweitert, es besteht nun aus drei Logiergebäuden und ist auf knapp die doppelte Bettenanzahl gewachsen. Holz, Holz und nochmals Holz kennzeichnet das Ambiente, Zimmer wählt man aus 13 Kategorien (DZ von 20 bis 75 m²), alle haben Vollholzmöbel, feine Eichenböden sowie Balkon oder Terrasse, die neuesten begeistern mit ausgesprochen gemütlichem Zirbenholzinterieur, die Bademantelschnur ist bereits eingefädelt, die W-Lan-Verbindung kriecht schneckenartig. Auch das Spa wurde erweitert, die Indoor-Fläche ist allerdings auch weiterhin nicht unbedingt weitläufig, zudem ist die Anlage auf mehrere Bereiche aufgeteilt, nicht selten sind dazwischen ein paar Schritte im Freien erforderlich. Unter anderem geboten werden ein 25 m langes, ganzjährig nutzbares Freibecken (im Winter allerdings mit stark eingeschränkten Öffnungszeiten), eine wunderbare Panoramasauna, ein Whirlpool im Freien sowie

ein wunderschöner Außenbereich, zu dessen Highlights das zählt, was hier im Überfluss vorhanden ist: ein traumhaftes Panorama! Kleines Aktivprogramm, die Pools öffnen um 7 Uhr früh, die Saunen schließen um 20 Uhr. Reichhaltiges Frühstücksbuffet (allerdings: Eier aus Bodenhaltung), die Küche versteht sich auf ansprechende Optik, Light Lunch und Nachmittagsjause sind (mit saisonalen Einschränkungen) im Preis inkludiert. Geführte Wanderungen. Täglich acht Stunden Betreuung für Kinder ab drei Jahren. 95 Liegen, 250 Betten.

Das Hotel mit seiner wunderschönen Aussichtslage auf 1.117 m Seehöhe bietet einen unmittelbaren Einstieg in mehrere Trails aller Schwierigkeitsgrade, sie sind demnach auch für Familien mit Kindern, jedoch nicht für Kinderwägen geeignet. Die Königstour – Klafferkessel – ist mit etwa neun Stunden Gehzeit die längste, gilt allerdings als eine der schönsten der Ostalpen, zeigt sich doch hier die Natur in großartiger Vielfalt und eindrucksvoller Wildheit. Wer den 2.543 m hohen Höchstein erklimmen will, muss die letzten 20 Höhenmeter am Seil zurücklegen, weniger Ambitionierte lassen diese Tour übrigens schon ein Stück davor, am Moralmsee, ausklingen. Der nahe Dachstein und das Gebiet rund um das Ramsauer Plateau bieten Kletterern ein hochalpines Eldorado mit überhängenden Felsen, beeindruckenden Steilwänden und atemberaubenden Ausblicken. Geführte Wanderungen werden mehrmals täglich für alle Schwierigkeitsgrade angeboten, ein Lunchpaket können sich die Gäste am Frühstücksbuffet selbst zusammenstellen. Unter den Wanderführern findet sich auch Harry, der Sohn des Hauses, der die Gäste mit seinem Ziehharmonikaspiel unterhält. Stöcke, Rucksäcke, Ferngläser und Kartenmaterial werden vom Haus gestellt, ebenso wie Regenschutz, und Trinkflasche. Im Hotel befindet sich ein gut sortierter Bergsport-Shop, von Funktionskleidung bis hin zu Sonnenbrillen und Fachliteratur ist hier vieles zu haben. Im Winter werden Schneeschuhwanderungen angeboten, allerdings nur sporadisch, wer auf eigene Faust losmarschieren möchte, erhält die Ausrüstung leihweise gratis.

Naturbadeteich, Freibecken, Hallenbad, Außensauna, Sauna, Massagen, Kosmetik, Fitnessgeräte.
HP ab € 110,–.

• 8967 Haus, Gumpenberg 2
☎ 03686-2548

Wellness 18

Wasnerin G'sund & Natur ****s

Grünruhelage am Ortsrand in Bad Aussee

Hundefreundlich. Der legendäre Gasthof von ehedem ist bereits seit mehr als einem Jahrzehnt ein Wellnesshotel, nach glücklosen Zeiten mit Falkensteiner und Lindner als Betreiber (und im Halbjahresrhythmus wechselnden Direktoren) wird er seit 2012 von einer Familie geführt.

Das Ambiente präsentiert sich erfrischend und heimelig zugleich, die Atmosphäre ist fabelhaft, ja geradezu inspirierend, was wunder, wenn das Haus mittlerweile zu einem „Literaturhotel" avancierte. Zimmer wählt man aus sechs Varianten, sie zeigen sich wohnlich, alle sind großzügig geschnitten (DZ von 32 bis 52 m²) und haben Parkettböden sowie Balkon oder Terrasse. Das Spa wurde modernisiert und erweitert, es ist inwendig nicht allzu weitläufig, aber ausnahmslos Hotelgästen vorbehalten und bietet zudem gute Treatments, täglich gibt es morgens und abends Yoga, die Saunen schließen um 20 Uhr. Umfangreiche, gemütliche Bibliothek – hier finden auch Autorenlesungen statt, so manchem Schriftsteller kann man übrigens durchaus in der Sauna oder an der Bar begegnen –, wunderbare Restaurantterrasse. Reichhaltiges Frühstücksbuffet, sehr gute Küche (legt großen Wert auf frische Zutaten und richtigen Garpunkt, ist aber sparsam im Umgang mit Gewürzen) mit veganen Varianten, ein Light Lunch ist im Preis enthalten, für Gäste mit Hunden gibt es einen eigenen Essensbereich. Ausgesprochen freundliche Mitarbeiter, der Wellnessbereich kann während des Abreisetages noch ohne Aufpreis genutzt werden. Gratisgarage für (fast) alle. 120 Liegen, 180 Betten.

Das Haus ist Ausgangspunkt für mehrere Wander- und Spazierwege, für größere Touren ist das Auto erforderlich. So ist etwa der Loser – für viele schlechthin der Hausberg des wunderschönen Ausseerlandes – knappe 10 Autominuten entfernt, während man zur Tauplitz fast die doppelte Fahrzeit benötigt, ebendort gibt es unter anderem den Sechs-Seen-Trail (knapp 16 km, etwa fünf Stunden Gehzeit). Grundsätzlich bietet das Ausseerland drei Arten von Wanderwegen: einfachflache Wegstrecken, weiters Plateauwege mit nur geringer Höhenmeterdifferenz sowie Bergtouren, bei denen man freilich ohne Seil und Pickel auskommt. Unter anderem hier zu nennen ist die fünfstündige Tour auf den Sarstein, sie ist zwar nur 4 km lang, allerdings sind knapp 2.000 Höhenmeter zu bewältigen. Stöcke, Rucksäcke, Wasserflaschen und Karten erhält man zur Gratisleihe, ein Lunchpaket gegen einen kleinen Aufpreis, wer frühmorgens ohne Frühstück losgeht, für den ist dieses Service gratis. Reinhard, der leitende Haustechniker, ist zwar auch ein zertifizierter Wander-Guide, allerdings begleitet er nur selten Gäste bei Wanderungen. Im Winter ist das anders, da gibt es zwei- bis viermal pro Woche geführte Schneeschuhwanderungen, für die Ausrüstung sorgt das Hotel.

Freibecken, Kinderfreibecken, Hallenbad, Außensauna, Dampfbad, Massagen, Kosmetik, Fitnessgeräte, Personal Trainer. 9-Loch-Parcours, 20 % Greenfee-Rabatt.
HP ab € 144,–.

- 8990 Bad Aussee, Sommersbergseestraße 19
  ☎ 03622-52108

Wellness 16

Die Post ****s

Grünruhelage in Bad Kleinkirchheim

Kinderfreundlich. Das zweite Hotel der Familie Ronacher in Bad Kleinkirchheim ist auf Familien mit Kindern ausgerichtet und ein grundsolides Haus – es gibt nicht viele Konkurrenten, bei denen wir in den 18 Jahren unseres Bestehens eine derart konstante Urlaubsqualität beobachten konnten. Obwohl an der Durchgangsstraße des Orts gelegen, ist es ruhig, liegen doch Wellness-Außenareal und alle Zimmer an der straßenabgewandten Südseite. Zimmer wählt man aus 13 Varianten, sie unterscheiden sich vornehmlich durch die Größe (DZ von 30 bis 80 m²), alle haben Balkon mit Ausblick auf Wiesen und Berghänge, naturbelassenes Vollholz, heimelige Farben und Teppichböden herrschen vor. Das Spa bietet unter anderem FKK-Solepool, Liegewiese mit Außensauna, eine Damensauna sowie hervorragende Treatments in ansprechendem Ambiente. Gute Stimmung, ausgesprochen freundliche und kompetente Mitarbeiter, Frühstück bis 12 Uhr, gute Küche, feine Weinkarte, Raucherlounge. Light Lunch und süße Nachmittagsjause sind im Preis inkludiert. Angebote für Golfer, Tennisspieler und Wanderer. Viel Stammpublikum, viele Gäste aus Italien. Kinderbetreuung täglich 12 Stunden (zu Ferienzeiten, ansonsten nach Vereinbarung). Sauberes Preis-Leistungs-Verhältnis. 85 Liegen, 200 Betten.

Der Nationalpark Nockberge bietet hier viele unterschiedliche Wege aller Schwierigkeitsgrade, sogar Familien mit Kinderwagen werden bedient – bis hin zum Gipfelerlebnis mit dem Baby. Für Letzteres benötigt man freilich die Unterstützung der Kaiserburgbahn, die sich nur ein paar Schritte vom Hotel entfernt befindet. Bis auf die Schuhe erhalten Gäste alle benötigten Utensilien, sogar Sonnencreme, der Rucksack wird mit Proviant gefüllt. Die Rezeption bietet umfangreiche Informationen sowie Tipps für Plätze mit grandioser Aussicht und für urige Einkehrmöglichkeiten. Etwa fünfmal pro Woche gibt es geführte Bergerlebnisse mit verschiedenartigen Anspruchsniveaus und Themen (etwa: Vollmond, Sonnenaufgang oder Alpenkräuter), sie werden seit Jahren von Peter geleitet. Peter ist ausgebildeter Nationalpark-Ranger und nebenbei auch Spezialist für Klangschalen, seine Klangbäder und Klangmeditationen lassen sich im Spa erleben. Im Winter gibt es zahlreiche Möglichkeiten für Schneeschuhwanderungen. Die Ausrüstung dazu wird ohne Aufpreis verliehen, Schneelage vorausgesetzt.

Freibecken, Hallenbad, Solehallenbad, Außensauna, Sauna, Dampfbad, Massagen, Kosmetik, Fitnessgeräte. 18-Loch-Parcours in 3 km, bis zu 30 % Greenfee-Rabatt. Tennisplätze gratis.
HP ab € 99,–.

- 9546 Bad Kleinkirchheim, Dorfstraße 64
  ☎ 04240-212-0

Wellness ✿✿✿✿19

Ronacher Thermenhotel *****s

Grünruhelage am Ortsrand in Bad Kleinkirchheim

Hundefreundlich. Familiengeführtes Fünfsternthermenhotel, es liegt auf einer kleinen Anhöhe über dem Ort und ist auf Urlaub ohne Kinder ausgerichtet. Die Zimmer (18 Varianten) sind zumeist konservativ-gediegen arrangiert und ausnahmslos sehr großzügig geschnitten, alle haben große Betten und Balkon, einige auch Himmelbetten und Parkettböden – und die Bademantelschnur ist schon eingefädelt! Das leider auch öffentlich zugängliche Spa bietet Thermalwasser und erfreut mit mehreren größeren Pools (der längste ist 18 m) unterschiedlicher Temperaturen, mit feinen Ruhezonen und einem ebensolchen Saunabereich. Weiters gibt es Liegewiesen, ausgezeichnete Massagen, eine Kurarztpraxis sowie ein breites Aktivprogramm (u. a. Golfen, Wanderungen, Ausflüge). Über allem eine ruhige, unverkrampfte Atmosphäre – nicht zuletzt das Verdienst von ausgesprochen freundlichen und ungekünstelt agierenden Mitarbeitern. Fabelhaft reichhaltig ist das Frühstücksbuffet (bis 12 Uhr, sogar am Anreisetag!), die Küche ist sehr gut. Schöner Garten, für das Frühstück in der Morgensonne gibt es allerdings nur eine sehr kleine Restaurantterrasse. Niveauvolle alte Stammgästeschar. Der Wellnessbereich steht am Abreisetag bis 21 Uhr offen. Valet Parking, Gratisgarage für alle – und bei der Abreise sind die Scheiben peinlich sauber geputzt! Ungeeignet für Kinder. 121 Liegen, 200 Betten.

In diesem Luxushaus sind die Möglichkeiten für Wanderungen nahezu gleich wie jene des Schwesternhotels Post (siehe vorigen Eintrag), die Kaiserburg-Seilbahn ist allerdings knapp 2 km entfernt, auf Wunsch gibt es selbstverständlich ein Shuttle. Von der etwas oberhalb des Hotels gelegenen Kapelle St. Kathrein – dem Ursprung der uralten Thermalheilquelle – führt ein idyllischer „Wasserweg“ nach St. Oswald, vorbei an Einsiedlerhöfen und malerischen Rastplätzen, nach zwei Stunden erreicht man die Brunnachbahn, deren Bergstation auf einem Nockberggipfel liegt. Erwähnenswert auch der Alpe-Adria-Trail, der von Kärnten über Slowenien bis an das Adria-Hafenstädtchen Muggia führt, dies in 43 jeweils rund 20 km langen Etappen, von denen eine eben durch Bad Kleinkirchheim führt. Im Hinblick auf Leihausrüstung, Toureninformationen und Schneeschuhwandern gilt das bereits beim Hotel Die Post Angemerkte, auch der Wanderführer – Peter – ist der gleiche. Doch auch die Chefin, Simone Ronacher, betätigt sich als Wanderführer, ihre „VIP-Überraschungswanderungen“ in die Nockberge genießen bei Stammgästen inzwischen beinahe Kultstatus – herrliches Panorama, Champagner und „Alpen-Tapas“ inklusive. Für Entspannung danach sorgt

übrigens der Ronacher-Masseur aus Thailand mit seinen Speicköl-Fußbädern und Massagen.

Thermalfreibecken, Thermalsolefreibecken, Thermalhallenbad, Außensauna, Sauna, Dampfbad, Massagen, Kosmetik, Ayurveda, Fitnessgeräte, Personal Trainer. 18-Loch-Parcours in 4 km, 17 % Greenfee-Rabatt. HP ab € 169,–.

- 9546 Bad Kleinkirchheim, Thermenstraße 3
  ☏ 04240-282-0

Wellness 19

Feuerberg Mountain Resort ****

Absolute Naturlage mit Fernblick – Nähe Villach

Hunde- und kinderfreundlich. Ein außergewöhnliches, familiengeführtes Resort in außergewöhnlicher Lage, nämlich buchstäblich über den Wolken. Es besteht aus einem Hotel und 28 Ferienwohnungen in stilisierten Almhütten (sie wurden nicht in die Wertung einbezogen), die einige Schritte unterhalb des Haupthauses liegen. Die 1.800 m Seehöhe wollen freilich zunächst erklommen werden – auf einer 12 km langen und schmalen Straße, deren Kurven endlos erscheinen. Doch die Mühe lohnt schon vor dem Check-in, dann, wenn sich ein absolutes Highlight des Hauses offenbart: das unvergleichliche Panorama. Zimmer wählt man aus 18 Kategorien (DZ von 19 bis 50 m^2), sie sind sehr nett gestaltet und haben alle Holzböden, das W-Lan jedoch, es kriecht im Schneckentempo. Das Spa wurde in den vergangenen Jahren sukzessive ausgebaut und erst vor wenigen Monaten neuerlich großzügig erweitert, es ist in zahlreiche kleinere Areale aufgeteilt und kann nichts weniger als begeistern. Unter anderem geboten werden acht Pools – ganz neu ist ein 25 m langes und 7 m breites Außenbecken in Infinite-Edge-Technik, man schwimmt förmlich in den Himmel hinaus –, einen feinen Außenbereich mit geheiztem Schwimmteich, großartige Saunen und zahlreiche schöne Rückzugsmöglichkeiten – zumeist mit konkurrenzlos grandiosem Ausblick. Die Massagen sind gut, täglich gibt es ein Aktivprogramm, die insgesamt neun Saunen schließen um 19 Uhr. Ausgesprochen freundliche Mitarbeiter, lockere Stimmung, reichhaltiges Frühstücksbuffet (die Eier stammen übrigens aus biologischer Freilandhaltung), unbedingt erwähnenswert dabei Rudi, der Barista, der mit Fleiß und Leidenschaft wunderbare Wachmacher siedet und auf Sonderwünsche (etwa: koffeinfreier Cappuccino mit laktosefreier Milch) selbst bei einer Warteschlange freudig eingeht. Rudis persönliche Herausforderung sind übrigens Muster im Schaum! Gute Küche (Buffet, der Hauptgang wird serviert) in unprätentiösem Ambiente mit ebensolcher Tischkultur. Täglich acht Stunden Betreuung für Kinder ab drei Jahren (mit saisonalen Einschränkungen), viele gute Aktivitäten für

Kids, Wanderwege ohne Zahl, und im Winter liegt das Haus direkt an einem Familienschigebiet (60 km präparierte Pisten, 15 Lifte). Raucherlounge, Gratisgarage für alle. 222 Liegen, 400 Betten, davon 170 in Ferienwohnungen in 14 Chalets.

Das Haus in unvergleichlicher Panoramalage auf der Gerlitzen Alpe bietet einen direkten Einstieg in 150 km Wander- und Spazierwege, das Gebiet eignet sich speziell für Familien mit Kindern ab drei Jahren, allerdings gibt es auch kinderwagentaugliche Wege, wobei das Wägelchen aber geeignet sein muss. Wer es gern abenteuerlicher hat, erreicht in einer guten Autostunde die Julischen Alpen am Dreiländereck Italien-Slowenien-Österreich, dort gibt es Kletter- und Bergrouten in allen Schwierigkeitsgraden. Stöcke, Rucksäcke, Trinkflaschen und Rückentragen für Kleinkinder erhält man zur Gratisleihe, die Rezeption steht mit ausführlichen Informationen hilfreich zur Seite. Geführte Wanderungen sind wetterabhängig, werden in der Regel aber fünfmal pro Woche durchgeführt, und zwar von Georg, der sein „Handwerk" seit langen Jahren betreibt. Mit Leidenschaft führt er seine Gäste zu den vielen Kraftplätzen der Region, etwa zur Noreia-Himmelsleiter, zu den Felsenseen und zum Pfad der Philosophen. Georg liebt die mystische Energie der Bergwelt. Und sie muss auch ihn lieben, anders ist es wohl nicht zu erklären, dass ihm ein Selfie mit einem Steinbock gelang. Ein Lunchpaket kostet 6,50 Euro, im Winter gibt es Schneeschuhe zur Gratisleihe.

Naturbadeteich, Freibecken, Hallenbad, Außensauna, Sauna, Dampfbad, Massagen, Kosmetik, Fitnessgeräte. HP ab € 129,–.

- 9551 Bodensdorf
  Bergeralm 1
  ☎ 04248-2880

Wellness ⚜⚜⚜18

Hochschober ****s

Grünruhelage am Turracher See – Turracher Höhe

Kinderfreundlich. Familiengeführter Spa-Herbergsmythos, über lange Jahre war er geradezu das Eichmaß der heimischen Wellnesshotellerie. Zum einen wegen des großen Augenmerks, das hier auf die vielen kleinen Dinge, die einen Urlaub so richtig angenehm machen, gelegt wurde, zum anderen weil der Wellnessbereich mit praktisch konkurrenzlos genialen Einrichtungen in Sachen Wasser und Wärme ausgestattet war. Viel Konkurrenz hat sich in der Zwischenzeit formiert, doch auch heute noch begeistern der authentische Hamam mit seiner poesiegetränkten Atmosphäre und das 25 m lange und 10 m breite, auch im Winter tropisch warme Freibecken, das, nach unten offen, in den eiskalten Bergsee hineingebaut wurde. Die Treatments sind gut, die Saunaöffnungszeiten großzügig bemessen, täglich gibt es ein Aktivprogramm, darunter auch Yoga, Pilates und Meditation. Zimmer wählt man aus 18 verschiedenen Varianten (DZ von 28 bis 80 m²), sie changieren zumeist zwischen heimeliger Gediegenheit und unspezifischer Modernität, manche haben Holzböden, die meisten Balkon. Grandios wie ehedem ist das Frühstücksbuffet, die Küche bietet auch vegane Varianten und punktet knapp mit „Gut", was bei diesen Preisen einen kleinen Wermutstropfen darstellt, ein Light Lunch ist, wie nahezu in allen Lilien-Hotels, im Preis inkludiert. Viele Stammgäste, sie werden hofiert, als „Neuling" hingegen könnte man etwas enttäuscht sein. Großzügig angelegte und gut betreute Areale für Kinder und Jugendliche, täglich Kinderbetreuung (8.30 bis 13.30 Uhr und 15.30 bis 20.30 Uhr). Herrliche Wanderwege ohne Zahl. Garage? Leider nein! 85 Liegen, 230 Betten.

Die Turracher Höhe ist ein Hochplateau an der Grenze von Kärnten zur Steiermark, sie präsentiert sich geradezu idyllisch: stille Bergseen, sanfte Almen, flache Wege entlang der Bergrücken und bis zu 2.440 m hohe Gipfel. Direkt vom Hotel stehen mehrere Möglichkeiten zur Auswahl, ein mittelschwerer Trail auf den Hausberg Schoberriegel dauert beispielsweise etwa dreieinhalb Stunden. Auch deutlich kürzere und somit familiengeeignete Routen sind vorhanden, flache, kinderwagentaugliche Spazierwege rund um den Turracher See etwa, solche durch Zirbenwälder oder ein Panoramatrail, bei dem man auf den Spuren der historischen Bergbautradition wandelt. Die Rezeption offeriert detaillierte Wegbeschreibungen und jede Menge Tipps. Rucksäcke, Wanderstöcke, Trinkflaschen, Regenschutz und Stirnlampen erhält man zur Gratisleihe, ein individuelles Lunchpaket ist kostenpflichtig. Täglich geführte Wanderungen, im Winter, mit Schneeschuhen, finden sie nur einmal wöchentlich statt, die freundlichen Führer heißen Herbert und Elisa.

Naturbadeteich (ganzjährig!), Freibecken, Hallenbad, Außensauna, Sauna, Dampfbad, Massagen, Kosmetik, Ayurveda, Fitnessstudio, Personal Trainer. 18-Loch-Parcours in 19 km.
HP ab € 144,–.

- 9565 Turracher Höhe, Nr. 5
  ☎ 04275-8213

Wellness ⚜⚜16

Der Daberer – das Biohotel ****s

Grünruhelage am Ortsrand in Dellach – Gailtal

Hundefreundlich. Klein, fein und Best of Gailtal: ein entzückender Familienbetrieb am Waldrand, mit liebevoll arrangierter Atmosphäre und Ausblick auf die Karnischen Alpen. Das Haus liegt auf zweieinhalb Hektar Eigengrund, die Zimmer (DZ von 24 bis 65 m²) haben alle Vollholzmöbel und Parkettböden, sie sind schlicht bis wunderschön gestaltet, eine Minibar sucht

man jedoch vergeblich. Zum inwendig kleinen Spa gehören unter anderem Liegewiese und eine kleine Saunahütte mit Holzofen im Wald hinter dem Haus. Fabelhafte Restaurantterrasse, Frühstücksbuffet von hoher Qualität, frische und biologisch ausgerichtete Küche (das Haus ist seit den späten 1970er Jahren biologisch orientiert und gilt schlechthin als der Biopionier Österreichs), ein Light Lunch ist im Preis inkludiert. Großartige Weinkarte – auch viele Österreicher, zudem faire Preise –, wunderbar freundliche Mitarbeiter, viele Stammgäste aus Deutschland. Geführte Wanderungen (dreimal wöchentlich), gute Laufstrecken, täglich kleines Aktivprogramm, auch Qi Gong, Pilates und Zumba. Leihfahrräder gratis. Packages für Basenfasten und Yoga. Ungeeignet für Kinder, nichts für Raucher (Rauchen ist selbst auf dem Balkon verboten). 31 Liegen, 82 Betten.

Ein weitläufiges Netz an Trails gibt es in dieser Region der Karnischen und der Gailtaler Alpen, nach Angaben des Alpenvereins sind es etwa 330 km in allen erdenklichen Schwierigkeitsgraden, bis hinunter zum „Kinderwagen-Weg“. Der Einstieg ist direkt vom Hotel möglich, mehrheitlich bleibt man dann allerdings im Tal oder sozusagen auf halber Höhe, wer schnell höher hinaus will, dem empfiehlt sich eine kurze Anfahrt mit dem Auto. Botanikliebhabern wird einiges geboten, unschwer findet man Raritäten und Kostbarkeiten, etwa auf der Mussen, im Naturschutzgebiet rund um den Wolayer See, auf den Hängen im Plöckengebiet sowie auf der Mauthneralm. Die Natur ringsum hält freilich auch noch andere Schätze bereit, darunter Gesteinsformationen mit Fossilieneinschlüssen, Bergseen, geheimnisvolle Klammen und tosende Wasserfälle. Auf zahlreichen Almen wird übrigens auch heute noch Käse produziert, und das lässt sich auch erwandern: auf einem Käsewanderweg, der viele dieser Almen miteinander verbindet. Trinkflaschen, Rucksäcke, Regenschutz, Stöcke und Karten erhält man leihweise, pro Woche gibt es drei geführte Wanderungen, die Bergführer sind Willi, der Seniorchef, und Christian, sein Sohn. Zusätzlich findet mittwochs eine kleine Tour statt, dabei geht es um Wildpflanzen und Heilkräuter – Frau Grunwald, die kontemporäre und sonnige Version einer lebenslang „bergnarrischen“ Kräuterhexe, leitet sie. Geführte Schneeschuhwanderungen werden von Dezember bis März angeboten – gegen Aufpreis.

Naturbadeteich, Hallenbad, Außensauna, Sauna, Dampfbad, Massagen, Kosmetik, Fitnessgeräte, Personal Trainer. 18-Loch-Parcours in 12 km, 20 % Greenfee-Rabatt.

HP ab € 101,50.

- 9635 Dellach im Gailtal
  St. Daniel 32
  ☎ 04718-590

Wellness 14

Alpenrose Naturhotel ****

Grünruhelage mit Fernblick in Millstatt – Millstätter See

Hunde- und familienfreundlich. Familiengeführtes Kleinhotel in wunderschöner Lage auf einem Sonnenplateau in 900 m Seehöhe, mit Fernblick über See und Berge. Es wurde 1984 als erstes Biohotel Österreichs errichtet – frei von Chemie, nur Ziegel, Holz und Naturfasern kamen zum Einsatz. Die Zimmer sind schlicht, sie haben Vollholzmöbel; TV-Geräte und Internetanschluss sind in diesem Haus tabu, Letzteres ist weniger erbaulich. Das kleine Spa ist auch öffentlich zugänglich, es bietet gute Treatments sowie auch Yoga und Qi Gong. Feines Frühstücksbuffet mit guter Qualität, sehr gute – auch vegetarische – Küche mit vielen selbstgemachten Köstlichkeiten, sie ist weitgehend biologisch orientiert, mit zahlreichen Zutaten aus dem großen Kräuter- und Gemüsegarten, ein Light Lunch ist im Preis inkludiert. Traumhafte Terrasse, ebensolche Liegewiese, herzliche Atmosphäre. Geführte Wanderungen, viele alte Stammgäste. 27 Liegen, 50 Betten.

Die Millstätter Alm ist das primäre Wandergebiet bei diesem Hotel, schöne, auch kinderwagentaugliche Wege beginnen ab der Haustüre, viele sind als Rundweg angelegt. Der kürzeste dauert etwa 40 Minuten, der längste, der Kammweg, führt über mehr als 10 km. Auf der familiengeeigneten Drei-Hütten-Tour Sentiero dell' Amore gelangt man beispielsweise zum Granattor und durch die Klangschlucht hinunter nach Millstatt. Der Höhenweg ist übrigens eine Etappe auf dem bereits beim Hotel Ronacher erwähnten Alpe-Adria-Trail, der, wie gesagt, im Hafenstädtchen Muggia endet. Wanderstöcke, Rucksäcke und Kartenmaterial erhält man vom Hotel, dazu gibt es ein Lunchpaket, Müsliriegel, Obst, Regencape und Fußbalsam – ohne Aufpreis. Dreimal pro Woche gibt es geführte Wanderungen leichter und mittlerer Schwierigkeitsgrade, darunter finden sich auch Tagestouren, Kräuter- und Sonnenaufgangswanderungen, Fackelwanderungen sowie Genusstouren zu den Themen Kärntner Kasnudeln, Kaiserschmarrn und Reindling. Bergführer sind die Chefin und vor allem ihre Mutter, die seit langen Jahren für zahllose Gipfelerlebnisse sorgt und die jedes Wetter zutreffend voraussagen kann. Was Wunder, ist sie doch in den Bergen aufgewachsen, schon als Kind musste sie dort eine Ziegenherde hüten und – vor einem Unwetter – wieder heil zurück in den Stall bringen. Geführte Schneeschuhwanderungen im Winter, die Leihausrüstung ist kostenlos.

Freibecken, Sauna, Dampfbad, Massagen, Kosmetik. 18-Loch-Parcours in 5 km, 15 % Greenfee-Rabatt.
HP ab € 109,–.

- 9872 Millstatt
  Obermillstatt 84
  ☎ 04766-2500

Wellness 13

Taurerwirt Vitalhotel ****

Absolute Grünruhelage in Kals am Großglockner – Osttirol

Familienfreundlich. Familiengeführtes „Wanderhotel", es liegt auf 1.500 m Seehöhe im Talschluss und damit schön und sehr ruhig. Das Ambiente ist liebevoll gestaltet, einfache Zimmer mit Teppichböden und hellen Vollholzmöbeln überwiegen, alles ist bestens sauber. Das kleine Spa bietet unter anderem ein 7 m langes Hallenbad, drei Saunen, Liegewiese und sehr gute Treatments, die Saunen schließen nach kurzer Öffnungszeit um 19 Uhr. Restaurantterrasse, reichhaltiges Frühstücksbuffet, gute Küche, Light Lunch (nur winters) und eine süße Nachmittagsjause sind im Zimmerpreis enthalten. Herzliches und familiäres Umfeld. Geführte Wanderungen. 36 Liegen, 80 Betten.

Das Haus liegt am Rand des Bergsteigerdörfchens Kals (1.200 Einwohner) inmitten des Nationalparks Hohe Tauern. Die Region bietet für alle Zielgruppen zahlreiche entsprechende Möglichkeiten, das Spektrum reicht von 3 bis zu 20 km Länge und von 150 bis 2.000 m Höhendifferenz, vom Hotel aus gelangt man etwa auch in die Granatspitz- und in die Schobergruppe, sogar der Großglockner kann bezwungen werden. Stöcke, Rucksack, Trinkflasche und Karten erhält man als Hausgast zur Gratisleihe. Vier- bis fünfmal pro Woche bietet man geführte Wanderungen an, im Winter natürlich mit Schneeschuhen, und das bereits seit mehr als vier Jahrzehnten! Richtig nett ist übrigens die Tour zur Alm von Onkel Pepe, der dort im Sommer Kühe und Schweine hütet und nebenbei auch jenes Gras mäht, das für die Hausspezialität des Taurerwirts, die Alpenheubäder, verwendet wird. Die Wanderführer heißen Martin, Christoph, Marianne und Christina, der ausgesprochen naturverbundene Martin leitet häufig die Sonnenaufgangswanderung und bringt dabei mit seiner Trompete die Gäste regelmäßig zum Weinen – vor Rührung freilich.

Hallenbad, Außensauna, Sauna, Dampfbad, Massagen, Kosmetik, Fitnessgeräte. Tennisplatz, 27-Loch-Parcours in 39 km.
HP ab € 90,–.

- 9981 Kals am Großglockner
  Burg 12
  ☎ 04876-8226

DEUTSCHLAND

Wellness 14

Rimberg ****

Grünruhelage bei Schmallenberg – Hochsauerland

Hundefreundlich. Das ehemalige Hotel Knoche, nach Großbrand und nahezu komplettem Neuaufbau nun mit neuem Besitzer – es ist derselbe wie vom Jammertal-Resort im Münsterland. Und da man im Jammertal großen Wert auf Saunakultur legt, kommt es nicht von ungefähr, dass es auch hier ähnlich ist, doch davon später. Das Haus liegt abgeschieden und nahezu solitär inmitten von Wäldern und Wiesen in 700 m Seehöhe, allerdings auch direkt an einer wenig befahrenen Landstraße. Neu errichtete Wellnesshotels gibt es im Sauerland seit ewigen Zeiten keine – sondern nur alte Häuser mit durch zahllose Anbauten verwinkelten Grundrissen –, schon alleine das macht das Haus per se attraktiv. Und tatsächlich gibt sich das Rimberg inwendig anders als alle anderen, nämlich durchgängig gefällig, ländlich-modern und, zur Landschaft passend, waidmännisch angehaucht – viel schönes Holz und dezent zur Schau gestellte Jagdtrophäen inklusive. Zimmer gibt es in acht Kategorien (DZ von 25 bis 115 m²), fast alle haben Balkon, alle Holzböden, die Betten sind sehr gut. Im Spa wartet ein 18 m langer Innenpool, weiters dazu gehören unter anderem Liegewiese, eine große, holzbeheizte Außensauna neben einem kleinen Naturbadeteich, die Nacktzone lässt sich vom Balkon aus trefflich beobachten, die insgesamt vier Saunen schließen um 21 Uhr. Bei Küche (stets Buffet) und Service gibt es noch etwas Luft nach oben, ein Light Lunch ist im Zimmerpreis inkludiert. Wanderwege ohne Zahl.
46 Liegen, 110 Betten.

Das Hotel liegt auf einem Plateau in etwa 650 m Seehöhe, eher flache und zum Teil auch kinderwagentaugliche Wanderwege führen beispielsweise auf die Hunau-Hütte (800 m Seehöhe) oder auf den 12 km entfernten Kahlen Asten, der beinahe genauso hoch ist, den Rücktransport übernimmt auf Wunsch der Hotelbus. Auf dem Weg zum Kahlen Asten quert man übrigens den Rothaarsteig, das ist ein 150 km langer Weitwanderweg durch das gleichnamige Mittelgebirge. Wesentlich kürzer ist jedenfalls der Rimberg-Rundweg mit einer Stunde Gehzeit. Stöcke, Karten und Rucksack erhält man ohne Aufpreis leihweise, ein Lunchpaket ist inkludiert. Geführte Wanderungen werden zweimal wöchentlich angeboten, dasselbe gilt im Winter für Schneeschuhtouren – freilich nur, wenn es genügend Schnee gibt.

Naturbadeteich, Hallenbad, Außensauna, Sauna, Dampfbad, Massagen, Kosmetik, Fitnessgeräte.
HP ab € 88,–.

- 57392 Schmallenberg
  Rimberg 1
  ☎ 02974-777-0

Wellness 15

Waldhaus Ohlenbach ****

Absolute Naturlage bei Schmallenberg – Hochsauerland

Niveauvoller, kleiner Familienbetrieb ohne Mainstream-Anmutung, er liegt so wunderschön wie solitär an einem Südhang im Nirgendwo, ist nur von Wald umgeben und bietet einen traumhaften Ausblick über das Land. Das Innenleben lässt sich etwa als Work in Progress beschreiben: Neben einnehmend geschmackvoll gestalteten öffentlichen Bereichen wie Lobby oder Restaurant findet man auch so manche Flure mit unpassender Optik und allerlei fürchterlichen „Dekorationsobjekten". Zimmer gibt es in acht Kategorien, sie sind durchwegs sehr großzügig geschnitten, viele haben Balkon, nicht wenige wurden bereits renoviert, sie zeigen sich dann sehr wohnlich und als Wohltat fürs Auge, W-Lan gibt es allerdings nur in der Lobby. Das sehr kleine Spa verfügt über einen ganzjährig nutzbaren Außenpool, die Mini-Außensauna ist etwas heruntergekommen, die Massagen sind gut, aber ein Bademantel aus Polyester, das müsste nicht sein. Sehr feine Tischkultur – etwa: Stoffservietten, Silberkännchen, alte silberne Butterkühler, dünnes Porzellan –, wunderbares Frühstücksbuffet in außerordentlich guter Qualität – bis 11 Uhr. Die Küche ist ausgezeichnet, sie hebt sich nicht zuletzt durch den Einsatz seltener Gemüsesorten und vieler frischer Wildkräuter wohltuend ab, interessant und dennoch unprätentiös ist die Weinkarte, die Auswahl an Offenen ist groß. Erfrischend herzliche, ungekünstelt agierende Mitarbeiter, präsenter Gastgeber, ansteckend gut gelaunte Atmosphäre, bester Schlaf. Wanderwege ohne Zahl.
21 Liegen, 94 Betten.

Das schmucke Waldhaus Ohlenbach ist von zahlreichen Wanderrouten umgeben, direkt am Haus führt ein zertifizierter Wanderweg vorbei, der sich bald mit anderen Wegen kreuzt. Auf Wunsch werden Gäste zudem täglich mit dem Hotelbus in drei weitere Orte gebracht, diese sind 5 bis 15 km entfernt und bieten die Möglichkeit, ein größeres Gebiet kennenzulernen, ein Shuttle sorgt kostenfrei für den Rücktransport. Viele Wege verlaufen eher flach, die Höhenunterschiede betragen maximal 400 m, mit dem Kinderwagen kommt man jedoch nicht weiter. Ferngläser und

Karten stellt das Hotel leihweise gratis zur Verfügung, ein Lunchpaket ist inkludiert. Geführte Wanderungen werden nach Bedarf angeboten, die meisten Gäste ziehen es aber vor, die Gegend alleine zu erkunden. Im Winter stehen auch Schneeschuhwanderungen auf dem Aktivprogramm des Hauses, die Ausrüstung erhält man leihweise im Langlaufzentrum Westfeld, das ist 3 km entfernt.

Freibecken, Hallenbad, Außensauna, Massagen, Kosmetik, Ayurveda. 27-Loch-Parcours in 11 km, 25 % Greenfee-Rabatt.

HP ab € 110,–.

- 57392 Schmallenberg-Ohlenbach
  Ohlenbach 10
  ☎ 02975-84-0

Wellness 15

Die Halde ****

Grünruhelage 25 km von Freiburg – Schwarzwald

Familienfreundlich. Sympathisches, familiengeführtes Kleinhotel, es liegt in 1.150 m Seehöhe auf dem Freiburger Hausberg Schauinsland – ein Name, der hier Programm ist, gewährt das Haus doch aus vielen Räumen einen traumhaften Ausblick über die Hügel des Schwarzwaldes. Hinter mit Holzschindeln gedeckten Fassaden herrscht ein heimeliges Ambiente, die Zimmer (acht Kategorien, DZ ab 25 m^2) sind einfach, aber fernab vom üblichen Schwarzwaldfolklorestil gehalten. Sie sind hell, schlicht und mit viel Lärchenholz gestaltet, haben teilweise große Fensterflächen, selten Balkon und niemals eine Minibar. Zum Spa gehören unter anderem ein kleiner Pool, eine Liegewiese sowie ein direkter Zugang zum Teich nach der Sauna. Sehr gute Massagen, kleines Aktivprogramm, auch Yoga und geführte Wanderungen, die insgesamt drei Saunen schließen um 22 Uhr. Atmosphärisch gestaltetes Restaurant, das leider ab und an von vielen Tagesausflüglern frequentiert wird. Freundliche Mitarbeiter, solide, gute Küche, ein Light Lunch ist inkludiert. Bester Schlaf, der Weckruf erfolgt sanft – durch Kuhglockengebimmel. Wanderwege ohne Zahl. 32 Liegen, 76 Betten.

Ein hügelreiches, zum Teil auch kinderwagentaugliches, vornehmlich leichtes bis mittelschweres Wandergebiet liegt einem hier zu Füßen. Schauinsland heißt der nahe, knapp 1.300 m hohe Berg nicht von ungefähr, ist doch das Wandern hier zumeist mit einem schönen Ausblick verbunden. Zu sehen gibt es Wälder und Schluchten, dazwischen laden immer wieder Gasthöfe zu einer Rast. Eine der Wanderrouten, auf die man hier vom Hotel aus stößt, ist der Schauinsland-Panoramarundweg, für ihn benötigt man etwa drei Stunden Gehzeit. Stöcke, Rucksack, Karten und Trinkflaschen erhält man vom Hotel zur

Gratisleihe, dreimal pro Wochen stehen geführte Wanderungen auf dem Programm, entweder mit dem Hausherrn Martin oder der sonnigen Wanderführerin Ursel, sie kennt die Wälder wie ihre Westentasche und bietet ein Füllhorn von Anekdoten über Region und Geschichte sowie über Flora und Fauna. Im Winter gibt es bei entsprechender Schneelage dreimal wöchentlich geführte Schneeschuhtouren, die Ausrüstung erhält man ohne Extrakosten vom Hotel.

Naturbadeteich, Hallenbad, Sauna, Dampfbad, Massagen, Kosmetik, Ayurveda, Fitnessgeräte.
HP ab € 135,–.

- 79254 Oberried-Hofsgrund
  Halde 2
  ☏ 07602-9447-0

Wellness 19

Kranzbach ****s

Absolute Grünruhelage bei Garmisch-Partenkirchen

Hundefreundlich. Ruhe, Ruhe, und nochmals Ruhe: Ein lupenreines „Erwachsenenhotel", es ist bereits fürs Auge eine außergewöhnliche Erscheinung, zumal vor belebender Naturkulisse gelegen, solitär und übrigens im selben Tal wie das Schloss Elmau. Es wurde vor 10 Jahren eröffnet und besteht aus einem kleinen altenglischen Schloss mit modernem Zubau, in dem sich die Mehrzahl der Zimmer befindet. Sie sind zumeist sehr großzügig geschnitten (DZ ab 43 m²), haben Eichenholzböden, stets herrliche Betten mit ebensolcher Wäsche und gewähren einen feinen Ausblick in die grandiose Natur ringsum. Im historischen Schloss dominiert hingegen Alice-im-Wunderland-Flair – die Interieursprache der britischen Innenarchitektin Ilse Crawford, einer Meisterin spielerisch-leichtfüßiger Exzentrik. Das Spa ist weitläufig und ausschließlich Hausgästen vorbehalten, unter anderem bietet es ein Ladys-Spa, drei Außenpools, einer davon ist 21 m lang, weiters FKK-Zone auf dem Dach, Fitnessraum mit herrlichem Ausblick, eine schier endlose Liegewiese sowie eine außergewöhnlich hohe Anzahl von Ruheliegen. Hinzu kommen Arztpraxis, Traditionelle Chinesische Medizin sowie das tägliche, breite Aktivprogramm, unter anderem mit Qi Gong, Pilates und Yoga – Letzteres sogar morgens und abends. Die Treatments sind ausgezeichnet, bei guter Witterung gibt es Massagen auch im Freien, die Saunen schließen um 20 Uhr. Fabelhafte Restaurantterrasse, freundliche, aber nicht immer ganz professionell agierende Mitarbeiter, sehr gute Küche, ein Highlight ist die abendliche Auswahl an regionalem Käse. Fein: keine Kinder, keine Events, keine Tagungen, keine externen Gäste im Restaurant. Light Lunch und Nachmittagsjause sind im Preis enthalten, Hundebesitzer werden über Waschplatz und Gassi-Service (wenngleich gegen Aufpreis) frohlocken. Gratisgarage für alle. 242 Liegen, 260 Betten.

Dieses Haus wurde vor eineinhalb Jahrzehnten vom heutigen Eigentümer zufällig auf einer Wanderung entdeckt, dass es damals zum Verkauf stand, war ein seltenes Glück! Das Hotel liegt auf 1.030 m Seehöhe und ist von der Alpenwelt Karwendel, dem imposanten Wettersteingebirge, der Soierngruppe und dem lieblichen Estergebirge umgeben, vom Hotel aus genießt man einen freien Ausblick auf die Zugspitze. Neben einer traumhaften Naturlandschaft findet man hier ein ausgedehntes Wegenetz, dessen Spektrum von leichtem Spaziergang bis zu schwerer Wanderung mit vielen Höhenmetern reicht. Herrlich sind beispielsweise der Rundweg zur Elmauer Alm (Schwierigkeitsgrad leicht bis mittel, zweieinhalb Stunden Gehzeit) und die anspruchsvolle Königstour zum Königshaus am Schachen (Schwierigkeitsgrad mittel bis schwer, sechs Stunden Gehzeit) – eine Führung durch das Domizil von König Ludwig sowie der am Schachen gelegene Alpengarten machen den langen Aufstieg unvergesslich. Stöcke, Rucksack, Trinkflaschen und Karten erhält man zur Gratisleihe, ein Lunchpaket (reichlich) sollte am Vorabend bestellt werden (12 Euro). Geführte Wanderungen finden zweimal wöchentlich, jeweils mittwochs und samstags, statt. Der Wanderführer heißt Franz und macht seine Gäste mit seinem Wissen über Region, Flora und Fauna staunen. Geführte Schneeschuhwanderungen stehen von Jänner bis März zweimal wöchentlich auf dem Programm, die Ausrüstung (Schneeschuhe und Stöcke) bekommt man ohne Zusatzkosten geliehen, eigene feste Winterschuhe muss man freilich, wie anderswo auch, selbst mitbringen.

Solefreibecken, Freibecken, Hallenbad, Außensauna, Sauna, Dampfbad, Massagen, Kosmetik, Ayurveda, Fitnessgeräte, Personal Trainer.
HP ab € 162,–.

- 82493 Krün
  Kranzbach 1
  ☏ 08823-92800-0

Wellness 16

Zechmeisterlehen Alpenhotel ****s

Grünruhelage bei Berchtesgaden – Nähe Salzburg

Hunde- und familienfreundlich. Ein preisgünstiger und freundlicher Familienbetrieb von überschaubarer Größe, mit blumengeschmückten Balkonen und typisch bayerischem Erscheinungsbild. Inwendig zeigt er sich verwinkelt und mitunter ästhetisch herausfordernd, was auch für die Zimmer gilt. Diese gibt es in nicht weniger als 15 stark unterschiedlichen Varianten (DZ von 27 bis 108 m²), die meisten haben Teppichböden,

alle Balkon oder Terrasse, jenen der sogenannten neuen Generation (im Prospekt freundlicherweise klar gekennzeichnet) geben wir den Vorzug. Das Spa ist auf drei auseinanderliegende Bereiche verteilt, unter anderem gibt es einen fabelhaften Schwimmteich mit ebensolcher „Seesauna" und feinen Sonnendecks, schöne Ruhezonen sowie Liegewiese und einen größeren, auch im Winter geöffneten Außenwhirlpool. Die Massagen sind gut, die insgesamt sechs Saunen öffnen um 13 und schließen um 19.30 Uhr. Frühstücksterrasse, zuvorkommende Mitarbeiter, reichhaltiges Frühstücksbuffet, gute Küche, Light Lunch und süße Nachmittagsjause sind im Preis inkludiert. Leihfahrräder kostenlos, Gratisgarage für alle. 68 Liegen, 106 Betten.

Eine Vielzahl an Wanderungen jeden Schwierigkeitsgrades bietet die Region um dieses Hotel, das Spektrum reich von leichten, auch kinderwagentauglichen Rundwegen bis hin zu Klettertouren im Hochgebirge, mitunter muss man allerdings eine etwa 20-minütige Anfahrt in Kauf nehmen. Der Hausberg ist der 1.304 m hohe Grünstein, der etwa zweistündige Aufstieg ist schattig, aber steil, und der Gipfel belohnt mit herrlichem Ausblick. In drei Stunden gelangt man auf den 1.406 m hohen Kühroint, wer oben auf der Hütte einkehrt, sitzt in Front-Row-Qualität vor dem Watzmann-Massiv. Eine Tagestour ist dagegen der Ausflug auf die Gotzenalm im Nationalpark Berchtesgaden, dabei geht es ein Stück mit der Seilbahn, der Abstieg führt hinunter zum Königssee, wo man ins Schiff steigt und damit wieder zurückfährt – dann sind es nur noch 4 km zum Hotel. Stöcke und Rucksäcke gibt es zur Gratisleihe, wer frühmorgens ohne Frühstück aufbricht, erhält ein Lunchpaket zum Mitnehmen. Mehrmals pro Woche gibt es geführte Wanderungen, sie werden extern und kostenfrei organisiert, dasselbe gilt für die Schneeschuhwanderungen im Winter, die Ausrüstung wird vom Anbieter zur Verfügung gestellt.

Naturbadeteich, Freibecken (Sommer), Hallenbad, Sauna, Dampfbad, Massagen, Kosmetik, Ayurveda, Fitnessgeräte. 9-Loch-Parcours in 11 km, 30 % Greenfee-Rabatt.

HP ab € 86,–.

- 83471 Berchtesgaden-Schönau
  Wahlstraße 35
  ☏ 08652-945-0

Gesundheit 16

Tannerhof

Grünruhelage bei Bayrischzell – 80 km von München

Kein Mainstream-Wellnesstempel und sicher auch kein Haus für jedermann, sondern ein familiengeführtes Gesundheitshotel mit biologischer Orientierung – und dem Namenszusatz „Ihr Versteck in den Bergen“, was den Rückzugscharakter auch gut trifft. Auf TV-Geräte, Radio und W-Lan muss man hier verzichten – das hat freilich einen ganz eigenen Reiz! Zimmer gibt es in vier Preiskategorien, sie reichen vom winzigen „Kammerl“ im Hauptgebäude über die ein paar Schritte entfernten „Einsiedlerhütten“ (mit Veranda) bis hin zu „Hüttentürmen“, in denen jeweils drei Zimmer übereinander untergebracht sind. Viel altes Holz, Naturstein, Leinen und nicht selten auch heimelige Patina prägen das Erscheinungsbild, alles ist stets wunderbar schlicht, niveauvoll und behaglich gestaltet. Das Spa ist sehr bescheiden ausgestattet, der Fokus liegt auf Regeneration nach den Prinzipien von Kneipp, auf Fastenkuren sowie medizinischen Check-ups (EKG, Ultraschall u. a.). Breites Therapiespektrum, ausgezeichnete Behandlungen, täglich gibt es ein Aktivprogramm, auch Yoga, Tai Chi, autogenes Training und geführte Wanderungen. Nette Terrasse, sehr gute Küche mit biologischer und regionaler Orientierung, ein Light Lunch ist inkludiert. Sehr freundliches Umfeld, schöne Natur ringsum, vielstimmiger Vogelgesang, bester Schlaf. Ungeeignet für Kinder. 9 Liegen, 120 Betten.

In diesem Hotel ist man von drei Circa-Achtzehnhundertern (Wendelstein, Rotwand, Ruchenköpfe) umgeben, von der Haustüre weg gelangt man in ein weitläufiges Netz an Wanderrouten, das bis ins nahe Thierseetal (Österreich) führt. Sie offerieren vornehmlich leichtere Schwierigkeitsgrade und sind zum Teil auch kinderwagengeeignet, Klettersteige findet man auf den Ruchenköpfen. Soinsee, Spitzingsee und Schliersee sind nicht weit entfernt, Letzterer eignet sich auch zum Baden, die Kaskaden des Tatzlwurm-Wasserfalls sind ein weiteres Ausflugsziel – mittelschwer, Gehzeit etwa zwei Stunden. Stöcke, Rucksack und Karten erhält man leihweise und ohne Aufpreis vom Hotel, ein individuelles Lunchpaket können sich die Gäste beim Frühstück selbst einpacken. Geführte Wanderungen werden mindestens zweimal pro Woche angeboten, winterliche Schneeschuhwanderungen werden extern organisiert, die Leihausrüstung ist dann gebührenpflichtig.

Hallenbad, Außensauna, Sauna, Massagen, Kosmetik, Fitnessgeräte, Personal Trainer.

HP ab € 110,–.

- 83735 Bayrischzell
  Tannerhofstraße 32
  ☏ 08023-810

Wellness 16

Panoramahotel Oberjoch ****s

Grünruhelage im Ort Nähe Bad Hindelang – Allgäu

Hundefreundlich. Modernes, familiengeführtes Großhotel mit Tagungskapazitäten, es wurde vor drei Jahren eröffnet und liegt mitten im höchsten Bergdorf Deutschlands (1.200 m Seehöhe), rund 250 m von der Talstation der Bergbahn entfernt, was im Winter für den Anschluss an 32 km Pisten steht. Zeitgemäße, schöne Zimmer stehen in sechs gefälligen Varianten und Größen zwischen 35 und 100 m² (DZ) zur Auswahl, alle haben Balkon, Holzböden oder dunkelbraune Teppichböden – hochflorig, das ist etwas seltsam –, das namensgebend versprochene Panorama ist allerdings längst nicht aus allen zu haben. Das Spa ist recht angenehm gestaltet, inwendig allerdings kleiner als beworben. Es gibt feine Ruhezonen (teilweise mit offenem Kamin) sowie einen netten Außenbereich mit Liegewiese, die insgesamt vier Saunen schließen um 22 Uhr, das ist natürlich fein. Täglich Aktivprogramm, auch Yoga und geführte Wanderungen finden sich darunter. Alles wunderbar sauber, ausgesprochen freundliche Crew, zumeist gute Küche, Restaurantterrasse mit Morgensonne, große Weinkarte mit fairen Preisen. Wanderwege ohne Zahl. Gratisgarage für (fast) alle, ein Light Lunch im Spa-Bistro ist inkludiert, das Spa kann vor dem Check-in und nach dem Check-out ohne Aufpreis genutzt werden. Ungeeignet für Kinder. 54 Liegen, 285 Betten.

Das Hotel liegt praktisch direkt an den Bergbahnen Hindelang-Oberjoch, damit hat man mehr oder weniger direkten Zugang zu einem etwa 300 km langen Wegenetz, dessen Schwierigkeitsgrade von leicht bis schwer reichen. Zu den einfachen Strecken zählt etwa der 2 km lange Moorweg, er ist kinderwagentauglich, mittel bis schwer ist dagegen der 8 km lange Weg Ornach-Hirschalpe-Ifenblick. Außerdem hat man Anschluss an die Allgäuer Wandertrilogie, das ist ein Weitwanderweg, der durch das gesamte Allgäu führt. Stöcke, Karten, Rucksack – inklusive Müllsack, Taschentüchern und Lunchpaket, sehr nett, das – erhält man vom Hotel, geführte Wanderungen stehen fünfmal pro Woche auf dem Aktivprogramm des Hauses, eine Voranmeldung ist übrigens nicht nötig, man kann sich einfach spontan dazu entscheiden. Im Winter gibt es geführte Schneewanderungen, dies mehrmals pro Woche, die Ausrüstung bekommt man ohne Aufpreis geliehen. Und der Wanderführer heißt Hans.

Freibecken, Hallenbad, Außensauna, Sauna, Dampfbad, Massagen, Kosmetik, Fitnessgeräte, Personal Trainer.

HP ab € 136,–.

- 87541 Bad Hindelang-Oberjoch
  Passstraße 41
  ☏ 08324-9333-0

ALLE ORTE VON A BIS Z

PLZ	Ort	Hotelname	Kategorie	Punkte	S.
29549	Bad Bevensen	**Kieferneck** ****	Wellness|Kur	10	41
29549	Bad Bevensen	**Sonnenhügel** ***s	Kur|Wellness	10	41
84364	Bad Birnbach	**Birnbacher Hof garni** ****	Wellness|Kur	10	169
84364	Bad Birnbach	**Birnbachhöhe Aparthotel** ****	Wellness|Kur	10	170
84364	Bad Birnbach	**Chrysantihof** ****	Kur|Wellness	10	170
84364	Bad Birnbach	**Gräfliches Hotel Alte Post**	Wellness|Kur	10	170
84364	Bad Birnbach	**Hofgut Hafnerleiten**	Wellness	14	170
84364	Bad Birnbach	**Hofmark** ****	Wellness	11	170
84364	Bad Birnbach	**Quellenhof** ****	Wellness|Kur	12	170
84364	Bad Birnbach	**Rottaler Hof** ***	Wellness|Kur	9	170
84364	Bad Birnbach	**Sammareier Gutshof** ****	Wellness|Kur	10	170
84364	Bad Birnbach	**Sonnengut** ****s	Wellness	13	170
84364	Bad Birnbach	**Sonnenhügel Aparthotel garni**	Wellness|Kur	10	170
84364	Bad Birnbach	**Sternsteinhof** ***	Wellness|Kur	10	171
84364	Bad Birnbach	**Vitalhotel Bad Birnbach** ****	Wellness	12	171
84364	Bad Birnbach-Lengham	**Arterhof Aparthotel** ****	Wellness|Kur	12	171
97708	Bad Bocklet	**Kunzmann's** ****	Wellness	12	202
97708	Bad Bocklet	**Kurhaus Bad Bocklet**	Kur|Wellness	11	202
73087	Bad Boll	**Sonnenhalde Landhotel** ***s	Gesundheit	11	145
08648	Bad Brambach	**Santé Royale** ****	Wellness	12	128
97769	Bad Brückenau-Staatsbad	**Dorint Resort & Spa Bad Brückenau** ****s	Wellness	13	202
97769	Bad Brückenau-Staatsbad	**Regena Gesundheits-Resort** ****	Gesundheit	17	202
73342	Bad Ditzenbach	**Energie-Kurhotel**	Kur|Gesundheit	11	145
18209	Bad Doberan	**Friedrich-Franz-Palais** ***	Wellness	10	66
18209	Bad Doberan-Heiligendamm	**Grand Hotel Heiligendamm**	Wellness	12	67
33014	Bad Driburg	**Gräflicher Park Grand Resort** ****s	Wellness|Gesundheit	17	79
04849	Bad Düben	**Heide Spa** ****s	Wellness	12	127
67098	Bad Dürkheim	**Heusser Gartenhotel** ****	Wellness	12	114
67098	Bad Dürkheim	**Kurparkhotel** ****s	Wellness	10	114
67098	Bad Dürkheim	**Mercure Bad Dürkheim** ****	Wellness	10	114
67098	Bad Dürkheim	**Sinneo am Park**	Wellness	10	115
78073	Bad Dürrheim	**Salinensee**	Wellness	13	146
78073	Bad Dürrheim	**Waldeck** ****	Wellness|Kur	12	146
08645	Bad Elster	**Helene Parkhotel** ***s	Wellness	10	128
56130	Bad Ems	**Häcker's Grandhotel**	Wellness|Gesundheit	13	112
56130	Bad Ems	**Maharishi Ayurveda Privatklinik**	Gesundheit	15	112
35080	Bad Endbach	**Forellenhof**	Kur|Wellness	10	120
35080	Bad Endbach	**Heckenmühle** ***s	Wellness|Kur	12	120
83093	Bad Endorf	**Kurfer Hof** ***	Wellness	10	160
83093	Bad Endorf	**Seeblick** ***	Wellness|Kur	10	160
83093	Bad Endorf	**Ströbinger Hof Thermenhotel** ****	Wellness	9	160
06567	Bad Frankenhausen	**Residenz** ****	Wellness	11	92
94072	Bad Füssing	**Apollo** ****	Wellness|Kur	10	187
94072	Bad Füssing	**Astoria Kurhotel** ***s	Kur|Wellness	10	187
94072	Bad Füssing	**Bayerischer Hof** ****	Wellness|Kur	10	187
94072	Bad Füssing	**Brunnenhof garni**	Wellness|Kur	9	187
94072	Bad Füssing	**Chalet Swiss**	Wellness|Kur	9	187
94072	Bad Füssing	**City Apartmenthotel garni**	Wellness|Kur	10	187
94072	Bad Füssing	**Diana Kurhotel garni** ***s	Wellness|Kur	10	188

PLZ	Ort	Hotelname	Kategorie	Punkte	S.
94072	Bad Füssing	**Falkenhof Bio-Vitalhotel** ****	Wellness	14	188
94072	Bad Füssing	**Frechdachs Thermenhotel**	Wellness	10	188
94072	Bad Füssing	**Freudenstein Kurpension garni**	Kur	9	188
94072	Bad Füssing	**Füssinger Hof Kurhotel**	Kur	11	188
94072	Bad Füssing	**Gass Thermenhotel garni** ***s	Kur|Wellness	11	188
94072	Bad Füssing	**Haus an der Therme**	Kur	9	188
94072	Bad Füssing	**Holzapfel Hotels**	Wellness|Kur	15	188
94072	Bad Füssing	**Hubertushof garni**	Kur|Wellness	9	188
94072	Bad Füssing	**Juwel** ****	Wellness	9	189
94072	Bad Füssing	**Köck Thermalresort garni**	Kur|Wellness	10	189
94072	Bad Füssing	**Königshof Bad Füssing**	Wellness|Kur	10	189
94072	Bad Füssing	**Ludwig Thoma Kur & Thermal**	Kur|Wellness	10	189
94072	Bad Füssing	**Mayerhof garni**	Kur	9	189
94072	Bad Füssing	**Morada Unter den Linden** ***s	Wellness	10	189
94072	Bad Füssing	**Mühlbach Thermal Spa** ****s	Wellness|Kur	13	189
94072	Bad Füssing	**Mürz** ****	Wellness|Kur	13	190
94072	Bad Füssing	**Olympia**	Kur	10	190
94072	Bad Füssing	**Ortner's Lindenhof garni** ****s	Wellness|Kur	11	190
94072	Bad Füssing	**Parkhotel Bad Füssing** ****	Wellness|Kur	11	190
94072	Bad Füssing	**Quellenhof garni** ****	Wellness	12	190
94072	Bad Füssing	**Regina Kurhotel garni**	Kur	9	190
94072	Bad Füssing	**Reindl garni** ***s	Wellness|Kur	10	190
94072	Bad Füssing	**Richstein's Posthotel** ***	Wellness|Kur	10	190
94072	Bad Füssing	**Royal Apartmenthotel**	Kur	9	190
94072	Bad Füssing	**Sacher-Stoiber** ***s	Kur	10	190
94072	Bad Füssing	**San Andreas Kurhotel**	Kur	10	190
94072	Bad Füssing	**Schatzberger Kurhotel garni**	Kur|Wellness	10	190
94072	Bad Füssing	**Schweizer Hof** ****	Wellness|Kur	11	190
94072	Bad Füssing	**Sonnenhof Kurhotel** ****	Kur|Wellness	12	190
94072	Bad Füssing	**Tannenhof Sanatorium**	Kur	10	190
94072	Bad Füssing	**Thermen-Club** ***s	Wellness	11	191
94072	Bad Füssing	**Thermenhof Apartmenthaus**	Kur	9	191
94072	Bad Füssing	**Undine garni**	Kur	10	191
94072	Bad Füssing	**Victoria garni**	Wellness|Kur	10	191
94072	Bad Füssing	**Villa Fortuna** ***	Kur|Wellness	10	191
94072	Bad Füssing	**Waldeck** ****	Wellness|Kur	11	191
94072	Bad Füssing	**Wittelsbach** ****	Kur|Wellness	11	191
94072	Bad Füssing	**Würdinger Hof Kurhotel**	Kur	9	191
94072	Bad Füssing	**Zentralhotel garni** ***	Kur	9	191
94072	Bad Füssing	**Zink Kurhotel** ****	Wellness|Kur	12	191
94072	Bad Füssing-Riedenburg	**Riedl Landhaus**	Kur|Wellness	10	191
94086	Bad Griesbach	**Columbia Bad Griesbach** ****s	Wellness	12	191
94086	Bad Griesbach	**Residenz Aktiv & Vital** ***s	Wellness|Kur	9	191
94086	Bad Griesbach	**St. Lukas Fachklinik**	Kur	10	191
94086	Bad Griesbach-Therme	**Birkenhof Bad Griesbach** ***s	Wellness|Kur	11	191
94086	Bad Griesbach-Therme	**Das Ludwig** ****s	Wellness	12	191
94086	Bad Griesbach-Therme	**Drei Quellen Therme** ****s	Wellness|Kur	12	191
94086	Bad Griesbach-Therme	**Fürstenhof** ****s	Wellness|Kur	11	191
94086	Bad Griesbach-Therme	**Glockenspiel garni** ***	Kur|Wellness	10	191

PLZ	Ort	Hotelname	Kategorie	Punkte	S.
94086	Bad Griesbach-Therme	**Griesbacher Hof Apartmenthotel** ***	Kur|Wellness	10	191
94086	Bad Griesbach-Therme	**Konradshof** ***s	Kur|Wellness	10	192
94086	Bad Griesbach-Therme	**Maximilian Quellness & Golf** *****	Wellness|Kur	11	192
94086	Bad Griesbach-Therme	**Parkhotel** ****s	Wellness|Kur	12	192
94086	Bad Griesbach-Therme	**Sankt Leonhard garni** ***	Kur	9	192
94086	Bad Griesbach-Therme	**Sonnleiten-Rupert** ***	Kur|Wellness	9	192
94086	Bad Griesbach-Therme	**St. Wolfgang** *****	Kur|Wellness	13	192
94086	Bad Griesbach-Therme	**Summerhof** ***	Kur|Wellness	10	193
87730	Bad Grönenbach	**Allgäu Resort** ****s	Wellness	12	182
87730	Bad Grönenbach	**Bad Clevers Kneipp-Sanatorium**	Kur|Gesundheit	16	182
93333	Bad Gögging	**Eisvogel** ****	Wellness	12	186
93333	Bad Gögging	**Kaiser Trajan Kurhotel** ***	Kur|Wellness	10	186
93333	Bad Gögging	**Marc Aurel Spa & Golf-Resort** ****s	Wellness	11	186
93333	Bad Gögging	**Minerva-Diana Aparthotel**	Kur|Wellness	9	186
93333	Bad Gögging	**Römerbad Klinik Kurhotel**	Kur	11	186
93333	Bad Gögging	**The Monarch** ****s	Wellness	11	186
38667	Bad Harzburg	**Braunschweiger Hof** ****s	Wellness	11	44
38667	Bad Harzburg	**Seela** ****	Wellness	9	44
76332	Bad Herrenalb	**Best Western Bad Herrenalb** ***s	Wellness	9	142
76332	Bad Herrenalb	**Schwarzwald Panorama** ****s	Wellness	11	143
36251	Bad Hersfeld	**Zum Stern** ****	Wellness	10	120
87541	Bad Hindelang	**Sonne Romantikhotel** ****	Wellness	10	179
87541	Bad Hindelang-Bad Oberdorf	**Prinz-Luitpold-Bad** ****	Wellness|Kur	13	179
87541	Bad Hindelang-Oberjoch	**Lanig Resort & Spa** ****	Wellness	10	179
87541	Bad Hindelang-Oberjoch	**Oberjoch Kinderhotel** ****	Wellness	12	179
87541	Bad Hindelang-Oberjoch	**Panoramahotel Oberjoch** ****s	Wellness	16	179
87541	Bad Hindelang-Unterjoch	**Krone Familotel** ****	Wellness	12	180
61348	Bad Homburg	**Maritim Bad Homburg** ****	Wellness	10	121
53604	Bad Honnef	**Avendi** ****	Wellness	10	85
97688	Bad Kissingen	**Dösch & Bayerischer Hof**	Kur	9	201
97688	Bad Kissingen	**Frankenland** ****s	Wellness|Kur	10	202
97688	Bad Kissingen	**Laudensacks Parkhotel** ****	Wellness	12	202
97688	Bad Kissingen	**Residence von Dapper** ****	Wellness	12	202
97688	Bad Kissingen	**Sonnenhügel** ***	Wellness	10	202
97688	Bad Kissingen	**Westpark**	Wellness|Kur	11	202
97688	Bad Kissingen	**Wyndham Garden Bad Kissingen** ****	Wellness	12	202
82433	Bad Kohlgrub	**Am Wiesenhang garni** ***	Kur|Wellness	11	156
82433	Bad Kohlgrub	**Johannesbad** ****	Wellness|Kur	12	156
82433	Bad Kohlgrub	**Kurhaus Dr. Lauter** ****	Kur	10	157
82433	Bad Kohlgrub	**Panorama Bio-Kurhotel** ***s	Kur|Wellness	12	157
82433	Bad Kohlgrub	**Schillingshof** ****	Wellness	11	157
82433	Bad Kohlgrub	**Sebaldus Landhotel** ***	Kur|Wellness	10	157
82433	Bad Kohlgrub	**Siass Kurbad garni**	Kur	10	157
82433	Bad Kohlgrub	**Sonnen Kur- & Vitalhotel** ***	Kur|Wellness	11	157
82433	Bad Kohlgrub	**St. Martin Kurbad**	Kur	10	157
82433	Bad Kohlgrub	**Waldruh** ***s	Wellness|Kur	11	157
79189	Bad Krozingen	**Eden am Park** ***s	Wellness	10	147
79189	Bad Krozingen	**Eden an den Thermen** ***s	Kur	10	147
79189	Bad Krozingen	**Hofmann zur Mühle garni** ***	Wellness	10	147

PLZ	Ort	Hotelname	Kategorie	Punkte	S.
79189	Bad Krozingen	**Ott** ***	Wellness	10	147
64732	Bad König-Momart	**Weber Landhaus garni**	Wellness	11	122
97631	Bad Königshofen	**Ebner** ***	Wellness	9	201
93444	Bad Kötzting	**Amberger Hof** ***	Wellness|Kur	10	186
93444	Bad Kötzting	**Bayerwaldhof**	Wellness	15	186
57334	Bad Laasphe-Feudingen	**Doerr Landhotel** ****	Wellness	12	85
57334	Bad Laasphe-Glashütte	**Jagdhof Glashütte** *****	Wellness	12	85
49196	Bad Laer	**Haus Becker** ***s	Kur|Wellness	11	44
49196	Bad Laer	**Haus Große Kettler** ***	Wellness	10	44
49196	Bad Laer	**Storck** ***s	Wellness	10	44
37431	Bad Lauterberg	**Gollée Gesundheitszentrum** ****s	Kur|Wellness	12	43
37431	Bad Lauterberg	**Heikenberg Kneippkurhotel** ***s	Kur|Wellness	10	43
37431	Bad Lauterberg	**Muschinsky** ****	Kur|Gesundheit	10	43
37431	Bad Lauterberg	**Mühl Vital Resort**	Wellness	11	43
37431	Bad Lauterberg	**Panoramic** ***	Wellness	9	43
37431	Bad Lauterberg	**Revita** *****	Wellness|Gesundheit	12	43
36448	Bad Liebenstein	**Kaiserhof Kulturhotel** ****	Wellness	10	92
75378	Bad Liebenzell	**Bad Liebenzeller Schönheitsfarm**	Beauty	12	141
33175	Bad Lippspringe	**Best Western Park Hotel** ****s	Wellness	12	79
33175	Bad Lippspringe	**Vital Hotel** ****	Wellness	11	79
23714	Bad Malente-Neversfelde	**Ferienhotel Bad Malente** ***	Wellness	11	51
56470	Bad Marienberg	**Wildpark** ****	Wellness|Gesundheit	12	113
97980	Bad Mergentheim	**Alexa Kurhotel** ***s	Kur	10	153
97980	Bad Mergentheim	**Best Western Bad Mergentheim** ****s	Wellness	12	153
97980	Bad Mergentheim	**Das Schaffers** ***	Wellness	11	153
97980	Bad Mergentheim	**Savoy Familotel** ****	Wellness	11	153
02953	Bad Muskau	**Fürst Pückler Park Kulturhotel** ****	Wellness|Kur	11	127
31848	Bad Münder	**Terrassen Café** ***s	Wellness|Kur	10	41
53902	Bad Münstereifel	**Ambienta Wellness garni** ****	Wellness	10	85
53474	Bad Neuenahr	**Giffels Goldener Anker** ****	Wellness	10	108
53474	Bad Neuenahr	**Haus Klement** ***	Kur	11	108
53474	Bad Neuenahr	**Steigenberger Bad Neuenahr**	Kur|Wellness	11	108
53474	Bad Neuenahr-Ahrweiler	**Dorint Parkhotel Bad Neuenahr** ****	Wellness	10	108
53474	Bad Neuenahr-Ahrweiler	**Seta** ****s	Wellness	10	108
53474	Bad Neuenahr-Ahrweiler	**Weyer** ***s	Wellness|Kur	10	108
63619	Bad Orb	**Bellevue**	Gesundheit	10	121
63619	Bad Orb	**Hotel an der Therme** ****	Wellness	12	121
63619	Bad Orb	**Orbtal** ***	Wellness	10	121
63619	Bad Orb	**Spessart**	Kur	10	121
77740	Bad Peterstal-Griesbach	**Dollenberg** *****s	Wellness	13	145
77740	Bad Peterstal-Griesbach	**Hubertus garni** ***s	Wellness	10	145
31812	Bad Pyrmont	**Klinik Dr. Buchinger**	Gesundheit	12	41
31812	Bad Pyrmont	**Steigenberger Bad Pyrmont** *****	Wellness	12	41
74906	Bad Rappenau	**Ayurveda Garden**	Gesundheit	13	141
83435	Bad Reichenhall	**Alpina Kurhotel**	Kur	10	162
83435	Bad Reichenhall	**Amber Residenz Bavaria** ****	Wellness|Kur	10	162
83435	Bad Reichenhall	**Bayern Vital** ****	Wellness	9	162
83435	Bad Reichenhall	**Luisenbad Parkhotel** ****	Kur|Wellness	10	162
83435	Bad Reichenhall	**Villa Henckel Kur-Residenz**	Kur	10	162

PLZ	Ort	Hotelname	Kategorie	Punkte	S.
83435	Bad Reichenhall	**Wyndham Grand Axelmannstein** ****	Wellness	10	162
83435	Bad Reichenhall-Marzoll	**Schlossberghof Sanatorium**	Kur	10	162
77776	Bad Rippoldsau-Schapbach	**Zum Kranz** ****	Wellness	10	145
96476	Bad Rodach	**Bad Rodach Kurhotel** ****	Wellness|Kur	10	201
49214	Bad Rothenfelde	**Drei Birken Kurhotel** ****	Kur|Wellness	10	44
49214	Bad Rothenfelde	**Haus Noltmann-Peters** ***s	Wellness|Kur	10	45
15526	Bad Saarow	**A-Rosa Scharmützelsee**	Wellness	13	102
15526	Bad Saarow	**Alte Eichen Landhaus** ****	Wellness	12	102
15526	Bad Saarow	**Esplanade Resort & Spa** ****s	Wellness	13	102
15526	Bad Saarow	**Palais am See garni** ****	Wellness	12	102
15526	Bad Saarow	**Villa Contessa** ****	Wellness	12	102
37441	Bad Sachsa	**Göbel's Vitalhotel Bad Sachsa** ****s	Wellness	11	43
37441	Bad Sachsa	**Romantischer Winkel** *****	Wellness	13	43
31162	Bad Salzdetfurth	**Relexa Bad Salzdetfurth** ****	Wellness	10	41
36364	Bad Salzschlirf	**Aqualux** ****	Wellness	11	121
32105	Bad Salzuflen	**Arminius** ****	Wellness	10	78
32105	Bad Salzuflen	**Lippischer Hof** ****	Wellness	10	78
32105	Bad Salzuflen	**Maritim Staatsbadhotel** ****	Wellness	10	78
32105	Bad Salzuflen	**Roonhof Vitalotel** ****	Wellness|Kur	10	78
32105	Bad Salzuflen	**Salzufler Hof** ***	Kur|Wellness	9	78
32108	Bad Salzuflen	**Arcadia Schwaghof**	Wellness	10	78
59505	Bad Sassendorf	**Maritim Schnitterhof** ****s	Wellness	10	89
59505	Bad Sassendorf	**Wulff** ***s	Wellness	11	89
01814	Bad Schandau	**Parkhotel Bad Schandau** ****	Wellness	10	126
01814	Bad Schandau-Schmilka	**Helvetia Bio-Hotel** ****	Wellness	10	126
08301	Bad Schlema	**Am Kurhaus** ****	Wellness	11	128
08301	Bad Schlema	**Kurhotel Bad Schlema**	Kur|Wellness	9	128
23795	Bad Segeberg	**Vitalia Seehotel** ****	Wellness	12	52
55566	Bad Sobernheim	**Bollants im Park** ****s	Wellness|Gesundheit	17	109
55566	Bad Sobernheim	**Maasberg Therme** ****	Wellness	12	110
55566	Bad Sobernheim	**Menschels Vitalresort** ****	Kur|Gesundheit	14	110
96231	Bad Staffelstein	**Best Western Kurhotel Obermaintherme** ****	Wellness	11	201
96231	Bad Staffelstein	**Zum Löwen** ***	Wellness	11	201
95138	Bad Steben	**Haus Birken** ***	Wellness|Kur	10	200
95138	Bad Steben	**Relexa Bad Steben** ****	Wellness|Kur	12	200
99518	Bad Sulza	**An der Therme** ***s	Wellness	10	94
75385	Bad Teinach	**Therme Bad Teinach** ****s	Wellness	14	141
75385	Bad Teinach-Zavelstein	**Berlins Kronelamm** ****s	Wellness	14	141
83646	Bad Tölz	**Alpenhof garni Bad Tölz** ****	Gesundheit	10	165
83646	Bad Tölz	**Eberl's Vitalresort** ****	Kur|Wellness	11	165
83646	Bad Tölz	**Leonhardihof garni** ***	Kur|Wellness	9	165
83646	Bad Tölz	**Tölzer Hof** ****	Wellness	9	165
83646	Bad Tölz	**Villa Bellaria garni** ****	Wellness	10	165
83646	Bad Tölz-Arzbach	**Benediktenhof garni** ****	Wellness	12	165
72574	Bad Urach	**Graf Eberhard** ****	Wellness	11	145
88339	Bad Waldsee	**Kurparkhotel**	Kur	10	153
83707	Bad Wiessee	**Alpenhof** ****	Wellness	11	168
83707	Bad Wiessee	**Am Stein Landhaus garni** ****	Wellness	12	168
83707	Bad Wiessee	**Schnitzer** ***s	Wellness	10	168

PLZ	Ort	Hotelname	Kategorie	Punkte	S.
83707	Bad Wiessee	**Terrassenhof** ****	Kur|Wellness	11	168
75323	Bad Wildbad	**Bergfrieden** ***	Kur|Wellness	9	141
75323	Bad Wildbad	**Rossini** ****s	Kur|Wellness	10	141
75323	Bad Wildbad	**Rothfuss** ****	Wellness	12	141
75323	Bad Wildbad	**Valsana am Kurpark** ****	Kur|Wellness	10	141
75323	Bad Wildbad	**Weingärtner** ***s	Wellness|Kur	11	141
34537	Bad Wildungen	**Göbel's Quellenhof** ****	Wellness	10	119
34537	Bad Wildungen	**Maritim Badehotel** ****	Wellness|Kur	11	119
34537	Bad Wildungen	**Göbel's Aqua Vita** ****	Wellness	11	119
19336	Bad Wilsnack	**Ambiente Vitalhotel** ****s	Wellness|Kur	10	105
74206	Bad Wimpfen	**Am Rosengarten** ****	Wellness	10	145
86825	Bad Wörishofen	**Angerhof Kur- & Sporthotel** ****	Kur|Wellness	11	171
86825	Bad Wörishofen	**Bayernwinkel** ****	Kur|Wellness	11	171
86825	Bad Wörishofen	**Brandl Kurhotel**	Kur|Wellness	10	171
86825	Bad Wörishofen	**Edelweiss Bad Wörishofen** ****	Kur|Wellness	12	171
86825	Bad Wörishofen	**Eichinger Kneipp-Kurhotel** ***s	Kur|Wellness	10	171
86825	Bad Wörishofen	**Fontenay** *****	Kur|Wellness	12	171
86825	Bad Wörishofen	**Haus Bartholomäus** ****	Kur	11	171
86825	Bad Wörishofen	**Justina**	Wellness	9	171
86825	Bad Wörishofen	**Kneippianum** ****	Kur|Gesundheit	12	171
86825	Bad Wörishofen	**Kreuzer Kneipp-Kurhotel** ****	Kur|Wellness	11	172
86825	Bad Wörishofen	**Lang Ferienhof garni**	Wellness	10	172
86825	Bad Wörishofen	**Luitpold Kneipp-Kurhotel** ***s	Kur|Wellness	10	172
86825	Bad Wörishofen	**Marienbad** ****	Kur|Wellness	12	172
86825	Bad Wörishofen	**Residence Parkhotel** ****s	Wellness|Kur	11	172
86825	Bad Wörishofen	**Schropp** ***s	Kur|Wellness	11	172
86825	Bad Wörishofen	**Sebastianeum Kneipp- & Gesundheitsresort**	Kur|Gesundheit	12	172
86825	Bad Wörishofen	**Sonneck Vitalhotel** ****	Wellness	12	172
86825	Bad Wörishofen	**Sonnengarten** ****	Kur|Wellness	11	172
86825	Bad Wörishofen	**Steigenberger Sonnenhof** *****s	Wellness	12	172
86825	Bad Wörishofen	**Steinle Kneipp-Kurhotel** ***s	Kur|Wellness	10	172
86825	Bad Wörishofen	**Tanneck Golf & Spa** ****	Kur|Wellness	12	172
86825	Bad Wörishofen	**Weber Kurhotel** ***	Kur|Wellness	10	172
34596	Bad Zwesten	**Kern Landhotel** ****	Wellness	10	119
34596	Bad Zwesten	**Schloss Bad Zwesten garni** ***s	Wellness	11	119
26160	Bad Zwischenahn	**Jagdhaus Eiden Romantikhotel** ****s	Wellness	13	34
26160	Bad Zwischenahn	**Seehotel Fährhaus** ****	Wellness	10	35
26160	Bad Zwischenahn	**Seeschlösschen Dreibergen** ****	Wellness	10	35
26160	Bad Zwischenahn	**Villa am Park garni** ****	Wellness	10	35
26160	Bad Zwischenahn	**Flairhotel Hubertus** ****	Wellness	10	35
76530	Baden-Baden	**Brenners Park-Hotel & Spa** *****s	Wellness	14	143
76530	Baden-Baden	**Dorint Maison Messmer** *****	Wellness	12	143
76530	Baden-Baden	**Leonardo Royal** ****s	Business|Wellness	11	143
76530	Baden-Baden	**Radisson Blu Badischer Hof** ****	Wellness	10	143
79405	Badenweiler	**Schwarzmatt** ****s	Wellness	12	148
79410	Badenweiler	**Am Park** ****	Wellness	11	148
79410	Badenweiler	**Anna** ****	Wellness	10	148
79410	Badenweiler	**Balance am Blauenwald** ***s	Wellness	11	148
79410	Badenweiler	**Kellner's Spa** ****	Kur|Wellness	11	148

PLZ	Ort	Hotelname	Kategorie	Punkte	S.
10711	Berlin	**Aspria Ku'damm**	Business|Wellness	14	99
10719	Berlin	**Kempinski Bristol Berlin** *****	Business|Wellness	11	99
10785	Berlin	**Esplanade Grand** *****	Business|Wellness	12	99
10785	Berlin	**Grand Hyatt Berlin** *****s	Business|Wellness	14	99
10785	Berlin	**The Mandala** *****s	Business|Wellness	10	99
10785	Berlin	**The Ritz Carlton Berlin** *****	Business|Wellness	12	99
10787	Berlin	**Intercontinental** *****	Business|Wellness	12	99
10787	Berlin	**Palace Berlin** *****	Business|Wellness	12	99
10787	Berlin	**Pullman Berlin Schweizerhof** *****	Business|Wellness	12	99
10789	Berlin	**Dormero Berlin Ku'damm** ****s	Wellness	10	99
10789	Berlin	**Scandic Berlin Kurfürstendamm**	Business|Wellness	10	99
10789	Berlin	**Steigenberger Berlin**	Business|Wellness	10	100
10789	Berlin	**Swissotel Berlin** *****	Business|Wellness	10	100
10963	Berlin	**Relexa Stuttgarter Hof** ****	Business|Wellness	10	100
13585	Berlin	**Centrovital** ****	Business|Wellness	12	100
14057	Berlin	**Seehof Berlin** ****	Business|Wellness	10	100
14193	Berlin	**Schlosshotel im Grunewald** *****s	Business|Wellness	12	100
12559	Berlin-Köpenick	**Müggelsee Berlin** ****	Business|Wellness	10	100
54470	Bernkastel-Kues	**Zum Kurfürsten** ****s	Wellness|Gesundheit	12	108
82347	Bernried	**Marina Bernried** ****	Wellness	10	156
94505	Bernried	**Reblinger Hof** ****	Wellness	12	200
66450	Bexbach	**Hochwiesmühle** ***s	Wellness	10	115
88400	Biberach an der Riß	**Parkhotel Jordanbad** ****	Kur|Wellness	11	153
77781	Biberach-Prinzbach	**Badischer Hof** ****	Wellness	10	146
54636	Biersdorf am See	**Dorint Seehotel Bitburg** ****s	Wellness	11	109
18609	Binz	**Am Meer & Spa** ****s	Wellness	14	72
18609	Binz	**Arkona Strandhotel** ****s	Wellness	11	73
18609	Binz	**Binztherme Seehotel** ****s	Wellness	11	73
18609	Binz	**Ceres am Meer** *****	Wellness	11	73
18609	Binz	**Dorint Strandhotel Binz** ****	Wellness	12	73
18609	Binz	**Grand Hotel Binz** *****	Wellness	13	73
18609	Binz	**IFA Ferienpark Rügen** ***s	Wellness	10	73
18609	Binz	**Rugard Strandhotel** ****s	Wellness	12	73
18609	Binz	**Travel Charme Kurhaus Binz**	Wellness	13	73
18609	Binz	**Upstalsboom Meersinn** ****s	Wellness|Gesundheit	12	74
18609	Binz	**Vier Jahreszeiten Binz** ****	Wellness	10	74
83483	Bischofswiesen	**Reissenlehen** ****	Wellness	12	165
99444	Blankenhain	**Lindner Weimarer Land** ****s	Wellness	14	94
32825	Blomberg	**Burghotel Blomberg** ****	Wellness	11	79
94249	Bodenmais	**Bergknappenhof** ****	Wellness	11	195
94249	Bodenmais	**Bodenmaiser Hof** ****s	Wellness	14	195
94249	Bodenmais	**Böhmhof** ****	Wellness	11	195
94249	Bodenmais	**Dolce Vita** ***s	Wellness	10	196
94249	Bodenmais	**Hammerhof** ****	Wellness	12	196
94249	Bodenmais	**Hofbräuhaus** ****	Wellness	11	196
94249	Bodenmais	**Mooshof** ****s	Wellness	14	196
94249	Bodenmais	**Neue Post** ****	Wellness	15	197
94249	Bodenmais	**Riederin** ****	Wellness	12	197
94249	Bodenmais	**Waldeck** ****	Wellness|Kur	10	197

PLZ	Ort	Hotelname	Kategorie	Punkte	S.
94249	Bodenmais	**Waldesruh**	Wellness	10	197
78351	Bodman-Ludwigshafen	**Adler Seehotel** ****	Wellness	12	147
23946	Boltenhagen	**Dorfhotel Boltenhagen**	Wellness	10	75
23946	Boltenhagen	**Großherzog von Mecklenburg Seehotel** ****	Wellness	10	75
23946	Boltenhagen	**Iberotel Boltenhagen** ****s	Wellness	12	75
23946	Boltenhagen-Redewisch	**Gutshaus Redewisch**	Wellness	11	75
53175	Bonn	**Maritim Bonn** ****	Business|Wellness	10	85
53227	Bonn	**Kameha Grand**	Business|Wellness	12	85
56154	Boppard	**Jakobsberg** ****	Wellness	11	113
56154	Boppard-Bad Salzig	**Parkhotel Bad Salzig** ****	Wellness	12	113
26757	Borkum	**Miramar** ****	Wellness|Kur	9	38
26757	Borkum	**Nordsee** ****	Kur|Wellness	10	38
26757	Borkum	**Vier Jahreszeiten Inselhotel** ****	Wellness	11	38
26757	Borkum	**Vier Jahreszeiten Strandhotel** ****	Wellness	10	39
38700	Braunlage	**Hohenzollern Residenz** ****s	Wellness	12	44
38700	Braunlage	**Maritim Berghotel** ****	Wellness	10	44
38700	Braunlage	**Relexa Harz-Wald** ****	Wellness	10	44
38700	Braunlage	**Zur Tanne** ****	Wellness	12	44
38700	Braunlage-Hohegeiß	**Panoramic Hohegeiß** ***	Wellness	9	44
38700	Braunlage-Hohegeiß	**Sonneneck Vital-Hotel** ****	Wellness	11	44
18556	Breege	**Kapitänshäuser Breege** ***	Wellness	10	71
28195	Bremen	**Best Western Zur Post** ****	Business|Wellness	10	34
28209	Bremen	**Dorint Park Hotel Bremen** *****s	Business|Wellness	13	34
28213	Bremen	**Munte am Stadtwald** ****	Wellness	11	34
98596	Brotterode-Trusetal	**Zur guten Quelle** ***s	Wellness	10	93
15377	Buckow	**Am See Beautyfarm**	Beauty	12	101
03096	Burg	**Landhotel Burg** ****	Wellness	11	100
23769	Burg auf Fehmarn	**IFA Ferien-Centrum Fehmarn** ***	Wellness	9	52
03096	Burg im Spreewald	**Bleiche Resort & Spa**	Wellness	17	100
03096	Burg im Spreewald	**Spreewald Thermenhotel** ****	Wellness	13	100
56659	Burgbrohl	**Schloss Burgbrohl**	Wellness	11	113
94255	Böbrach	**Ödhof** ****	Wellness	12	197
25761	Büsumer-Deichhausen	**Nordseefarm**	Wellness	12	53
29221	Celle	**Fürstenhof Celle** *****	Business|Wellness	11	40
29229	Celle-Groß Hehlen	**Celler Tor** ****s	Business|Wellness	11	40
93413	Cham	**Randsberger Hof** ****	Wellness	11	186
09247	Chemnitz-Röhrsdorf	**Röhrsdorfer Hof**	Wellness	10	128
83339	Chieming-Ising	**Gut Ising** ****s	Wellness	13	161
96450	Coburg	**Goldene Traube Romantikhotel** ****	Business|Wellness	10	201
56812	Cochem-Sehl	**Keßler-Meyer** ****s	Wellness	12	113
19089	Crivitz-Basthorst	**Schloss Basthorst**	Wellness	12	74
27476	Cuxhaven-Duhnen	**Badhotel Sternhagen** *****s	Wellness	16	39
27476	Cuxhaven-Duhnen	**Strandhotel Duhnen** ****	Wellness	11	40
27476	Cuxhaven-Duhnen	**Strandperle** *****	Wellness	10	40
27476	Cuxhaven-Döse	**Deichgraf** ****	Wellness	10	39
27476	Cuxhaven-Döse	**Kleine Perle garni** ***	Wellness	10	39
66994	Dahn	**Felsenland** ****s	Wellness	12	114
66994	Dahn	**Pfalzblick** ****s	Wellness	11	114
24351	Damp	**Ostsee-Resort Damp**	Wellness|Kur	11	52

PLZ	Ort	Hotelname	Kategorie	Punkte	S.
45711	Datteln-Ahsen	**Jammertal Golf- & Spa-Resort** ****	Wellness	17	81
54550	Daun	**Grafenwald Sporthotel & Resort** ****	Wellness	10	109
54550	Daun	**Panorama Daun** ***s	Wellness	11	109
38836	Dedeleben-Westerburg	**Wasserschloss Westerburg** ****s	Wellness	13	131
88693	Deggenhausertal	**Krone** ****	Wellness	10	153
67146	Deidesheim	**Ketschauer Hof**	Wellness	11	115
67146	Deidesheim	**Steigenberger Deidesheim** ****	Wellness	10	115
33129	Delbrück	**Waldkrug** ****	Wellness	12	79
97337	Dettelbach	**Franziskaner** ****	Wellness	10	201
34519	Diemelsee-Heringhausen	**Göbel's Seehotel Diemelsee** ****	Wellness	11	119
34519	Diemelsee-Ottlar	**Ottonenhof Familotel** ***	Wellness	10	119
18347	Dierhagen	**Dünenmeer Strandhotel** ****s	Wellness	17	69
18347	Dierhagen	**Fischland Strandhotel** ****s	Wellness	13	69
18347	Dierhagen	**Ostseehotel Dierhagen** ***s	Wellness	10	70
49413	Dinklage	**Vila Vita Burghotel Dinklage** ****s	Wellness	12	45
36160	Dipperz	**Rhön Residence**	Wellness	10	120
02633	Doberschau-Gaußig	**Schloss Gaußig**	Wellness	15	127
78166	Donaueschingen-Aasen	**Öschberghof** ****s	Wellness	15	146
44267	Dortmund-Höchsten	**L'Arrivée** ****	Business|Wellness	12	80
94256	Drachselsried	**Lindenwirt** ****	Wellness	15	197
94256	Drachselsried	**Riedlberg** ****	Wellness	12	198
01067	Dresden	**Gewandhaus** *****	Business|Wellness	11	126
01067	Dresden	**Hilton Dresden** *****	Business|Wellness	10	126
01067	Dresden	**Kempinski Taschenbergpalais** *****s	Business|Wellness	12	126
01067	Dresden	**Maritim Dresden** *****	Business|Wellness	11	126
01067	Dresden	**Steigenberger de Saxe**	Business|Wellness	11	126
01069	Dresden	**Dorint Dresden** ****	Business|Wellness	11	126
01097	Dresden	**Bülow Palais** *****s	Business|Wellness	12	126
01097	Dresden	**The Westin Bellevue** *****	Business|Wellness	11	126
01157	Dresden	**Villa Weltemühle garni** ****	Wellness	10	126
77770	Durbach	**Ritter Durbach** ****s	Wellness	15	145
40210	Düsseldorf	**Nikko Düsseldorf**	Business|Wellness	11	79
69412	Eberbach-Gainmühle	**Haus Waldesruh Schönheitsfarm**	Beauty	12	134
73667	Ebnisee	**Naturpark Ebnisee** ****	Wellness	10	145
67480	Edenkoben	**Prinzregent** ***s	Wellness	10	115
87637	Eisenberg	**Gockelwirt Landhotel** ****	Wellness	11	182
82493	Elmau	**Schloss Elmau** *****s	Wellness	19	159
65346	Eltville-Erbach	**Schloss Reinhartshausen** *****s	Wellness	12	122
74834	Elztal-Dallau	**Casa Medica**	Gesundheit	15	140
85135	Emsing	**Dirsch** ****	Wellness	12	171
75337	Enzklösterle	**Enztalhotel** ****	Wellness	11	141
85435	Erding	**Victory Therme Erding**	Wellness	11	171
91052	Erlangen	**Creativhotel Luise garni** ***s	Business|Wellness	10	185
93458	Eschlkam-Warzenried	**Böhmerwald**	Wellness	10	186
59889	Eslohe	**Habbel Berghotel** ****	Wellness	11	89
59889	Eslohe-Wenholthausen	**Monikas Ferienhof Familotel** ***	Wellness	11	89
45289	Essen-Burgaltendorf	**Mintrops Landhotel** ****	Wellness	10	81
76275	Ettlingen	**Erbprinz** *****s	Wellness	12	142
82340	Feldafing	**Residence Starnberger See** ****	Wellness	11	156

PLZ	Ort	Hotelname	Kategorie	Punkte	S.
17258	Feldberg	**Sonnenhotel Feldberg am See** ***s	Wellness	9	61
79868	Feldberg	**Feldberger Hof Familotel** ****	Wellness	10	152
79868	Feldberg-Bärental	**Tannhof Wohlfühlhotel** ***s	Wellness	10	152
91555	Feuchtwangen	**Greifen-Post** ****	Wellness	11	185
74579	Fichtenau-Neustädtlein	**Meiser Vital-Hotel** ****s	Wellness	12	145
87538	Fischen	**Parkhotel Burgmühle** ****s	Wellness	12	178
87538	Fischen	**Rosenstock** ****	Wellness	10	178
87538	Fischen	**Tanneck** ****	Wellness	12	178
87538	Fischen-Langenwang	**Frohsinn** ***	Wellness	10	178
87538	Fischen-Langenwang	**Sonnenbichl** ****	Wellness|Kur	12	178
97650	Fladungen	**Sonnentau** ****	Wellness	11	201
35066	Frankenberg	**Sonne Frankenberg** ****s	Wellness	13	120
60313	Frankfurt	**The Westin Grand Frankfurt**	Business|Wellness	12	121
83112	Frasdorf	**Karner**	Wellness	11	160
94258	Frauenau	**Eibl-Brunner** ****	Wellness	14	198
94258	Frauenau	**Sankt Florian** ****	Wellness	10	199
15370	Fredersdorf	**Flora** ****	Wellness	10	101
79348	Freiamt	**Ludinmühle** ****s	Wellness	12	148
79098	Freiburg	**Colombi** *****s	Business|Wellness	12	147
79098	Freiburg	**Novotel am Konzerthaus** ****	Business|Wellness	10	147
79104	Freiburg	**Mercure Panorama Freiburg** ****s	Business|Wellness	11	147
79111	Freiburg-Süd	**Dorint An den Thermen** ****	Business|Wellness	11	147
72250	Freudenstadt	**Langenwaldsee** ****	Wellness	11	134
72250	Freudenstadt	**Palmenwald** ****s	Wellness	12	134
72250	Freudenstadt-Kniebis	**Klosterhof Pension**	Wellness	9	134
72250	Freudenstadt-Kniebis	**Waldblick Kniebis** ****	Wellness	12	134
72250	Freudenstadt-Lauterbad	**Grüner Wald** ****s	Wellness	12	134
72250	Freudenstadt-Lauterbad	**Lauterbad** ****s	Wellness	17	134
36289	Friedewald	**Göbel's Schlosshotel** *****	Wellness	13	120
99894	Friedrichroda	**Ramada Friedrichroda** ****	Wellness	11	94
99849	Friedrichroda-Finsterbergen	**Tannhäuser Rennsteigblick** ***	Wellness	9	94
88048	Friedrichshafen-Fischbach	**Traube am See** ****	Wellness	12	152
88045	Friedrichshafen	**Krone** ****s	Wellness	11	152
36037	Fulda	**Esperanto** ****s	Business|Wellness	12	120
36093	Fulda-Künzell	**Bäder Park** ****s	Wellness	12	120
87629	Füssen	**Luitpoldpark** ****	Wellness	10	181
87629	Füssen	**Sommer** ****	Wellness	12	181
87629	Füssen-Bad Faulenbach	**Jakob garni** ***	Kur|Wellness	9	181
87629	Füssen-Bad Faulenbach	**Parkhotel Bad Faulenbach** ***s	Wellness	11	181
87629	Füssen-Bad Faulenbach	**Ruchti's** ***	Wellness	10	181
87629	Füssen-Bad Faulenbach	**Schweiger Aktiv Hotel** ***s	Kur|Wellness	12	181
87629	Füssen-Bad Faulenbach	**Wiedemann Kur- & Vitalhotel** ***s	Kur|Wellness	10	181
87629	Füssen-Hopfen am See	**Alpenglühn garni** ***	Wellness	10	181
87629	Füssen-Hopfen am See	**Eggensberger Bio-Hotel** ****	Gesundheit|Wellness	12	181
87629	Füssen-Hopfen am See	**Geiger** ****	Wellness	10	181
87629	Füssen-Hopfen am See	**Hartung's Hoteldorf** ***s	Wellness|Kur	11	181
87629	Füssen-Hopfen am See	**Möst Kneipp-Sanatorium**	Kur|Gesundheit	12	182
87629	Füssen-Weissensee	**Bergruh** ****	Wellness|Kur	12	182
85080	Gaimersheim	**Parkhotel Heidehof** ****s	Business|Wellness	10	171

PLZ	Ort	Hotelname	Kategorie	Punkte	S.
82467	Garmisch-Partenkirchen	**Best Western Obermühle** ****s	Wellness	11	157
82467	Garmisch-Partenkirchen	**Das Graseck** ****s	Wellness	13	157
82467	Garmisch-Partenkirchen	**Dorint Garmisch-Partenkirchen** ****	Wellness	11	157
82467	Garmisch-Partenkirchen	**H+ Alpina** ****	Wellness	10	157
82467	Garmisch-Partenkirchen	**Leiners Familotel**	Wellness	9	157
82467	Garmisch-Partenkirchen	**Mercure Garmisch-Partenkirchen** ****	Wellness	10	157
82467	Garmisch-Partenkirchen	**Reindl's Partenkirchner Hof** *****	Wellness	11	158
82467	Garmisch-Partenkirchen	**Rheinischer Hof** ****	Wellness	10	158
82467	Garmisch-Partenkirchen	**Riessersee Resort** ****s	Wellness	11	158
82467	Garmisch-Partenkirchen	**Sonnenbichl Grand** ****	Wellness	11	158
82467	Garmisch-Partenkirchen	**Staudacherhof** ****s	Wellness	12	158
82467	Garmisch-Partenkirchen	**Wittelsbacher Hof** ****	Wellness	10	158
82467	Garmisch-Partenkirchen	**Zugspitze** ****s	Wellness	12	158
94244	Geiersthal	**Zum Kramerwirt** ****	Wellness	11	195
65366	Geisenheim-Marienthal	**Waldhotel Rheingau** ****	Wellness	10	122
47608	Geldern	**Seepark Janssen** ****	Wellness	12	83
07545	Gera	**Novotel Gera** ****	Business|Wellness	10	92
36129	Gersfeld	**Gersfelder Hof** ****	Wellness	10	120
17268	Gerswalde	**Schloss Herrenstein** ****	Wellness	10	105
54558	Gillenfeld	**Maar-Perle** ***s	Wellness	10	109
85625	Glonn	**Schwaiger** ***s	Wellness	10	171
79286	Glottertal	**Hirschen** ****	Wellness	11	148
79286	Glottertal	**Schwarzenberg** ***	Wellness	10	148
24960	Glücksburg an der Ostsee	**Alter Meierhof** *****s	Wellness	14	53
24960	Glücksburg-Sandwig	**Glücksburg Strandhotel** ****s	Wellness	12	53
47574	Goch	**De Poort Sport- & Tagungshotel** ***s	Wellness	10	83
01824	Gohrisch	**Waldparkhotel**	Kur|Wellness	10	126
54647	Gondorf	**Terraventura** ***s	Wellness	10	109
54647	Gondorf	**Waldhaus Eifel** ***	Wellness	11	109
38644	Goslar-Hahnenklee	**Sunotel Kreuzeck**	Wellness	9	44
99867	Gotha	**Am Schlosspark** ****s	Business|Wellness	11	94
18181	Graal-Müritz	**IFA Graal-Müritz** ****s	Wellness	11	66
94481	Grafenau	**Arcadia Sonnenhof**	Wellness	10	200
93479	Grafenwiesen	**Birkenhof Grafenwiesen** ****	Wellness	14	187
82491	Grainau	**Alpenhof Grainau** ****	Wellness	11	158
82491	Grainau	**Haus Hammersbach** ****	Wellness	11	159
82491	Grainau	**Waxenstein** ****s	Wellness	11	159
94143	Grainet	**Hüttenhof** ***s	Wellness	12	194
16775	Gransee-Meseberg	**Schlosswirt Meseberg**	Wellness	11	105
64689	Grasellenbach	**Siegfriedbrunnen** ****s	Wellness	13	122
83224	Grassau	**Achental Golf Resort** ****	Wellness	11	161
17268	Groß Dölln	**Döllnsee-Schorfheide** ****	Wellness	11	105
17094	Groß Nemerow	**Bornmühle** ****	Wellness	13	60
17192	Groß Plasten	**Schloss Groß Plasten** ****	Wellness	12	61
30938	Großburgwedel	**Kokenhof** ****	Wellness	10	41
02799	Großschönau-Waltersdorf	**Hubertusbaude** ***s	Wellness	12	127
01609	Gröditz	**Spanischer Hof** ****	Wellness	10	126
23743	Grömitz	**Carat Golf & Sporthotel** ****	Wellness	11	51
23743	Grömitz	**Hof Krähenberg** ****	Wellness	10	51

PLZ	Ort	Hotelname	Kategorie	Punkte	S.
88167	Grünenbach	**König Landhaus** ****	Gesundheit	13	183
67269	Grünstadt-Asselheim	**Pfalzhotel Asselheim** ****	Wellness	10	115
51647	Gummersbach-Windhagen	**Wyndham Garden Gummersbach** ****	Wellness	11	84
91710	Gunzenhausen	**Parkhotel Altmühltal** ****s	Business|Wellness	10	185
87544	Gunzesried	**Allgäuer Berghof Familotel** ****	Wellness	12	180
29473	Göhrde	**Ferienclub Lüneburger Heide**	Wellness	10	40
29473	Göhrde	**Kenners Landlust**	Wellness	10	40
29473	Göhrde	**Rundlingsdorf Sagasfeld**	Wellness	11	40
18586	Göhren	**Hanseatic** ****s	Wellness	12	72
18586	Göhren	**Travel Charme Nordperd** ****	Wellness	12	72
17213	Göhren-Lebbin	**Iberotel Fleesensee** ****s	Wellness	12	61
17213	Göhren-Lebbin	**Robinson Club Fleesensee** ****	Wellness	11	61
17213	Göhren-Lebbin	**Schlosshotel Fleesensee**	Wellness	11	61
02826	Görlitz	**Tuchmacher** ****	Wellness	10	127
37079	Göttingen	**Freizeit In** ****	Business|Wellness	11	43
33330	Gütersloh	**Parkhotel Gütersloh** ****	Business|Wellness	10	79
65589	Hadamar	**Nassau Oranien** ****	Wellness	10	122
49170	Hagen	**Buller Landhotel** ****	Wellness	10	44
88709	Hagnau	**Burgunderhof garni**	Wellness	11	153
94145	Haidmühle	**Haidmühler Hof** ****	Wellness	11	194
38820	Halberstadt	**Villa Heine** ****s	Wellness	12	131
33790	Halle	**Gerry Weber Sportpark** ****	Wellness	10	79
06108	Halle an der Saale	**Dorint Charlottenhof** ****s	Business|Wellness	10	128
06110	Halle an der Saale	**Dormero Rotes Ross** ****s	Business|Wellness	10	128
59969	Hallenberg	**Diedrich** ****	Wellness	11	89
45721	Haltern am See	**Seehof** ****	Wellness	11	83
20095	Hamburg	**Park Hyatt** *****s	Business|Wellness	13	48
20099	Hamburg	**Atlantic Kempinski** *****s	Business|Wellness	13	48
20099	Hamburg	**Europäischer Hof** ****	Wellness	11	48
20099	Hamburg	**Méridien Hamburg**	Business|Wellness	12	48
20148	Hamburg	**Grand Elysee** *****	Business|Wellness	11	48
20354	Hamburg	**Fairmont Vier Jahreszeiten** *****s	Business|Wellness	14	48
20354	Hamburg	**Marriott Hamburg** *****	Business|Wellness	11	48
20354	Hamburg	**Side** *****s	Business|Wellness	11	48
20457	Hamburg	**Sofitel Am Alten Wall** *****	Business|Wellness	12	49
20459	Hamburg	**Madison** ****s	Business|Wellness	12	49
20459	Hamburg	**Steigenberger Hamburg** *****s	Business|Wellness	10	49
22085	Hamburg	**Aspria Uhlenhorst**	Business|Wellness	15	49
22113	Hamburg	**Best Western Böttcherhof** ****	Business|Wellness	12	49
22149	Hamburg	**Eggers** ****	Wellness	11	49
22397	Hamburg	**Steigenberger Treudelberg**	Business|Wellness	11	49
22527	Hamburg	**Lindner Parkhotel Hagenbeck** ****	Business|Wellness	10	49
22609	Hamburg	**Louis C. Jacob** *****	Wellness	11	49
22761	Hamburg	**Gastwerk** ****	Business|Wellness	11	49
31785	Hameln	**Mercure Hameln** ****	Business|Wellness	9	41
30175	Hannover	**Crowne Plaza** ****s	Business|Wellness	11	41
21271	Hanstedt	**Sellhorn** ****	Wellness	12	34
91230	Happurg-Kainsbach	**Kainsbacher Mühle** ****	Wellness	10	185
33428	Harsewinkel-Marienfeld	**Klosterpforte** ****s	Wellness	11	79

PLZ	Ort	Hotelname	Kategorie	Punkte	S.
08118	Hartenstein	**Gästehaus Wolfsbrunn**	Wellness	12	127
08118	Hartenstein	**Jagdhaus Waldidyll** ****	Wellness	12	127
06493	Harzgerode-Alexisbad	**Habichtstein** ***s	Wellness	11	129
97647	Hausen-Roth	**Rhön Park** ****	Wellness	10	201
25746	Heide	**Nordica Berlin**	Wellness	12	53
69117	Heidelberg	**Der Europäische Hof** *****s	Business|Wellness	14	134
37308	Heilbad Heiligenstadt	**Am Jüdenhof**	Kur|Wellness	9	92
37308	Heilbad Heiligenstadt	**Best Western Am Vitalpark** ****s	Wellness	11	92
42579	Heiligenhaus	**Waldhotel Heiligenhaus** ****	Wellness	11	80
63872	Heimbuchenthal	**Lamm** ****	Wellness	10	156
27498	Helgoland	**Rickmers Insulaner** ****	Wellness	11	57
25779	Hennstedt	**Gut Apeldör Golfhotel**	Wellness	10	53
17424	Heringsdorf	**Kurhotel Heringsdorf**	Wellness|Kur	10	62
17424	Heringsdorf	**Maritim Kaiserhof** ****s	Wellness	12	62
17424	Heringsdorf	**Ostseeblick Strandhotel** ****s	Wellness	15	62
17424	Heringsdorf	**Seetel Ostseeresidenz Heringsdorf** ****	Wellness	12	63
17424	Heringsdorf	**Seetel Pommerscher Hof** ***s	Wellness	10	63
17424	Heringsdorf	**Steigenberger Grandhotel Heringsdorf**	Wellness	13	63
17424	Heringsdorf	**Strandhotel Heringsdorf** ****	Wellness	13	64
17424	Heringsdorf	**Travel Charme Strandidyll** ****s	Wellness	13	64
17424	Heringsdorf	**Upstalsboom Ostseestrand** ****s	Wellness	12	64
01776	Hermsdorf	**Altes Zollhaus**	Wellness	10	126
49770	Herzlake-Aselage	**Aselager Mühle** ****	Wellness	12	45
91074	Herzogenaurach	**Herzogspark** ****s	Business|Wellness	11	185
49176	Hilter	**Villa Carlshorst Schönheitsfarm**	Beauty	11	44
16798	Himmelpfort	**Himmelpfort am See Landhaus**	Wellness	11	105
79856	Hinterzarten	**Alemannenhof** ****	Wellness	11	150
79856	Hinterzarten	**Erfurths Bergfried** ****s	Wellness	15	150
79856	Hinterzarten	**Kesslermühle** ****s	Wellness	12	151
79856	Hinterzarten	**Naturion Bio-Hotel**	Gesundheit	11	151
79856	Hinterzarten	**Parkhotel Adler** *****	Wellness	15	151
79856	Hinterzarten	**Reppert** ****s	Wellness	17	151
79856	Hinterzarten	**Schwarzwaldhof** ***	Wellness	9	152
79856	Hinterzarten	**Thomahof** ****	Wellness	12	152
29456	Hitzacker an der Elbe	**Parkhotel Hitzacker** ****	Wellness	10	40
29456	Hitzacker an der Elbe	**Waldfrieden** ***	Wellness	9	40
95030	Hof	**Central** ****	Business|Wellness	10	200
65719	Hofheim	**Vital-Hotel Frankfurt** ****s	Wellness	11	122
17166	Hohen Demzin	**Burg Schlitz Schlosshotel**	Wellness	13	60
94545	Hohenau	**Seehotel Hohenau** ***	Wellness	10	200
65329	Hohenstein-Steckenroth	**Georgenthal Hofgut** ****s	Wellness	12	187
01848	Hohnstein	**Ambiente Parkhotel** ****	Wellness	11	127
24321	Hohwacht an der Ostsee	**Hohe Wacht** ****s	Wellness	11	52
32805	Horn-Bad Meinberg	**Bärenstein Waldhotel** ****	Kur|Gesundheit	12	78
32805	Horn-Bad Meinberg	**Quality Vital Zum Stern** ****	Wellness	11	78
32805	Horn-Bad Meinberg	**Stibbe** ***	Kur|Gesundheit	11	78
66500	Hornbach	**Kloster Hornbach** ****s	Wellness	12	114
66500	Hornbach	**Lösch für Freunde**	Wellness	14	114
78132	Hornberg-Niederwasser	**Schöne Aussicht** ****	Wellness	11	146

PLZ	Ort	Hotelname	Kategorie	Punkte	S.
26434	Horumersiel	**Leuchtfeuer** ****	Wellness	10	35
25813	Husum	**Altes Gymnasium** *****	Wellness	11	53
25813	Husum	**Rosenburg Husum** ****	Wellness	10	53
25813	Husum	**Thomas Spa Lifestyle** ****	Business|Wellness	11	53
25813	Husum-Simonsberg	**Lundenbergsand** ****	Wellness	12	53
79837	Häusern	**Adler Häusern** ****s	Wellness	12	150
79862	Höchenschwand	**Alpenblick Bio-Wellnesshotel** ****	Wellness	12	152
79862	Höchenschwand	**Fital** ****	Wellness	10	152
56203	Höhr-Grenzhausen	**Heinz** ****s	Wellness	12	113
56203	Höhr-Grenzhausen	**Zugbrücke Grenzau** ****s	Wellness	11	113
25997	Hörnum	**Budersand** *****s	Wellness	17	57
37671	Höxter	**Niedersachsen** ****	Wellness	10	79
52393	Hürtgenwald	**Kallbach Landhotel** ****	Wellness	11	85
98693	Ilmenau	**Gabelbach Berg- & Jagdhotel** ****	Wellness	11	93
38871	Ilsenburg	**Ilsenburg Berghotel** ****	Wellness	11	131
38871	Ilsenburg	**Zu den Rothen Forellen** *****s	Wellness	11	131
58636	Iserlohn	**Vierjahreszeiten Iserlohn** ****s	Business|Wellness	10	89
88316	Isny	**Jägerhof Berghotel** ****s	Wellness	11	152
07751	Jena	**Fair Resort**	Wellness	10	92
26571	Juist	**Achterdiek Romantikhotel** ****s	Wellness	14	36
26571	Juist	**Atlantic Juist Apartmenthotel** ****	Wellness	10	36
26571	Juist	**Freese Nordseehotel** ****	Wellness	11	37
26571	Juist	**Friesenhof** ***	Wellness	9	37
26571	Juist	**Kurhaus Juist Strandhotel** ****s	Wellness	14	37
26571	Juist	**Pabst** ****s	Wellness	13	37
18556	Juliusruh	**Aquamaris Strandresidenz** ****	Wellness	10	71
87491	Jungholz	**Waldhorn** ***	Wellness	10	173
94244	Kaikenried	**Oswald Landromantik** ****s	Wellness	14	195
47546	Kalkar-Kehrum	**Beckmann Landhaus** ****	Wellness	10	83
24568	Kaltenkirchen	**Dreiklang Business & Spa** ****s	Wellness	10	53
25999	Kampen	**Ahnenhof garni** ***	Wellness	11	57
25999	Kampen	**Rungholt**	Wellness	12	57
25999	Kampen	**Walter's Hof**	Wellness	11	57
76137	Karlsruhe	**Novotel Karlsruhe City** ****s	Business|Wellness	10	142
25774	Karolinenkoog	**Pfahlershof Familotel**	Wellness	10	53
34121	Kassel	**La Strada**	Business|Wellness	9	118
34131	Kassel-Bad Wilhelmshöhe	**Ayurveda-Klinik Kassel**	Gesundheit	12	118
34314	Kassel-Espenau	**Schäferberg Waldhotel** ****	Wellness	10	118
24105	Kiel	**Kieler Kaufmann Romantikhotel**	Wellness	12	52
24109	Kiel	**Birke** ****s	Business|Wellness	11	52
94148	Kirchham	**Haslinger Hof**	Wellness	10	194
02681	Kirschau	**Schumann** ****s	Wellness	16	127
94518	Klingenbrunn	**Hochriegel** ****	Wellness	12	200
17192	Klink	**Schloss Klink** ****	Wellness	10	61
34593	Knüllwald-Rengshausen	**Sonneck** ***s	Wellness	11	119
56077	Koblenz	**Diehls** ****	Business|Wellness	10	111
56077	Koblenz	**Kloster Arenberg**	Gesundheit	13	111
94262	Kollnburg	**Zum Bräu** ***s	Wellness	12	199
94262	Kollnburg-Baierweg	**Richterhof Apartmenthotel**	Wellness|Gesundheit	10	199

PLZ	Ort	Hotelname	Kategorie	Punkte	S.
94357	Konzell	**Reibener Hof Parkhotel** ****	Wellness	12	199
17419	Korswandt	**Best Western Baltic Hills** ****	Wellness	11	62
17459	Koserow-Damerow	**Forsthaus Damerow** ****	Wellness	10	65
16766	Kremmen-Sommerfeld	**Sommerfeld** ****s	Wellness	13	105
88079	Kressbronn	**Sonnenhof Bodensee-Hotel** ****	Wellness	12	152
26736	Krummhörn-Greetsiel	**Romantik-Hof** ****	Wellness	10	38
26736	Krummhörn-Greetsiel	**Vitalis Greetsiel** ****	Wellness	11	38
82493	Krün	**Kranzbach** ****s	Wellness	19	159
22958	Kuddewörde	**Claußen Schönheitsfarm**	Beauty	12	49
50667	Köln	**Excelsior Ernst** *****s	Business|Wellness	11	84
50667	Köln	**Pullman Cologne**	Business|Wellness	11	84
50668	Köln	**Hopper St. Antonius** ****	Business|Wellness	10	84
50668	Köln	**Savoy** ****	Business|Wellness	11	84
50676	Köln	**Mauritius Hotel & Therme** ****	Wellness	10	84
50679	Köln	**Dorint An der Messe Köln** ****	Business|Wellness	11	84
50679	Köln	**Hyatt Regency Köln**	Business|Wellness	12	84
50679	Köln	**Radisson Blu Cologne** ****	Business|Wellness	11	84
78126	Königsfeld	**Schwarzwald Parkhotel** ***s	Wellness	9	146
38154	Königslutter	**Avalon Königshof** ***s	Wellness	9	44
61462	Königstein im Taunus	**Falkenstein Grand Kempinski** *****s	Business|Wellness	14	121
53639	Königswinter	**Maritim Königswinter** ****	Business|Wellness	10	85
53639	Königswinter	**Steigenberger Grand Petersberg** *****	Business|Wellness	12	85
18225	Kühlungsborn	**Am Weststrand**	Wellness	10	67
18225	Kühlungsborn	**Aquamarin** ****	Wellness	10	67
18225	Kühlungsborn	**Europa** ****	Wellness	10	67
18225	Kühlungsborn	**Morada Resort**	Wellness	9	67
18225	Kühlungsborn	**Strandblick** ****s	Wellness	11	67
18225	Kühlungsborn	**Travel Charme Ostseehotel** ****s	Wellness	13	67
18225	Kühlungsborn	**Upstalsboom Kühlungsborn** ****s	Wellness	11	67
18225	Kühlungsborn	**Vier Jahreszeiten Kühlungsborn** ****	Wellness	11	67
29482	Küsten	**Erstes deutsches Kartoffelhotel** ***	Wellness	11	41
56112	Lahnstein	**Wyndham Garden Lahnstein**	Business|Wellness	10	112
94551	Lalling	**Thula** ***s	Wellness	12	200
93462	Lam	**Bayerwald** ***s	Wellness|Gesundheit	11	186
93462	Lam	**Best Western Sonnenhof** ****s	Wellness	12	187
38685	Langelsheim-Wolfshagen	**Sonnenhotel Wolfshof** ***	Wellness	10	44
88085	Langenargen	**Litz Seehotel** ****	Wellness	10	152
74595	Langenburg	**Mawell Resort**	Wellness	17	145
40764	Langenfeld	**Gravenberg Romantikhotel** ****s	Wellness	11	79
55758	Langweiler	**Kloster Marienhöh** ****	Wellness	11	111
78730	Lauterbach	**Käppelehof** ****	Wellness	10	147
86983	Lechbruck	**Auf der Gsteig** ****	Wellness	11	172
19336	Legde	**Legde** ***	Wellness	10	105
14797	Lehnin	**Markgraf Lehnin** ***s	Wellness	10	101
76829	Leinsweiler	**Leinsweiler Hof**	Wellness	11	115
57368	Lennestadt-Saalhausen	**Haus Hilmeke** ***s	Wellness	11	85
79853	Lenzkirch-Saig	**Saigerhöh** ****s	Wellness	12	150
16559	Liebenwalde	**Preußischer Hof** ***	Wellness	9	105
88131	Lindau	**Bad Schachen** ****s	Wellness	11	183

PLZ	Ort	Hotelname	Kategorie	Punkte	S.
88131	Lindau	**Bayerischer Hof Lindau** *****	Wellness	12	183
88131	Lindau	**Helvetia** ****s	Wellness	11	183
88131	Lindau	**Villino**	Wellness	13	183
94227	Lindberg	**Ahornhof**	Wellness	10	194
18292	Linstow	**Van der Valk Resort Linstow** ****	Wellness	9	67
25992	List	**A-Rosa Sylt** *****s	Wellness	13	56
17459	Loddin-Kölpinsee	**Seerose Strandhotel** ****s	Wellness	12	65
93470	Lohberg	**Osserhotel**	Wellness	11	187
17207	Ludorf	**Gutshaus Ludorf Romantikhotel** ****	Wellness	11	61
17207	Ludorf-Zielow	**Seehotel Zielow** ***s	Wellness	10	61
17248	Lärz-Ichlim	**Seehotel Ichlim**	Wellness	10	61
56332	Löf an der Mosel	**Krähennest Parkhotel** ****	Wellness	11	113
74245	Löwenstein-Hößlinsülz	**Roger Landgasthof** ***s	Wellness	9	145
23554	Lübeck	**Radisson Blu Senator Lübeck** *****	Business|Wellness	10	49
23570	Lübeck-Travemünde	**A-Rosa Travemünde**	Wellness	13	49
23570	Lübeck-Travemünde	**Atlantic Grandhotel** *****s	Wellness	13	50
23570	Lübeck-Travemünde	**Maritim Strandhotel**	Wellness	11	50
32676	Lügde	**Sonnenhof** ***	Wellness	11	78
21335	Lüneburg	**Bergström** ****s	Business|Wellness	10	34
44532	Lünen	**Am Stadtpark** ****	Business|Wellness	10	81
15518	Madlitz-Wilmersdorf	**Gut Klostermühle**	Wellness|Gesundheit	14	101
39114	Magdeburg	**Parkhotel Herrenkrug** ****s	Business|Wellness	12	131
55116	Mainz	**Hyatt Regency Mainz**	Business|Wellness	12	109
55131	Mainz	**Favorite Parkhotel** ****s	Business|Wellness	12	109
55131	Mainz	**Novotel Mainz** ****s	Business|Wellness	11	109
68165	Mannheim	**Maritim Parkhotel** ****	Business|Wellness	10	134
35037	Marburg	**Vila Vita Rosenpark**	Business|Wellness	11	120
97828	Marktheidenfeld	**Villa Christalina**	Wellness	11	203
98666	Masserberg	**Residenz Thüringen** ****s	Wellness	11	93
98666	Masserberg-Heubach	**Heubacher Höhe** ***	Wellness	10	93
98666	Masserberg-Schnett	**Frankenblick** ***s	Wellness	10	93
53508	Mayschoß	**Lochmühle**	Wellness	10	108
53894	Mechernich-Kommern	**Reyer Landhaus Schönheitsfarm**	Beauty	13	85
08393	Meerane	**Meerane** ****	Wellness	10	128
08393	Meerane	**Schwanefeld** ****	Wellness	9	128
54531	Meerfeld	**Maarium** ***s	Wellness	10	108
17111	Meesiger	**Gravelotte**	Wellness	10	60
37276	Meinhard-Schwebda	**Schloss Wolfsbrunnen** ****	Wellness	10	121
97638	Mellrichstadt	**Sturm Garten & Spa** ****	Wellness	12	201
66693	Mettlach-Orscholz	**Saarschleife Gesundheits-Zentrum**	Kur|Wellness	11	115
66693	Mettlach-Orscholz	**Saarschleife Landhotel** ****	Wellness	11	115
40822	Mettmann	**Gut Höhne** ****s	Wellness	11	80
15749	Mittenwalde-Motzen	**Residenz am Motzener See** ****	Wellness|Gesundheit	13	103
52156	Monschau	**Carat Vitalhotel** ****	Wellness	10	84
78345	Moos	**Gottfried** ****	Wellness	11	147
53804	Much	**Lindner Kranichhöhe** ***s	Wellness	10	85
82418	Murnau	**Alpenhof Murnau** *****	Wellness	12	156
41061	Mönchengladbach	**Dorint Parkhotel Mönchengladbach** ****	Business|Wellness	11	80
54486	Mülheim an der Mosel	**Richtershof Weinromantik** ****s	Wellness	11	108

PLZ	Ort	Hotelname	Kategorie	Punkte	S.
54486	Mülheim an der Mosel	**Schiffmann Kur- & Gesundheitshotel** ***	Gesundheit|Beauty	12	108
54486	Mülheim an der Mosel	**Weißer Bär** ****s	Wellness	11	108
79379	Müllheim-Vögisheim	**Markgräflerland Kursanatorium**	Gesundheit	10	148
80333	München	**Bayerischer Hof** *****	Business|Wellness	14	156
80333	München	**The Charles** *****s	Business|Wellness	12	156
80335	München	**Sofitel Munich Bayerpost** *****	Business|Wellness	12	156
80539	München	**Kempinski Vier Jahreszeiten** *****s	Business|Wellness	10	156
80805	München	**Marriott München**	Business|Wellness	11	156
81925	München	**The Westin Grand München** *****	Business|Wellness	10	156
82541	Münsing	**Schlossgut Oberambach**	Wellness	12	160
48165	Münster	**Best Western Krautkrämer** ****s	Wellness	11	83
48157	Münster-Handorf	**Eggert Landhaus** ****s	Wellness	11	83
79244	Münstertal	**Spielweg** ****	Wellness	10	147
23992	Nakenstorf	**Seehotel am Neuklostersee** ****	Wellness	15	75
15913	Neu Zauche	**Spreewaldhof Romantik** ***s	Wellness	12	103
63263	Neu-Isenburg	**Kempinski Gravenbruch** *****s	Business|Wellness	12	121
95698	Neualbenreuth	**Ernestgrün Schlosshotel**	Wellness	10	201
98724	Neuhaus am Rennweg	**Schieferhof** ****	Wellness	10	93
93453	Neukirchen beim Hl. Blut	**Donna Burghotel** ****	Wellness	10	186
93453	Neukirchen beim Hl. Blut	**Donna Klosterhof** ***	Wellness	9	186
92431	Neunburg vorm Wald	**Birkenhof Landhotel** ****s	Wellness	15	185
94089	Neureichenau	**Gut Riedelsbach** ***s	Wellness	11	193
16816	Neuruppin	**Resort Mark Brandenburg** ****	Wellness	12	105
41460	Neuss	**Dorint Kongresshotel Neuss** ****	Business|Wellness	10	80
01844	Neustadt	**Parkhotel Neustadt** ***s	Wellness	10	126
98701	Neustadt	**Kammweg** ***s	Wellness	10	93
99762	Neustadt	**Haus Ibe Pension**	Wellness	10	94
99762	Neustadt	**Neustädter Hof** ***s	Wellness	9	94
19306	Neustadt-Glewe	**Mercure Schloss Neustadt-Glewe** ****	Wellness	10	74
23730	Neustadt-Pelzerhaken	**Seehotel Eichenhain** ****	Wellness	12	51
75389	Neuweiler-Oberkollwangen	**Talblick Landhotel** ***s	Wellness	11	142
53859	Niederkassel-Uckendorf	**Clostermanns Hof** ****s	Wellness	11	85
33039	Nieheim	**Ambiente** ***s	Wellness	11	79
18211	Nienhagen	**Seepferdchen Ferienidyll**	Wellness	9	67
66625	Nohfelden-Bosen	**Victor's Seehotel Weingärtner** ****	Wellness	10	115
25946	Norddorf	**Hüttmann Romantikhotel** ****	Wellness	10	54
25946	Norddorf	**Seeblick** ****	Wellness	11	54
26506	Norden	**Aparthotel garni** ****	Wellness	10	35
26506	Norden-Norddeich	**Deichkrone Familotel** ****	Wellness	9	35
26506	Norden-Norddeich	**Regina Maris** ****	Wellness	11	36
26548	Norderney	**Georgshöhe Strandhotel** ****s	Wellness	17	36
26548	Norderney	**Germania Strandhotel** ****	Wellness	10	36
26548	Norderney	**Haus Waterkant garni**	Kur	9	36
26548	Norderney	**Nordstrandperle garni**	Wellness	10	36
26548	Norderney	**Vier Jahreszeiten Inselhotel** ****	Wellness	9	36
17214	Nossentiner Hütte	**Gutshof Sparow** ****	Wellness	12	61
17214	Nossentiner Hütte-Drewitz	**Van der Valk Naturresort Drewitz** ****	Wellness	11	61
37176	Nörten-Hardenberg	**Hardenberg Burghotel** *****	Wellness	11	43
51588	Nümbrecht	**Park-Hotel Nümbrecht** ****	Wellness	10	84

PLZ	Ort	Hotelname	Kategorie	Punkte	S.
72622	Nürtingen	**Best Western Am Schlossberg** ****	Business|Wellness	11	145
82487	Oberammergau	**Am Kofel** ***s	Kur|Wellness	10	158
82487	Oberammergau	**Parkhotel Sonnenhof** ***s	Wellness	10	158
36280	Oberaula	**Zum Stern** ****	Wellness	11	120
98559	Oberhof	**Berghotel Oberhof** ****	Wellness	10	92
98559	Oberhof	**Schlossberghotel Oberhof** ***s	Wellness	10	92
87541	Oberjoch	**Mattlihüs Bio-Hotel** ****	Wellness	12	180
77704	Oberkirch-Ödsbach	**Grüner Baum Waldhotel** ****s	Wellness	12	143
87538	Obermaiselstein	**Berwanger Hof** ****	Wellness	12	179
29386	Obernholz-Schweimke	**Prange Pension** ***	Wellness|Kur	12	40
88179	Oberreute	**Allgäublick Landhotel**	Wellness	9	185
79254	Oberried-Hofsgrund	**Die Halde** ****	Wellness	15	147
87534	Oberstaufen	**Adler** ****	Wellness	10	174
87534	Oberstaufen	**Allgäu Sonne** *****	Wellness|Gesundheit	12	174
87534	Oberstaufen	**Allgäuer Hof** ***s	Kur|Wellness	10	174
87534	Oberstaufen	**Allgäuer Panoramahotel** ***s	Kur|Wellness	12	174
87534	Oberstaufen	**Alpenhof garni Oberstaufen** ***	Wellness|Kur	9	174
87534	Oberstaufen	**Alpenkönig** ****s	Wellness|Kur	12	174
87534	Oberstaufen	**Bad Rain** ****	Wellness|Kur	11	174
87534	Oberstaufen	**Bavaria Oberstaufen** ***s	Wellness|Kur	10	174
87534	Oberstaufen	**Bayerischer Hof** ****	Kur|Wellness	10	174
87534	Oberstaufen	**Concordia** ****s	Wellness|Kur	11	174
87534	Oberstaufen	**Das Hochgrat**	Wellness	10	174
87534	Oberstaufen	**Dein Engel** ****s	Wellness	12	174
87534	Oberstaufen	**Diana** ****	Wellness|Kur	11	174
87534	Oberstaufen	**Evviva!** ****	Wellness	11	174
87534	Oberstaufen	**Hirsch Kur- & Wellnesshotel** ****	Kur|Wellness	10	175
87534	Oberstaufen	**Hochbühl** ***s	Kur|Wellness	12	175
87534	Oberstaufen	**Interest** ****	Kur|Wellness	11	175
87534	Oberstaufen	**Johanneshof** ****	Wellness|Kur	12	175
87534	Oberstaufen	**Kronenhof** ****	Kur|Wellness	11	175
87534	Oberstaufen	**Königshof City garni** ***	Wellness	9	175
87534	Oberstaufen	**Königshof Health & View**	Kur|Gesundheit	11	175
87534	Oberstaufen	**Lindner Parkhotel** ****s	Wellness|Kur	12	175
87534	Oberstaufen	**Rosenalp** ****s	Gesundheit|Wellness	13	175
87534	Oberstaufen	**Tanneck Kurhotel**	Wellness|Kur	9	175
87534	Oberstaufen-Kalzhofen	**Haubers Alpenresort** ****s	Wellness|Gesundheit	17	175
87534	Oberstaufen-Malas	**Mondi Holiday Alpenblickhotel** ****	Wellness|Kur	10	176
87534	Oberstaufen-Steibis	**Birkenhof** ****	Wellness|Kur	10	176
87534	Oberstaufen-Steibis	**Ludwig Royal** ****s	Wellness	10	176
87534	Oberstaufen-Thalkirchdorf	**Traube Thalkirchdorf** ****	Wellness|Kur	10	176
87534	Oberstaufen-Weißach	**Königshof Resort** ****s	Wellness	10	177
87534	Oberstaufen-Willis	**Bergkristall** ****s	Wellness|Gesundheit	16	177
87561	Oberstdorf	**Alpenhof Oberstdorf** ****s	Wellness	11	180
87561	Oberstdorf	**Birgsauer Hof** ***s	Wellness	12	180
87561	Oberstdorf	**Exquisit** ****s	Wellness	14	180
87561	Oberstdorf	**Filser** ****	Wellness|Kur	11	180
87561	Oberstdorf	**Nebelhornblick** ****	Wellness	11	180
87561	Oberstdorf	**Oberstdorf** ****s	Wellness	11	180

PLZ	Ort	Hotelname	Kategorie	Punkte	S.
87561	Oberstdorf	**Parkhotel Frank** *****	Wellness	12	180
87561	Oberstdorf	**Schellenberg garni** ***s	Wellness	11	180
87561	Oberstdorf	**Schüle's Gesundheitsresort & Spa** ****s	Kur|Wellness	15	180
87561	Oberstdorf	**Wittelsbacher Hof** ****	Wellness	10	181
87561	Oberstdorf-Tiefenbach	**Alpenhotel Oberstdorf** ****	Wellness	11	181
09484	Oberwiesenthal	**Panorama** ****	Wellness	10	128
09484	Oberwiesenthal	**Rotgiesserhaus** ***	Wellness	10	128
09484	Oberwiesenthal	**Sachsenbaude**	Wellness	12	128
09484	Oberwiesenthal	**Weißflog Apartmenthotel** ****	Wellness	10	128
24988	Oeversee	**Historischer Krug**	Wellness	11	53
87527	Ofterschwang	**Sonnenalp Resort** *****s	Wellness	15	173
59939	Olsberg	**Aslan Kurpark Villa** ****	Kur|Beauty	11	89
49076	Osnabrück	**Steigenberger Remarque** ****	Business|Wellness	10	44
39606	Osterburg-Düsedau	**Keck Landhotel**	Wellness	10	131
21762	Otterndorf	**Am Medemufer** ***s	Wellness	11	34
87724	Ottobeuren	**Maximilian Parkhotel** ****s	Wellness	12	182
87724	Ottobeuren	**St. Ulrich**	Wellness	9	182
87466	Oy-Mittelberg	**Mittelburg** ****s	Wellness	14	172
87466	Oy-Mittelberg	**Sonnenhang** ***s	Wellness	10	173
87466	Oy-Mittelberg	**Tannenhof Parkhotel** ****	Wellness	11	173
17309	Pasewalk	**Pasewalk** ****	Wellness	10	61
06188	Peißen	**Mercure Halle Leipzig** ****	Business|Wellness	9	128
66706	Perl-Nennig	**Victor's Schloss Berg** *****s	Wellness	12	115
19348	Perleberg	**Neuer Hennings Hof** ****	Wellness	10	105
72285	Pfalzgrafenweiler	**Schwanen Kälberbronn** ****	Wellness	11	145
74629	Pfedelbach-Gleichen	**Aum Ayurveda-Kurzentrum**	Gesundheit	15	139
76327	Pfinztal-Söllingen	**Villa Hammerschmiede** *****	Wellness	11	142
87459	Pfronten-Dorf	**Bavaria Familotel** ****	Wellness	11	172
87459	Pfronten-Meilingen	**Berghof** ****	Wellness|Kur	10	172
87459	Pfronten-Weißbach	**Bergpanorama** ***s	Kur|Wellness	10	172
83451	Piding bei Bad Reichenhall	**Neubichler Alm Kinderhotel**	Wellness	12	162
19395	Plau am See	**Ferienpark Heidenholz**	Wellness	10	75
09496	Pobershau	**Schwarzbeerschänke**	Wellness	10	128
36163	Poppenhausen	**Hof Wasserkuppe garni** ****	Wellness	12	120
14469	Potsdam	**Dorint Sanssouci Potsdam** ****s	Business|Wellness	11	101
14471	Potsdam	**Bayrisches Haus**	Wellness	12	101
14471	Potsdam	**Seminaris Seehotel** ****	Business|Wellness	11	101
18375	Prerow	**Carpe Diem garni**	Wellness	12	71
18375	Prerow	**Travel Charme Bernstein** ****	Wellness	10	71
18375	Prerow	**Waldschlösschen** ****	Wellness	12	71
83209	Prien	**Reinhart Garden-Hotel** ****	Wellness	10	161
54595	Prüm	**Beauty Cottage Schönheitsfarm**	Beauty	12	109
18581	Putbus-Wreechen	**Wreecher Hof** ****	Wellness	12	72
06484	Quedlinburg	**Balneolum** ***s	Business|Wellness	12	128
06484	Quedlinburg	**Familyclub Harz Familotel** ****	Wellness	10	128
01445	Radebeul	**Radisson Blu Parkhotel Radebeul** ****s	Business|Wellness	11	126
78315	Radolfzell	**Art Villa am See garni**	Wellness	12	147
86641	Rain	**Dehner Blumenhotel** ****	Wellness	10	171
18528	Ralswiek	**Schloss Ralswiek** ****s	Wellness	12	71

PLZ	Ort	Hotelname	Kategorie	Punkte	S.
94099	Ruhstorf an der Rott	**Antoniushof** ****	Wellness	12	193
93486	Runding	**Reiterhof Runding Familienhotel** ***	Wellness	9	187
77977	Rust	**Colosseo** ****s	Wellness	10	146
77977	Rust	**Santa Isabel** ****s	Wellness	11	146
94133	Röhrnbach	**Jagdhof Röhrnbach** *****	Wellness	17	193
92444	Rötz	**Wutzschleife** ****s	Wellness	11	185
19322	Rühstädt	**Schloss Rühstädt garni** ***	Wellness	11	105
07318	Saalfeld	**Mellestollen Waldhotel** ***	Wellness	9	92
66113	Saarbrücken	**Best Western Victor's Rodenhof** ****	Business|Wellness	11	115
18551	Sagard-Neddesitz	**Precise Resort Rügen**	Wellness	10	71
63877	Sailauf bei Aschaffenburg	**Weyberhöfe Schlosshotel** *****	Wellness	11	156
18573	Samtens	**Störtebeker** ***	Wellness	10	72
77887	Sasbachwalden	**Tannenhof Sasbachwalden** ***	Wellness	12	146
54552	Schalkenmehren	**Schneider am Maar** ***s	Wellness	10	109
23683	Scharbeutz	**Bayside** ****s	Wellness	14	51
23683	Scharbeutz	**Belveder Gran** *****s	Wellness	12	51
88175	Scheidegg	**Birkenmoor** ***	Wellness	12	185
46514	Schermbeck	**Voshövel Landhotel** ****s	Wellness	15	83
65388	Schlangenbad	**Schlangenbader Hof** ***s	Wellness	10	122
24837	Schleswig	**Waldschlösschen** ****s	Wellness	11	53
83727	Schliersee	**Karma Bavaria**	Wellness	10	169
83727	Schliersee	**Schlierseer Hof Seehotel** ****	Gesundheit|Wellness	10	169
83727	Schliersee-Spitzingsee	**Arabella Alpenhotel** ****s	Wellness	12	169
79859	Schluchsee	**Parkhotel Flora** ****s	Wellness	11	152
79859	Schluchsee	**Schiff am Schluchsee**	Wellness	10	152
79859	Schluchsee	**Vier Jahreszeiten am Schluchsee** ****	Wellness	12	152
79859	Schluchsee-Aha	**Auerhahn** ****	Wellness	12	152
98574	Schmalkalden	**Thüringen Aktiv- & Vitalhotel** ****	Wellness	10	93
57392	Schmallenberg	**Rimberg** ****	Wellness	14	85
57392	Schmallenberg-Ebbinghof	**Ebbinghof Familotel** ***s	Wellness	11	86
57392	Schmallenberg-Grafschaft	**Sauerland Alpin**	Wellness	10	86
57392	Schmallenberg-Ohlenbach	**Waldhaus Ohlenbach** ****	Wellness	15	86
57392	Schmallenberg	**Stockhausen Ferienhotel** ****	Wellness	10	87
57392	Schmallenberg-Westfeld	**Hoher Knochen Berghotel** ****	Wellness	12	87
57392	Schmallenberg-Winkhausen	**Deimann** *****	Wellness	16	87
29640	Schneverdingen	**Schnuck Landhotel** ***	Wellness	10	41
17166	Schorssow	**Seeschloss Schorssow**	Wellness	11	61
63679	Schotten	**Parkhotel Schotten** ***	Wellness	9	121
87645	Schwangau	**König Ludwig Resort Allgäu** ****	Wellness	14	182
87645	Schwangau-Horn	**Rübezahl** ****s	Wellness	12	182
19055	Schwerin	**Best Western Seehotel Frankenhorst** ****	Business|Wellness	11	74
15913	Schwielochsee-Guhlen	**Alte Schmiede Ferienhof**	Wellness	11	103
74523	Schwäbisch Hall	**Hohenlohe** ****s	Kur|Wellness	11	145
94572	Schöfweg-Langfurth	**Sonnenwald**	Wellness	9	200
75328	Schömberg	**Talblick Schömberg** ***s	Wellness	10	141
97659	Schönau an der Brend	**Krummbachtal** ****	Wellness	11	201
94513	Schönberg	**Antoniushof Schönberg** ***s	Wellness	10	200
94513	Schönberg	**Landhaus zur Ohe Familotel** ***s	Wellness	10	200
94513	Schönberg	**Schreinerhof Familotel** ****	Wellness	12	200

PLZ	Ort	Hotelname	Kategorie	Punkte	S.
08261	Schöneck	**IFA Ferienpark Schöneck**	Wellness	10	128
92539	Schönsee	**St. Hubertus**	Wellness	10	185
92539	Schönsee-Gaisthal	**Gaisthaler Hof** ***s	Wellness	10	185
78141	Schönwald	**Dorer** ****	Wellness	10	146
78141	Schönwald	**Ochsen** ****	Wellness	11	146
77889	Seebach-Mummelsee	**Berghotel Mummelsee** ***s	Wellness	11	146
87637	Seeg	**Seeg Landhotel** ***	Wellness|Gesundheit	10	182
72297	Seewald-Besenfeld	**Oberwiesenhof** ****s	Wellness	12	145
72297	Seewald-Erzgrube	**Bären am See Familotel** ****	Wellness	11	145
09548	Seiffen	**Wettiner Höhe** ****	Wellness	10	128
18586	Sellin	**Bernstein** ****s	Wellness	12	72
18586	Sellin	**Cliff-Hotel Rügen**	Wellness	11	72
18586	Sellin	**Roewers Privathotel** *****	Wellness	13	72
18586	Sellin	**Travel Charme Kurhaus Sellin** ****	Wellness	12	72
14712	Semlin	**Golfresort Semlin am See** ****	Wellness	10	101
01968	Senftenberg	**Seeschlösschen Ayurvedaresort** ****s	Wellness	12	100
52152	Simmerath-Erkensruhr	**Eifelgold Rooding**	Wellness	9	84
87527	Sonthofen	**Allgäu Stern**	Wellness	10	174
67346	Speyer	**Lindner Binshof Hotel & Spa** ****s	Wellness	11	115
37444	St. Andreasberg	**Skandinavia**	Wellness	9	44
94379	St. Englmar	**Angerhof St. Englmar** ****s	Wellness	11	199
94379	St. Englmar	**Gut Schmelmerhof** ****	Wellness	11	199
94379	St. Englmar	**Maibrunn Berghotel** ****s	Wellness	12	199
94379	St. Englmar	**Predigtstuhl Resort**	Wellness	10	199
94379	St. Englmar	**Reinerhof** ****	Wellness	10	200
94379	St. Englmar	**Simmerl Familotel** ***s	Wellness	11	200
56329	St. Goar am Rhein	**Schloss Rheinfels** ****s	Wellness	12	113
94568	St. Oswald	**Pausnhof Bio-Hotel** ****	Wellness	12	200
25826	St. Peter-Ording	**Aalernhüs** *****	Wellness	12	53
25826	St. Peter-Ording	**Ambassador** ****s	Wellness	12	53
25826	St. Peter-Ording	**Landhaus an de Dün garni** ****	Wellness	12	54
25826	St. Peter-Ording	**Strandgut Resort** ***s	Wellness	12	54
66606	St. Wendel	**Angel's** ****	Wellness	11	115
07646	Stadtroda	**Hammermühle** ****	Wellness	12	92
93491	Stamsried	**Pusl** ***s	Wellness	12	187
82319	Starnberg	**Vier Jahreszeiten Starnberg** ****s	Wellness	10	156
15518	Steinhöfel	**Schloss Steinhöfel** ****	Wellness	11	102
18437	Stralsund	**Wyndham Stralsund Hansedom** ****	Wellness	10	71
15344	Strausberg	**The Lakeside Burghotel** ****	Wellness	11	101
55442	Stromberg-Bingen	**Stromberg Land- & Golfhotel** ****s	Wellness	13	109
70173	Stuttgart	**Steigenberger Graf Zeppelin**	Business|Wellness	11	134
70188	Stuttgart	**Relax**	Wellness	9	134
70563	Stuttgart	**Pullman Fontana** ****s	Business|Wellness	12	134
29556	Suderburg-Hösseringen	**Beautyfarm Bötzelberg**	Beauty	12	41
98527	Suhl	**Arcadia Suhl** ****	Wellness	10	92
98527	Suhl	**Ringberg** ****	Wellness	10	92
87477	Sulzberg	**Sulzberger Hof** ***	Wellness	10	173
25980	Sylt-Ost	**Aarnhoog**	Wellness	12	54
25980	Sylt-Ost	**Barbian Family House garni**	Wellness	11	54

PLZ	Ort	Hotelname	Kategorie	Punkte	S.
25980	Westerland	**Miramar** *****	Wellness	11	55
25980	Westerland	**Stadt Hamburg**	Wellness	15	56
25980	Westerland	**Strandhotel Sylt garni**	Wellness	10	56
25980	Westerland	**Sylter Blaumuschel** ****	Wellness	10	56
26655	Westerstede	**Voss** ****	Wellness	10	38
18375	Wieck auf dem Darß	**Haferland** ****	Wellness	14	71
65183	Wiesbaden	**Nassauer Hof** *****s	Business|Wellness	11	122
65183	Wiesbaden	**Radisson Blu Schwarzer Bock** *****	Business|Wellness	11	122
65185	Wiesbaden	**Dorint Pallas Wiesbaden** *****	Business|Wellness	10	122
87487	Wiggensbach	**Hofgut Kürnach** ***s	Wellness	10	173
76848	Wilgartswiesen	**Am Hirschhorn Landhaus** ****	Wellness	12	115
26382	Wilhelmshaven	**Atlantic Wilhelmshaven** ****	Wellness	12	35
34508	Willingen	**Bürgerstuben** ****	Wellness	10	118
34508	Willingen	**Central** ***s	Wellness	11	118
34508	Willingen	**Göbel's Landhotel** ****	Wellness	11	118
34508	Willingen	**Hochsauerland 2010** ****	Wellness|Kur	10	118
34508	Willingen	**Rüters Parkhotel** ****	Wellness	10	118
34508	Willingen	**Sauerland Stern** ****	Wellness	9	118
34508	Willingen	**Sonnenpark Familotel** ****	Wellness	12	118
34508	Willingen	**Waldhotel Willingen** ***s	Wellness	10	118
34508	Willingen	**Zum hohen Eimberg** ****	Wellness	11	118
34508	Willingen-Stryck	**Stryckhaus Romantikhotel** ****	Wellness	13	118
34508	Willingen-Usseln	**H+ Willingen** ***s	Wellness	10	118
79297	Winden im Elztal	**Elztalhotel** ****s	Wellness	16	148
53578	Windhagen-Rederscheid	**Dormero Bonn-Windhagen** ****	Wellness	11	108
37327	Wingerode	**Spa Villa**	Wellness	10	92
59955	Winterberg	**Liebesglück** ****	Wellness	10	89
59955	Winterberg	**Nuhnetal** ***s	Wellness	11	89
59955	Winterberg	**Oversum Vital Resort** ****s	Wellness	10	89
59955	Winterberg-Altastenberg	**Astenkrone Berghotel** ****s	Wellness	12	89
59955	Winterberg-Elkeringhausen	**Grimmeblick Landhotel** ****	Wellness	11	89
59955	Winterberg-Neuastenberg	**Dorint Winterberg** ****	Wellness	10	89
59955	Winterberg-Niedersfeld	**Haus am See Schönheitsfarm**	Beauty	12	89
54487	Wintrich	**Kilburg Beautyfarm**	Beauty	11	108
95339	Wirsberg	**Herrmann's Posthotel** ****	Wellness	11	200
95339	Wirsberg	**Reiterhof Wirsberg** ****s	Wellness	12	201
25946	Wittdün	**Weiße Düne** ****	Wellness	10	54
17209	Woldzegarten	**Gutshof Woldzegarten**	Wellness	12	61
77709	Wolfach-St. Roman	**Adler Naturparkhotel** ****s	Wellness	14	145
38440	Wolfsburg	**Ritz-Carlton** *****	Business|Wellness	11	44
38446	Wolfsburg	**An der Wasserburg** ****s	Business|Wellness	11	44
78573	Wurmlingen	**Traube Revital** ****	Business|Wellness	11	147
18347	Wustrow	**Dorint Strandresort & Spa Wustrow** ****	Wellness	12	70
06786	Wörlitz	**Zum Stein** ****	Wellness	12	131
97070	Würzburg	**Novotel Würzburg** ****	Business|Wellness	10	201
54492	Zeltingen-Rachtig	**Sankt Stephanus** ****	Wellness	10	108
15738	Zeuthen	**Zeuthen Seehotel** ****	Wellness	10	103
18374	Zingst	**Meerlust** ****s	Wellness	15	70
18374	Zingst	**Steigenberger Strandhotel Zingst**	Wellness	12	71

PLZ	Ort	Hotelname	Kategorie	Punkte	S.
18374	Zingst	**Vier Jahreszeiten Zingst** ****	Wellness	11	71
17454	Zinnowitz	**Asgard** ***S	Wellness	10	65
17454	Zinnowitz	**Baltic** ***	Wellness|Kur	10	65
17454	Zinnowitz	**Kleine Strandburg** ****	Wellness	11	65
17454	Zinnowitz	**Parkhotel am Glienberg** ****	Wellness	12	65
17454	Zinnowitz	**Preussenhof Strandhotel** ****	Wellness	10	65
17454	Zinnowitz	**Usedom Palace** *****	Wellness	12	65
86441	Zusmarshausen	**Die Post** ***	Business|Wellness	10	171
66482	Zweibrücken	**Fasanerie Landschloss** ****S	Wellness	12	114
74639	Zweiflingen-Friedrichsruhe	**Friedrichsruhe Wald & Schlosshotel** *****S	Wellness	20	139
94227	Zwiesel	**Glashotel** ***S	Wellness	11	194
94227	Zwiesel	**Magdalenenhof Landhotel** ***	Wellness	11	194
94227	Zwiesel-Rabenstein	**Bavaria** ****	Wellness	12	194

ALLE HOTELS VON A BIS Z

Hotelname	Kategorie	Punkte	PLZ	Ort	Seite
A-Rosa Scharmützelsee	Wellness	13	15526	Bad Saarow	102
A-Rosa Sylt *****s	Wellness	13	25992	List	56
A-Rosa Travemünde	Wellness	13	23570	Lübeck-Travemünde	49
A-ja Resort Warnemünde	Wellness	11	18119	Rostock-Warnemünde	65
Aalernhüs *****	Wellness	12	25826	St. Peter-Ording	53
Aarnhoog	Wellness	12	25980	Sylt-Ost	54
Achat Premium Walldorf ****	Wellness	11	68799	Reilingen	134
Achental Golf Resort ****	Wellness	11	83224	Grassau	161
Achterdiek Romantikhotel ****s	Wellness	14	26571	Juist	36
Adler ****	Wellness	10	87534	Oberstaufen	174
Adler Häusern ****s	Wellness	12	79837	Häusern	150
Adler Naturparkhotel ****s	Wellness	14	77709	Wolfach-St. Roman	145
Adler Seehotel ****	Wellness	12	78351	Bodman-Ludwigshafen	147
Adlon Kempinski *****s	Business|Wellness	13	10117	Berlin	98
Admiral Promenadenhotel ****	Wellness	11	17429	Bansin	64
Ahauser Land- & Golfhotel ****	Wellness	10	48683	Ahaus-Alstätte	84
Ahlbecker Hof Romantik-Seehotel *****	Wellness	13	17419	Ahlbeck	62
Ahnenhof garni ***	Wellness	11	25999	Kampen	57
Ahorn Seehotel ***s	Wellness	9	17268	Templin	105
Ahornhof	Wellness	10	94227	Lindberg	194
Albblick Vital & Wellness ****	Wellness	11	72178	Waldachtal-Salzstetten	134
Alemannenhof ****	Wellness	11	79856	Hinterzarten	150
Alexa Kurhotel ***s	Kur	10	97980	Bad Mergentheim	153
Alexandersbad ****	Wellness	10	95680	Bad Alexandersbad	201
Allgäu Resort ****s	Wellness	12	87730	Bad Grönenbach	182
Allgäu Sonne *****	Wellness|Gesundheit	12	87534	Oberstaufen	174
Allgäu Stern	Wellness	10	87527	Sonthofen	174
Allgäublick Landhotel	Wellness	9	88179	Oberreute	185
Allgäuer Berghof Familotel ****	Wellness	12	87544	Gunzesried	180
Allgäuer Hof ***s	Kur|Wellness	10	87534	Oberstaufen	174
Allgäuer Panoramahotel ***s	Kur|Wellness	12	87534	Oberstaufen	174
Alpenblick Bio-Wellnesshotel ****	Wellness	12	79862	Höchenschwand	152
Alpenglühn garni ***	Wellness	10	87629	Füssen-Hopfen am See	181
Alpenhof ****	Business|Wellness	10	86154	Augsburg-Oberhausen	171
Alpenhof ****	Wellness	11	83707	Bad Wiessee	168
Alpenhof Almhotel ****s	Wellness	14	83471	Berchtesgaden-Schönau	164
Alpenhof Grainau ****	Wellness	11	82491	Grainau	158
Alpenhof Murnau *****	Wellness	12	82418	Murnau	156
Alpenhof Oberstdorf ****s	Wellness	11	87561	Oberstdorf	180
Alpenhof garni Bad Tölz ****	Gesundheit	10	83646	Bad Tölz	165
Alpenhof garni Oberstaufen ***	Wellness|Kur	9	87534	Oberstaufen	174
Alpenhotel Oberstdorf ****	Wellness	11	87561	Oberstdorf-Tiefenbach	181
Alpenkönig ****s	Wellness|Kur	12	87534	Oberstaufen	174
Alpina Kurhotel	Kur	10	83435	Bad Reichenhall	162
Alte Eichen Landhaus ****	Wellness	12	15526	Bad Saarow	102
Alte Schmiede Ferienhof	Wellness	11	15913	Schwielochsee-Guhlen	103
Alter Meierhof *****s	Wellness	14	24960	Glücksburg an der Ostsee	53
Altes Gymnasium *****	Wellness	11	25813	Husum	53
Altes Zollhaus	Wellness	10	01776	Hermsdorf	126

Hotelname	Kategorie	Punkte	PLZ	Ort	Seite
Am Alten Strom ***s	Wellness|Kur	10	18119	Rostock-Warnemünde	65
Am Eifelsteig ***	Wellness	10	52159	Roetgen	85
Am Hirschhorn Landhaus ****	Wellness	12	76848	Wilgartswiesen	115
Am Jüdenhof	Kur|Wellness	9	37308	Heilbad Heiligenstadt	92
Am Kofel ***s	Kur|Wellness	10	82487	Oberammergau	158
Am Kurhaus ****	Wellness	11	08301	Bad Schlema	128
Am Medemufer ***s	Wellness	11	21762	Otterndorf	34
Am Meer & Spa ****s	Wellness	14	18609	Binz	72
Am Park ****	Wellness	11	79410	Badenweiler	148
Am Pfahl Sporthotel	Wellness	9	94234	Viechtach	194
Am Rosengarten ****	Wellness	10	74206	Bad Wimpfen	145
Am Schlosspark ****s	Business|Wellness	11	99867	Gotha	94
Am See Beautyfarm	Beauty	12	15377	Buckow	101
Am Stadtpark ****	Business|Wellness	10	44532	Lünen	81
Am Stein Landhaus garni ****	Wellness	12	83707	Bad Wiessee	168
Am Weststrand	Wellness	10	18225	Kühlungsborn	67
Am Wiesenhang garni ***	Kur|Wellness	11	82433	Bad Kohlgrub	156
Ambassador ****s	Wellness	12	25826	St. Peter-Ording	53
Amber Residenz Bavaria ****	Wellness|Kur	10	83435	Bad Reichenhall	162
Amberger Hof ***	Wellness|Kur	10	93444	Bad Kötzting	186
Ambienta Wellness garni ****	Wellness	10	53902	Bad Münstereifel	85
Ambiente ***s	Wellness	11	33039	Nieheim	79
Ambiente Parkhotel ****	Wellness	11	01848	Hohnstein	127
Ambiente Vitalhotel ****s	Wellness|Kur	10	19336	Bad Wilsnack	105
Amtsheide Golf & Wellness ****	Wellness	11	29549	Bad Bevensen	41
Amys Wohlfühlvilla garni	Wellness	11	17237	Userin-Zwenzow	61
An der Therme ***s	Wellness	10	99518	Bad Sulza	94
An der Wasserburg ****s	Business|Wellness	11	38446	Wolfsburg	44
Andel's Berlin ****s	Business|Wellness	10	10369	Berlin	98
Angel's ****	Wellness	11	66606	St. Wendel	115
Angerhof Kur- & Sporthotel ****	Kur|Wellness	11	86825	Bad Wörishofen	171
Angerhof St. Englmar ****s	Wellness	11	94379	St. Englmar	199
Anna ****	Wellness	10	79410	Badenweiler	148
Antoniushof ****	Wellness	12	94099	Ruhstorf an der Rott	193
Antoniushof Schönberg ***s	Wellness	10	94513	Schönberg	200
Aparthotel garni ****	Wellness	10	26506	Norden	35
Apollo ****	Wellness|Kur	10	94072	Bad Füssing	187
Aqualux ****	Wellness	11	36364	Bad Salzschlirf	121
Aquamarin ****	Wellness	10	18225	Kühlungsborn	67
Aquamaris Strandresidenz ****	Wellness	10	18556	Juliusruh	71
Arabella Alpenhotel ****s	Wellness	12	83727	Schliersee-Spitzingsee	169
Arcadia Schwaghof	Wellness	10	32108	Bad Salzuflen	78
Arcadia Sonnenhof	Wellness	10	94481	Grafenau	200
Arcadia Suhl ****	Wellness	10	98527	Suhl	92
Arkona Strandhotel ****s	Wellness	11	18609	Binz	73
Arminius ****	Wellness	10	32105	Bad Salzuflen	78
Art Villa am See garni	Wellness	12	78315	Radolfzell	147
Arterhof Aparthotel ****	Wellness|Kur	12	84364	Bad Birnbach-Lengham	171
Ascona ****	Wellness|Kur	11	29549	Bad Bevensen	41
Aselager Mühle ****	Wellness	12	49770	Herzlake-Aselage	45
Asgard ***s	Wellness	10	17454	Zinnowitz	65
Aslan Kurpark Villa ****	Kur|Beauty	11	59939	Olsberg	89

Hotelname	Kategorie	Punkte	PLZ	Ort	Seite
Aspria Ku'damm	Business|Wellness	14	10711	Berlin	99
Aspria Uhlenhorst	Business|Wellness	15	22085	Hamburg	49
Astenkrone Berghotel ****s	Wellness	12	59955	Winterberg-Altastenberg	89
Astoria Kurhotel ***s	Kur|Wellness	10	94072	Bad Füssing	187
Atlantic Grandhotel *****s	Wellness	13	23570	Lübeck-Travemünde	50
Atlantic Juist Apartmenthotel ****	Wellness	10	26571	Juist	36
Atlantic Kempinski *****s	Business|Wellness	13	20099	Hamburg	48
Atlantic Westerland	Wellness	9	25980	Westerland	55
Atlantic Wilhelmshaven ****	Wellness	12	26382	Wilhelmshaven	35
Atrium Krüger ***s	Wellness	10	18069	Rostock-Sievershagen	65
Auerhahn ****	Wellness	12	79859	Schluchsee-Aha	152
Auf der Gsteig ****	Wellness	11	86983	Lechbruck	172
Aum Ayurveda-Kurzentrum	Gesundheit	15	74629	Pfedelbach-Gleichen	139
Avalon Königshof ***s	Wellness	9	38154	Königslutter	44
Avendi ****	Wellness	10	53604	Bad Honnef	85
Ayurveda Garden	Gesundheit	13	74906	Bad Rappenau	141
Ayurveda Parkschlösschen *****	Gesundheit	13	56841	Traben-Trarbach	113
Ayurveda-Klinik Kassel	Gesundheit	12	34131	Kassel-Bad Wilhelmshöhe	118
Bachmair Weissach	Wellness	11	83700	Rottach-Egern-Weissach	168
Bachmair am See *****	Wellness	10	83700	Rottach-Egern	166
Bad Clevers Kneipp-Sanatorium	Kur|Gesundheit	16	87730	Bad Grönenbach	182
Bad Liebenzeller Schönheitsfarm	Beauty	12	75378	Bad Liebenzell	141
Bad Rain ****	Wellness|Kur	11	87534	Oberstaufen	174
Bad Rodach Kurhotel ****	Wellness|Kur	10	96476	Bad Rodach	201
Bad Schachen ****s	Wellness	11	88131	Lindau	183
Badhotel Sternhagen *****s	Wellness	16	27476	Cuxhaven-Duhnen	39
Badischer Hof ****	Wellness	10	77781	Biberach-Prinzbach	146
Balance am Blauenwald ***s	Wellness	11	79410	Badenweiler	148
Balmer See Golfhotel	Wellness	12	17429	Benz-Balm	65
Balneolum ***s	Business|Wellness	12	06484	Quedlinburg	128
Baltic ***	Wellness|Kur	10	17454	Zinnowitz	65
Barbian Family House garni	Wellness	11	25980	Sylt-Ost	54
Bareiss *****s	Wellness	19	72270	Baiersbronn-Mitteltal	136
Bavaria ****	Wellness	12	94227	Zwiesel-Rabenstein	194
Bavaria Familotel ****	Wellness	11	87459	Pfronten-Dorf	172
Bavaria Oberstaufen ***s	Wellness|Kur	10	87534	Oberstaufen	174
Bayerischer Hof *****	Business|Wellness	14	80333	München	156
Bayerischer Hof ****	Kur|Wellness	10	87534	Oberstaufen	174
Bayerischer Hof ****	Wellness	12	93485	Rimbach	187
Bayerischer Hof ****	Wellness|Kur	10	94072	Bad Füssing	187
Bayerischer Hof Lindau *****	Wellness	12	88131	Lindau	183
Bayern Vital ****	Wellness	9	83435	Bad Reichenhall	162
Bayernwinkel ****	Kur|Wellness	11	86825	Bad Wörishofen	171
Bayerwald ***s	Wellness|Gesundheit	11	93462	Lam	186
Bayerwaldhof	Wellness	15	93444	Bad Kötzting	186
Bayrisches Haus	Wellness	12	14471	Potsdam	101
Bayside ****s	Wellness	14	23683	Scharbeutz	51
Beauty Cottage Schönheitsfarm	Beauty	12	54595	Prüm	109
Beautyfarm Bötzelberg	Beauty	12	29556	Suderburg-Hösseringen	41
Beckmann Landhaus ****	Wellness	10	47546	Kalkar-Kehrum	83
Bellevue Jugendstilhotel ****s	Wellness	11	56841	Traben-Trarbach	114
Bellevue	Gesundheit	10	63619	Bad Orb	121

Hotelname	Kategorie	Punkte	PLZ	Ort	Seite
Borchard's Rookhus Familotel ****	Wellness	11	17255	Wesenberg	61
Bornmühle ****	Wellness	13	17094	Groß Nemerow	60
Brandl Kurhotel	Kur|Wellness	10	86825	Bad Wörishofen	171
Braunschweiger Hof ****s	Wellness	11	38667	Bad Harzburg	44
Brenners Park-Hotel & Spa *****s	Wellness	14	76530	Baden-Baden	143
Brugger's Hotelpark am See ****	Wellness|Kur	12	79822	Titisee-Neustadt	149
Brunnenhof garni	Wellness|Kur	9	94072	Bad Füssing	187
Buchinger Wilhelmi	Gesundheit	13	88662	Überlingen	153
Budersand *****s	Wellness	17	25997	Hörnum	57
Buller Landhotel ****	Wellness	10	49170	Hagen	44
Burg Schlitz Schlosshotel	Wellness	13	17166	Hohen Demzin	60
Burg Wernberg *****	Wellness	11	92533	Wernberg-Köblitz	185
Burghotel Blomberg ****	Wellness	11	32825	Blomberg	79
Burgunderhof garni	Wellness	11	88709	Hagnau	153
Bäder Park ****s	Wellness	12	36093	Fulda-Künzell	120
Bären Titisee ****	Wellness	11	79822	Titisee-Neustadt	149
Bären am See Familotel ****	Wellness	11	72297	Seewald-Erzgrube	145
Bärenstein Waldhotel ****	Kur|Gesundheit	12	32805	Horn-Bad Meinberg	78
Böhmerwald	Wellness	10	93458	Eschlkam-Warzenried	186
Böhmhof ****	Wellness	11	94249	Bodenmais	195
Bösehof Romantikhotel ****s	Wellness	12	27624	Bad Bederkesa	40
Bülow Palais *****s	Business|Wellness	12	01097	Dresden	126
Bürgerstuben ****	Wellness	10	34508	Willingen	118
Carat Golf & Sporthotel ****	Wellness	11	23743	Grömitz	51
Carat Vitalhotel ****	Wellness	10	52156	Monschau	84
Carpe Diem garni	Wellness	12	18375	Prerow	71
Casa Medica	Gesundheit	15	74834	Elztal-Dallau	140
Celler Tor ****s	Business|Wellness	11	29229	Celle-Groß Hehlen	40
Central ****	Business|Wellness	10	95030	Hof	200
Central ***s	Wellness	11	34508	Willingen	118
Centrovital ****	Business|Wellness	12	13585	Berlin	100
Ceres am Meer *****	Wellness	11	18609	Binz	73
Chalet Swiss	Wellness|Kur	9	94072	Bad Füssing	187
Christian VIII garni ****	Wellness	10	25980	Sylt-Ost	54
Christinenhof & Spa	Wellness	11	03185	Tauer	101
Chrysantihof ****	Kur|Wellness	10	84364	Bad Birnbach	170
City Apartmenthotel garni	Wellness|Kur	10	94072	Bad Füssing	187
Claußen Schönheitsfarm	Beauty	12	22958	Kuddewörde	49
Cliff-Hotel Rügen	Wellness	11	18586	Sellin	72
Clostermanns Hof ****s	Wellness	11	53859	Niederkassel-Uckendorf	85
Colombi *****s	Business|Wellness	12	79098	Freiburg	147
Colosseo ****s	Wellness	10	77977	Rust	146
Columbia Bad Griesbach ****s	Wellness	12	94086	Bad Griesbach	191
Concordia ****s	Wellness|Kur	11	87534	Oberstaufen	174
Creativhotel Luise garni ***s	Business|Wellness	10	91052	Erlangen	185
Crowne Plaza ****s	Business|Wellness	11	30175	Hannover	41
Das Ahlbeck ****s	Wellness	14	17419	Ahlbeck	62
Das Graseck ****s	Wellness	13	82467	Garmisch-Partenkirchen	157
Das Hochgrat	Wellness	10	87534	Oberstaufen	174
Das Ludwig ****s	Wellness	12	94086	Bad Griesbach-Therme	191
Das Schaffers ***	Wellness	11	97980	Bad Mergentheim	153
Das Tegernsee ****s	Wellness	17	83684	Tegernsee	166

Hotelname	Kategorie	Punkte	PLZ	Ort	Seite
Dünenburg garni ****	Wellness	10	25980	Westerland	55
Dünenhaus garni	Wellness	10	23669	Timmendorfer Strand	50
Dünenmeer Strandhotel ****s	Wellness	17	18347	Dierhagen	69
Ebbinghof Familotel ***s	Wellness	11	57392	Schmallenberg-Ebbinghof	86
Eberl's Vitalresort ****	Kur|Wellness	11	83646	Bad Tölz	165
Ebner ***	Wellness	9	97631	Bad Königshofen	201
Edelweiss Bad Wörishofen ****	Kur|Wellness	12	86825	Bad Wörishofen	171
Edelweiss Berchtesgaden ****s	Wellness	12	83471	Berchtesgaden	163
Eden am Park ***s	Wellness	10	79189	Bad Krozingen	147
Eden an den Thermen ***s	Kur	10	79189	Bad Krozingen	147
Egerner Höfe Parkhotel *****s	Wellness	12	83700	Rottach-Egern	166
Eggensberger Bio-Hotel ****	Gesundheit|Wellness	12	87629	Füssen-Hopfen am See	181
Eggers ****	Wellness	11	22149	Hamburg	49
Eggert Landhaus ****s	Wellness	11	48157	Münster-Handorf	83
Eibl-Brunner ****	Wellness	14	94258	Frauenau	198
Eichinger Kneipp-Kurhotel ***s	Kur|Wellness	10	86825	Bad Wörishofen	171
Eifelgold Rooding	Wellness	9	52152	Simmerath-Erkensruhr	84
Eisvogel ****	Wellness	12	93333	Bad Gögging	186
Elbiente ****s	Wellness	11	01824	Rathen	126
Elbschlösschen ****	Wellness	11	01824	Rathen	126
Elztalhotel ****s	Wellness	16	79297	Winden im Elztal	148
Energie-Kurhotel	Kur|Gesundheit	11	73342	Bad Ditzenbach	145
Engel Obertal *****s	Wellness	17	72270	Baiersbronn-Obertal	137
Engel Todtnauberg ****	Wellness	10	79674	Todtnauberg	149
Enztalhotel ****	Wellness	11	75337	Enzklösterle	141
Erbprinz *****s	Wellness	12	76275	Ettlingen	142
Erfurths Bergfried ****s	Wellness	15	79856	Hinterzarten	150
Ernestgrün Schlosshotel	Wellness	10	95698	Neualbenreuth	201
Erstes deutsches Kartoffelhotel ***	Wellness	11	29482	Küsten	41
Esperanto ****s	Business|Wellness	12	36037	Fulda	120
Esplanade Grand *****	Business|Wellness	12	10785	Berlin	99
Esplanade Resort & Spa ****s	Wellness	13	15526	Bad Saarow	102
Eurener Hof	Business|Wellness	10	54294	Trier	108
Europa ****	Wellness	10	18225	Kühlungsborn	67
Europäischer Hof ****	Wellness	11	20099	Hamburg	48
Evviva! ****	Wellness	11	87534	Oberstaufen	174
Excelsior Ernst *****s	Business|Wellness	11	50667	Köln	84
Exquisit ****s	Wellness	14	87561	Oberstdorf	180
F. X. Mayr Zentrum Bodensee	Gesundheit	14	88662	Überlingen-Hödingen	153
Fahrenbach Golfhotel ***s	Wellness	10	95709	Tröstau	201
Fair Resort	Wellness	10	07751	Jena	92
Fairmont Vier Jahreszeiten *****s	Business|Wellness	14	20354	Hamburg	48
Falkenhof Bio-Vitalhotel ****	Wellness	14	94072	Bad Füssing	188
Falkenstein Grand Kempinski *****s	Business|Wellness	14	61462	Königstein im Taunus	121
Familyclub Harz Familotel ****	Wellness	10	06484	Quedlinburg	128
Fasanerie Landschloss ****s	Wellness	12	66482	Zweibrücken	114
Favorite Parkhotel ****s	Business|Wellness	12	55131	Mainz	109
Feldberger Hof Familotel ****	Wellness	10	79868	Feldberg	152
Felsenland ****s	Wellness	12	66994	Dahn	114
Ferienclub Lüneburger Heide	Wellness	10	29473	Göhrde	40
Ferienhotel Bad Malente ***	Wellness	11	23714	Bad Malente-Neversfelde	51
Ferienpark Heidenholz	Wellness	10	19395	Plau am See	75

Hotelname	Kategorie	Punkte	PLZ	Ort	Seite
Filser ****	Wellness|Kur	11	87561	Oberstdorf	180
Fischerwiege ****	Wellness	11	18347	Ahrenshoop	68
Fischland Strandhotel ****s	Wellness	13	18347	Dierhagen	69
Fital ****	Wellness	10	79862	Höchenschwand	152
Flairhotel Hubertus ****	Wellness	10	26160	Bad Zwischenahn	35
Flora ****	Wellness	10	15370	Fredersdorf	101
Fontenay *****	Kur|Wellness	12	86825	Bad Wörishofen	171
Forellenhof	Kur|Wellness	10	35080	Bad Endbach	120
Forsthaus Auerhahn ****	Wellness	13	72270	Baiersbronn	135
Forsthaus Damerow ****	Wellness	10	17459	Koserow-Damerow	65
Frankenblick ***s	Wellness	10	98666	Masserberg-Schnett	93
Frankenland ****s	Wellness|Kur	10	97688	Bad Kissingen	202
Franziskaner ****	Wellness	10	97337	Dettelbach	201
Frechdachs Thermenhotel	Wellness	10	94072	Bad Füssing	188
Freese Nordseehotel ****	Wellness	11	26571	Juist	37
Freizeit In ****	Business|Wellness	11	37079	Göttingen	43
Freudenstein Kurpension garni	Kur	9	94072	Bad Füssing	188
Freund ****s	Wellness	14	34516	Vöhl-Oberorke	119
Friedrich-Franz-Palais ***	Wellness	10	18209	Bad Doberan	66
Friedrichsruhe Wald & Schlosshotel *****s	Wellness	20	74639	Zweiflingen-Friedrichsruhe	139
Friesenhof ***	Wellness	9	26571	Juist	37
Frohsinn ***	Wellness	10	87538	Fischen-Langenwang	178
Fuchsbau Romantikhotel ****	Wellness	11	23669	Timmendorfer Strand	50
Fährhaus *****s	Wellness	15	25980	Sylt-Ost	55
Fährhaus ****	Wellness|Kur	10	29549	Bad Bevensen	41
Fünfjahreszeiten ****	Wellness	9	79682	Todtmoos	149
Fürst Jaromar Resort & Spa ****	Wellness	12	18586	Thiessow	72
Fürst Pückler Park Kulturhotel ****	Wellness|Kur	11	02953	Bad Muskau	127
Fürstenhof ****s	Wellness|Kur	11	94086	Bad Griesbach-Therme	191
Fürstenhof Celle *****	Business|Wellness	11	29221	Celle	40
Füssinger Hof Kurhotel	Kur	11	94072	Bad Füssing	188
Gabelbach Berg- & Jagdhotel ****	Wellness	11	98693	Ilmenau	93
Gaisthaler Hof ***s	Wellness	10	92539	Schönsee-Gaisthal	185
Gams ****	Wellness	10	92339	Beilngries	185
Ganter Mohren ***s	Wellness	10	78479	Reichenau	147
Gass Thermenhotel garni ***s	Kur|Wellness	11	94072	Bad Füssing	188
Gastwerk ****	Business|Wellness	11	22761	Hamburg	49
Geiger ****	Wellness	10	87629	Füssen-Hopfen am See	181
Georgenthal Hofgut ****s	Wellness	12	65329	Hohenstein-Steckenroth	187
Georgshöhe Strandhotel ****s	Wellness	17	26548	Norderney	36
Germania Strandhotel ****	Wellness	10	26548	Norderney	36
Gerry Weber Sportpark ****	Wellness	10	33790	Halle	79
Gersfelder Hof ****	Wellness	10	36129	Gersfeld	120
Gertraud Gruber Schönheitsfarm	Beauty	16	83700	Rottach-Egern	167
Gewandhaus *****	Business|Wellness	11	01067	Dresden	126
Giffels Goldener Anker ****	Wellness	10	53474	Bad Neuenahr	108
Glashotel ***s	Wellness	11	94227	Zwiesel	194
Glockenspiel garni ***	Kur|Wellness	10	94086	Bad Griesbach-Therme	191
Glücksburg Strandhotel ****s	Wellness	12	24960	Glücksburg-Sandwig	53
Gockelwirt Landhotel ****	Wellness	11	87637	Eisenberg	182
Godewind ****	Wellness	10	18146	Rostock-Markgrafenheide	66
Goldene Traube Romantikhotel ****	Business|Wellness	10	96450	Coburg	201

Hotelname	Kategorie	Punkte	PLZ	Ort	Seite
Goldener Hahn	Wellness	10	72270	Baiersbronn	135
Goldener Hirsch ***	Kur|Wellness	9	29549	Bad Bevensen	41
Golfresort Semlin am See ****	Wellness	10	14712	Semlin	101
Gollée Gesundheitszentrum ****s	Kur|Wellness	12	37431	Bad Lauterberg	43
Gottfried ****	Wellness	11	78345	Moos	147
Graf Eberhard ****	Wellness	11	72574	Bad Urach	145
Grafenwald Sporthotel & Resort ****	Wellness	10	54550	Daun	109
Grand Elysee *****	Business|Wellness	11	20148	Hamburg	48
Grand Hotel Binz *****	Wellness	13	18609	Binz	73
Grand Hotel Heiligendamm	Wellness	12	18209	Bad Doberan	67
Grand Hyatt Berlin *****s	Business|Wellness	14	10785	Berlin	99
Gravelotte	Wellness	10	17111	Meesiger	60
Gravenberg Romantikhotel ****s	Wellness	11	40764	Langenfeld	79
Greifen-Post ****	Wellness	11	91555	Feuchtwangen	185
Griesbacher Hof Apartmenthotel ***	Kur|Wellness	10	94086	Bad Griesbach-Therme	191
Grimmeblick Landhotel ****	Wellness	11	59955	Winterberg-Elkeringhausen	89
Großherzog von Mecklenburg Seehotel ****	Wellness	10	23946	Boltenhagen	75
Gräflicher Park Grand Resort ****s	Wellness|Gesundheit	17	33014	Bad Driburg	79
Gräfliches Hotel Alte Post	Wellness|Kur	10	84364	Bad Birnbach	170
Grüner Baum Waldhotel ****s	Wellness	12	77704	Oberkirch-Ödsbach	143
Grüner Wald ****s	Wellness	12	72250	Freudenstadt-Lauterbad	134
Grüning ****	Wellness|Kur	11	29549	Bad Bevensen	41
Gut Apeldör Golfhotel	Wellness	10	25779	Hennstedt	53
Gut Dürnhof	Wellness	10	97794	Rieneck	203
Gut Edermann	Wellness	12	83317	Teisendorf	161
Gut Höhne ****s	Wellness	11	40822	Mettmann	80
Gut Ising ****s	Wellness	13	83339	Chieming-Ising	161
Gut Klostermühle	Wellness|Gesundheit	14	15518	Madlitz-Wilmersdorf	101
Gut Riedelsbach ***s	Wellness	11	94089	Neureichenau	193
Gut Schmelmerhof ****	Wellness	11	94379	St. Englmar	199
Gut Steinbach ****s	Wellness	12	83242	Reit im Winkl	161
Gut Varendorf Schönheitsfarm	Beauty	18	49597	Rieste	45
Gutshaus Ludorf Romantikhotel ****	Wellness	11	17207	Ludorf	61
Gutshaus Redewisch	Wellness	11	23946	Boltenhagen-Redewisch	75
Gutshof Bastorf ***s	Gesundheit|Wellness	11	18230	Bastorf	67
Gutshof Sparow ****	Wellness	12	17214	Nossentiner Hütte	61
Gutshof Woldzegarten	Wellness	12	17209	Woldzegarten	61
Gästehaus Wolfsbrunn	Wellness	12	08118	Hartenstein	127
Göbel's Aqua Vita ****	Wellness	11	34537	Bad Wildungen	119
Göbel's Landhotel ****	Wellness	11	34508	Willingen	118
Göbel's Quellenhof ****	Wellness	10	34537	Bad Wildungen	119
Göbel's Schlosshotel *****	Wellness	13	36289	Friedewald	120
Göbel's Seehotel Diemelsee ****	Wellness	11	34519	Diemelsee-Heringhausen	119
Göbel's Vitalhotel Bad Sachsa ****s	Wellness	11	37441	Bad Sachsa	43
Götzfried ****	Business|Wellness	11	93057	Regensburg	186
H+ Alpina ****	Wellness	10	82467	Garmisch-Partenkirchen	157
H+ Willingen ***s	Wellness	10	34508	Willingen-Usseln	118
Habbel Berghotel ****	Wellness	11	59889	Eslohe	89
Habichtstein ***s	Wellness	11	06493	Harzgerode-Alexisbad	129
Haferland ****	Wellness	14	18375	Wieck auf dem Darß	71
Haidmühler Hof ****	Wellness	11	94145	Haidmühle	194
Hammerhof ****	Wellness	12	94249	Bodenmais	196

Hotelname	Kategorie	Punkte	PLZ	Ort	Seite
Hammermühle ****	Wellness	12	07646	Stadtroda	92
Hanseatic ****s	Wellness	12	18586	Göhren	72
Hardenberg Burghotel *****	Wellness	11	37176	Nörten-Hardenberg	43
Hartung's Hoteldorf ***s	Wellness|Kur	11	87629	Füssen-Hopfen am See	181
Harzer Land ***	Wellness	10	06502	Thale-Allrode	129
Haslinger Hof	Wellness	10	94148	Kirchham	194
Haubers Alpenresort ****s	Wellness|Gesundheit	17	87534	Oberstaufen-Kalzhofen	175
Haus Antje garni	Wellness	10	18347	Ahrenshoop	68
Haus Bartholomäus ****	Kur	11	86825	Bad Wörishofen	171
Haus Becker ***s	Kur|Wellness	11	49196	Bad Laer	44
Haus Birken ***	Wellness|Kur	10	95138	Bad Steben	200
Haus Große Kettler ***	Wellness	10	49196	Bad Laer	44
Haus Hammersbach ****	Wellness	11	82491	Grainau	159
Haus Hilmeke ***s	Wellness	11	57368	Lennestadt-Saalhausen	85
Haus Ibe Pension	Wellness	10	99762	Neustadt	94
Haus Klement ***	Kur	11	53474	Bad Neuenahr	108
Haus Merbeck am Wald Schönheitsfarm	Beauty	15	41844	Wegberg-Merbeck	80
Haus Noltmann-Peters ***s	Wellness|Kur	10	49214	Bad Rothenfelde	45
Haus Waldesruh Schönheitsfarm	Beauty	12	69412	Eberbach-Gainmühle	134
Haus Waterkant garni	Kur	9	26548	Norderney	36
Haus am See Schönheitsfarm	Beauty	12	59955	Winterberg-Niedersfeld	89
Haus am Walde ***	Wellness|Kur	10	29549	Bad Bevensen	41
Haus an der Therme	Kur	9	94072	Bad Füssing	188
Hebelhof ****	Wellness	9	79415	Bad Bellingen-Hertingen	149
Heckenmühle ***s	Wellness|Kur	12	35080	Bad Endbach	120
Heide Spa ****s	Wellness	12	04849	Bad Düben	127
Heikenberg Kneippkurhotel ***s	Kur|Wellness	10	37431	Bad Lauterberg	43
Heinz ****s	Wellness	12	56203	Höhr-Grenzhausen	113
Helene Parkhotel ***s	Wellness	10	08645	Bad Elster	128
Helnan Reinstorf ***	Wellness	10	21400	Reinstorf	34
Helvetia ****s	Wellness	11	88131	Lindau	183
Helvetia Bio-Hotel ****	Wellness	10	01814	Bad Schandau-Schmilka	126
Herrmann's Posthotel ****	Wellness	11	95339	Wirsberg	200
Herzog Heinrich ****	Wellness	10	93474	Arrach	187
Herzogspark ****s	Business|Wellness	11	91074	Herzogenaurach	185
Heselbacher Hof ****	Wellness	13	72270	Baiersbronn	136
Heubacher Höhe ***	Wellness	10	98666	Masserberg-Heubach	93
Heusser Gartenhotel ****	Wellness	12	67098	Bad Dürkheim	114
Hilton *****	Business|Wellness	10	10117	Berlin	98
Hilton Dresden *****	Business|Wellness	10	01067	Dresden	126
Himmelpfort am See Landhaus	Wellness	11	16798	Himmelpfort	105
Hirsch Kur- & Wellnesshotel ****	Kur|Wellness	10	87534	Oberstaufen	175
Hirschen ****	Wellness	11	79286	Glottertal	148
Historischer Krug	Wellness	11	24988	Oeversee	53
Hochbühl ***s	Kur|Wellness	12	87534	Oberstaufen	175
Hochriegel ****	Wellness	12	94518	Klingenbrunn	200
Hochsauerland 2010 ****	Wellness|Kur	10	34508	Willingen	118
Hochwiesmühle ***s	Wellness	10	66450	Bexbach	115
Hof Krähenberg ****	Wellness	10	23743	Grömitz	51
Hof Wasserkuppe garni ****	Wellness	12	36163	Poppenhausen	120
Hofbräuhaus ****	Wellness	11	94249	Bodenmais	196
Hofgut Hafnerleiten	Wellness	14	84364	Bad Birnbach	170

Hotelname	Kategorie	Punkte	PLZ	Ort	Seite
Ludwig Thoma Kur & Thermal	Kur|Wellness	10	94072	Bad Füssing	189
Luisenbad Parkhotel ****	Kur|Wellness	10	83435	Bad Reichenhall	162
Luitpold Kneipp-Kurhotel ***s	Kur|Wellness	10	86825	Bad Wörishofen	172
Luitpoldpark ****	Wellness	10	87629	Füssen	181
Lundenbergsand ****	Wellness	12	25813	Husum-Simonsberg	53
Lösch für Freunde	Wellness	14	66500	Hornbach	114
L'Arrivée ****	Business|Wellness	12	44267	Dortmund-Höchsten	80
Maar-Perle ***s	Wellness	10	54558	Gillenfeld	109
Maarium ***s	Wellness	10	54531	Meerfeld	108
Maasberg Therme ****	Wellness	12	55566	Bad Sobernheim	110
Madison ****s	Business|Wellness	12	20459	Hamburg	49
Magdalenenhof Landhotel ***	Wellness	11	94227	Zwiesel	194
Maharishi Ayurveda Privatklinik	Gesundheit	15	56130	Bad Ems	112
Maibrunn Berghotel ****s	Wellness	12	94379	St. Englmar	199
Maier zum Kirschner garni ****	Wellness	10	83700	Rottach-Egern	167
Marc Aurel Spa & Golf-Resort ****s	Wellness	11	93333	Bad Gögging	186
Marienbad ****	Kur|Wellness	12	86825	Bad Wörishofen	172
Marina Bernried ****	Wellness	10	82347	Bernried	156
Maritim Bad Homburg ****	Wellness	10	61348	Bad Homburg	121
Maritim Badehotel ****	Wellness|Kur	11	34537	Bad Wildungen	119
Maritim Berghotel ****	Wellness	10	38700	Braunlage	44
Maritim Bonn ****	Business|Wellness	10	53175	Bonn	85
Maritim Clubhotel ****	Wellness	10	23669	Timmendorfer Strand	50
Maritim Dresden *****	Business|Wellness	11	01067	Dresden	126
Maritim Hafenhotel Rheinsberg	Wellness	10	16831	Rheinsberg	105
Maritim Kaiserhof ****s	Wellness	12	17424	Heringsdorf	62
Maritim Königswinter ****	Business|Wellness	10	53639	Königswinter	85
Maritim Parkhotel ****	Business|Wellness	10	68165	Mannheim	134
Maritim Schnitterhof ****s	Wellness	10	59505	Bad Sassendorf	89
Maritim Seehotel ****s	Wellness	12	23669	Timmendorfer Strand	50
Maritim Staatsbadhotel ****	Wellness	10	32105	Bad Salzuflen	78
Maritim Strandhotel	Wellness	11	23570	Lübeck-Travemünde	50
Maritim Titiseehotel ****	Wellness	11	79822	Titisee-Neustadt	149
Markgraf Lehnin ***s	Wellness	10	14797	Lehnin	101
Markgräflerland Kursanatorium	Gesundheit	10	79379	Müllheim-Vögisheim	148
Markushof Kurhotel ***	Kur	10	79415	Bad Bellingen	148
Marriott Hamburg *****	Business|Wellness	11	20354	Hamburg	48
Marriott München	Business|Wellness	11	80805	München	156
Mattlihüs Bio-Hotel ****	Wellness	12	87541	Oberjoch	180
Mauritius Hotel & Therme ****	Wellness	10	50676	Köln	84
Mawell Resort	Wellness	17	74595	Langenburg	145
Maximilian Parkhotel ****s	Wellness	12	87724	Ottobeuren	182
Maximilian Quellness & Golf *****	Wellness|Kur	11	94086	Bad Griesbach-Therme	192
Mayerhof garni	Kur	9	94072	Bad Füssing	189
Meerane ****	Wellness	10	08393	Meerane	128
Meerlust ****s	Wellness	15	18374	Zingst	70
Meiser Vital-Hotel ****s	Wellness	12	74579	Fichtenau-Neustädtlein	145
Mellestollen Waldhotel ***	Wellness	9	07318	Saalfeld	92
Menschels Vitalresort ****	Kur|Gesundheit	14	55566	Bad Sobernheim	110
Mercure Bad Dürkheim ****	Wellness	10	67098	Bad Dürkheim	114
Mercure Garmisch-Partenkirchen ****	Wellness	10	82467	Garmisch-Partenkirchen	157
Mercure Halle Leipzig ****	Business|Wellness	9	06188	Peißen	128

Hotelname	Kategorie	Punkte	PLZ	Ort	Seite
Oberwiesenhof ****s	Wellness	12	72297	Seewald-Besenfeld	145
Ochsen ****	Wellness	11	78141	Schönwald	146
Olympia	Kur	10	94072	Bad Füssing	190
Orbtal ***	Wellness	10	63619	Bad Orb	121
Ortnerhof ****	Wellness	12	83324	Ruhpolding	161
Ortner's Lindenhof garni ****s	Wellness|Kur	11	94072	Bad Füssing	190
Osserhotel	Wellness	11	93470	Lohberg	187
Ostende ****	Wellness	10	17419	Ahlbeck	62
Ostsee-Resort Damp	Wellness|Kur	11	24351	Damp	52
Ostseeblick Strandhotel ****s	Wellness	15	17424	Heringsdorf	62
Ostseehotel Ahlbeck ****	Wellness	10	17419	Ahlbeck	62
Ostseehotel Dierhagen ***s	Wellness	10	18347	Dierhagen	70
Oswald Landromantik ****s	Wellness	14	94244	Kaikenried	195
Ott ***	Wellness	10	79189	Bad Krozingen	147
Ottonenhof Familotel ***	Wellness	10	34519	Diemelsee-Ottlar	119
Oversum Vital Resort ****s	Wellness	10	59955	Winterberg	89
Ödhof ****	Wellness	12	94255	Böbrach	197
Öschberghof ****s	Wellness	15	78166	Donaueschingen-Aasen	146
Pabst ****s	Wellness	13	26571	Juist	37
Palace Berlin *****	Business|Wellness	12	10787	Berlin	99
Palais am See garni ****	Wellness	12	15526	Bad Saarow	102
Palmenwald ****s	Wellness	12	72250	Freudenstadt	134
Panorama ****	Wellness	10	09484	Oberwiesenthal	128
Panorama Bio-Kurhotel ***s	Kur|Wellness	12	82433	Bad Kohlgrub	157
Panorama Daun ***s	Wellness	11	54550	Daun	109
Panoramahotel Oberjoch ****s	Wellness	16	87541	Bad Hindelang-Oberjoch	179
Panoramic ***	Wellness	9	37431	Bad Lauterberg	43
Panoramic Hohegeiß ***	Wellness	9	38700	Braunlage-Hohegeiß	44
Park Hyatt *****s	Business|Wellness	13	20095	Hamburg	48
Park-Hotel Nümbrecht ****	Wellness	10	51588	Nümbrecht	84
Parkhotel ****s	Wellness|Kur	12	94086	Bad Griesbach-Therme	192
Parkhotel Adler *****	Wellness	15	79856	Hinterzarten	151
Parkhotel Altmühltal ****s	Business|Wellness	10	91710	Gunzenhausen	185
Parkhotel Bad Bertrich	Wellness|Gesundheit	10	56864	Bad Bertrich	114
Parkhotel Bad Faulenbach ***s	Wellness	11	87629	Füssen-Bad Faulenbach	181
Parkhotel Bad Füssing ****	Wellness|Kur	11	94072	Bad Füssing	190
Parkhotel Bad Salzig ****	Wellness	12	56154	Boppard-Bad Salzig	113
Parkhotel Bad Schandau ****	Wellness	10	01814	Bad Schandau	126
Parkhotel Bayersoien ****s	Wellness|Kur	11	82435	Bad Bayersoien	157
Parkhotel Burgmühle ****s	Wellness	12	87538	Fischen	178
Parkhotel Flora ****s	Wellness	11	79859	Schluchsee	152
Parkhotel Frank *****	Wellness	12	87561	Oberstdorf	180
Parkhotel Gütersloh ****	Business|Wellness	10	33330	Gütersloh	79
Parkhotel Heidehof ****s	Business|Wellness	10	85080	Gaimersheim	171
Parkhotel Herrenkrug ****s	Business|Wellness	12	39114	Magdeburg	131
Parkhotel Hitzacker ****	Wellness	10	29456	Hitzacker an der Elbe	40
Parkhotel Jordanbad ****	Kur|Wellness	11	88400	Biberach an der Riß	153
Parkhotel Neustadt ***s	Wellness	10	01844	Neustadt	126
Parkhotel Schotten ***	Wellness	9	63679	Schotten	121
Parkhotel Sonnenhof ***s	Wellness	10	82487	Oberammergau	158
Parkhotel Wallgau ****s	Wellness	11	82499	Wallgau	160
Parkhotel Weiskirchen ****s	Wellness	11	66709	Weiskirchen	115

Hotelname	Kategorie	Punkte	PLZ	Ort	Seite
Sturm Garten & Spa ****	Wellness	12	97638	Mellrichstadt	201
Störtebeker ***	Wellness	10	18573	Samtens	72
Sulzberger Hof ***	Wellness	10	87477	Sulzberg	173
Summerhof ***	Kur|Wellness	10	94086	Bad Griesbach-Therme	193
Sunotel Kreuzeck	Wellness	9	38644	Goslar-Hahnenklee	44
Swissotel Berlin *****	Business|Wellness	10	10789	Berlin	100
Sylter Blaumuschel ****	Wellness	10	25980	Westerland	56
Sylter Domizil garni ****	Wellness	10	25996	Wenningstedt	57
Söl'ring Hof *****	Wellness	15	25980	Rantum	54
Talblick Landhotel ***s	Wellness	11	75389	Neuweiler-Oberkollwangen	142
Talblick Schömberg ***s	Wellness	10	75328	Schömberg	141
Tanne Tonbach ****	Wellness	12	72270	Baiersbronn-Tonbach	137
Tanneck ****	Wellness	12	87538	Fischen	178
Tanneck Golf & Spa ****	Kur|Wellness	12	86825	Bad Wörishofen	172
Tanneck Kurhotel	Wellness|Kur	9	87534	Oberstaufen	175
Tannenhof Parkhotel ****	Wellness	11	87466	Oy-Mittelberg	173
Tannenhof Sanatorium	Kur	10	94072	Bad Füssing	190
Tannenhof Sasbachwalden ***	Wellness	12	77887	Sasbachwalden	146
Tannenhof Weiler	Wellness|Gesundheit	12	88171	Weiler-Simmerberg	185
Tannenhäuschen Waldhotel ****s	Wellness	13	46487	Wesel	83
Tannerhof	Gesundheit	16	83735	Bayrischzell	169
Tannhof Wohlfühlhotel ***s	Wellness	10	79868	Feldberg-Bärental	152
Tannhäuser Rennsteigblick ***	Wellness	9	99849	Friedrichroda	94
Terra Nova ****	Wellness	10	72270	Baiersbronn-Tonbach	137
Terrassen Café ***s	Wellness|Kur	10	31848	Bad Münder	41
Terrassenhof ****	Kur|Wellness	11	83707	Bad Wiessee	168
Terraventura ***s	Wellness	10	54647	Gondorf	109
Teutoburger Wald ****s	Wellness	12	49545	Tecklenburg-Brochterbeck	84
Thalfried ****	Wellness	10	99842	Ruhla-Thal	94
The Charles *****s	Business|Wellness	12	80333	München	156
The Grand Ahrenshoop	Wellness	15	18347	Ahrenshoop	68
The Lakeside Burghotel ****	Wellness	11	15344	Strausberg	101
The Mandala *****s	Business|Wellness	10	10785	Berlin	99
The Monarch ****s	Wellness	11	93333	Bad Gögging	186
The Ritz Carlton Berlin *****	Business|Wellness	12	10785	Berlin	99
The Westin Bellevue *****	Business|Wellness	11	01097	Dresden	126
The Westin Grand *****	Business|Wellness	12	10117	Berlin	98
The Westin Grand Frankfurt	Business|Wellness	12	60313	Frankfurt	121
The Westin Grand München *****	Business|Wellness	10	81925	München	156
Therme Bad Teinach ****s	Wellness	14	75385	Bad Teinach	141
Thermen-Club ***s	Wellness	11	94072	Bad Füssing	191
Thermenhof Apartmenthaus	Kur	9	94072	Bad Füssing	191
Thomahof ****	Wellness	12	79856	Hinterzarten	152
Thomas Spa Lifestyle ****	Business|Wellness	11	25813	Husum	53
Thula ***s	Wellness	12	94551	Lalling	200
Thüringen Aktiv- & Vitalhotel ****	Wellness	10	98574	Schmalkalden	93
Till Moyland ****	Wellness	10	47551	Bedburg-Hau	83
Titanic Chaussee ****	Business|Wellness	16	10115	Berlin	98
Traube Revital ****	Business|Wellness	11	78573	Wurmlingen	147
Traube Thalkirchdorf ****	Wellness|Kur	10	87534	Oberstaufen-Thalkirchdorf	176
Traube Tonbach *****s	Wellness	15	72270	Baiersbronn-Tonbach	137
Traube am See ****	Wellness	12	88048	Friedrichshafen-Fischbach	152

Hotelname	Kategorie	Punkte	PLZ	Ort	Seite
Vita ****	Wellness	10	88326	Aulendorf	152
Vital Hotel ****	Wellness	11	33175	Bad Lippspringe	79
Vital-Hotel Frankfurt ****s	Wellness	11	65719	Hofheim	122
Vitalhotel Bad Birnbach ****	Wellness	12	84364	Bad Birnbach	171
Vitalia Seehotel ****	Wellness	12	23795	Bad Segeberg	52
Vitalis Greetsiel ****	Wellness	11	26736	Krummhörn-Greetsiel	38
Voshövel Landhotel ****s	Wellness	15	46514	Schermbeck	83
Voss ****	Wellness	10	26655	Westerstede	38
Wachtelhof Landhaus *****s	Wellness	15	27356	Rotenburg an der Wümme	39
Waldblick Kniebis ****	Wellness	12	72250	Freudenstadt-Kniebis	134
Waldeck ****	Wellness|Kur	10	94249	Bodenmais	197
Waldeck ****	Wellness|Kur	11	94072	Bad Füssing	191
Waldeck ****	Wellness|Kur	12	78073	Bad Dürrheim	146
Waldeck Parkhotel ****	Wellness	10	79822	Titisee-Neustadt	149
Waldesruh	Wellness	10	94249	Bodenmais	197
Waldfrieden ***	Wellness	9	29456	Hitzacker an der Elbe	40
Waldhaus Eifel ***	Wellness	11	54647	Gondorf	109
Waldhaus Ohlenbach ****	Wellness	15	57392	Schmallenberg-Ohlenbach	86
Waldhaus Reinbek *****	Wellness	10	21465	Reinbek	49
Waldhorn ***	Wellness	10	87491	Jungholz	173
Waldhotel Heiligenhaus ****	Wellness	11	42579	Heiligenhaus	80
Waldhotel Rheingau ****	Wellness	10	65366	Geisenheim-Marienthal	122
Waldhotel Willingen ***s	Wellness	10	34508	Willingen	118
Waldkrug ****	Wellness	12	33129	Delbrück	79
Waldparkhotel	Kur|Wellness	10	01824	Gohrisch	126
Waldruh ***s	Wellness|Kur	11	82433	Bad Kohlgrub	157
Waldschlösschen ****s	Wellness	11	24837	Schleswig	53
Waldschlösschen ****	Wellness	12	18375	Prerow	71
Waltershof Seehotel ****	Wellness	9	83700	Rottach-Egern	168
Walter's Hof	Wellness	11	25999	Kampen	57
Warnemünder Hof ****	Wellness	10	18119	Rostock-Warnemünde	66
Wasserschloss Westerburg ****s	Wellness	13	38836	Dedeleben-Westerburg	131
Waxenstein ****s	Wellness	11	82491	Grainau	159
Weber Kurhotel ***	Kur|Wellness	10	86825	Bad Wörishofen	172
Weber Landhaus garni	Wellness	11	64732	Bad König-Momart	122
Wehrle Parkhotel ****	Wellness|Gesundheit	12	78098	Triberg	146
Weingärtner ***s	Wellness|Kur	11	75323	Bad Wildbad	141
Weissenhaus Grand Village Resort	Wellness	17	23758	Wangels-Weissenhaus	51
Weiße Düne ****	Wellness	10	25946	Wittdün	54
Weißer Bär ****s	Wellness	11	54486	Mülheim an der Mosel	108
Weißflog Apartmenthotel ****	Wellness	10	09484	Oberwiesenthal	128
Welcome Bad Arolsen ****	Wellness	11	34454	Bad Arolsen	118
Wellnessfarm Haus am See ****	Wellness	12	39619	Arendsee	131
Wellnessgarten ****	Wellness	14	83329	Waging am See	161
Westpark	Wellness|Kur	11	97688	Bad Kissingen	202
Wettiner Höhe ****	Wellness	10	09548	Seiffen	128
Weyberhöfe Schlosshotel *****	Wellness	11	63877	Sailauf bei Aschaffenburg	156
Weyer ***s	Wellness|Kur	10	53474	Bad Neuenahr-Ahrweiler	108
Wiedemann Kur- & Vitalhotel ***s	Kur|Wellness	10	87629	Füssen-Bad Faulenbach	181
Wiesler Seehotel ****s	Wellness	15	79822	Titisee-Neustadt	149
Wildpark ****	Wellness|Gesundheit	12	56470	Bad Marienberg	113
Winzerhof ****	Wellness	10	69231	Rauenberg	134